《湖湘伦理学文集》第四辑

文化自信与中国伦理

主编　李建华

Cultural Confidence and
Chinese Ethics

湖南师范大学出版社

图书在版编目（CIP）数据

文化自信与中国伦理 / 李建华主编. —长沙：湖南师范大学出版社，2018.11

ISBN 978-7-5648-3224-7

Ⅰ.①文… Ⅱ.①李… Ⅲ.①伦理学—研究—中国 Ⅳ.①B82

中国版本图书馆 CIP 数据核字（2018）第 247396 号

文化自信与中国伦理
Wenhua Zixin yu Zhongguo Lunli

李建华　主编

◇责任编辑：孙雪姣　李　涓
◇责任校对：张晓芳　李　航
◇出版发行：湖南师范大学出版社
　　　　　　地址/长沙市岳麓山　邮编/410081
　　　　　　电话/0731-88873070　88873071　传真/0731-88872636
　　　　　　网址/http://press.hunnu.edu.cn
◇经销：湖南省新华书店
◇印刷：天津画中画印刷有限公司
◇开本：710mm×1000mm　1/16
◇印张：24.25
◇字数：397 千字
◇版次：2018 年 11 月第 1 版
◇印次：2024 年 8 月第 2 次印刷
◇书号：ISBN 978-7-5648-3224-7
◇定价：86.00 元

《湖湘伦理学文集》编委会

顾　问：唐凯麟　曾钊新　陈谷嘉　卢德之
主　任：李建华　王泽应
委　员：张怀承　肖君华　李培超　廖小平
　　　　左高山　吕锡琛　易小明　陈建旄
　　　　罗成翼　彭柏林　陈万求　刘镇江
　　　　黄显中　唐光斌　廖加林　何良安
　　　　向玉乔　彭定光　陈科华　罗能生
　　　　毛新志　刘　霞　周谨平

湖湘伦理学脉络及其当代使命
（代序）

　　源远流长的湖湘文化为湖南伦理学的发展提供了肥沃的土壤，为其注入了持久的生命力。以远古神农、炎帝故事为开端，湖湘文化早在数千年前便自成一派，在历史长河中奔流不息。屈原赋辞、贾谊哀鵩，古圣先贤们早已为我们留下了凝聚着我国优秀文化传统的道德精神。宋明以来，湖湘文化更是作为儒家正统而享有"道南正脉"的美誉。从朱熹、张栻、王夫之到曾国藩、左宗棠，再到魏源、谭嗣同、黄兴、毛泽东，湖湘文化广汇百家、博采众长，形成了包容、开放、勇于担当的道德态度，更凝结成"经世致用""敢为天下先""天下兴亡、匹夫有责"的精神气质。这种态度与气质已经融入每一位湖南人的血液之中，引领着一代又一代湖南人以天下兴亡为己任，致力于民族的复兴、国家的富强。能够在这片有着如此丰厚积淀的土地上进行伦理学研究，是我们的幸运，更是我们的骄傲。

　　湖湘伦理文化在数千年的历史长河之中如湘江之水源远流长、奔流不息。站在三湘大地，我们在呼吸之间都能感受到湖湘伦理文化的浓厚气息。早在上古时期，中华大地的两位圣君——炎帝、舜帝，先后驻居此地，遍尝百草、教化五伦，播下伦理的种子。千年之后，屈原怀着忧国忧民之心来到湘水之滨，慷慨赋辞，以投江的悲壮方式阐释了爱国与忠诚。汉代贾谊步屈子后尘，于穷困之时来到这片土地，在对先贤的凭吊与追忆中继承发扬了心系社稷的伦理精神，处江湖之远仍忧其君，始终不改家国之念。他们的到来既促成了湖湘文化从俗到雅的转变，更奠定了胸怀天下的湖湘伦理基调。宋明之际，胡安国、胡寅、胡宏承袭理学正统，自成一派，湖湘伦理文化开启了新的篇章，以系统性的形式成为中华伦理文明的重要分支，形成了"吾道南来，原是濂溪一脉；大江东去，无非湘水余波"的学术情怀。湖湘伦理从一开始就显露出"立乎其大，贯通融合"的风度。胡寅、胡宏完成了对心、理二分的超越，开创性地提出"心理一体"的哲学命题，就此衍生出从"体"到"用"的道德逻辑。王夫之博采众家之长，进一步构建出精致完备的从道德认知走向道德实践的"知行合一"伦理体系。往圣先贤们的道德智慧赋予了湖湘伦理知行相济、经世致用的独有气质。从曾国藩、左宗棠到谭嗣同、毛泽东，一代又一代湖湘儿女在实现民族自强、民族复兴的脚步中不断为湖湘伦理注入新的内涵。正因如此，湖湘伦理的土壤才能如今天这般肥沃厚重、生机勃勃。

在湖湘伦理文化的熏陶与滋养下，湖南伦理学的发展欣欣向荣。20世纪70年代末80年代初，湖南学者们就走在我国伦理学发展的前列，开始了作为专业性领域的伦理学研究。1980年，湘潭大学哲学系开设了伦理学必修课程，这是教育部首次规定哲学专业本科生要开设伦理学课程。经历三十多年的辛勤耕耘，湖南伦理学已经建立了从本科、硕士到博士、博士后的完整人才培养体系，承担了多项国家、教育部重大委托项目、重点研究项目，培育了数以千计的伦理学工作者。湖南已经成为中国伦理学教育、研究的重镇，湖南伦理学队伍也已成为中国伦理学的中坚力量。湖南伦理学建设有国家级、省部级重点学科、研究基地，涌现了大批优秀的学者，在国内外学界产生了重要的学术影响，如唐凯麟教授、曾钊新教授、陈谷嘉教授等学界前辈的诸多研究具有开创性的意义。目前，湖南伦理学在政治伦理、生态伦理、经济伦理、中国传统伦理、代际伦理、社会伦理、生命伦理、道德生活史等领域都形成了鲜明特色，取得了丰硕的研究成果，为我国伦理学事业的繁荣做出了重要贡献。

我国处于社会的转型时期，社会结构、生活方式的深刻变化产生了对于道德的急切呼唤。曾经在商业化浪潮中逐渐式微的道德话语重新走向了社会生活的中心舞台。伦理学迎来了生机盎然的春天，伦理学者们也担负着新的历史使命。在全球化的浪潮中，思想、文化早已冲破地域、民族的限制，在世界各个角落汇集、激荡。文化、价值的多元化向我们提出了一根本性的问题：如何坚持自己的文化道路？以何种价值体系引领我们的现代生活？党的十八大明确将加强社会主义核心价值体系建设、全面贯彻落实社会主义核心价值观列为建设社会主义文化强国的核心内容，道德文化建设被提升至国家战略的高度。党的十八届四中全会又提出了全面推进依法治国的重大任务。正确处理以德治国与依法治国的关系，为依法治国创造良好的社会道德环境,是我们伦理学者应当履行的职责。在网络化、信息化的时代,技术的发展也在改变着人们的行为方式和思想观念,产生出新的道德问题。大数据时代已悄然到来,人们的日常生活都以数据的方式留下踪迹、存储在互联网的云端,在海量的数据面前,人的主体性、隐私权都受到极大的挑战。以伦理学者的知识与良心应对新技术带来的技术难题,帮助人们在充满复杂性的社会继续道德地生活,也是当代伦理学工作者们不可推卸的责任。

我们所处的时代为湖湘伦理学发展提供了新的舞台。经济模式的转换、社会结构的调整、生活方式的改变、知识技术的更新在对已有伦理体系提出挑战的同时,也产生了对于创新伦理知识体系、构建新型伦理秩序的内在需求。建设生态文明与社会文明,在人与自然、人与社会之间构建和谐共荣的相互关系,无疑是当代伦理学研究的核心问题。以积极的姿态面对伦理难题,为社会道德建设提供学术支撑,是湖湘伦理学人不可推卸的历史使命。在文化多元的时代、在社会转型的时代,人们较以往任何时候都更需要价值的指引、道德的认同。有理由相信,只要我们持守湖湘伦理文化中对于社会、对于国家的良知与热忱,就一定能谱写出湖湘伦理学的秀美篇章。

是,为序。

李建华

目 录

第一部分　文化自信专题

坚持马克思主义对待人类文化遗产的科学态度和原则立场
——学习党的十九大报告引发的思考 ·············· 唐凯麟（003）
论儒家思想文化与社会主义核心价值观的内在关联
·············· 李建华　张响娜（015）
船山的文化自觉、文化自信和文化自强精神论 ·············· 王泽应（028）
文化的建构型自信 ·············· 易小明（043）
论文化自信对于保护中国文化安全的作用 ·············· 彭定光（060）
论中国传统道德文化的自信特质 ·············· 刘永春（075）
论价值观自信 ·············· 向玉乔　沈　莹（084）
浅析马克思主义中国化的三个重要伦理向度 ·············· 管亚苹（095）
坚定文化自信：从亚里士多德"中道"与孔子"中庸"谈起
·············· 张琛琛（104）
"一带一路"倡议背景下的中国文化"走出去"战略研究
·············· 石红霞（111）

第二部分　传统伦理专题

由衷之言的伦理困境——孔子的言语伦理思想 ·············· 陈科华（121）
论丘处机对成吉思汗的道德规劝 ·············· 吕锡琛（129）
孟子的"人性论"对西方伦理学的挑战 ·············· 旷剑敏（139）
中国传统伦理思想对环境法本土化的启示 ·············· 屈振辉（151）

儒家的伦理叙事 ……………………………………… 文贤庆（161）
论道教养生的价值主张、道德智慧与伦理精义
　　——以南岳为中心的考察 ………………… 王泽应　周山东（177）
牟宗三论政治神话的建构、解构与重构 ……………… 黄泰轲（189）
网络空间中华优秀传统文化创造性转化的道德路径 …… 罗方禄（203）
论韩非治国理政思想的四重价值追求 ………………… 周四丁（214）
荀子富国思想的经济伦理意蕴探析
　　——兼与亚当·斯密的"国富论"比较 ………… 贺汉魂（225）
"兼爱"："共同体"的先在逻辑与价值基础 ………… 李　皓（238）
中国传统文化的当代重构
　　——基于文化自信的视域 ……………………… 周金凤（248）

第三部分　社会伦理问题研究

论新时代的美好生活 …………………………………… 成海鹰（259）
论生态女性主义视野中的"技术—性别—生态"问题 …… 易显飞（269）
论国家治理能力现代化的伦理意蕴 …………………… 刘　霞（272）
性别关系辩证二重性的伦理审视
　　——《1844年经济学－哲学手稿》妇女思想初探
　　…………………………………………… 罗月婵　邹新树（285）
人口优生问题及其伦理思考 …………………………… 朱潇俏（296）
试论现代政治人格 ……………………………………… 钟立华（307）
主体间的衡平：现代司法伦理的基本要求
　　——基于哈贝马斯的商谈理论的思考 …………… 陈文曲（315）
突发事件网络舆情的伦理困境与秩序重建 …… 唐凯麟　李诗悦（328）
企业家的环境道德责任：长株潭案例 ………………… 曾满林（340）
新时代加强我国公民社会主义核心价值观教育的路径探究
　　………………………………………………………… 张娟红（350）
论环境伦理学的社会价值 ……………………………… 朱　平（358）
消费主义价值观下的人类异化 ………………………… 傅艺娜（371）

第一部分

文化自信专题

坚持马克思主义对待人类文化遗产的科学态度和原则立场
——学习党的十九大报告引发的思考

唐凯麟

摘要：党的十九大报告中提出要引导人们树立正确的文化观。树立正确文化观首要的就是要树立马克思主义的文化观，正确对待人类文化遗产就是其中一个十分重要的问题。马克思主义是一个开放的思想体系。它认为重视人类的文化遗产乃是对文化发展的历史及其规律的应有尊重。它揭示了对待人类的文化遗产的正确态度的客观依据，确立了对待人类文化遗产的科学态度和原则立场，从而为坚定文化自信，建设新时代中国特色社会主义新文化、新文明开辟了广阔的道路。

关键词：马克思主义；人类文化遗产；传承和发展

党的十九大报告中提出要引导人们树立正确的文化观。树立正确的文化观首要的是要树立马克思主义的文化观，正确对待人类文化遗产就是其中的一个十分重要的问题。所谓文化遗产，是指前人创造的流传至今仍具有某种价值蕴涵的文化产品，其核心是精神文化产品。对于人类的文化遗产，马克思主义从来就有着一贯明确的原则立场。在马克思主义看来，正确对待人类文化遗产不仅是对文化发展的历史及其规律的应有尊重，也是不断丰富和发展自己的理论体系所必不可少的文化资源和精神营养。树立正确的文化观，弄清马克思主义对待人类文化遗产的科学态度和原则立场，坚持习近平同志关于创造性转化和创新性发展的相统一的重要思想，对于坚定文化自信，培养和造就社会主义的新生文化主体，推进中国特色社会主义的现代文化建设，实现中华民族伟大复兴的中国梦，具有重大的理论意义和实践意义。

一、马克思主义是一个开放的思想体系

马克思主义绝不是离开人类文明大道而产生的偏狭愚顽的观念,而是合乎人类文明发展规律的产物,马克思主义之所以具有强大的生命力和创造力,正在于它批判地继承和创造性地发展了人类文明发展的一切优秀成果,回答了前人所没有回答或无法回答的各种问题。马克思主义产生后,它就反对任何宗派的情绪,始终以开放的心怀和包容的态度来对待人类文明发展的一切积极成果。正是它的这种虚怀若谷的理论品格,使得它能够以科学的态度、实践的精神,不断修正和丰富自身,始终站在人类文明发展的最前列,代表着时代潮流的前进方向,因而在人类的理论宝库中具有特殊的地位,赢得了全世界进步人类的尊敬和认同。也正是基于它的这种理论品格,它强调人们只有用人类文明发展的一切优秀成果来武装自己的头脑,才能真正成为共产主义者。

马克思主义作为它以前人类文明发展的优秀成果的总汇和升华的产物,它始终关注着社会的进步,不断地适应着无产阶级反对资产阶级统治、实现社会主义和共产主义的伟大斗争实践的深入发展,越来越丰富和发展起来。毛泽东思想、邓小平理论和习近平新时代中国特色社会主义思想,就是在这一过程中所形成的新的伟大理论成果。

面向实际,服务实践,在实践中自觉地检验自己,坚持真理,修正错误,不断地丰富和发展自己,这是马克思主义的本质体现,也是它作为一个开放的思想体系所特有的理论品格。在这里,任何宗派主义的情绪和故步自封的保守心态,都是同马克思主义格格不入的。对此仅从马克思主义的创始人在对待其他思想文化的态度上就能充分地展现出来。

马克思主义创始人从不自以为是,害怕批评,相反地,他们总是以虚怀若谷的态度欢迎那种真正严肃的、具有真知灼见的批评。在谈到一位俄国学者对《资本论》的分析和评价时,马克思就表示,他欢迎这种严肃、出于善意而又确有见地的批评,他不仅认真地听取,而且力图吸收其合理的见解。但是他又指出,对那些出于资产阶级偏见的恶意攻击和"沉默"的扼杀,他的回答是:"走自己的路,让别人去说吧。"

不仅如此,马克思主义也总是根据变化了的实际情况勇敢地进行自我批评,不断地修正和完善自己的理论。《德意志意识形态》一书就是马克

思、恩格斯为了清算自己早年的哲学信仰而写作的。恩格斯后来对《共产党宣言》的个别修正，马克思晚年对自己某些观点的反省，都无不生动地反映了马克思主义创始人这种不懈地追求真理的开放博大的胸怀。所以他们反复地告诫自己的后继者，他们的理论不是教条，而是行动的指南。

其次，马克思主义创始人总是以科学的态度来对待那些在理论发展和文明进步中确有贡献的前辈和同时代人的研究成果。马克思、恩格斯强调对于这些人及其思想理论必须历史地看待，不能"苛责于古人"；必须从整个文本出发，不能抓住个别的词句作出简单的、武断的宣判；不能"把小孩和脏水一起倒掉"，必须努力挖掘那种看来哪怕是错误的理论体系中所内含的有价值的积极成分。正是马克思在黑格尔唯心主义哲学的垃圾堆里，发掘了它的"合理内核"，拯救了掩埋于其中的闪闪发光的珍珠——辩证法。黑格尔逝世后，当一些追逐时髦的人把黑格尔当作"一条死狗"来轻率地对待时，马克思却特意地声明自己是这位伟大思想家的弟子。马克思在创作《资本论》中，为了不致埋没一些无名之辈在某些方面的劳绩和贡献，不避"故意卖弄"之嫌，在自己的著作中有意地进行了大量的引证，并一一给予标示，以彰显他们的劳绩。恩格斯在《费尔巴哈与德国古典哲学的终结》一书中，对黑格尔的思想体系与其方法的矛盾的分析，同样体现了这种科学精神，为我们作出了光辉的典范。恩格斯《反杜林论》一书的写作，就是为了揭露杜林的狂妄和无知。当时，杜林自命为社会主义的改革家出现于德国的理论舞台，他自称发现了"绝对真理"，并在这种虚构的"绝对真理的高台上"傲视他的一切前辈和同时代的人，对他们极尽了攻击和贬斥之能事。对此，恩格斯无情地抨击了杜林的无知和狂妄，揭露了杜林是如何处处抄袭和偷用这些前辈和同时代人的成果以据为己有，而又如何轻率地加以阉割，以窃取这些人应有的尊严和学术地位。经过恩格斯批判的致命一击，杜林从此不得不销声匿迹。

第三，马克思主义创始人从来就十分重视其他科学和理论研究的有价值的成果，并努力根据这些新的成果来重新审视自己的理论，丰富和发展自己的学说。如果说，马克思、恩格斯正是依据了当时自然科学的三大发现，才创建了自己科学的世界观和方法论，那么，马克思关于科学是生产力，是"最高意义上的革命力量"的论断，也正是对他的学说产生后的一系列科学技术新成果的理论概括。同样，在社会科学领域里也是如此。熟悉马克思主义发展史的人都知道，马克思是以何等欣喜的心情来看待摩尔根的《古代社会》一书的出版的。他专门为此写信给恩格斯，表达了自己的这种心情。恩格斯则专门写了《家庭、私有制和国家的起源》一书，他在书中就明确表示，自己的这本著作主要是援引摩尔根的研究成果并加以唯物史观的诠释的结果。

我们之所以不厌其烦地列举这些几乎人所共知的历史事实，就在于要说明，马克思主义作为一个科学的思想体系，在对待人类文化遗产的问题上，从来不是封闭的、宗派性的，无论是它的产生还是发展，始终具有一种海纳百川的博大胸怀和面向现实、面向世界、面向未来的恢宏气魄，这正是马克思主义的一贯精神。列宁对十月革命后俄国出现的所谓"无产阶级文化派"的无情批判，就继承和弘扬了这种精神。列宁强调："无产阶级文化并不是从天上掉下来的，也不是那些自命为无产阶级文化专家的人杜撰出来的。如果硬说是这样，那完全是一派胡言。无产阶级文化应当是人类在资本主义社会、地主社会和官僚社会压迫下创造出来的全部知识合乎规律的发展。"[①]

作为马克思主义在中国创造性地发展的毛泽东思想在对待人类文化遗产问题上，更是明确地提出了"古今中外法"的著名论断。毛泽东提出的"古今中外法"，强调要创造性地丰富和发展马克思主义理论，建设社会主义新文化，就必须立足于中国社会主义革命和建设的实践，在文化上做到贯通古今，汇聚中西，从中吸收丰富的营养。早在民主革命时期，毛泽东就明确指出，要"学习我们的历史遗产，用马克思主义的方法给以批判的总结"，"从孔夫子到孙中山，我们都应当给以总结，继承这一份珍贵的遗产"。他还说："我们应当大量地吸收外国的先进文化，作为自己文化食粮的原料，这种工作过去还做得很不够。"[②] 学习党的十九报告，把握习近平新时代中国特色社会主义思想，我们也不难体会到这一划时代的理论成果，生动地体现了马克思主义对待人类文化遗产的科学态度和一贯立场。习近平同志主政伊始不仅把继承和弘扬中华民族优秀文化遗产以前所未有的高度提到全党全国人民的面前，而且在全国哲学社会科学工作座谈会上

---

① 《列宁全集》（第4卷），北京：人民出版社2017年版，第258页。
② 《毛泽东选集》（第2卷），北京：人民出版社2009年版，第533-534、706页。

的重要讲话中强调："对于人类创造的有益的理论观点和学术成果，我们应该吸收借鉴，但不能把一种理论观点和学术成果当成唯一准则，不能企图用一种模式来改造整个世界，否则就容易滑入机械论的泥坑。"正因为如此，可以说，习近平新时代中国特色社会主义思想是人类优秀文化遗产在新时代的一种创造性转化和创新性发展，是马克思主义发展史上一次重大的历史性飞跃。

综上所述，可以清楚地看出，对于人类的文化遗产，马克思主义从来就是极其尊重和科学地对待的。它所具有的那种海纳百川的开放胸怀，那种贯通古今、汇聚中西的恢宏气魄，应该是我们建设繁荣中国特色社会主义新文化所应有的精神状态和科学态度。

二、马克思主义重视人类文化遗产的客观依据

马克思主义对待人类文化遗产的这种开放的心态和海纳百川的胸怀，绝不是出于什么实用主义的考虑，而是基于唯物史观的原则要求，是出于对人类文化发展的客观规律的自觉把握和遵循。

马克思主义认为，作为观念形态的精神文化都是一定的社会存在的反映，都是一定的经济基础决定的上层建筑。但是，任何一种精神文化一经形成便有其自身相对的独立性，它不仅能够反作用于决定它的社会存在、经济基础，而且还有其自身发展的内在逻辑和特殊规律。如果说，一定的社会存在、经济基础是产生某种文化的"源"，那么这种文化自身的历史发展就是其"流"。前者是根据，后者是条件。在这里，"源"和"流"、"根据"和"条件"是密不可分、缺一不可的。正因为这样，才产生了各种不同的文化类型，形成了千姿百态的人类文化景观。也正因为这样，才使人类文化的发展显示出其自身特殊的规律性。

首先，从人类文化的生成和发展来看，任何类型的文化总是人类在特定的社会历史条件下，适应自身的生存和发展的境遇的需要，以回应来自自然环境、社会生活和人际关系的各种矛盾的挑战而产生和发展起来的。正是这种挑战推动和刺激着人不断地应战，不断积累更大的力量继续向前，不断地解决各种问题和矛盾，从一种成就走向另一种成就，文化才在这一过程中生长发展起来。在这个过程中，异质文化以及同质异构的文化的交流和碰撞、冲突和融合，乃是一种文化保持其生命力，实现自我更新

和自我发展的重要机制。在西方，古代希腊、罗马文化的繁荣，就在于它生成伊始就处于多种文化的交汇和激荡之中，正是中东文化、北非文化和欧洲文化三大文化传统的交汇，才推动着古希腊、罗马文化的发展。在中国，如果说中国先秦文化的繁荣，是诸子蜂起，儒、墨、道、法、兵各家各派相摩相诘、"百家争鸣"的产物，那么中国封建文化的成熟和定型，则不能不说得益于魏晋到隋唐时期印度佛教文化的传入和阿拉伯文化的浸淫。宋明理学就是在这种背景下，作为儒、佛、道三家的对立和融合的产物而形成的。总之，人类文化生成和发展的历史告诉我们，一种缺乏外部压力和自觉应战精神的文化，就可能因其缺乏危机感和竞争心而丧失其自我反省、自我调整和自我更新的内在动力，就会因此而停滞、僵化甚至衰落。因此可以说，不同文化的交流和碰撞、冲突和融合乃是文化发展的一种规律性的现象。这种规律性的现象说明，文化的发展也是一个不同文化相互借鉴、相互吸收的辩证过程。马克思主义强调重视人类的文化遗产，正确地对待人类文化遗产的科学态度和原则立场，正是建立在对这一规律性的自觉把握和遵循上的，它为我们正确地对待人类文化遗产的必要性和重要性，提供了客观的依据。

其次，从文化的结构来看，任何一种文化类型，都是一系列的文化因子或"文化丛"按照一定的秩序结合而成的系统，这个系统由其核心价值观念、思维方式、审美情趣凝结而成为一个整体，使其同其他文化类型区别开来。但是，构成一定文化类型或文化系统的诸多文化因子或"文化丛"，在该文化类型或系统中所处的层次和意义是不尽相同的。从发展的眼光来看，它总是同时包含着历时态的因素和共时态的因素，是这两种因素的辩证统一。具体而言，任何时代的文化、知识、理论系统都不过是代表了当时一定阶级或集团的人们对现实的合乎逻辑的解释。这些解释自然首先应当放回到该历史时期去理解、把握和评价，这是其历时态的逻辑合理性的根据。但是，它们同时又必然地蕴涵着某些对人类文化作出的贡献的因子。这些文化因子则对任何时代的人类整体的生活都是有益的。之所以如此，是因为人作为一种"类"存在，不论其社会历史条件如何不同，总是要面对某种共同的问题，有着相似的或一般的社会背景和活动条件。关于这一点，恩格斯在《反杜林论》一书中就作过经典的论述。西方社会学家索诸尔也发现，语言是人类的共性，语言既有其历史的时间范围，又有其共时的结构性质。正是由于文化结构的这种历时态因素和共时态因素的辩证统一，才使得我们今天阅读荷马史诗、莎士比亚戏剧、中国的诗经、道德经和唐宋诗词，仍能感受其应有的魅力，因为它们已经超越了古代和中国的时空界限，成为了人类文明发展的任何时期都能共享的文本了。文化结构的这种特征，必然使任何一种文化类型既有其内在系统性的特质，又或多或少具有可分解、可重构即解构性的一面。同时，也使得任何一种文化因素既有其所属文化系统的关联性的质的规定，同时又具有某种经过改造而能同其他文化系统相容的可接纳性。这些都为马克思主义正确对待人类文化遗产提供了客观的必要性和可能性。

第三，从文化的传承来看，人类文化的传承是一个文化自身的客观延续和作为文化主体的人（包括一定阶级、社会集团、民族国家）的主观选择相统一的辩证过程。很显然，既然文化的发展有其自身相对独立的特殊规律，那么相对地说，它的传承就是一个不间断的连续过程。每一代人一开始总是要生活在既定的文化环境、文化氛围之中，他们只有适应这种文化，获得这种文化的认同，才能实现其社会化，成为被该社会接纳的一员，他们也必然这样或那样地把这种文化传承给下一代人，这就造成了文化传承的客观连续性。这种文化传承是以相应的文化传统的形式表现出来的。从这个意义上讲，人是文化的产物，也是文化的创造者，这就是"文化即人化"的一般含义。实践证明，传统是不可能完全摆脱而是只能面对并作出理性地选择的。但是，每代人又都是在变化了的历史条件下生存和发展的，他们有着不同于前代人的历史条件、生存境遇、实践经验、社会责任和自身的需求愿望，以及认知视角和思维能力，因此，他们在接受、传承某既定的文化时，又必然自觉地作出自己这样或那样的选择。特别是在社会生活急剧变化，社会矛盾十分尖锐，历史发展的转折时期，这种选择就会变得更加尖锐、更加紧迫，甚至会牵动着整个阶级、集团、民族和国家。这时，文化的变革、文化的创新，就成了不可回避的问题，这时人又成了传统文化的选择者和新文化的创造者。可见，文化的传承同其他事物的发展一样，也要受到唯物辩证法规律的支配，也是一个连续性和中断性相统一的辩证过程。这个过程就是文化的客观延续性和文化主体的主观选择性相统一的辩证过程。

由上可见，马克思主义强调重视和尊重人类文化遗产的科学态度和原则立场，就是奠定在人类文化发展的客观规律的基础之上的，是对这种规律的自觉把握和遵循，因而它也是建构和繁荣社会主义新文化所必须确立的科学态度和原则立场。我们认真学习十九大报告就不难体会到，报告本身就蕴含着马克思主义对待人类文化遗产的这种科学态度和原则立场，它将在马克思主义发展的历史文献中具有划时代的历史地位。

三、坚持创造性转化和创新性发展的统一

文化的生成发展、可解构性和传承性的客观规律说明，人类文化遗产既是前代人同后代人在文化联系上的中介，又要通过后代人的自觉选择才能得以传承和发展。它并没有什么超历史的绝对的合理性，它的合理性始终只存在于人类不断选择、不断创造历史的实践发展过程之中。因此，正确地对待人类文化遗产，就必须坚持批判继承的方针，对于人类的优秀文化遗产自觉地进行创造性转化和创新性发展，这才是关系我们能否真正正确认识和把握马克思主义对待人类文化遗产的科学态度和原则立场的实质性问题，也是关系我们学习和贯彻十九大报告精神，正确认识和把握习近平关于树立正确的文化观的关键问题。

如果说，人类文化的传承是一个文化自身的客观延续和作为文化主体的人（包括一定阶级、社会集团、民族国家）的自觉选择相统一辩证过程。那么，正是前者，决定了对待人类文化遗产的继承性，它要求我们对于人类文化的优秀遗产必须坚持创造性的转化；正是后者，则必然表现为对待人类文化遗产的批判性，它要求我们对于人类文化的优秀遗产必须坚持创新性的发展。在这里，批判和继承、创造性转化与创新性发展是同一过程的两个不可分割的方面。否认继承性和创造性的转化，是文化虚无主义的观点；没有批判性和创新性的发展，则会犯文化保守主义的错误。这两者都割裂了批判和继续、传承和发展的统一，都违背了人类文化运行的客观规律，都是错误的观点。正因为如此，所以它们之间并没有不可逾越的鸿沟，在我国近代史上文化虚无主义和文化保守主义两者互相转化就不乏其例。

社会主义制度是人类历史上一种崭新的社会制度，它本身就是对旧制度的超越和创新。而要超越创新，则意味着突破，具体到文化上，则意味着要创造一种既适应时代前进步伐又不失民族文化特质和民族精神的，既

优于和高于资本主义文明又适应现代科技、工业、信息要求的新文化、新文明。所以在这里，传承和创新是相辅相成的。创造性转化是创新性发展的基础性步骤，没有创造性的转化，所谓创新性发展就是一句空话；反过来说，创新性发展构成创造性转化的目标指向，不能实现创新发展，所谓创造性转化不仅会失去它应有的动力和方向，而且也毫无意义。这两者的辩证统一，对我们来说，就是要立足于现实，面向未来，既创造性转化中华民族和全人类的传统文化中的优秀遗产，又要从时代的课题出发，赋予它崭新的现代意义，真正同时代精神相融合，使之内化为人民群众的主体意识，努力建设中国特色社会主义新文化、新文明。

实践是认识的基础，是检验真理的标准，也是我们坚持和实现创造性转化与创新性发展辩证统一的基础。事实上，人类的社会实践本身就在不断区分着真理和谬误。同样，实践本身也在不断地区分人类文化遗产中哪些是精华，哪些是糟粕，并把其中的精华放在实践需要的熔炉中加以熔铸，使之得以改造和升华，成为新文化的构成要素。离开了实践，就会把对待人类文化遗产问题变成一个纯粹思辨的问题，显然，这就无异于纸上谈兵。正是中国近代一百多年来伟大革命和建设的社会实践，才使我们深刻地认识到"只有社会主义才能救中国""只有社会主义才能发展中国"的真理，也正是这一伟大实践才使人们实际地体会到只有努力建设中国特色社会主义才是我们实现四化，振兴中华，实现中华民族伟大复兴的中国梦的唯一正确的选择，因而也才使我们找到了正确对待人类文化遗产的立足点和出发点，为我们开拓了坚持和实现创造性转化与创新性发展辩证统一的现实道路。

应该看到，在社会主义现代化建设的实践中，实现创造性转化和创新性发展的辩证统一，是一个艰巨复杂、长期曲折的历史过程。这一历史过程绝不是一个自发的过程，只能是一个自觉地加强社会主义精神文明建设，弘扬和践行社会主义核心价值观的社会系统工程。施行这一系统工程必须广泛动员全社会各方面的力量，采取各种有效的形式和渠道，齐抓共管，创新体制机制，坚持不懈，久久为功。这其中，从社会方面来讲，必须正确认识和处理好如下两组重要的关系：

首先，要正确认识和处理好思想文化建设特别是伦理道德建设中的"软"和"硬"、"虚"和"实"的关系。作为观念形态的思想文化、伦理道德，相对于社会政治、法律等制度方面的因素来讲，乃是一种"软件"。一定社会的思想文化、伦理道德总是对一定社会的经济、政治的反映，并反作用于这一社会的经济、政治。因此，它们两者之间既是一种被决定和决定的关系，又是一个互动、互补、互促的过程。这就要求我们把加强社会主义思想文化、伦理道德建设，同加速社会主义政治、经济体制的民主化、法律化的"硬件"建设有机地结合起来，并在这个基础上，在尊重思想文化、伦理道德建设自身的特点和发展规律的前提下，实现其必要的规范化、制度化，亦即使"软件"适当地硬性化，形成一种经济、政治、文化、思想、伦理、道德优化组合、互为机制、同步发展、全面推进的社会主义思想文化建设的模式。事实上，思想文化作为一种"软件"，只有在一定制度的"硬件"中才能正常地生长，有效地发挥作用。我们知道，制度作为确定人们行为及其相互关系的一套规则体系，它本身就是一个价值实体，它通过其特有的约束机制和激励机制，具有一定强制性地规定着人们的行为方式和价值取向，因而成为思想文化作用于经济和政治的一个重要的中介。在不同的制度条件下，即使是同一思想文化、伦理道德，其发挥作用的性质、功能及其方式也是不一样的。只有在民主化的政治和健全的法律等制度的条件下，人类文化遗产中的优良成分才能得到有效地传承、改造、发展和升华，从而在文化创新中发挥它的积极作用。

同时，就思想文化、伦理道德建设本身而言，如何使其由"虚"变"实"，做到真抓实干，努力在实际、实事、实行、实效上花功夫，在强化其实际机制和操作性上下力气，真正达到如古人所说的"百姓日用而不知"的地步，也是十分重要的。在这方面我们的党和人民已经创造了很多好的经验，应该高度重视，切实坚持，认真推广。但也应该看到，在这个问题上，正如习近平同志反复指出的那种疲软的现象，那种升虚火、托空言、讲形式、摆花架子的现象，仍然存在。因此，提高认识，充分发挥习近平同志倡导的"务实"精神，努力贯彻十九大报告提出的新时代治国理政的重要思想，仍然是一个重要的任务。只有这样，才能使创造性转化和创新性发展真正辩证地统一起来，才能使建设社会主义的新文化、新文明落到实处，收到实效，出现新的格局，达到新的境界。

其次，要正确认识和处理好思想文化、伦理道德建设中的民族性同世界性的关系。如前所述，不同民族和国家之间的异质文化的碰撞和交流、冲突和融合，乃是文化发展的一条重要规律，在当代更是一种世界性的文化现象。可以说，在当代一个民族文化的生命力就在于它既能保持发展本民族文化的优良传统，又能充分地吸收其他民族文化中的那些适应时代发展要求的积极成分和合理因素。所以，当代文化发展和思想建设只能是也应当是"民族意识"和"全球意识"的有机结合，是民族化和世界化的统一。不能坚持这种统一，我们就不可能站在当代世界发展的高度来看待思想文化问题，就不可能反映当代历史发展的要求。相反地，就可能使我们的思想文化建设游离于当代人类文化发展的潮流之外，这样的思想文化也是不可能有什么生命力的，它更不是我们要努力建设和繁荣的社会主义的新文化、新文明。因此，在这个问题上我们也必须坚持毛泽东倡导的"古今中外法"，认真落实十九大报告提出的"坚定文化自信"的要求。

这里我们不妨以伦理道德文化建设为例来做些分析。一方面我们必须认识到，西方腐朽的利己主义的文化形态和价值观念，是我们必须坚决抵制和批判的，这仍然是当前我们建设社会主义新文化、新文明的一个重要的战斗任务；但是另一方面又应该看到，西方伦理道德文化又毕竟是西方民族国家在走出中世纪，进入近现代过程中对伦理道德现象进行理论反思的体现和智慧的表征。它的内容十分丰富，例如其中所包含的对人权、自由、平等的深刻阐发；对公平、正义、勤勉、守信的深入探讨；对个性发展和道德关系完善的系统论证；以及对道德语言逻辑、个体道德心理和人格、人的道德境遇和道德选择等诸多问题的全面研究等。特别是现代以来，一些西方的学者在对西方社会全面反省的基础上，对资本主义社会的文化矛盾、道德衰落和价值危机所展开的批判，其中就不乏真知灼见。所有这些，对我们都是具有启迪和借鉴作用的。因此，只有坚持民族性和世界性的统一，树立面向世界的广阔的文化胸怀和放眼未来的深邃的文化视域，努力把对本民族优良传统文化的转化与创新和对外来文化积极成分与合理思想的引进吸纳有机地结合起来，在综合中创新，在创新中综合，我们才能更好地坚持创造性转化和创新性发展的辩证统一，才能推动社会主义文化繁荣兴盛，才能建设人类历史上迄今为止最先进、最科学的社会主义新文化、新文明。

总之，党的十九大报告指出，"文化是一个国家、一个民族的灵魂。文化兴国运兴，文化强国运强，没有高度的文化自信，没有文化的繁荣兴盛，就没有中华民族的伟大复兴。"建设社会主义现代化过程，只能是一个继承人类优秀的文化遗产，树立马克思主义的文化观，创造社会主义新文化的历史过程。为了加速这一过程，我们必须正确地对待人类的文化遗产，排除文化虚无主义和文化保守主义的干扰，确立中华民族及其本土文化可以从自身的创造性转型中升华为社会主义新文化、新文明的充分的文化自尊和文化自信，同时也重视对外来文化精华的借鉴和吸纳，在马克思主义和习近平新时代中国特色社会主义思想的指导下，努力为之奋斗。

（作者唐凯麟，湖南师范大学道德文化研究院教授，博士生导师。）

论儒家思想文化与社会主义核心价值观的内在关联

李建华　张响娜

摘要：儒家思想文化作为中华优秀传统文化的重要组成部分，包含丰富的治国理政、立德树人等价值理念。社会主义核心价值观继承了儒家思想文化精华，结合时代风貌，延续了其中的社会理想和人格理想内涵。随着社会主要矛盾的变化和人民发展需求的增强，社会主义核心价值观在继承儒家思想文化的基础上，进一步吸取马克思主义关于人类社会发展理论的精髓，不断地增添当代价值，已成为全人类共同的宝贵思想财富。

关键词：儒家思想文化；社会主义核心价值观；马克思主义唯物史观

中国共产党十九大报告明确指出："社会主义核心价值观是当代中国精神的集中体现，凝结着全体人民共同的价值追求。"而要培育好社会主义核心价值观，必须"深入挖掘中华优秀传统文化蕴含的思想观念、人文精神、道德规范，结合时代要求继承创新，让中华文化展现出永久魅力和时代风采"。源远流长、博大精深的中华优秀传统文化是孕育伟大民族精神的沃土，儒家思想文化作为其主干部分，与社会主义核心价值观的阐发和延伸具有丰富的内在联系。在实现推动社会主义文化发展繁荣，树立高度文化自觉自信的进程中，正确看待社会价值理念支撑与儒家思想文化间继承与超越的关系，对于促进传统文化与当代文化相结合，激发中华民族文化创新活力具有十分重要的理论价值和现实意义。

一、培育和践行社会主义核心价值观需要儒家思想文化的滋养

儒家思想文化具有鲜明的历史价值和深刻的当代意义，是具有东方文明特色的中华传统文化代表，是中华文明在产生和发展过程中凝聚而成的

思想理论精髓。儒家核心价值观的核心内容是崇仁义、明礼教。如他们提倡以六艺为法，崇尚"礼乐"和"仁义""忠恕""中庸""德治""仁政""修身"等价值观及其践行方法。在儒家的价值观中，仁义礼智等道德不但是人类最本质的需要，而且也是核心价值观。而对核心价值观的践行在本质上就是培育君子等高尚人格，孔子提出"君子义以为上""好仁者无以尚之"，在这里，仁义道德不但是实现治国平天下的工具和手段，而且本身就是核心价值观，它们就是真善美乐等价值的核心。在要求人们践行核心价值观方面，他们提出了"义然后取"的原则，主张"无求生以害仁，有杀身以成仁""舍生而取义""非礼勿动"等，提倡人们以高尚的精神和坚强的意志践行核心价值观。如他们主张任重而道远，认为"人能弘道"，相信通过人的主观努力，积极作为，确定的价值目标可以实现，"我欲仁，斯仁至矣"。核心价值观的践行的落脚点表现在个人人格与社会理想两个方面：从理想人格看，他们提出了"君子人格"，乃至"圣人人格"。他们认为君子人格应当具备"文质彬彬"的素质结构以及"重义轻利"的人生观念，君子应当具有"可以大受"的责任意识和责任能力，应当具有"和而不同"的处世态度和"执两用中"的思维方式，君子人格应当是"智""仁""勇"三种德性的有机统一。从理想社会看，他们主张"德治"下的社会，即实现通过统治者及其统治政策和社会制度的优化而达到人伦理关系和社会生活的道德化，进而实现社会秩序和社会关系的优化。儒家核心价值观是中国传统核心价值观的主体组成部分，对中华民族的文化心理影响极为深远。自孔子创立儒学价值观后，经先秦孟子、荀子的继承和发展，汉代董仲舒等人的弘扬和改造，宋明理学的阐释和复兴，虽然形态几经改变，但其核心价值观中的仁、礼核心价值观却绵延不绝。在漫长的皇权专制社会，它一直被官方和民间奉为核心价值观的主体部分，至今还在海内外产生着重要影响。

在传统社会里，儒家文化高居于政权的统治思想地位。历史上，儒家经典是治国理政的良方，待人接物的指南。在现当代社会中，儒家思想文化结合马克思主义关于人类社会发展理论，融合时代特征，展示出其贯穿古今的蓬勃生命力。首先，在经济领域，儒家思想文化强调经济实力的强劲对一个国家发展具有不可或缺的重要性。实践证明，人类的生存发展不可与物质财富的增长相脱离，物质利益层面的需要是公民社会生活的基础条件之一。经济发展不仅有利于推动我国对于社会主义市场经济体制的改革完善，而且在一定程度上逐渐满足人们的发展需求，引领人民生活水平的提升。其次，在政治领域，以民为本的政治思想在当代社会仍然具有借鉴参考价值。中国共产党根据马克思主义唯物史观的基本理论，学习儒家治国理政层面的思想精华，以志在必得的决心进行政治体制改革，制定了众多正风肃纪、让利于民的政策规范。再者，在文化领域，传统儒家思想文化历久弥新，突破了传统历史价值的束缚，重新焕发出时代生机，令人耳目一新。文化领域的繁荣对于一个民族的兴盛具有不可替代的促进作用，中国共产党日益注重意识形态层面的教育，儒家经典思想文化的继承发展和宣传推广有利于增强中华民族的文化自尊自信，引导人民正确认识儒家文化与社会主义核心价值观的根叶源流关系。

　　自党的十八大以来，习近平总书记多次在重要会议上对"社会主义核心价值观"的具体内容进行提炼解答，并且强调优秀传统文化的固有根基不容动摇。"牢固的核心价值观，都有其固有的根本。抛弃传统，丢掉根本，就等于割断了自己的精神命脉。"[①] 儒家思想文化是产生于我国农耕文明进步过程中的本土文化，内化在每一位中国人的血脉之中，社会主义核心价值观的提出辩证地继承了儒家思想文化的内容，并择取其中的精髓部分融入新的时代特征，兼具了民族性和时代性。在巩固党的领导、完善公民思想道德建设、把握文化前进发展方向等方面，培育和弘扬社会主义核心价值观居于重要地位。[②] 作为当代公民，我们应当树立爱国、友善、文明等正确价值理念，认真学习基础的马克思主义理论知识，为更好地践行进步的文化价值观做准备。我们应该深刻认识到，中国绝不是西方国家灌输其错误价值观念的文化殖民地，中国公民应具备中国特色的社会主义价值理念和价值体系。这是实现中华民族屹立于世界之林伟大梦想最基本的依据，同时也是确保民族振兴、人民幸福的根本。

---

　　① 习近平：《在中共中央政治局第十三次集体学习时强调把培育和弘扬社会主义核心价值观作为凝魂聚气强基固本的基础工程》，载于《人民日报》2014年2月26日01版。
　　② 李建华：《分层次培育社会主义核心价值观》，载于《光明日报》2013年1月26日011版。

二、社会主义核心价值观是对儒家思想文化社会理想的继承

在社会主义核心价值观中,富强、文明、和谐的理念继承了儒家思想文化中的社会理想。儒家思想文化中包含着的丰富的社会理想内容,成为了富强、文明、和谐价值理念的来源之一。从春秋战国时期起,关于理想社会的构想就层出不穷。随着朝代更迭变化,富强、文明、和谐逐渐成为了中华民族理想社会的典型价值理论。同时,君权统治的合理性也从中得到适当的解释。在中国传统社会中,经济、政治、社会三大领域的建设成为了统治者高度重视的领域,体现出一种包含人文精神、人本主义的发展理念,贯穿着中国社会各民族、各阶级的共同利益诉求。

中国古代社会的社会理想是基于自给自足农业经济状况的文化价值理论的反映。富强、文明、和谐价值理念基本上把握住了人民的客观需要,符合人民对社会的美好愿望。在推动经济持续健康发展,提高公民道德素质,维系人际关系,缓解社会矛盾,稳定政治局面的过程中发挥了不可代替的作用。

富强理念继承了儒家思想文化中人民向往富裕,追求国家强盛的要求。富强,即富民强国,是传统社会里统治者追求的基本理想,是统治者关怀百姓的现实需要的重要体现,同时也是实现国家安全稳定、人民生活幸福的必要条件。中国传统儒家思想文化中关于富强理念的认识成果包括:第一,国家独立以富强为基础。"主之所以为功者,富强也。故国富则兵强,则诸侯服其政,邻敌畏其威。"判断一位统治者能否得到百姓、诸侯甚至别国的顺服,主要标准就在于其治理的国家是否兵力强盛、国富民安。第二,国家富强为人民的物质生活提供保障。古代儒家政治思想家大多鼓励统治者重视农业发展,自给自足的经济形式能够培养出勤劳温和的国民,为国家富强道路的开创奠定基础。第三,物质财富与精神文化休戚相关。国家富强与国民素质间具有辩证关系。"仓廪实则知礼节,衣食足则知荣辱。"国家富强、物质资料的丰富可以提高人们的道德素质,增加道德行为的产生。马克思主义唯物史观中的社会存在与社会意识的辩证关系原理以及经济基础和上层建筑的辩证关系原理正确反映出物质利益和社会道德的辩证关系。

中国共产党继承了儒家思想文化中以民为本的人道主义精神,赋予了

"富强"以更全面周密的时代内涵。较与西方国家重视少数人的私有财富不同，富强在当代中国不仅意味着物质利益层面的富足共享，而且还意味着精神文明层面软实力的发展壮大。国家富强对一个民族的进步至关重要，不仅关系国家存亡命运，而且影响全民素质的提升程度。目前，在我党的正确领导下，我国加入到了经济全球化的世界潮流之中，即使面对多元文化的冲撞融合，我国也坚定地走自己的道路，向着成为一个富强文明的社会主义现代化国家目标前进。

文明理念是对儒家文化人本主义的继承和发展。"文明"是一个与"荒蛮"相对的词语，狭义的文明用于形容个人的品行道德表现，广义的文明可以用于形容一个社会文化的先进程度。而一个国家对于文明的追求则体现在对人的人本主义关怀中，是一个民族优质内在素养的标志。儒家的政治思想精髓在于"仁政"二字，体现了对百姓们的体恤关怀精神。关于文明理念的认识成果包括：第一，轻徭薄赋，以民为本。"民为贵，社稷次之，君为轻。"儒家思想提倡统治者需要深刻认识到自己在一个国家中的角色定位，不能胡作非为，应当以民为社稷之根本。第二，明德慎罚，治国以礼。"夏桀、商纣的暴虐而导致夏、商覆亡的史实，为西周文明思想的产生和发展提供了反面教材。"[①] 第三，仁者爱人。仁爱体现了对生命的爱护，传递了一种充满善意和慈爱的思想。对于文明理念而言，仁义和礼仪缺一不可，仁义主要是基于人们的内心而选择产生，礼仪则在心理之外约束着人们的社会行为。简言之，礼仪作为人们内心仁义的外在表现，需要个体具备较高的思想道德素质。

文明包含物质和精神两个层面的发展，对一个社会文明程度的评判需要联系社会主体在历史上的物质财富创造和精神理论创新。文明社会的构建，需要统治者和决策者们具有较高的道德素质，正确把握社会的整体定位，而且要让统治者们乐意接受权力的制约。社会主义核心价值观中的"文明"理念，在吸收马克思设计的共产主义社会蓝图情况下，囊括了经济、文化、社会以及生态等方面的丰富内涵，成为核心价值理念中的重要一环。

---

① 刘白明：《社会主义核心价值观对中国传统价值观的继承与超越》，载于《求实》2016 年第 3 期。

和谐理念继承了儒家思想文化中的"和"文化。在儒家思想文化中，不存在主体和客体对立的思想价值观念。和谐是连接万事万物本质的中心环节。在中国传统社会里，先哲们普遍重视"天人合一"的境界，即人本身，人际关系之间，全体人类与自然的和谐统一。儒家思想文化中的和谐理念将人们的精神定位置于最高处。关于和谐理念的认识成果包括：第一，人与自身的和谐。儒家思想文化重视身心平衡。人的自身需要达到一个平衡的局面，如体内的阴阳平衡。第二，人际关系和谐。人际关系和谐是事关一个民族繁荣昌盛、社会环境和谐稳定的首要因素。儒家的"和"文化把人际关系纳入到一个细致周密的礼的体系当中，开创了夫义妇顺、父慈子孝、兄弟相亲的通达局面。第三，人与自然的和谐，即天人和谐。世间万事万物的运行有其自在之道，我们应当遵循自然之法，审时度势，对自然进行适时适度地开发利用，不能背离其规律的运行。否则，必将自食恶果。

历史唯物主义中，马克思发现阐释了"和谐"的内涵，在他看来，和谐就是事物之间的统一，从人类未来社会发展趋势表面，和谐就是指人们对理想的美好社会的憧憬与探寻。历史上，空想社会主义者也对"和谐社会"进行过理论上的构思与实践上的尝试。在当代中国，和谐理念倡导的核心内涵在于和平与繁荣。中国推行睦邻友好政策，尊重差异，追求共同发展，负责地承担起一个大国的重任。追求和谐并不意味着要掩盖或者忽略矛盾的存在，而是强调尊重多元文化、多元思想的发声。走发展之路，构建和谐社会，倡导和平世界的理念具有较强的现实意义。孔子所追寻的大同社会是儒家文化影响下的文明社会写照，社会主义核心价值观中的"和谐"理念，不仅填补了文明的空缺与不足，综合了"和而不同"的观点，更是引领中国先进文明走向复兴之路的开端。

三、社会主义核心价值观是对儒家思想文化人格理想的继承

爱国、敬业、诚信、友善价值的理念继承了儒家思想文化中的人格理想，反映了中国家国一体的政治格局和伦理本位的文化特征。从公民层面看，四大核心价值理念是儒家提倡的人格理想的体现。它们为大多数人所接受，通过代代相传沿袭下来，是我国公民应当共同恪守的基本道德要求，是维系社会正常运行的宝贵道德资源。

第一部分 文化自信专题

社会主义核心价值观中所提倡的关于社会理想的实现是需要全体成员共同努力才能达到的成果，社会理想的达成以个人立身之本的全面实现为前提条件。所以，个人的修齐治平之道为个体发展抑或国家发展提供了蓝图。个人层面的四大价值理念摆脱传统社会中剥削阶级对个人发展的扼杀，强调全体社会公民规范的价值观的形成，重视个体的个性发展。社会主义核心价值观的建设不能是虚浮的海市蜃楼，离不开社会中每个个体的心理认同与行为实践的衔接，重视培育最基础的个人层面价值理念是最切实有效的方法之一。

爱国理念是对儒家忠孝观念的继承。"实现中华民族伟大复兴的中国梦，是当代中国爱国主义的鲜明主题。"[①] 爱国主义应是每一位中国人高举的旗帜，是伦理层面和政治层面的共同要求。在传统社会中，家和国一体同构，二者相互依存的观念得到了人们的普遍认同。爱国与忠君、孝悌思想紧密相连，成为人人追求的道德情怀。在现代社会，对于每一个公民而言，国家不仅是其个人生产生活的家园，更为其家庭提供物质和精神上的保障。坚不可摧的爱国精神在抵御外敌，确保国家领土完整过程中起到了关键的精神支撑作用。在中国历史上，有战死沙场、不惧牺牲的英雄色彩的爱国主义，也有"为天地立心，为生民立命，为往圣继绝学"的属于知识分子的爱国情结。从屈原悲愤决绝的《离骚》到文天祥悲壮激昂的《过零丁洋》，从两弹一星发射成功到重大国际事项的成功举办，爱国主义具有超越时代的特性和感染力，是最能够激励鼓舞人心的感性表达。爱国主义的主张不仅具有悠久的历史文化传统，更是成为在近代促进中华民族从屈辱走向繁荣的核心推动力。爱国是将分散的个体与统一的集体联系起来的情感纽带。爱国理念促使着人们为实现祖国的伟大复兴，完成华夏民族的团结统一做出巨大努力。在当代中国，爱国理念具有十分丰富的文化内涵：例如以国家、民族的集体利益为重的情感认同；将社会主义建设与个人梦想的实现密切联系起来；心系群众，拥护党的领导，坚持只有一个中国的原则，以及热爱灿烂的中华文化等。

敬业理念是对儒家敬业乐群之教的继承。《礼记》中记载，在教育青

[①] 习近平：《在中共中央政治局第二十九次集体学习时强调大力弘扬伟大爱国主义精神为实现中国梦提供精神支柱》，载于《人民日报》2015年12月31日01版。

年人的过程中，敬业教育紧随文本教育。敬业是个人成长的必备素质，是为人处世的基本规范。在个人成长过程中，敬业理念促进了人们形成良好的道德人格。社会分工的多样化促使从事不同职业的人对敬业价值理念具有不同的理解，因而存在不同的遵循方式。早在春秋时期，尽心尽力从事于本职工作的理念已经得到了全社会的认可。大禹治水，周公辅佐周成王，黄道婆发明纺织技术等都是敬业精神的良好体现。对于劳动者，不论是官方态度还是社会舆论都秉持了一种赞扬倡导的态度，反之，不劳而获的懒惰思想和投机取巧的职业观念多为世人所不齿。社会主义核心价值观的敬业理念在继承了儒家传统思想文化中"执事敬""事思敬""修己以敬"的精髓。在儒家文化中，"敬"和"礼"相辅相成，是反映君子德行的关键标准。敬业看似是社会道德中最平凡普通的一项美德，但是对于国家和个人的发展都有重要的推动作用。敬业应当发展成为一种自发自觉的行为，是个体责任心的体现，也是将个人价值与社会贡献相结合的行为表现。一个民族的兴盛壮大就是从劳动开始。马克思曾警示说："任何一个民族，如果停止劳动，不用说一年，就是几个星期，也要灭亡。"[1] 在竞争激烈的当代国际社会里，只有一个敬业的民族才能具备充沛的创新精神，创造出具有竞争力的产品，成为市场竞争的胜利者。在市场经济条件下，敬业要求人们从改善自己生活条件的美好愿景出发，对工作抱有高度负责的态度，通过劳动产品的创造从而推动社会进步。敬业理念的宣传有利于培养人们踏实的勤劳作风和深厚的职业情感。劳动作为敬业的唯一表现形式，可以促进家庭收益增加，个人理想的实现，为社会做出贡献。

诚信价值观是儒家思想文化中关于正确做人的基本要求，是个体道德准则的底线。在儒家思想文化中，诚信是高于一切的概念，是"天之道"，是立身处事之准绳。随着商业经济的出现，交易幅度和数目日益增长，激烈的竞争关系迫切地需要诚信来维持平衡。诚信主要体现不自欺和信守诺言两个各方面。首先，人作为诚信的主体，不自欺是态度诚信的表现。一个人首先要做到不欺骗自己，要敢于倾听内心的声音，否则身心的发展必然会偏离正常的发展轨道。其次，不自欺还表现为学术诚信。在学习研究中，以虚怀若谷的态度，实事求是的精神对待每一门学问。学术造假、言

---

[1] 《马克思恩格斯选集》，北京：人民出版社2012年版，第473页。

行不端的行为是为人诚信的大忌。信守诺言同样包括两方面内容：诚信从商和诚信从政。"君子爱财，取之有道"，应当采取正确的致富方式，不能依靠偷工减料、鱼目混珠等不正当行为来谋取财富。另外，《论语》中多次提到政务诚信问题，强调取信于民是建设互信政治局面的根本。诚信是评判个人思想道德的基本标准，完善诚信体系在社会主义精神文明建设中亟待加强。落实诚信理念需要从"禁止"和"鼓励"两方面着手，一方面，通过信用制度体系建设加强监管，打击非诚信行为；另一方面，注重社会主体道德品质的提高，加强诚信思想的教育。

友善理念是对儒家仁爱思想的继承。友善理念在儒家思想文化中表现为良善德性的推行，是个人思想道德的规范。"仁者爱人"的理念是"友善说"的理论来源。儒家传统价值观中的友善对象具有普遍性，既包括个人与个人间的人际关系，也可以上升为国家之间、种族之间、人类与环境之间的问题。孔子的言论道义可以用"忠恕"二字概括，其中包括"己欲立而立人，己欲达而达人"和"己所不欲，勿施于人"的行动标准，这两者都体现了相互尊重的友善观。"友善是社会生活的润滑剂，是建立维护和谐社会的伦理秩序"[①]，个人可以通过道德约束的力量改变自身行为，从而改善与他人的关系，减少矛盾和冲突。另外，友善价值理念是超越了功利性的道义观，对于社会格局的和谐稳定具有调节力量，有利于形成亲善平和的社会关系。马克思认为，个体之间的关系如同照镜子，是情感双向交流写照的过程。任何人都不会是孤立存在的单独个体，都处在一定的社会关系之中。所以，社会迫切需要友善来增强公民之间的认同感和亲切感。友善的社会是一个美好的社会，友善理念的宣传有助于适度调节社会中纷繁复杂的人际关系。同时，友善还在一定程度上带来愉悦自身和他人的幸福感。在个人主体观念上升，集体观念淡化的当代社会，友善理念是每一位社会成员都应当奉行的基本价值观。友善观念的推广，能够促进公民之间和谐相处，维护社会稳定。另外，在对待国际关系上，友善已不仅仅是伦理道德的需要，更是建立互信国际关系的前提。遵循友善价值理念，有利于巧妙地处理利益矛盾，争取合作避免冲突，开创共赢的新局面。

---

① 李建华：《友善：必须着力倡导的价值观》，载于《光明日报》2013年7月6日011版。

四、社会主义核心价值观对儒家思想文化的发展创新

继承儒家思想文化的正确方法是坚持用唯物辩证法思维思考问题，这也是对传统文化进行创新和发展的正确途径。文明的历史发展经验表明，继承传统文化应当选择性地吸收经典，转变守旧排外的睥睨态度；对传统文化的创新需要智慧性地开放交流，而非全盘否定盲目西化。"在构筑社会主义核心价值观时，现实与历史是不可或缺的两个维度。"[①] 我们对儒家思想文化的发展和创新应当结合现实维度和历史维度两个方面，将传统智慧应用于现代社会治理的方式。随着时代的发展进步，社会主义核心价值观彰显出新时代的价值维度特征。同时，我们的认识也在继承发展过程中不断升华。

从内容上看，社会主义核心价值理念对儒家思想文化进行了必要的补充和完善。儒家文化延绵古今两千多年，是中华文化的一部分。社会主义核心价值观的形成不仅吸收了儒家思想文化价值观的精华，并且吸取了西方文化中的自由、平等、民主、公正、法治价值理念。在社会层面上的价值理念成为了建设具有中国特色价值观的核心内容。自由、公正和平等是人类文明史上亘古不变的追求与向往。法治和民主分别是法律层面和政治层面对自由、公正和平等的保障。马克思主义中的自由、平等、民主等理论具有实质内涵与实践价值，是关于人类社会发展的正确价值理论。良知的声音需要民主氛围的保障，民主的社会需要法制的保护，如果一个社会的价值观缺乏此类理念，公民素质的提升，良好社会秩序的建立将成为空谈。

从全球化视野来看，社会主义核心价值观不仅具有凝聚民心、引领社会进步、推动民族繁荣复兴的力量，而且兼具时代性和先进性。社会主义核心价值观的提出不仅在于保障了人民的基本政治权利、幸福生活等诸多个体方面的内容，更在于维护了政治多级化格局中中华民族的伟大复兴。其一方面抛弃了传统儒家思想文化中封建落后的思想，如忠君思想等；另一方面结合了马克思对于人类理想社会的理论构想，结合时代发展特色，

---

① 冯颜利、廖小明：《问题·旨趣·路径：社会主义核心价值观新探究》，北京：人民出版社2014年版，第20页。

将其包含的先进价值理念运用于实践。马克思主义的产生与实践，旨在指导工人运动，反对资产阶级的剥削，建设社会主义新社会，实现每位社会成员的自由全面发展。所以，将儒家思想与马克思主义理论创新融合的社会主义核心价值观能够正确引导中国精神文明的前进。与儒家思想文化相比，其内容更具有科学性和时代性。

从关注重点上看，社会主义核心价值观对儒家思想文化进行了推陈出新。随着社会经济发展，人们对社会生活的关注点由经济向政治变迁，即人民对民主政治权利的诉求加大。与传统儒家思想文化相比，社会理想价值观的关注重点发生了巨大的变化。虽然，社会主义的核心价值理念同样注重人们思想道德的培养，但是学习借鉴了马克思主义理论，吸收了西方文化中民主、自由、平等等丰厚内涵，兼顾集体主义和个人权利，价值功能正在由稳定秩序向满足主体要求转变。同时，我们应当清醒地意识到，资产阶级所提倡的民主、平等、自由、法治、公正存在巨大的局限性。资本主义社会的核心价值观是立足于资本家的根本利益，建立在不平等的所有制结构和生产关系之上的。马克思就曾一针见血地指出：资产阶级的法律所代表的是资产阶级的意志，是维护资产阶级统治的产物。社会主义核心价值观是东西方文明的融合，符合中国国情，能够有效地推动现当代中国社会各个领域的繁荣复兴。另外，就从个体的人权尊严角度而言，如何满足人们的各项权利已经成为现代社会关注的重心。在新时代下，设计一种民主、自由、平等的价值理念是新的社会要求，也是衡量当代中国综合实力的标准之一。从中国近代历史的教训经验来看，一个民族若是缺乏先进统一的精神指南，就会陷入一定的混乱之中，因此必须找到合适的思想理念来指引社会前进。正确的社会价值理念对于一个民族的命运有着极为重要的作用。我国政府应当密切关注自由、平等、民主等理念在公民日常生活当中的落实程度，采取合理的社会治理手段和政治措施。民主、自由、平等、公正和法治因素作为构建理想社会的必要因素，成为了衡量一个理想国家的客观标准。注重这些因素在各领域的发展更符合当代中国经济政治发展的实际状况，更符合全体人民的集体心声。所以，社会主义核心价值理念更具有宣传推广价值。

从实践角度看，社会主义核心价值观比儒家思想文化更具有可执行性，其实践性远远超过了儒家思想文化的实践性。儒家思想文化表达了人们在小农经济社会下对理想生活的美好向往。在品德修养方面，儒家推崇"君为臣纲、父为子纲、夫为妻纲"的不平等的道德约束，是应当被坚决否定的内容。即使是"仁者爱人"理念，从现代视角来看，也过于抽象。儒家大多数思想家都是站在君主统治立场，提出治理社会的理想方式，不具备充分的社会实践性。社会理想脱离实践的情况将导致民众的不信任和社会理想无法达成的结果。人们对社会主义核心价值观采取支持和赞扬态度的原因在于：在平等、自由、民主的社会主义国家中，这一事关国家、社会和公民的价值理想理念符合当下的社会实际情况，涉及群体的范围广、领域多，具有可行性。中国历史上呈现过"文景之治""贞观之治""开元盛世"等少数几个经济发展、社会稳定的太平盛世局面。不难发现，其政治统治方式具有相似之处，价值理念的推行也是相通的。在儒家思想文化指导下，传统社会的政治统治以人治方式下的德治和仁政为主，积极促进中国古代小农经济发展。然而，根据现在的中国社会状况进行评估，美好的社会理想与社会实践之间仍存在一定差距。人类文明的历史进程表明，在东西方文化相互融合的全球环境下，仅仅依赖于传统儒家文化必定导致文明进步发展缓慢。社会发展需要更具实践性，更符合现当代社会精神文明建设需要的价值理论。所以，"要切实把核心价值观的弘扬贯穿于社会生活方方面面，形成健康向上的文明规范和社会氛围"[①]。要以社会主义核心价值理念作为实践指导的精神财富，坚持依法治国，建立健全民主法制，探索维护全体人民群众的利益之所在。

习近平总书记曾指出："我们提出的社会主义核心价值观，把涉及国家、社会、公民的价值要求融为一体，既体现了社会主义本质要求，继承了中华优秀传统文化，也吸收了世界文明有益成果，体现了时代精神。"[②] 社会主义核心价值观的提出和弘扬为建设以造福全体公民为目的的社会主义国家奠定了思想基础。在辩证继承儒家思想文化理念中的积极内涵的基础上，规避了西方拜金主义和个人主义的错误价值观念，形成了具有鲜明民族性、开放性的社会主义的思想价值理论。社会主义核心价值观与儒家

---

① 肖贵清：《中华优秀传统文化与社会主义核心价值观的内在联系——学习习近平系列重要讲话精神》，载于《南京师大学报（社会科学版）》，2015年第6期，第5-12页。

② 习近平：《青年要自觉践行社会主义核心价值观》，载于《人民日报》2014年5月5日002版。

思想文化具有不可分割的密切联系，两者的关系值得深刻地探究和检验。在习近平总书记指导下，中国共产党人继承了儒家思想文化的精髓，结合马克思主义关于人类理想社会发展理论的科学性，通过艰辛探索，提出兼具文化创新和现实指向的价值观念理论。社会主义核心价值观秉承了传统儒家思想文化中的社会理想和人格理想的部分内容，并且在此基础上进行理论创新。因此，具有中国特色烙印的价值理念必然能够得到广泛支持和全面推广。我们应当以现当代视角看待问题，在继承儒家思想文化血脉中继续前行。我们应当谦虚学习老一辈共产党人所提出的思想理论内容，结合实践，持续大力弘扬倡导马克思主义理论文化精华，不断发掘其正确深刻的内涵。并且，应当开拓社会主义核心价值观引领下的新境界，加强我国的文化竞争软实力，用新时期中国特色社会主义的发展进行检验和证明。[1]

（作者李建华，浙江师范大学教授，博士生导师；张响娜，浙江师范大学马克思主义学院2017级研究生。）

---

[1] 习近平：《在中共中央政治局第十二次集体学习时强调建设社会主义文化强国着力提高国家文化软实力》，载《人民日报》2014年1月1日01版。

船山的文化自觉、文化自信和文化自强精神论

王泽应

摘要：王船山具有强烈的文化自觉、文化自信和文化自强精神。他的文化自觉根源于张载，他在希正学的过程中建构起了既继承张载又超越张载的哲学思想体系；他的文化自信根源于中华道统、爱国主义传统及庄子的"参万岁而一成纯"的价值观；他的文化自强体现在中华民族革故鼎新的精神、"舍我其谁"的文化担纲意识及船山"残灯绝笔尚峥嵘"的风骨。

关键字：王船山；文化自觉；文化自信；文化自强

中华文化之所以能够跨越一次次历史的陷阱和思想的困顿，在革故鼎新中不断向前发展，并呈现出特有的传承定力、创造活力与蓬勃生机，究其根本原因在于产生了一批又一批心系中华道统且对中华学统极深研几、阐幽探微的思想家、哲学家，他们以"朝闻道，夕死可矣"、"君子谋道不谋食"和"君子忧道不忧贫"的价值自觉，以"当仁不让于师""舍我其谁"的使命感和担当意识在文化战线上从事着"思贵独创""学贵日新"的创造性工作，希冀实现"为往圣继绝学，为万世开太平"的宏大理想。明末清初时期的著名思想家王船山即是其中杰出的代表。

一、"希张横渠之正学"的文化自觉

面对中华正学，船山既有一种"为往圣继绝学"的学术使命和责任担当，更有一种"舍我其谁""当仁不让于师"的内在主体精神自觉，有一种承前启后、继往开来的光大意识。在个体生活极端困难的条件下，他"理究天人，事通今古，探道德性命之原，明得丧兴亡之故，故流连颠沛

而不违其仁，险阻艰难而不失其正……先生之道可以奋乎百世矣"①。萧萐父先生在《中国哲学启蒙的坎坷道路》一文中写道：面对明清之际的民族危机和政治变局，"王夫之以一定的历史自觉，从哲学上总其成，'学成于聚，新故相资而新其故'，不仅全面扬弃程、朱、陆、王，批判地总结了宋明道学，而且精研易理，熔铸老庄，旁及佛道二教，博取新兴质测之学，特别是按'依人建极'的原则，高度重视人类史观的研究，使朴素唯物辩证法的理论形态发展到顶峰，并落足到天人、理欲等关系问题上的明确的人文主义思想，预示着新的哲学胎儿已躁动于母体而即将问世"②。船山的文化自觉基于对中国哲学与文化的深刻反思，沿着"'即事穷理''以理御心''人德以凝道''要变以知常'的认识途径，对自然和人类社会的矛盾运动进行了'会其参悟，通其错综'的辩证考察……从而把我国朴素形态的唯物辩证法推进到时代条件所允许的高度"③。船山的文化自觉集中体现在他对儒家正学特别是横渠正学的继承与发展上，他以"希张横渠之正学而力不能及"总结自己的学术活动。应该说，他不仅很好地承继并光大了张横渠的正学，而且也使孔孟儒学的真精神重新光耀于世，对整个中华哲学文化作出了全面系统的总结，并建立了一个立乎其大而又着眼于远、极深研几而又显察于微的学术理论体系，从而在一定程度上促进了中华正学的创新性发展。

船山在对中华学术各家各派的学术研修和比较品评中，从对中华民族整体利益和长远利益的维系与发展的角度，且从思想本身的正当性探求以及合乎中华正道的高度，认为以孔孟为代表的儒家学说，在宋代的承继者为张载，即是中华正学的集中表现，而商韩法家、佛道二教与儒家学说既有彼此之间的交锋对峙又有相互吸收与补充。理学中的程朱学派和陆王学派本质上是孔孟儒学的传扬者和阐释者，但是也有一些观点或主张偏离了儒学的正道。明清之际一些思想家如李贽、何心隐在对程朱理学的批判中又走向了另一个极端，对个人的私心、私欲作了不切实际的强调。船山在《张子正蒙注·序论》有一段话揭示了宋明学术的发展状况，指出："宋自

---

① 唐鉴：《国朝学案小识·王夫之传》，参阅王孝鱼：《船山学谱》，北京：中华书局2014年版，第72-73页。
② 萧萐父：《中国哲学启蒙的坎坷道路》，载于《中国社会科学》1983年第1期。
③ 萧萐父主编：《王夫之辩证法思想引论》，武汉：湖北人民出版社1984年版，第23页。

周子出，而始发明圣道之所由，一出于太极阴阳人道生化之终始，二程子引而伸之，而实之以静一诚敬之功，然游、谢①之徒，且歧出以趋于浮屠之蹊径。故朱子以格物穷理为始教，而檠括学者于显道之中；乃其一再传而后，流为双峰、勿轩②诸儒，逐迹蹑影，沉溺于训诂。故白沙起而厌弃之，然而遂启姚江王氏阳儒阴释诬圣之邪说；其究也，为刑戮之民、为阉贼之党皆争附焉，而以充其无善无恶、圆融理事之狂妄，流害以相激而相成，则中道不立、矫枉过正有以启之也。"③ 此处从学术发展史的角度论述了周敦颐对孔孟圣道发明的价值，也肯定了二程、朱熹所做出的学术贡献，同时也指出二程的门人如游酢、谢良佐等人并没能将二程的静一诚敬之功加以很好地传承，却偏向了佛教的寂灭教义，朱熹的后学双峰、勿轩诸儒不得要领，使朱子之学退化为训诂学。船山认为，在宋儒各派中，二程之学和朱子之学虽都是正统儒学，但皆有矫枉过正之偏，所以在战胜异端方面缺乏应有的力量，只有关学的代表人物张载的学说才是"引万派而归墟"的正学，但由于张载是无官职的平民百姓，"是以其道之行，曾不得与邵康节之数学相与颉颃，而世之信从者寡，故道之诚然者不著"④。如果张子的学说能够得到有效传扬，并用张子之学"正童蒙之志于始"，那么，佛教宣说的那些非生非死之狂惑就将"不折而自摧"，陆王心学那些过度主观化的观点亦会得到有效的抵制。

为什么张子之学是中华正学呢？船山认为："张子之学，上承孔孟之志，下救来兹之失，如皎日丽天，无幽不烛，圣人复起，未有能易焉者也。"⑤ 这就是说，张载的学说往上继承了孔孟儒家的学术志向，往下具有挽救后来者学术之失的功能，其理论的力量如同天上的皎日可以照彻地上

---

① 游谢指二程门人游酢、谢良佐。游酢，字定夫，福建建阳人。伊川一见，便以为其资可以进道。谢良佐，字显道，河南上蔡人，先从明道，明道卒后，复从学于伊川。

② 双峰、勿轩指朱子门人饶鲁、熊禾。饶鲁，字伯舆，号双峰，江西余干人，为朱熹第一高第黄干（勉斋先生）的弟子。熊禾，字去非，一字退斋，建阳人，学者称为勿轩先生。志濂洛之学，拜朱子门人辅汉卿为师。

③ 王夫之：《张子正蒙注·序论》，《船山全书》（十二），长沙：岳麓书社1990年版，第10-11页。

④ 王夫之：《张子正蒙注·序论》，《船山全书》（十二），长沙：岳麓书社1990年版，第12页。

⑤ 王夫之：《张子正蒙注·序论》，《船山全书》（十二），长沙：岳麓书社1990年版，第11页。

的幽处，使人顿生一种思想的光明。同时，船山还谈到了中华第一经《周易》的学术建造力，认为"周易者，天道之显也，性之藏也，圣功之庸也"，而张子学说也是紧紧围绕易学来展开的。他说："张子之言无非易，立天，立地，立人，返经研几，精义存神，以纲维三才，贞生而安死，则往圣之传，非张子之孰与归。"①

船山推崇张子之学首先是因为张载提出了气本论，论述了世界是一种由物质形态的气所构成的，"气聚则离明得施而有形，气不聚则离明不得施而无形"②，气聚则为万物，通过光色显现出物的形体，使人能够看得见，气散则为虚空，无光无色，人不得而见，即便是气消散的虚空状态，也是气的存在样态。所以他又说："太虚者，气之体"，"太虚无形，气之本体，其聚其散，变化之客形耳"，"太虚不能无气，气不能不聚而为万物，万物不能不散而为太虚"。③ 世界上一切有形的物体和无形的虚空，均属于"气"的存在样态，本质上都是由气所构成的，因此，世界的本原是气。这种气本论对世界的把握和认识比之程朱的理本论、陆王的心本论以及胡安国、胡宏湖湘学派的性本论都要更加符合世界的客观真实情况，所以得到王船山的高度认同。船山继承并发展了张载的气本论，并从道器、理气以及缊絪化生等方面予以创造性发展，提出了"天下惟器""无其器则无其道"，"一气之中，二端既肇，摩之荡之而变化无穷"④ 等命题，认为构成世界本原的气内涵阴与阳，因此是一个不断化生化合的缊絪体。"缊絪之中，阴阳具足，而变易以出，万物并育于其中，不相肖而各成形色，随感而出，无能越此二端。"⑤ 缊絪以密集的压缩方式储存了万有化生的一切要素。缊絪既是万物化生的起始，也是万物化生的归宿。"散而归于太虚，复其缊絪之本体，非消灭也。聚而为庶物之生，自缊絪之常性，非幻成也。"⑥ 缊絪化生的物质世界就是一个气化的世界，这一气化的世界

---

① 王夫之：《张子正蒙注·序论》，《船山全书》（十二），长沙：岳麓书社1990年版，第12页。
② 张载：《正蒙·太和篇第一》，《张载集》，北京：中华书局1978年版，第8页。
③ 张载：《正蒙·太和篇第一》，《张载集》，北京：中华书局1978年版，第7页。
④ 王夫之：《张子正蒙注》，《船山全书》（十二），长沙：岳麓书社1990年版，第42页。
⑤ 王夫之：《张子正蒙注》，《船山全书》（十二），长沙：岳麓书社1990年版，第43页。
⑥ 王夫之：《张子正蒙注》，《船山全书》（十二），长沙：岳麓书社1990年版，第19页。

是阴阳二气相摩相荡而形成的，也随着阴阳二气相摩相荡而发展变化。船山的气本论既有着唯物主义的因素，也放射着辩证法的思想光芒，是朴素唯物主义与朴素辩证法思想的结合，是在马克思主义和中国化马克思主义哲学产生之前中国哲学发展的一座高峰。

其次，船山推崇张子之学还在于张子之学具有强烈的人本主义和民本主义的思想因素，有着对人的内在价值、尊严以及良好人际关系建构的深刻论述，与明末清初时期思想家们在抨击程朱理学价值观中所崇尚的近代人本主义理想有更多的契合之处。虽然广义上张子之学也属于宋明理学系列，《宋史·道学传》也将张载置于道学家之列来为之立传，但是，王船山经过自己的比较和批判性分析，发现张子之学与程朱理学和陆王心学有根本的不同。船山认为，张载以"志道强礼"为治学之本，把获得知识作为人在道德上不断进步的阶梯，这样，人们就会在自己不断的求知中达到更高的人生境界。考虑到这一层，王船山认为张载的学说是人本之学，是"圣功之学"。比较而言，朱子之学则以"格物"为前提，以"致知"为目标，把人生的命运都押在"一旦之豁然"上，这就很不靠谱，而且也看不到人生境界提高的连续性和无限性，这样的学说只能称得上是"贤者之学"，与张载的"圣功之学"有着本质上和境界上的根本差异。从某种意义上说，陆九渊批评朱熹"支离事业竟浮沉"却有一定的合理性。当然，船山也不赞同陆九渊的"易简功夫终久大"，坚持认为"尊德性"与"道问学"二者应该有机地结合起来。船山指出："尊德性焉，而洋洋者得其体于心也；道问学焉，而优优者得其用于心也：无不与圣人之道而相符也。"① 把"尊德性"看作是体，把道问学看作是用，体用不二，故此二者不能够割裂，必须辩证地统一起来。不仅如此，船山还深刻揭示了"尊德性而道问学"对"致广大而尽精微，极高明而道中庸，温故而知新，敦厚以崇礼"的贯穿与引领意义，认为"尊德性"富含"致广大"、"极高明"、"温故"和"敦厚"的要义，而"道问学"也具有"尽精微"、"道中庸"、"知新"和"崇礼"的深蕴，必须而且应该将其结合起来，才能真正成就"圣功之学"，亦即既成就道德人格也提升智慧水平，成为一个

---

① 王夫之：《四书训义》（第四卷），《船山全书》（七），长沙：岳麓书社1990年版，第209页。

"仁且智"的圣人。

再次，船山推崇张子之学在于张子之学有着"辟佛老而正人心"的独特功能，有着对生死问题的理性分析，建构了一种"存，吾顺事；没，吾宁也"的人生观和价值观。张载用自己的气化论和存神尽性的人生观批判了佛道二教虚无主义和悲观主义的人生观，他在《正蒙·太和篇》中指出："彼语寂灭者，往而不返；释氏以灭尽无余为大涅槃。徇生执有者，物而不化；物，滞于物也。魏伯阳、张平叔之流，钳魂守魄，谓可长生。二者虽有间矣，徇生执有者尤拂经而为必不可成之事。以言乎失道则均焉。皆不知气之未尝有有无而神之通于太和也。"船山在综论此一段时指出："贞生死以尽人道，乃张子之绝学，发前圣之蕴，以辟佛、老而正人心者也。朱子以其言既聚而散，散而复聚，讥其为大轮回。而愚以为朱子之说反近于释氏灭尽之言，而与圣人之言异。孔子曰：'未知生，焉知死。'则生之散而为死，死之可复聚为生，其理一辙，明矣。"① 此处把"贞生死而尽人道"视为张子之绝学的主旨和价值旨归，有着"发前圣之蕴，以辟佛老而正人心"的独特功能。"贞生死"内含有正确地认识生死的意义，既不能陷入"方死方生，方生方死"的生死轮回论陷阱之中，也不能以生死为空无、堕入贪生怕死的泥潭之中。贞生死的目的是为了更好地尽人道，即发挥生命的主观能动性、积极性和创造性，在存神尽性中实现生命的价值，真正做到生得有意义，死得有价值。船山在解释张载"圣人尽道其间，兼体而不累者，存神其至矣"时指出："气无可容吾作为，圣人所存者神尔。兼体，谓存顺没宁也。神清通而不可象，而健顺五常之理以顺，天地之经以贯，万事之治以达，万物之志皆其所涵。存者，不为物欲所迁，而学以聚之，问以辨之，宽以居之，仁以守之，使与太和絪缊之本体相合无间，则生以尽人道而无歉，死以返太虚而无累，全而生之，全而归之，斯圣人之至德矣。"② 船山认为："惟存神尽性，则与太虚通为一体，生不失其常，死可适得其体。"③ 船山发展了张载的气化论，以气之聚散为万物之成毁与人之生死，要求人们客观地认识生死这一自然现象，

---

① 王夫之：《张子正蒙注》，《船山全书》（十二），长沙：岳麓书社1990年版，第21页。
② 王夫之：《张子正蒙注》，《船山全书》（十二），长沙：岳麓书社1990年版，第20页。
③ 王夫之：《张子正蒙注》，《船山全书》（十二），长沙：岳麓书社1990年版，第22页。

同时又发展了张载的存神尽性论，提出了珍生务义的伦理价值观，并由此批评了佛老患生患死的生死观。船山指出："释、老执一己之生灭，畏死厌难，偷安而苟息，曲学拘闻见之习而不通于神化，以自画而小成，邪正虽殊，其与道违一也。"① 又说："且夫天地之生也，则以人为贵。草木任生而不恤其死，禽兽患死而不知哀死，人知哀死而不必患死。哀以延天地之生，患以废天地之化。故哀与患，人禽之大别也。"② 佛老却不懂得"哀死而不必患死"的道理，陷入了"患生患死"的陷阱之中，"所患者必思离之。离而闪烁规避其中者，老之以反为用也；离而超忽游侠其外者，释之以为离钩为金鳞也。其为患也均，而致死其情以求生也亦均。"③ 无论是老子还是佛教都没有脱离患生患死的陷阱，它们不仅在患生患死上是一样的，在贪生怕死上也是一样的。只有张载"辟佛老而正人心"，"贞生死而尽人道"才彰显了儒家生死观的真精神，建构的才是中华正学。船山的学术自觉就是要把张载的正学继承下来发扬光大。船山既继承了张载的气化论，又进一步诠释了张载由气化之自然本体论而发展出的"存顺没宁"的生死观，从而继承并发展了张载的生死观而建立了比较合理完整的人生哲学体系。船山从生死本体论出发，把儒家之伦理道德提升为生死的根本价值，论述了珍生务义的人生观和价值观，从而为摆脱生灭的囿限，达到精神上的不朽提供了价值确证。船山认为："天地之大德者生也，珍其德之生者人也"，④ "圣者人之徒，人者生之徒。既已有是人矣，则不得不珍其生。生者，所以舒天地之气而不病于盈也。"⑤ 生命是宝贵的，人应该珍惜天所赋予人的生命，好好地活着并活出自己的风采；但是人又不能仅仅停留在"珍生"的层面上，因为人世间还有比生命更加珍贵的东西，即"义"。船山指出："生以载义，生可贵，义以立生，生可舍。"⑥ "义不当

---

① 王夫之：《张子正蒙注》，《船山全书》（十二），长沙：岳麓书社1990年版，第211页。
② 王夫之：《周易外传》（第二卷），《船山全书》（一），岳麓书社1990年版，第889页。
③ 王夫之：《周易外传》（第二卷），《船山全书》（一），岳麓书社1990年版，第889页。
④ 王夫之：《周易外传》（第六卷），《船山全书》（一），长沙：岳麓书社1990年版，第1034页。
⑤ 王夫之：《周易外传》（第二卷），《船山全书》（一），长沙：岳麓书社1990年版，第869页。
⑥ 王夫之：《尚书引义》（第五卷），《船山全书》（二），长沙：岳麓书社1990年版，第363页。

死,则慎以全身,义不可生,则决于致命。"① 人在生与死的抉择中,应该以"杀身成仁""舍生取义"为最高的价值标准和价值选择,只有这样的人生才是真正有价值的人生。

船山"希张横渠之正学"的文化自觉,不仅使张横渠之正学重新光耀于世,而且使孔孟儒学的真精神得到了新的发展与弘扬,更为重要的是船山本人在这种希正学的过程中建构起了既继承张载又超越张载的哲学思想体系,从而将朴素形态的唯物主义和辩证法思想发展到一个新的阶段和水平。钱穆在《中国近三百年学术史》中通过将船山与明清之际的诸思想大家以及与宋明诸儒加以比较得出结论,认为船山之学,继承了横渠长于精思、显真明体的传统,同时又能"旁治老庄佛理",并能于"心理入微处推见症结""切中流俗病痛",进而生发出"豁蒙辟昧之力",从而远远超越了横渠之学,具有"掩诸家而上之"的特点。在钱穆看来,"明末诸老,其在江南,究心理学者,浙有梨洲,湘有船山,皆卓然为大家。然梨洲贡献在学案,而自所创获者并不大。船山则理趣甚深,不徒近三百年所未有,即列之宋明诸儒,其博大闳括,幽微精警,盖无多让"②。这里将船山视为明末三百年来所未有的思想大家,不独如此,即便将船山置于宋明诸儒的行列予以比较,船山之学的"博大闳括,幽深精警"也是其他诸儒所不及的。钱穆又用以下的论说来加以确证,指出:"船山之博大精深,其思路之邃密,论点之警策,则又掩诸家而上之。其用意之广,不仅仅于社会人事,而广推之于自然之大化,举凡心物、人天,种种现象皆欲格通归纳,冶之一炉,良与横渠之学风为近。"③ 船山接过了横渠正学的衣钵,将"心物、人天,种种现象格通归纳,冶之一炉",建构了一个思路邃密、论点警策的博大精深的哲学思想体系,为中国传统哲学的创造性发展作出了自己的贡献。

二、"寒梅春在野塘边"的文化自信

船山不独有清醒的文化自觉,更有强烈的文化自信。他不仅多处讲到

---

① 王夫之:《张子正蒙注·诚明篇》,《船山全书》(十二),长沙:岳麓书社1990年版,第20页。
② 钱穆:《中国近三百年学术史》(一),北京:九州出版社2011年版,第102页。
③ 钱穆:《中国近三百年学术史》(一),北京:九州出版社2011年版,第124页。

"吾自信也",①船山的文化自信既根源于中华悠久的伦理文明和源远流长的爱国主义传统,根源于古今夷夏之通义的精神挺立与民族认同和文化认同,根源于中华道统的精神建构与学统的精神开掘。在船山看来,中华文化虽然遭遇种种不幸,但终究能够化险为夷、转危为安。它有一种激浊扬清、革故鼎新的发展活力,有一种承前启后、继往开来的生命意志并形成了代代相传、生生不息的文化血脉。

1. 中华道统自有其为华夏文明立根、铸魂的独特妙用

中华伦理文明有一对文明始基、核心价值认同及其传承发展的道统,并因之构成民族精神和文化根脉,进而引领和宰制着政统和学统的形成发展。以"祖述尧舜,宪章文武"为精神取向的儒家,建构起了一个自尧舜禹汤文武周公至孔孟的道传谱系。船山批判地吸收了中国历史上关于道统思想的理论成果,在对佛道二教批判的基础上,肯定张载"正学"的地位,从中华民族的根本利益和长远利益以及民族文化精神等高度,重新阐释和论证儒家道统的理论内涵、价值基质和精神范导的意义。船山批评理学家把"道统"归结为"心法"或"单传"的观点,指出:"古今此天下,许多大君子或如此作来,或如彼作来,或因之而加密,或创起而有作,岂有可传之心法,直指单传,与一物事教奉持保护哉!"②船山否定那种狭猥、诡异的道统观,对"道统"作出了颇富祛魅意蕴的理性揭示,强调道统的继任者不应仅仅局限于韩愈、朱熹等所列举的圣人,更不能将韩愈、朱熹所阐说的传承谱系绝对化、简单化。在船山看来,任何自觉践履儒家伦理道德,维护和存续中华文明精神及其核心价值的人都是道统的传承者。船山肯定"道统"与"治统"的并列存在,指出:"天下所极重而不可窃者二:天子之位也,是谓治统;圣人之教也,是谓道统。"③"道统"是"圣人之教"的伦理价值统系,含有为华夏文明立定根基、指明方向和价值范导的本根性和终极性伦理意义。中华文明的理想性建构要求把"道统"与"治统"有机地结合起来,"儒者之统,与帝王之统并行于天下,而互为兴替。其合也,天下以道而治,道以天子而明;及其衰,而帝王之

---

① 王夫之:《读通鉴论》(第十五卷),《船山全书》,长沙:岳麓书社1990年版,第579页。
② 王夫之:《读四书大全说》(第九卷),长沙:岳麓书社2011年版,第1029页。
③ 王夫之:《读通鉴论》(一),长沙:岳麓书社版2011年版,第479页。

统绝，儒者犹保其道以孤行而无所待，以存人道，而道不可亡。"① 从尧舜到文武周公的漫长时期，"道统"与"治统"总体上是合二为一的，"万世之所怀"的尧舜之德和禹汤之德既彰显了"大公之道"，亦实现了"天下有道"的治理，其治统具有道统的合理性。如果"道统"与"治统"分离，不仅会使"治统"出现断统甚或无统的乱象，而且也会阻抑或遮蔽"道统"的传承绵延。秦朝的治理明显背离了"道统"，故而使"治统"亦无法延续。魏晋以来玄学盛行，"治统"脱离"道统"宰制与规约，从而导致"玄学兴而天下无道，五胡入而天下无君，上无教，下无学，是二统者皆将斩于天下"的严重后果。面对着治统发生断裂的艰危时局，那些"有德无位"的儒家学者如孔孟通过"以人存道"的方式来"保其道"，从而使"道不可亡"。"道统"作为儒者所拱立和传承的价值系统具有"孤行而无待者也"的特质，具有超越时空的"亘天垂地而不可亡"的超越性。这一儒家自立的"纲维"自会有一种撼人心魄"而莫能乱也"的价值震慑性。"天下自无统，而儒者有统。道存乎人，而人不可以多得，有心者所重悲也。虽然，斯道亘天垂地而不可亡者也，无忧也。"② 船山作为一个传承道统价值高度自觉的学者，在孤独而无所依持的精神追求中接续儒家道统，从而使道统在困境中得以传承和发展，为中华伦理文明贡献出自己"继往圣，开来学"的历史功绩。

2. 中华爱国主义自有其凝聚国人价值共识的独特功能

爱国主义是中华民族精神的核心，也是船山避居山野、发愤著书的重要思想动因和精神动力来源。船山之爱国集忧国之思、报国之志、卫国之举和兴国之行于一身。他把"义"区分为"一人之正义""一时之大义"和"古今之通义"，古今之通义也就是集中表现中华民族精神的国家民族之大义，爱国就是要爱代表中华民族整体利益的天下，爱体现公道正义的天下芸芸众生。船山对生民的生死和人民的价值给予了高度的关注，主张对反映"民之天"的"民之视听"予以重视，强调顺乎民心，尊重民意，并把爱国的实质归结到爱民上来。

船山在《黄书·宰制第三》中指出："是故中国财足自亿也，兵足自

---

① 王夫之：《读通鉴论》（一），长沙：岳麓书社版2011年版，第568页。
② 王夫之：《读通鉴论》（一），长沙：岳麓书社版2011年版，第569页。

强也,智足自明也。不以一人疑天下,不以天下私一人,休养厉精,士佽粟积,取威万方,濯秦愚,刷宋耻,此以保延千祀,博衣弁带,仁育义植之士旺,足以固其族而无忧矣。"这一段话,深情地揭示出船山的国家民族自信和文化自信,既阐释了中国国家民族自信的内外条件,更论述了精神文化自信的伦理意义,彰显了船山的精神自觉及对民族文化自强的坚定信念。船山虽然身处"风霾蔽天白日昏"的明清鼎革之际,目睹且亲历了"地拆天乖"的艰难时世,个体生活饱受颠沛流离、饥寒交迫之困苦,但是却通过精研历史、文化与哲学,对导致民族衰败、社会腐化、学风堕落的封建专制主义和封建蒙昧主义进行了深刻的检讨和批判,尤其对明亡作出"哀其所败,原其所据"的深刻总结与反思。基于自己对民族精神、文化传统特别是核心价值理念的深度认识和把握,船山坚信中华民族不仅有足够的财力使其成员更好地生聚繁衍,有足够的兵力来实现富国强兵的价值目标,而且在智力上也一定能够更好地认识自我,发展出卓尔不群的思想文化。只要我们有一种"不以一人疑天下,不以天下私一人"的天下观,并通过士大夫阶层育仁植义的精神建构,形成凝心聚力的价值共识,以此励精图治,取威万方,就能够荡涤秦愚,洗刷宋耻,延续中华民族的精神血脉,强固民族的生存发展根基以不断地继往开来!

3. 中华文化"参万岁而一成纯"的价值建构自有其不可遮掩的光芒

船山整体上肯定庄子探究并领会万世世变机理而成就一纯粹恒定价值观和道德智慧的看法,认为这种"为万世开太平"的价值建构是人类所需要的,这种价值建构表现了社会精英对纯粹而恒定价值观的一种道德期许和伦理寄望,亦即在一种富于变化的人世间或者说沧桑世变的历史演进中如何保持一份始终如一的价值自觉和价值自信。诚然,从时间绵延上讲"言万岁"确实"荒远",即便是圣人也不能完全认知,那又怎么能够谈得上参通、融汇?怎么能够谈得上在参通、融汇的过程中成就一超越时空之上的纯粹价值观呢?虽然万岁荒远,但是,数千年之内还是有见闻可及者,有无数"升降污隆治乱之数,质文风尚之殊",我们是可以进行参验、参悟、参通、参破、参透的,是能够把握数千年历史演变的轨迹并认识其发展变化的规律性的,此可谓"参其变而知其常","知常"就是把握"万变"中的"不变"及其规律性。"知常"才能够确立始终如一、恒定如斯的人生观、价值观和道德观,建构一个物质上可以遮风避雨,精神上可以安身立命的家园。确立了这一成纯的伦理价值观和价值目标,人们就如同在茫茫大海上航行看见了灯塔和航标,顿时有了奋进的目标和前行的方向,那么人就能够成为自己命运和人类历史的主人,即便经历无穷的险阻也不会丧失自身确立的理想信念和伦理价值观,也不会为世俗的变化所颠倒亦即人云亦云、随波逐流了,这才是超越时空的价值观和道德智慧的力量。

三、"六经责我开生面"的文化自强

自强不息是中华民族精神的生动写照,也是船山生命中崇高伟岸人格美的充分体现。他从修己的角度探讨并论述了自强不息的精神内涵,强调君子修己当以自强不息为要,应当"以乾自强"。他说:"纯乾之卦,内健而外复健,纯而不已,象天之行。君子以此至刚不柔之道,自克己私,尽体天理,发愤忘食,乐以忘忧,不知老之将至,而造圣德之纯也。"① 君子之强是自强不息,本质上是修己成己之道,要求人们以天之健行之乾德来自克己私,使自己成为一个在道德上不断进取、不断完善的人物。船山认为,人来到这个世界,就应当体天恤道,"保天心以立人极""贞生死而尽人道",做一个顶天立地的人。他指出:"天地既命我为人,寸心未死,亦必于饥不可得而食、寒不可得而衣者留吾意焉。"② 又说:"天地授我以聪明,父母生我以肢体,何者为可以竭精疲神而不可堕?思之思之,尚知所以用吾勤乎!"③ 同时要"以坤治人",以此成就内圣外王的德行和人格。自强不息、厚德载物二者相辅相成,共同构架起中华民族精神和传统美德的大厦。正是这种精神哺育了中华民族独立自主和不断进取的品格,增强了民族的包容力和凝聚力,推动了中华民族文化的延续和发展。

1. 文化自强是革故鼎新精神的集中表现

革故鼎新是中华民族精神的要义之一,船山对"苟日新,日日新,又日新"的精神予以全面总结与系统发挥,特别强调道德上的日新或"与时偕行",提出了"道莫盛于趋时"和"日新之谓盛德"的命题并对之予以

---

① 王夫之:《周易内传》(卷一),《船山全书》(第一册),长沙:岳麓书社1990年版,第55页。
② 王夫之:《俟解》,《船山全书》(第十二册),长沙:岳麓书社1990年版,第488页。
③ 王夫之:《俟解》,《船山全书》(第十二册),长沙:岳麓书社1990年版,第494页。

深刻论证，强调人们应该在道德上不断地追求和超越，生命不息，修养不止，使人格日臻完善，成为真正有道德的人，进而促进社会的改造与发展。"道莫盛于趋时"是船山对"道"的本质特征和功能作用作出的一种界说，凸显了"道"不是固定凝滞、永远不变的，而是与时更新、不断发展变化的。支配天地万物和宇宙人生的"道"，有自己内在和固有的规律，也有自己相对稳定的规定性或特质，但是这种相对稳定的规定性或特质是与其运动性和变化性相对而言的，是在运动和变化中体现其"经""常"的特质的。这是因为天地万物和宇宙人生每一天都在变化之中，"道"作为"器之道"也一定会发生变化。不仅如此，"道"本身亦是运动的，"道不行而阴阳废"。"道随器变"和"器随道变"具有相辅相成的架构效用。船山提出了"道之所行者时也"和"道因时而万殊"的观点，以此来论证"道莫盛于趋时"的命题，强调趋时更新是"道盛"即"道"最大功能地发挥自身作用的集中表现。依据"道莫盛于趋时"的理论命题，船山阐释了"主动""珍生""行健"的哲学伦理思想，较为全面系统地论证了"命日受，性日生，日生则日成也"以及"继善成性"的人性论，比较正确地揭示了"洪荒无揖让之道，唐虞无吊伐之道，汉唐无今日之道"的历史进化论，并由此得出"则今日无他年之道者多矣"的判断，形成了他别开生面的历史哲学，堪与德哲黑格尔的历史哲学媲美。需要指出，船山"道莫盛于趋时"的"趋时"是同"时几""常变"等范畴密切相关的，含有尊重发展规律和时代趋势的要义，而不是流俗所谓的见风使舵或朝秦暮楚。对那种随波逐流于非常之变，"旦而秦，暮而楚"的"无恒之人"船山予以猛烈的抨击。他的"道莫盛于趋时"论与其"历乎无穷之险阻而皆不丧其所依""泊然于生死存亡而不失其故"的思想是一个辩证的统一体。在学术思想上，他以革故鼎新的精神对中国传统文化进行了系统的清理和全面的总结，把中国传统文化推向了发展的高峰。与此同时，他还对导致民族衰败、社会腐化、学风堕落的封建专制主义和封建蒙昧主义进行了深刻的检讨和批判，成为早期启蒙思潮的代表人物。

2. 文化自强要求"舍我其随"的文化担纲意识

船山是文化自强的典范性人物。他毕生以"六经责我开生面"的精神自许，希望通过对中华文化的弘扬来实现自己的人生价值。船山在《诗广传》卷四中指出："孰有当迷乱之世，上不获君，下不获民，志勿为之荼，皇然念四国之训乎？隆然谋四国之顺乎？谋唯恐其不讦，而不忧其大而不容乎？犹唯恐其不远，而不忧其深而逢忌乎？能此，然后一旦举六字以任之，目昭心旷，习于光大，而铢两之计、穴罅之智、不足以动其心而成其大业，退不见有生之乐也，进不见天下之利也。故君子之视察察之智、放达之识，如盍缶而已矣……"① 这是王船山对有为之君子敢于担当、率天载义之人格品质的赞词，也是他伏栖林泉、致力探讨华夏文明复兴之道的内心表白。有谁在生命居迷乱之世，上不遇明君，下不得民望的情境下还能够不改救国之志，仍然凄凄惶惶地关心天下的文明建构，心系天下的安危或民众的安乐，而且唯恐谋求得不够精深远大而高明悠久呢？只有那些真正关心国家、关心民众、关心文明建构的君子才能有如此的胸怀和志向。君子的胸怀和志向完全超越了那种计较功名利禄、在某些方面拼命谋划的小聪明，他把那种一味考虑自我功利或一己之幸福的智识看得如同一摔就碎的瓦罐一样。君子视镜高远，胸怀博大，有一种"不因贫穷而怠乎道"的伦理自觉，富贵不淫、贫贱不移、威武不屈是其人格品质的集中体现。君子不同于小人的区别就在于君子从来不从个人私利来谋划人生，而是始终将整个天下、将文明建构和价值拱立装在心头，"生乎由是，死乎由是"。君子所立的志向和所具有的使命感如同马克斯·韦伯所说的"天职"观念，它是主体自身的一种精神建构，一种意志挺立，一种"明知其不可为而为之"的价值自觉，有着比康德"善良意志"更为宏大的精神抱负和责任担当。这种担当不是某种既定角色的意义赋予，也不是某一位领导者或民众的嘱咐与委托，它是主体自由意志的自我确证，是主体自觉自为的意义建构。这种担当和使命意识所呈现出来的精神气象一旦获得社会的认同就能成就一番丰功伟业，创造内圣外王的新成就。

3. 船山"残灯绝笔尚峥嵘"的风骨是文化自强最好的精神确证

1685年，王船山曾大病一场，痊愈后作《病起连雨》诗四首，其中第三首为："白发重梳落万茎，灯花镜影两堪惊。水金丹诀闻方士，土木葆膏累友生。故国余魂常缥缈，残灯绝笔尚峥嵘。悬知药力消冰雪，未拟垂

---

① 王夫之：《诗广传》（卷四），《船山全书》（第三册），长沙：岳麓书社1990年版，第467页。

杨听早鹰。"① 此诗叙述了晚年船山体弱多病，服药不见好转，就着灯光对镜梳头，白发散落一地，镜中枯瘦如柴的人影连同即将熄灭的灯花，都令人产生十分惊讶的感觉，但即便是在这种身体抱恙、生命如残烛摇曳的情况下，诗人体内滚动的仍是一腔忧国爱民的热血和就着残灯写最后文字的忠贞气度。"故国"指已灭亡的明王朝，"余魂"指还未灭亡的精魂，"缥渺"指隐隐约约、若有若无的状态，"残灯绝笔"形容在破败的灯光下写最后的文字，"峥嵘"比喻品格、才气超越寻常，如同山峰之挺拔突兀，棱角分明。在王船山的心目中，虽然明王朝已不可挽回地灭亡了，但中华民族和承载着中华民族精神命脉的文化并未灭绝，其"余魂"仍激励他在残灯之下，孜孜不倦地从事着民族文化的继往开来和民族精神的弘扬光大工作。只要民族的精神命脉能够代代相传，民族的文化精魂能够凝心聚力，那么民族复兴的希望就会指日可待。据其子王敔《大行府君行述》介绍，晚年的王船山在隐居湘西草堂期间，"启瓮牖，秉孤灯，读十三经、廿一史及朱、张遗书，玩索研究，虽饥寒交迫、生死当前而不变。迄于暮年，体羸多病，腕不胜砚，指不胜笔，尤时置楮墨于卧榻之旁，力极而纂注"②，体现了一种生命不息，求索不止的奋斗精神。他把自己的整个一生都献给了光大中华文化，传承中华精神的极深研几、阐幽探微之中，成就了一番"六经责我开生面"的学术志业，为中华民族留下了一份精深厚重、历久弥新的精神文化财富。船山思想既是中国古代哲学、文化的总结者，又是近代思想文化的奠基者，集聚着传统文化的精华和近代思想破快启蒙的先声。船山的灵魂早已融入中国文化继往开来的事业之中，他不仅是中华民族精神的总结者与继承者，也是中华民族精神的发扬者和创造者，他思想中所蕴含的爱国主义、自强不息、厚德载物、知行相资、革故鼎新等民族精神更是经一代又一代志士仁人的传承践履而得以光大。

（作者王泽应，湖南师范大学道德文化研究院教授，博士生导师。）

---

① 王夫之：《姜斋诗集·七十自定稿》，《船山全书》（第十五册），长沙：岳麓书社1990年版，第412页。
② 王敔：《大行府君行述》，参阅《船山遗书》（第十五册），北京：中国书店2016年版，第245页。

文化的建构型自信

易小明

摘要：文化自信是一种非常基础、广泛、深厚的自信，建立文化的建构型自信尤为重要。通过对文化自信的含义、文化的内在结构及主体的建构性实践进行分析，得出了文化的建构型自信的三大特点。它是一种将自信与何以自信统于一体的自信，是合理的自信目标与正确的自信手段相统一的自信；它是文化自信与主体自信的统一，强调文化与主体的相互依存、相互成就；它是一种不断建构着的动态的自信。

关键字：文化自信；建构型自信；内在结构；主体

文化的建构型自信，即一种文化自信的类型或性格，是指文化主体以自强不息的精神，在开放学习、自我奋进的过程中反思、改进、发展、完善自身文化，以不断建构一种优秀文化进而不断优化文化主体本身，而在实践中努力生成着、发展着的过程性自信。

在建党95周年庆祝大会上，习近平同志明确指出：相对于道路自信、理论自信和制度自信，"文化自信，是更基础、更广泛、更深厚的自信"①。提出"文化自信"的确是很必要的，因为"思想文化是一个国家、一个民族的灵魂。无论哪一个国家、哪一个民族，如果不珍惜自己的思想文化，丢掉了思想文化这个灵魂，这个国家、这个民族是立不起来的"②。但是，究竟应当如何自信，或者说我们应当建构和持守一种什么类型的自信，则

---

① 习近平：《在庆祝中国共产党成立95周年纪念大会上的讲话》，载于《人民日报》2016年7月2日01版。
② 习近平：《在纪念孔子诞辰2565周年国际学术研讨会暨国际儒学联合会第五届会员大会开幕会上的讲话》，载于《人民日报》2014年9月25日01版。

显得更加重要。由于群体性的文化自我作为认知对象总是处于变化发展之中,主体对它的正确认知从动机到内容也必须在变动之中,于是自我信息的充分变动就给自我判断带来了许多困难,并进而可能导致所谓的积极错觉(常见的三种积极错觉即不现实的积极自我观、夸大的个人控制感和不现实的乐观主义)①。为了避免这种状况的产生,我们明确倡导文化的建构型自信。

一、文化自信的含义

文化一词源于拉丁文 cultura,原意为对土地的耕耘和对植物的培养,后引申为对人的身体和精神两方面的培养。在中国古籍中,文化的含义是文治与教化,是以文化人。

广义的文化,指人类在社会实践过程中所获得的物质的、精神的生产能力和创造的物质财富与精神财富的总和,它是一种历史现象。每一社会都有与其相适应的物质文化与精神文化,并随着社会物质生产的发展而发展。生产工具的革新、科学发展的程度、生产者的文化技术水平以及教育、文学、艺术、科学在社会中的普及状况,是衡量一定历史时期文化发展水平的重要标准。狭义的文化,特指精神生产能力和精神产品,包括一切社会意识形式:自然科学、技术科学和社会意识形态。②

《现代汉语词典》中关于文化有三个阐释:其一,人类在社会历史发展过程中所创造的物质财富和精神财富的总和,特指精神财富,如文学、艺术、教育、科学等;其二,指运用文字的能力及一般知识,如学习文化、文化水平;其三,考古学用语,指同一个历史时期的不依分布地点为转移的遗迹、遗物的综合体。同样的工具、用具,同样的制造技术等,是同一种文化的特征,如仰韶文化、龙山文化。③ 显然,这三个方面的阐释其实可分为五个方面的含义:一是指物质财富与精神财富的总和,二是专指精神财富,三是指一般知识,四是运用文字的能力,五是指考古用语。

---

① Taylor S. E., Brown J. Illusion and Well-being: A Social Psy-chological Perspective on Mental Health. *Psychological Bulletin*, 1988 (103): 193–210.
② 冯契主编:《哲学大辞典》,上海:上海辞书出版社 1992 年版,第 269 页。
③ 中国社会科学院语言研究所辞典编辑室:《现代汉语词典》,北京:商务印书馆 2012 年版,第 1363 页。

文化自信中的文化当是广义的文化，指物质的精神的生产能力和物质财富与精神的财富的总和。文化自信，就是文化主体对其文化的自信，是一个国家、一个民族、一个政党对自身文化价值的充分肯定，对自身文化生命力的坚定信念。文化自信，从本质上来讲是一种自觉的心理认同、坚定的文化信念、正确的文化心态。大多数学者认为，文化自信具体体现在文化的发展过程中，一个国家、民族和政党能正确看待自身文化，理解并认同自身文化的内涵与价值，并对这种文化的生命力和发展前途充满信心，这便是一种文化自信。但我认为，文化自信更体现在不同文化的比较竞争过程之中。文化之间是存在同一性的，这些文化的同一性或普遍性，"其实构成了文化之沟通与交流、借鉴与融合、比较与鉴别、甚至进化与发展的内在根据。在文化的交流、碰撞、比较、竞争中，其普遍性构成了其殊异性表现的平台，一比高下之后，文化的优长与不足便呈现出来。若某种文化能够在竞争中略胜一筹甚至脱颖而出，那么其民众对这种文化的自信便会油然而生。反之，则可能产生文化自卑情节"①。所以，我认为文化自信的根本在于文化比较优势的形成。

同时，我们的文化自信，更应当是一种开放性的、学习性的、过程中的、可持续的建构型自信。后生之所以可畏，最根本的也许还不在于后生的先天资质如何，而在于后生有广阔的开放学习、不断进取、奋力超越的发展空间。文化和文化自信也是如此，它要让人"敬畏"，要使人卓越起来、优秀起来，要实现对自我和对他者的超越式发展，它就必须是一种勇于自我反思的文化、善于开放学习的文化、不断进取发展的文化。文化自信作为主体对其文化的自信，它其实既是主体对文化的自信，也是文化主体自身的自信，文化自信与主体自信在此是高度统一的。文化自信要成为一种内生性的、本质性的、可持续的自信，它也必须是一种开放的学习的建构型自信——一种建构着和建构中的自信，即它主要不是面对已然，而是面对实然和未然；它不是认为自己什么都已经很好，而是要什么都争取做得更好；不是已经准备好而是时刻准备着；它不是过去完成时而是现在进行时。总之，建构性是这种文化自信的内在特征，是这种文化自信的根本性质，也是这种文化的生成性格。建构成就着自信，自信附丽于建构，

---

① 易小明：《文化自信的内在意蕴》，载于《光明日报》2015年8月15日013版。

离开了建构，自信无根，离开了自信，建构无主。建构是自信的建构，自信是建构的自信，自信是建构的外在显现形式，建构是自信的内在存在根据。

有学者提出："文化自信的概念可作如下界定：文化自信是文化主体对身处其中的作为客体的文化，通过对象性的文化认知、批判、反思、比较及认同等系列过程，形成对自身文化价值和文化生命力的确信和肯定的稳定性心理特征。具体表现为文化主体对自身文化生命力的充分肯定，对自身文化价值的坚定信念和情感依托，以及在与外来文化的比较与选择中保持对本民族文化的高度认可与信赖。"[①] 这一定义，其实已经开始意识到文化自信的建构性内质——即文化何以自信的科学手段问题——正如上所说——要"通过对象性的文化认知、批判、反思、比较及认同等系列过程"来实现自信。所以，文化自信重要，文化何以自信的生成性格或生成类型则更加重要。只有建构型的文化自信，才是一种坚实可靠的有扎实内容支撑的自信，这种自信是开放的、学习的、进取的、成长的，这种建构型文化自信永远在路上——永远不放弃、永远不松懈、永远在学习、永远在发展。

二、文化自信基于文化的内在建构

其实，不同的民族都有其相应的文化，从其独特的历史发展和地域适应之个性来讲，其"因情制宜"的文化必然有其独特的存在价值，也往往表现出其对自身文化某种程度的自信，这就必然出现"公有公自信、婆有婆自信"的局面，这也是世界文化丰富发展的内在基因。但从文化相互竞争的共性角度来讲，它必然有一个更加广阔的横向比较维度，有一个相对而言的优劣问题。所以，文化自信有两重基本含义，一是基于主体的，指鼓励主体要相信自己、要有一种积极良好的心理状态；二是基于文化自身基本内容的，既指因文化独特而自信，更指因文化强大而自信，相对而言，后者更为根本。

我们认为，一种文化要是卓越的，其内在建构就必须是优秀的，是一

---

① 刘林涛：《文化自信的概念、本质特征及其当代价值》，载于《思想教育研究》2016年第4期。

种不断优化整合着的动态的文化结构。这一优化整合着的动态结构大致包括三大协同系统：第一大协同系统可谓之文化的基本关系协同系统，它包括三大要素，一是文化合理处理人与自然关系的动态结构与实践功能，二是合理处理人与人之关系的动态结构与实践功能，三是合理处理以上两重关系之关系的动态结构与实践功能；第二大协同系统，可谓之文化的横向关系协同系统，即合理处理文化自身内部各要素之关系的动态结构和实践功能，合理的政治关系建构、合理的经济关系建构、合理的文化（狭义）关系建构以及合理的政治、经济、文化之间相互关系之建构；第三大协同系统可谓之文化的纵向发展关系协同系统，即通过文化与文化的历史交流、文化在实践过程中遇到的问题与挑战等，来发展自身——包括如何学习、包容他者文化、如何针对现实改进完善自身文化的结构与功能，它其实就是通过文化竞争与文化实践而形成的文化的自我反思、自我调适、自我学习、自我发展、自我完善的结构与功能。

首先，谈谈第一大协同系统的建构。即建构合理处理人与自然、人与人之关系及两种关系之关系的动态制度系统。

合理处理人与自然关系的结构与能力，这是文化的求真维度。在人与自然的关系上，中国传统文化更多强调天人合一，强调人与自然的协同，人与自然的和平共处，而西方文化则更多强调人对自然的征服与改造。实事求是地说，两种文化都在一定层面有自己的长处，但也都有自己的局限。过度强调人对自然的征服改造，今天已经导致了严重的生态危机后果，以至于让人类如临深渊；而过度强调天人合一、天人和谐，则势必影响科学技术的长足发展，不利于人们生活水平的提高，这也是中国近代社会发展严重滞后的重要原因之一。

我们认为，在处理人与自然的关系时，我们既要有征服改造的一面，又要有和谐协同的一面，既在征服改造中保持必要的敬畏的尊重、追求人与自然的和谐统一，同时又在追求人与自然和谐统一中不忘人的主体性、能动性、创造性，不忘人对自然一定程度的必要征服与改造，做到征服不过头、求和不过度，征服中有和谐，和谐中有征服，从而使两者相互依存、相得益彰。

合理处理人与人的关系的动态结构与实践功能。这本质上涉及道德的建构问题，是文化的求善维度。人与人之间的关系当然不只是道德关系，但道德关系是人与人关系中最重要的方面或根本方面。从社会整体良序运转角度来讲，合理的人际关系建构要遵循两个基本原则——正义与仁爱原则；从社会个体发展、个体完善的角度来讲，合理的人际关系建构也必然涉及两个基本原则：自利与利他原则。理想的文化建构，要合理处理好人与人之间的关系，就得合理处理好正义与仁爱、自利与利他的关系。

现代以来，不断普遍化的"自由"与"私产"，使个体不断从群体的约束中突破出来，并继续昂首阔步地走向个体化发展道路。已经启蒙的世俗主体，都以其自身为其目的，"其他的一切都与他无关。但他又只能通过与别人的接触，才能明确他的目的的范围。因此，某些人就会将其他人当作实现目的的手段。但是，特殊目的又通过同他人的关系而获得普遍形式，并且在满足他人福利的同时，也满足自己"①，在这种情况下，如果仍然沿用过去传统的仁爱原则来处理人际关系，就往往是文不对题。群体本位时代的仁爱原则是难以适应个体本位时代的道德治理要求的，清晰的个人利益，难以用模糊的仁爱原则来对症下药，正如明明白白的逻辑不能用朦朦胧胧的诗句表达一样。也就是说，每一个体都有自己的目的与利益，这就必然生成竞争，如何合理竞争而不致相互残杀，这就需要合理竞争原则的支持——正义原则就此应运而生。所以，正义的发展进程总是伴随着现实的必要的文明的竞争而存在的，在竞争更加激烈的时代，人们对合理竞争也就更加期望急迫。所以，个体化的快速发展——竞争的不断突现进程总是与正义的快速发展进程大体一致。

但是，如果说正义是现代伦理世界的中心词，那么，仁爱则是传统伦理世界的中心词。当然，这不是说古代人就根本不讲正义，现代人就完全排斥仁爱，而只是表明不同时代的人们基于现实要求而有不同的伦理原则偏好，从而导致人类伦理气质的发展表现出不同的时代性特征。而伦理原则在不同时代的片面发展，则可能成为其后来全面发展的必要的历史性前提条件。

在今天来讲，缺乏仁爱的正义可能使人日渐丧失精神之根。从伦理学角度上说，理性启蒙的一个直接后果就是正义取代仁爱，而在中华传统文

---

① ［德］黑格尔：《法哲学原理》，范扬、张企泰译，北京：商务印书馆1961年版，第197页。

化中，仁爱是作为人性的内在本质而提出来的，也就是说，仁爱是人之存在的精神实质，离开仁爱，人就不成其为人。《荀子·非相篇》中说："水火有气而无生，草木有生而无知，禽兽有知而无义。人有气、有生、有知、亦且有义，最为天下贵也。"在此，义作为人的道德本质规定，成为了人区别于其他存在物的唯一或最高规定，而义是以仁爱为内核的，我们也常以仁义并称来表达人的善性。而正义乃是一种相对消极的德性德行，"它仅仅要求个体在'他向性'的人际关系中，依赖如何采取普遍的制度原则和适宜的交往规则，以保护弱者、抑制强暴和惩罚恶者，从而保障个体权利、维护社会秩序、实现人际和谐"[①]。所以，正义之所以"替代"仁爱的中心地位，并不是仁爱原则已经完全过时，而是因为过去仅有的仁爱原则已经根本无法调解不断个体化的、利益不断分化的现实社会；而我们强调仁爱原则对正义原则的规范和影响，也并不是要再回到过去的没有个体分离的群体本位社会中，而是要使仁爱原则回归到它不可或缺的应然位置上去，使之与正义一道共同管制这个不断分化着的社会。没有仁爱的影响、参与、规定的正义，只是一堆冷酷的条规，而没有正义支撑的仁爱，在现代社会则必然寸步难行。所以，现代一种先进的文化建构，一定不是偏执于或仁爱或正义的单边选择，而是要将二者同时加以引入，而其主次位序的定夺，也不应根据自己的理想来定，而是根据现实的要求来定。所以，一种合理文化的建构应当是正义为主、仁爱为辅，正义规范现实，仁爱指引方向，二者相互依存、协同发展。

从个体道德生成、发展、完善的角度来讲，合理的人际关系的建构，本质上就是要实现自利与利他的统一。人是自然属性与社会属性的统一体，任何人的现实生命都既要表现其自然属性，也要表现其社会属性。尽管人的自然属性的表现形式要受到其相应社会属性的规约，但作为具体个体的人，其自然属性的表现内容却只能通过此个体自身生理需要的满足才会得以完成，即每个人必须从外界获取必要的物质、信息、能量才能满足自身肉体存在的需要。总之，人的利己行为是人的自然属性的内在要求，人的利他行为是人的社会属性的内在要求。人是自然属性与社会属性的统

---

① 常江：《仁爱与正义：当代中国社会伦理的"中和之道"》，载于《哲学研究》2014年第2期。

一，因而人也应当是利己与利他的统一。①

只强调利他的道德是一种过于理想主义的道德，从理论根源上来讲，它其实是将人的社会属性彻底放大而掩盖人的自然属性要求所致的。从理论推理来讲，每一个人都纯粹利他，则这种普遍的利他根本无法实现；从现实实践来讲，由于人们根本无法达到纯粹利他，而又得在表面认知层面去认同它，这就必然导致大量的虚伪人格。只强调自利的道德，则其主体根本还没有从动物界超拔上来，社会由此成为了血腥的原始丛林。所以，一种先进文化在道德要求上，一定要强调自利与利他的统一，这也是理想与现实的统一、功利论与道义论的统一。这种道德要求在人性的设定上，就是强调人乃自然属性与社会属性的统一。

关于人与自然的关系同人与人的关系之间的关系，在唯物史观的视野中，被简单地表现为生产力与生产关系之关系。唯物史观认为：历史的所有事件发生的根本原因是物资的丰富程度，社会历史的发展有其自身固有的客观规律；人与自然之间的物质生活生产方式决定着社会生活、政治生活和精神生活的一般过程；社会存在决定社会意识，社会意识又可以塑造与改变社会存在；生产力和生产关系、经济基础与上层建筑之间的矛盾，是推动社会发展的动力；在阶级社会中，社会基本矛盾表现为不同阶级不同利益诉求的博弈，阶级斗争是阶级社会发展的直接动力等。

显然，在唯物史观中，虽然包括许多的方面和层次，但最根本的关系还是生产力与生产关系之间的关系，社会存在决定社会意识当是从生产力决定生产关系中推演出来的。但是，我们知道，人与自然的关系不只是生产力的问题，人与人结成的社会关系也不只是生产关系，生产力与生产关系之间的关系，其内容也远远小于天人关系与人际关系之间的关系。所以，从生产力与生产关系之间的关系来理解天与人、人与人之间的关系，当然也是一个重要的理解维度，但其范围和视野都还过于狭小。天人关系与人际关系之间，究竟是一种什么关系？我们还得解放思想去进一步探讨。

但从总体上来讲，天人关系与人际关系，其实都是人的存在关系，是

---

① 易小明、邓敏：《利己与利他相统一——善的最高层次》，载于《齐鲁学刊》2011年第4期。

人的存在关系的两个重要方面。天与人、人与人之间既有和谐、协同，也有竞争、斗争，它们之间并不是一种简单的对应关系，即天人和谐并不一定导致人际和谐，它也可能导致人际相争，天人相争也不一定导致人际相争，它可能导致人际和谐。反之亦然。所以，两种关系之间的关系，是不能简单地用生产力与生产关系之间的决定——反作用的模式来套用的，即不应当理解为天人关系决定人际关系，人际关系对天人关系有反作用，它们应当是一种相互依存、相互协同、相互影响、相互制约的关系。人要理想地生活，既要处理好天人关系，也要处理好人际关系，这就是我们的理想文化所追求的目标。

其次，谈谈第二大协同系统的建构。即建构一种科学合理的政治、经济、文化关系及三者协同发展的关系与制度。

建构科学合理的政治关系与政治制度。政治文明具体表现在八个方面：一是表现为权威产生和运作的合理性；二是政治权威的政治行为的合理性；三是政治权威与人民之间关系的合理性；四是人民的政治权利受保障的程度；五是人们的政治参与程度；六是人们政治存在的合理性；七是人们自我约束和自我管理（治）的程度；八是人民思想的自由度。[①] 现代政治文明有两块重要基石，一为宪政，一为民主，宪政的关键词是"自由"，民主的关键词是"平等"。尽管不同的民族国家，在其民主与宪政之结合程度和方式上存在差异以及作为民主宪政之核心基理的平等和自由的价值偏重有所不同，比如，有以英美等国为代表的彰显个人本位主义的民主宪政体制和以德法为代表的凸显社会本位主义的民主宪政体制就有存在样态的差异，但对于民主与宪政的方向性价值选择，他们却是高度一致的。一般来说，宪法产生之前，君主制定的政治规范主要是用来约束臣民行为的，但在宪法产生之后，以宪法规范的形式表现出来的政治规范则是约束一切社会人员的，当然也应约束政党组织从上到下的一切党员。政治规范尤其是宪法性政治规范之所以构成政治文明的制度保障，根本原因就在于这一规范将文明的政治观念提升为全民一体遵守的根本性行为准则，具有普遍的、本质的、最高的约束力。在宪政国家中，绝大部分政治规范都是以宪法规范的形式表现出来，并通过宪法规范的强力作用来约束政

---

① 李景鹏：《政治发展与政治文明》，载于《学习时报》2002年10月14日。

党、国家机关、其他社会组织及全民的行为。

建构科学合理的经济关系与经济制度。市场经济作为人类社会迄今为止最为先进合理、最有创造性的经济模式，它已经被实践证明是最有效率的。马克思虽然也曾指出市场经济存在着很大的盲目性，但他也不得不承认，正是由于市场经济的存在，资本主义社会才创造了比此前人类社会全部财富总和还要多的社会财富，这也是迄今人们依然迷恋市场经济的重要原因。同时市场经济的有效性还附生出一种道德合理性：一是为人类创造了丰富的物质财富，给人们生活带来了极大的方便，为人的全面发展创造了前所未有的社会物质生活条件。二是打破了传统社会的以血缘纽带和地域情感为依托的交往方式，使人与人之间的交往范围不断扩大，人与人之间原则上没有等级贵贱之分，在市场经济面前人人平等、事事平等。

建构社会主义先进文化。所谓先进文化，就是符合人类社会发展方向，体现社会生产力发展要求，代表大多数社会成员的根本利益，反映时代潮流的文化，就是"面向现代化、面向世界、面向未来的，民族的科学的大众的社会主义文化。

社会主义先进文化建设，既要关注其建设内容的时代性，又要关注其建设目标的人民性，既要关注建设体系的开放性，又要关注建设的历史传承性。在建设过程中要大力发展先进文化，支持健康有益文化，努力改造落后文化，坚决抵制腐朽文化，要立足于改革开放和现代化建设的实践，着眼于世界文化发展的前沿，以弘扬和培育民族精神为主线，紧紧围绕全面建设小康社会的宏伟目标，为铸造中华文化的新辉煌，为激励人民奋勇前进提供强大的精神动力和智力支持。

建构有利于促进政治、经济、文化间的协同发展的制度。就是合理处理好政治、经济、文化等之间的关系，即文化通过与政治、经济的协同而使协同双方同时得到提升。在当今经济全球化时代，文化与经济的协同问题备受瞩目。文化与经济协同得好就能促进双方共同发展，协同不好，就可能两败俱伤。比如新教伦理与资本主义发展之间就有协同，这是韦伯力图确立的事实。新教认为，如果通过正当手段合理谋利，那么积累财富就能荣耀上帝，并可作为灵魂获救的象征。这种态度与资本主义发展中那种献身工作、聚敛财富、不断扩大投资，用勤奋和财富衡量人的能力与道德的内在气质是高度一致的。再比如西方资本主义社会，市场经济、民主政治、个人主义是三位一体、高度协同的，其中市场经济起着决定性的作用。而传统的社会主义则是计划经济、集权政治、集体主义三位一体的，其中，计划经济发挥着决定性的作用。今天，我们实行了市场经济，经济体制的改革力度相当之大，但是相应的政体制、文化意识形态的改革却大为滞后，这就容易形成市场经济与政治制度、与文化形态的不相协调。计划经济时代我们强调集体主义，市场经济时代宣扬的仍然是集体主义，一种主义能够适应两种完全不同的经济形态吗？因此，我们提出要建立个体完善主义，它作为对传统集体主义与个人主义的超越，应当与社会主义市场经济相协调。

再次，谈谈文化的纵向发展协同系统，即建构文化的自我发展、自我创新系统。

建构先进文化，必须强化文化的学习机制与能力。文化的学习机制与能力作为处理不同文化系统之间的关系的机制与能力，它包括开放的机制与能力、包容的机制与能力、选择的机制与能力、融合的机制与能力、实践的机制与能力等几个方面。要向他者学习，首先要向他者开放，且要在一种宽厚包容的心态下，通过合理选择来取其所长、避其所短，并将他文化的优秀成分融合在自己的文化之中，然后自觉运用于实践。从符号互动理论的角度来看，只有当个体具备了镜像自我的能力之后，其自我评价能力才能发展起来。这个镜像，最早是从他者那里得到的，而后才内化为反观自我的能力。文化也是如此，一种文化不能脱离人类文明的发展进程，脱离其他文化来形成完整的自我评价，社会比较中个人与他人的互动，不同文化主体的互动，不同文化之间的比较，是合理的文化自我评价的主要参照系统和信息来源。

建构学习型政党是保持党的生命力的关键，建构学习型文化也是如此。因为一切进步都来源于学习，无论是个人、政党、民族、国家还是某种文化。学习其他文化并不反对文化自信，它恰恰是文化自信的瑞兆，是获得长久之文化自信的根本力量。动不动就否定自我、自暴自弃的文化态度当然是非常有害的，但那种总是将历史炫耀于现实，将过去炫耀于现在的盲目自大的文化态度则更加有害，因为满招损、谦受益，自知不足则可有长进。

文化要合理发展，它就必须有创新的机制与能力。文化的创新机制与能力即文化自身的新陈代谢发展能力。对于文化创新，张岱年先生提出了综合创新原则。综合创新即强调"综合"成为创新的条件，其要旨是对多种文化、文化的多重要素进行复杂的融合、会通和综合而走向创新。他指出："我所以于创造之外又言综合，因为创造不能凭空，必有所根据，我们可以根据东西两方文化的贡献，作为发展之基础。"①

学习与创新有其内在一致性，但其差异也很大。学习常常只是为发展和创新准备条件，善于创新者必善于学习，但善于学习者却未必善于创新。对于后发展国家而言，若善于学习，赶上先发国家是相对容易的，但要超越却不简单，因为超越是要以创新为前提条件，而创新因为无经验可寻，要靠独自探索，它当然就不太容易。今天，我们要赶超发达国家，仅靠学习他者经验是远远不够的，一定要善于创新、努力发挥创新引擎的作用才行。

实践是创新的源泉，文化要创新首先就要勇于实践，不去实践，创新就既无充足的动力，也无法得到检验。当然也要善于实践，要学会在实践中不断总结经验教训，并在此基础上努力改进，边实践、边总结、边改进，边进步，如此循环往复，文化创新也就自在其中了。

今天，我们了解自己的文化已经拥有什么是重要的，这是我们前进的基础，但是，了解我们的文化缺少什么、还应当补充什么、改造什么、完善什么则更加重要，因为这是我们超越的前提。"拥有什么"已成历史，但我们还得继续保持，因为"还要什么"是我们当下和未来必须直面的事情，是我们实现超越的奋斗目标，这目标不仅使人们动力充足，也使我们方向明确。

我们强调要有文化自信，但最真实最坚定的文化自信乃基于文化自身的强大实力，而强大的文化实力，则基于文化之三大协同系统的优化整合，不仅各个子系统结构合理、功能优良，而且整个系统良性互动运作自如。我们只有从这三个内在方面对自己的文化进行反思，发现其优势与不足，并通过对其他文化的学习，进行自觉的、有的放矢的继承与发展、改造与创新，我们的文化才能拥有强大的功能与实力，我们的文化自信也就自然水到渠成。

---

① 张岱年：《张岱年全集》（第1卷），石家庄：河北人民出版社2009年版，第244页。

三、文化自信生成于主体的建构性实践

文化自信是主体对其文化的自信，它不只是主体对作为客体的文化的自信，也一定内含着主体对溶入某种文化之中的自身的自信维度，因为主体是文化的主体——即被文化化了的主体，主体自信又是由文化来塑造的。所以某种意义上，这种主体自信也可转释为文化自信，而这种文化自信也可转释为主体自信。人与文化的相互构建，使人无法离开文化，也使文化无法离开人。所谓文化具有人性力量就是文化因贴近主体、贴近人性而表现出巨大的力量，而人性又是通过文化来不断塑造和发展的。文化作为一个动词，它既是人化也是化人，这种人化与化人其实就是一种实践过程，一个主体不断建构自身的过程。而我们的文化结构之所以是不断建构着的，是一个动态的发展过程，根本原因就在于它是随着人的发展而不断改善和发展的，人的自由全面可持续发展是文化发展的内在根据，是贯穿文化不断建构过程中的根本原则。

美国心理学家乔治·凯利认为，每个人都像科学家一样在建构其认知结构。科学家一生都在不停地寻找确定性和理解，他们领导创立和发展着各种理论，以对未来的事件进行预测，从而减少生活的不确定性。个体也是如此，都在试图通过预测和控制来指导我们去与人或事打交道，从而确定自己的人生。①

其实，将建构理论从心理学扩展开来来讲，建构既可以是个体的，也可以群体的，同时还可以是人类整体的。人，无论是个体、群体还是类，一直都不断地建构着自身——包括建构自己的文化，目的在于应对那个无穷无尽且不断变化着的对象世界，这其实就是以动态之建构来应对变化之世界，或以建构之动态应对世界之变化的能动应变系统。所以从这个角度来讲，不断建构作为一种主体活动其实就是人的存在方式，正如实践是人的存在方式一样。

主体的建构目标大致包括两个基本方面：一是建构文化的主体；二是建构主体的文化。无论是文化主体的建构还是主体文化的建构，它们都是

---

① [美]杰瑞·柏格：《人格心理学》，陈会昌等译，北京：中国轻工业出版社2000年版，第317页。

在人的建构实践活动中展开和生成的。

首先来谈谈文化主体的建构。

第一，理性主体的建构。自信的主体应当是理性的主体。理性，哲学史上通常用以表示推出逻辑结论的认识的阶段和能力的范畴，一般指概念、判断、推理等思维活动，以区别于感觉、意志、情感等心理活动。黑格尔认为，理性既是最完全的认识能力，是思维和认识的高级阶段，又是"世界的灵魂，理性居住在世界中，理性构成世界的内在的、固有的、深邃的本性，或者说理性是世界的共性。"① 抛开黑格尔客观唯心思维的外壳，不把理性直接当作事物的本质，那人的理性也是认识自然本质、把握事物运动规律的主体能力。在这个意义上，理性的主体也就是能动的主体、现实的主体、能够"进入"事物本质与自然规律的主体，以事物本质与规律为依托——从而为自身扩展了精神和肉体能力的自觉主体当然是有力量的，它能够在规律的自然轨道上游刃有余地自由运行，当然也肯定是自信的主体。

第二，道德主体的建构。在康德那里，道德的主体不过是理性主体的一个简单位移。康德哲学"批判"的对象就是理性。人类理性具有两种功能，其一是作为认识功能的理论理性，其二是作为意志功能的实践理性。康德有时称前者为"知性"，因为在康德那里知性才是严格意义上的认识能力，有时则称后者为"理性"。就理论理性（认识能力）而言，可以划分为感性、知性和理性三个环节，后面这个环节的理性是狭义的理性，也是一种"理想的统一性"，代表的是人类理性试图将知识进一步构成体系，追求完满性的理想，康德称之为"调整性"的原则，以区别于知性之构成性的原则。但是，当人类将对自然的认识原则迁移到人的道德活动领域时，理论理性就可能转化为实践理性，而基于对必然认识基础上的自由，就可能转化为自律。如果说必然是自然运动规律，那么道德就是人际运动规律，能够"进入"人际运动规律的主体，不仅知道合理处理人际关系，更是其每一行动都天然地暗合着道德律，达到了随心所欲不逾矩的程度。所以真正被道德理性所磁化的道德主体，必然是有力量的主体，也肯定是自信的主体。

---

① ［德］黑格尔：《小逻辑》，贺麟译，北京：商务印书馆1980年版，第150页。

第三,勤奋主体的建构。自信的主体依存于勤奋的主体。高尔基说过:"时间是最公开合理的,它从不多给谁一份,勤劳者能叫时间留给串串的果实,懒惰者时间给予他们一头白发,两手空空。"鲁迅说:"伟大的成绩和辛勤劳动是成正比例的,有一分劳动就有一分收获,日积月累,从少到多,奇迹就可以创造出来。"所有自信的主体都必然是勤奋的,因为自信往往基于成就和成功,而勤奋是通向成就和成功的必经桥梁。从实践的角度来讲,一切财富都是通过实践创造出来的,而实践在某种意义上不过是勤奋、勤劳的代名词,所以,古典经济学中强调劳动是一切财富的来源,既是物质财富的来源,也是精神财富的来源。

第四,健康主体的建构。一般而言,自信的主体首先得是健康的主体。身体是人的活动得以展开的物质前提,它具有首要的价值。在玛蒂亚·森的可行能力理论视野中,健康是一项有着深刻内在价值的可行能力,任何一个人的所作所为都要以活着为前提。首先,健康作为一项重要的可行能力具有广泛的普适性。享有长寿以及在活着的时候享受好日子的可行能力,几乎是我们每个人都珍视而且向往的,它比财富更重要。其次,健康是一种最为基本的可行能力,人的一切活动都必须建立在健康地活着的基础之上。与一个拥有较少基本物品然而身体健全的人相比,一个拥有更多基本物品的残疾人过上正常生活的可能性更小。健康除本身具有固有的重要的内在价值之外,还对人类发展的其他各个维度有着不同程度的工具性价值。经验研究表明,健康的工具性价值表现为其对社会各个领域的促进作用,包括促进经济增长、提高劳动生产率、增加个人收入、扩大经济参与、增加受教育机会和教育成就等,甚至会影响生育率。[①]

其次,谈谈建构主体的文化。文化是人的文化,它必然有其内在的人性基础,尊重人的价值、体现人的本质、满足人的需求。虽然,人性从总体上是开放发展的,是未完成结构,但在一定历史时期,它是有着自己基本稳定的内在本质和要求。一种文化越是贴近人的内在本质、内在要求,这种文化就越是受到人们的青睐,就越具有亲和力、传播力、生命力。从人的存在属性规定来看,人是类属性、群体属性、个体属性的统一,文化

---

① [美]阿马蒂亚·森:《以自由看待发展》,任赜、于真译,北京:中国人民大学出版社2002年版,第62页。

当然也就要体现这些相应的属性要求。虽然不同的主体本位阶段，其属性表现重心有所偏重，但追求类、群体、个体三重属性的协同表现——从而追求三重存在属性的协同表现却一直是人类社会的发展目标。在群体本位时期，群体本位的价值观产生过积极的作用，但历史发展了，在经历了全球化与个体化发展阶段之后，群体本位价值观就应当向上发展以通达于类，向下发展以通达于个体才行，否则就必然产生困境。一种群体中心价值观，若没有适当的类价值关怀，就必然隔离于不同民族国家间的差异，就无法获得其他民族的认同，就只会徘徊于国内而不能流行于世界；而若没有适当的个体价值关怀，就必然被个体所疏离，就因缺乏个体践行而在一国之内都难以通行。因此，文化的人性基础是非常重要的，只有为着人的自由解放、促进人的自由全面可持续发展的文化才具有深远而长久的影响力、凝聚力、感召力。

无论是建构文化的主体还是建构主体的文化，它们都得在人的建构活动中、在主体的实践活动过程之中生成。理性、道德、勤奋、健康，是主体建构的目标或标准，只有主体内化或拥有了这些标准，他们才成其为健全的人甚至才成其为人，所以主体是文化的主体，是文化对人的理想塑形。但同时，这些标准却也是文化的维度，具有人所创造的对象物的属性。因理性、道德、勤劳、健康等这些文化要素的内化而自信，既是人的自信也是人的文化的自信。人因其文化而自信，文化因其人而自信，这是文化人、人化文的良性互动，二者相互促进、相得益彰。

从以上可以看出，文化的建构型自信有如下特点：

第一，它是一种将自信与何以自信统于一体的自信，是合理的自信目标与正确的自信手段相统一的自信。没有合理自信手段支持的自信，可能走向自大、自负，而有合理自信手段支持的自信，才是真实的可靠的自信，也才是弥久弥新、经久不衰的自信。

第二，它是文化自信与主体自信的统一，强调文化与主体的相互依存、相互成就。从某种区别性意义上来讲，人的本质就是文化。所以文化自信就是人的自信，人的自信也就是文化的自信，二者是互为根据、高度一致的。所以，离开人谈文化自信和离开文化谈人的自信，都不仅是片面，而且是无根由的。

第三，它是一种不断建构着的动态的自信。建构性是这种文化自信最突出的特征：从文化建构作为一个系统——一个物质、信息、能量的输入——输出系统来讲，它具有开放性、反思性、学习性、调适性；从文化建构的具体内容来讲，它具有求真性、向善性、审美性；从文化建构作为一个动作序列来讲，它具有实践性、生成性、过程性。世界是不断变化的，人必须以不断建构的方式应对之。建构，是世界对人的要求，也必然是人对文化的要求。文化建构的成功当然意味着应对变幻世界的成功，而应对变幻世界的成功难道不是意味着文化有根据的深度自信吗？

（作者易小明，湖南师范大学道德文化研究中心、中国特色社会主义道德文化协同创新中心特聘教授。）

论文化自信对于保护中国文化安全的作用

彭定光

摘要：文化是国家之间竞争的因素这一事实，意味着不同国家的文化之间必定会有碰撞、交锋甚至侵蚀。于是，各自的文化安全及其保护问题备受各国高度关注。要保护我国的文化安全，实施文化强国战略，就必须从文化的独立性、独特性及无风险性同时着手，并以中华民族和中国人对于中国文化的坚定自信作为最根本的措施。

关键词：文化安全；文化独立性；文化独特性；文化无风险性；文化自信

文化在当今社会里所起的作用越来越重要，也是国家之间竞争的重要力量。正是因为这样，不同国家的文化之间就必定会有碰撞、交锋甚至侵蚀。于是，文化安全及其保护的问题就成了当今社会最突出且最受关注的一个问题。那么，作为国家总体安全的一个主要内容，并对国家安全的其他方面起着重要作用的文化安全究竟包括哪些方面？中国应该采取哪些措施从哪些方面来保护自身文化安全，以实施我国的文化强国战略？这样的措施必须是系统性的，不过，其中最根本的措施则是中华民族和中国人对于中国文化的坚定自信。

一、文化自信可以保持中国文化的独立性

作为建成文化强国的前提，文化安全指的是某一国家的文化不受威胁或者不存在危险的状态，具体包括该国文化的独立性、独特性及无风险性。因此，要保护我国的文化安全，就必须从这三个方面同时着手。文化自信不仅有利于保持中国文化的独立性和独特性，而且可以抵御国内外文

化侵蚀的风险。

一个国家要将自己建成文化强国，其前提在于该国的文化必须是安全的。该国的文化是否是安全的，首先在于该国的文化是否可以保持其在存在形态上的独立性。一定国家文化存在的独立性表现在多个方面，主要表现在该文化的独立存在、主体资格和独立发展道路等方面。我国要通过坚定和坚持文化自信来保护我国的文化安全，就必需在这些方面下功夫。

首先，文化自信可以保持中国文化的独立存在。

文化独立性的一个不可缺少的方面就是文化自身存在的独立性。文化自身存在的独立性指的不是文化可以不需要建立在相应的客观基础上而独立存在，不是文化不依赖于任何外在条件的孤立性，不是文化具有自生自存的能力，而是一种文化相对于其他文化所具有的存在形态上的独立性。文化存在的独立性或者文化的独立存在意味着：第一，承认文化的多样性。文化的多样性既是历史的产物，又是必须予以慎重对待的事实。文化的多样性实质上就是文化的合法性，这种意义上的文化自身存在的独立性，实际上就是文化独立存在的合法性。第二，承认文化的差异性。承认文化的多样性隐含着承认文化的差异性。承认文化的差异性，就是肯定不同的文化在内容等方面所存在的差异，就是某一国家及其成员对于自身文化以及有异于自身文化的他国文化的尊重。这种尊重既有利于国家及其成员对于自身文化的特殊性的肯定，又有利于他国文化的独立存在。第三，承认文化的平等性。这就是承认各国文化都是世界文化的独立存在者，承认中国文化享有与其他文化同等的地位，都应该享有同样的存在权利。

中国人对于中国文化的自信就是建立在承认文化的多样性、差异性和平等性基础上的文化自信。只有这样的文化自信，才会承认中国文化是人类多样性文化中的一种，中国人才会有鲜明而坚定的文化立场，才会在自身文化的对外开放过程中不与他国文化"趋同"或者被"西化"，不会沦为他国文化的附庸，也才会保持中国文化的文化特色，平等地对待他国文化，不会主张唯我独尊的文化一元主义或者强制他国接受并奉行自身文化的文化霸权主义。这是保持中国文化独立性的基本的文化自觉。这一"文化自觉是一个艰巨的过程，只有在认识自己的文化、理解所接触到的多种文化的基建上，才有条件在这个正在形成中的多元文化的世界里确立自己的位置，然后经过自主的适应，和其他文化一起，取长补短，共同建立一个有共同认可的基本秩序和一套多种文化都能和平共处、各抒所长、联手发展的共处守则。"① 只有在尊重多样性、差异性和平等性的人类文化环境中坚定和坚持中国文化自信,才能真正保持中国文化的独立性,才能在文化自立的前提下拓展中国文化的存在发展空间,才能将中国建成文化强国,中国的生存权和发展权才能得到尊重和维护。

其次,文化自信可以保持中国文化的主体资格。

文化的主体就是对于文化进行认识和实践的人,是生产文化并赋予其意义的人,它既包括国家或者民族,又包括作为国家或者民族成员的个人。虽然现实存在的具体文化总是一定主体的文化,但是,并不是随便哪个主体就可以获得某种文化的主体资格,充当该文化的主体。由于文化的主体资格包括权利与义务两个方面,因此,文化自信对于中国文化的主体资格的保持具有以下三方面的作用。

第一,文化自信可以保持中国文化与其主体的一体性。中国文化与其主体表面上是文化的客体与主体之间的关系,其实却是内在地联系在一起的,即中国文化与中国人和中国或者中华民族是合为一体的。这种一体性表明,一方面中国人和中国或者中华民族与其他国家或者民族及其成员之间的区别主要表现在文化的不同上,正如亨廷顿所说,"人民之间最重要的区别不是意识形态的、政治的或经济的,而是文化的区别"②;另一方面,中国人和中国或者中华民族是什么样的,其文化也就是什么样的,反过来说,中国文化是什么样的,中国人和中国或者中华民族也就是什么样的。中国人的实践、思想观念、品质等是什么样的,中国或者中华民族的整体实践和社会意识(形态)是什么样的,中国文化也就是什么样的;反过来说,中国文化是什么样的,一定会影响中国人的实践、思想观念、品质等和中国或者中华民族的整体实践和社会意识,并通过后者表现出来。在此意义上,中国的崛起不只是一个经济事件,同时是一个文化事件,会内在地要求产生与之相适应的具有时代性的中国文化。这种一体性要求中国人和中国或者中华民族应该坚定和坚持对于中国文化的自信。因为,只

---

① 费孝通:《费孝通论文化与文化自觉》,北京:群言出版社2007年版,第190页。
② [美]塞缪尔·亨廷顿:《文明的冲突和世界秩序的重建》,周琪等译,北京:新华出版社1998年版,第6页。

有这样，才能保持中国文化的独立性和民族性，才能维系中国的民族血脉和民族精神，也才能保存和挺立、化中国文化为其灵魂的文化主体。如果在中国文化方面不自信甚至"去中国化"，那么，它就必定会导致这样的结果：不仅中国文化会"去中国化"，而且中国人和中华民族也会"去中国化"。

第二，文化自信可以维护中国文化主体的权利。人们以为文化只是社会的思想观念体系，往往意识不到文化是与权利联结在一起的。实际上，谁获得了某种文化的主体资格，谁就拥有了与之相应的权利，只是这种权利相比于经济权利、政治权利等要隐蔽、间接得多。就此而言，不同文化交锋、竞争的背后实际上隐藏着权利的对立。亨廷顿对此理解得非常透彻，他指出："在冷战后的世界中，国家日益根据文明来确定自己的利益。它们同具有与自己相似或共同文化的国家合作或结盟，并常常同具有不同文化的国家发生冲突。"① 中国对于自身文化的自信，就是作为文化主体的中国维护自身权利的方式，不仅有利于中国或者中华民族维护自己的权利，而且有利于中国人维护自己的权利。这两者之中，首要的是维护中国或者中华民族的权利，包括维护其生存权利和发展权利。就其生存权利而言，"无论哪一个国家、哪一个民族，如果不珍惜自己的思想文化，丢掉了思想文化这个灵魂，这个国家、这个民族是立不起来的"（习近平语）。不仅如此，如果中国对于自身的文化不自信，那么，中国就会毁掉自己安身立命的文化根基，就会难保自身文化的独立性，就会丧失自己的文化话语权，就会失去自己的国家利益，保护不了自己的国家安全。就其发展权利而言，中国对于自身文化的自信，一方面表明中华民族的强盛，另一方面是中华民族的发展权利得到尊重的前提，是中华民族愈益强盛的动力。"文化之盛衰，民族之兴亡系之。"② 中华民族要实现伟大复兴，实现中国梦，必须以坚定和坚持中国文化自信为前提。

第三，文化自信可以驱动中国文化主体履行相应的义务。中国文化主体自信自身文化的价值，并非限于通过保持中国文化的独立性和将中国建

---

① ［美］塞缪尔·亨廷顿：《文明的冲突和世界秩序的重建》，周琪等译，北京：新华出版社1998年版，第15页。
② 李大钊：《李大钊全集》（第1卷），北京：人民出版社2006年版，第255页。

成文化强国来维护自己的权利，还有承担并履行对于中国文化的责任。这种责任主要包括两个方面，其一是中国文化与他国文化之间关系上的责任，它既要求中国保持自身的文化身份认同，保持中国文化的民族性和独立性，又要求中国采取有力措施预防外来文化对于中国文化的不利影响，避免西方国家的文化控制。其二是中国文化与其主体之间关系上的责任。这是作为国家成员的中国人对于中国文化的责任，具体包括中国人不要在文化身份上模糊、混乱，应该摆正自己的文化身份，正确看待其他文化主体的身份，尊重中国文化的历史，积极参与中国文化的建设，养成适合中国文化独立存在发展的素质和品德，自我约束个人的欲望、选择和活动，对于自己的生活方式负责等。

再次，文化自信可以保持中国文化的独立发展道路。

一个没有其文化的国家或者民族是不能掌握自己命运的国家或者民族，一个在文化上不独立的国家或者民族是不成熟的国家或者民族。可以说，文化成熟和文化自信的程度表明一个国家或者民族的成熟程度，前者是后者的标志。因此，中华民族或者中国要越来越成熟，不断地塑造自身，就必须始终注重提高自己的文化成熟程度和文化自信程度。中国文化要成熟，进而中华民族或者中国要成熟，其前提在于中国文化必须独立发展。中国文化要独立发展，其前提则在于中华民族和中国人自己对于中国文化要有自信。中国文化自信不仅表明中国文化的成熟，而且是中华民族或者中国成熟的标志。有了坚定的对于中国文化的自信，中华民族和中国人就会对于中国的前途命运抱有高度负责的态度，既不会如那些对于本国文化不自信的国家那样不对自身文化的独立发展抱有希望，又不会对于中国文化有所怀疑、动摇甚至全盘否定，还不会指望他国一无所图地来教会自己如何发展其文化，或者照搬他国文化来发展其文化。否则，"正如我们已经看到的，其他国家的领导人有时企图摈弃本国的文化遗产，使自己国家的认同从一种文明转向另一种文明。然而迄今为止，他们非但没有成功，反而使自己的国家成为精神分裂的无所适从的国家"①。相反，认真地对待中国文化的独立发展，会寻找中国文化独立发展的有效传承体系和方

---

① ［美］塞缪尔·亨廷顿：《文明的冲突和世界秩序的重建》，周琪等译，北京：新华出版社1998年版，第353页。

式，加强自身文化建设，发展出具有中国风格的独立的文化。

二、文化自信可以保持中国文化的独特性

中国文化要得以安全，除了中国文化在存在形态上保持独立以外，还必须在其内容上具有并保持独特性。中国或者中华民族及其成员坚定和坚持对于中国文化的自信，不仅能够有力地回应当代社会对于中国文化的挑战，而且有利于保持中国文化的独特性。

（一）文化独特性在当代的凸显

文化独特性是与文化独立性既相关联又有所区别的。对于文化的独特性问题，人们可以从不同的角度来把握。显然，它指的不是某种文化不与外界（包括其他人类文化）存在任何联系的封闭性或者孤立性，不是某种文化既拒斥其他人类文化的影响又力图扩张自身并因此而挤压其他人类文化存在空间的排他性，不是某种文化囿于其考察文化的视角和价值立场的片面性和局限性，而是指某种文化所具有的文化个性、民族性或者差异性。这种文化个性、民族性或者差异性，既不是文化功能的独特性，如中国文化具有突出的同化功能或者能力，也不是文化特征的独特性，如中国文化源远流长、博大精深，而是与某种文化考察文化的视角和价值立场相关的文化内容方面的独特性，这种具有独特性的内容就是该文化的内核、价值追求或者精神追求。

由于文化的独特性就是该文化的内核、价值追求或者精神追求的独特性，体现不同民族或者国家及其成员对待一切事务的独有方式和价值追求，构成不同民族或者国家得以持续发展的独特战略资源，因此，凡是独立存在的文化都力图保持其独特性。然而，虽然人类历史上也有过不同文化之间的碰撞甚至交锋，但是，在人类"只是在狭窄的范围内和孤立的地点上发展着"（马克思语）的社会历史时期，文化独特性的保持问题并不是一个让人着急、令人忧虑的问题，也不是一个异常复杂、使人无措的问题。它成为令人着急、十分复杂的重要问题，则是全球化时代的事情。可以这样说，文化的独特性及其保持问题不仅在全球化时代凸显出来，而且是该时代的非常重要的问题。

正是因为文化的独特性及其保持问题是当代引人关注的重要问题，所以，各个拥有文化主权的国家都非常注重保持本国文化的独特性，以保护

本国文化的安全。

为了保持本国文化的独特性，保护本国文化的安全，各个国家都采取了相应的措施。就经济上欠发达、文化上落后的国家而言，由于它们所要解决的文化独特性及其保持问题与经济发达、文化先进的国家并不全然相同，因此，它们不得不采取某些不同的措施。它们采取这些措施的主要意图在于以下几点。

第一，回应全球化。全球化是人类社会发展到一定历史阶段的客观现象，是随着市场经济的不断发展而逐渐展开和深入的过程。虽然它首先出现在经济领域，但是，它不仅将各个地区、民族和国家紧紧地联系在一起，而且对于整个人类的全部生活产生了深刻的影响，尤其影响了不同民族或者国家人们的思想价值观念。于是，与文化有关的几个重大问题就摆在了世人面前：全球化是否只是经济的全球化？如果不只是经济全球化，那么，文化全球化是否会成为现实？如果存在着文化的全球化，那么，这种具有全球性的文化是否会挤压与消解不同民族或者国家的文化，而产生一种与任何既有文化不同的具有同质性和一元性的文化？如果它不是具有同质性和一元性的文化，那么，它与各个民族或者国家的文化究竟是什么样的关系？就各个民族或者国家力图保持各自文化的独特性的现实来看，它们既没有反对真正的全球化，而是反对不顾所有民族或者国家利益的存在陷阱的全球化，又没有反对适应全球化进程要求的具有全球性的文化，而是反对将这种新文化与具有独特性的各个民族或者国家文化对立起来。

第二，抗拒西方化。全球化是关涉全球各个民族或者国家的前途命运的大事，它使各个民族或者国家自觉不自觉地从全球的视角来审视和对待自己即将实施的所有行为。在这种情况下，"各民族的精神产品成了公共的财产。民族的片面性和局限性日益成为不可能"[1]。然而，这并不意味着各个民族或者国家的文化就不具备民族性或者独特性了，并不意味着其文化的民族性或者独特性在全球性文化面前就不复存在了。由于全球化尤其是经济全球化是由西方发达国家所主导和推动的，因此，出于追逐其特殊利益的考虑，西方发达国家在将其资本向全球流动的时候，也将其文化向外扩张，千方百计地向经济欠发达国家渗透。其结果是导致发达国家文化

---

[1] 《马克思恩格斯选集》（第1卷），北京：人民出版社2012年版，第404页。

与欠发达国家文化之间的对立与冲突。为了抵御发达国家文化的入侵，摆脱其对本国文化的威胁，欠发达国家不得不关注和强调自身文化的独特性。

第三，争取本国文化的生存空间。全球化是一个平台，全球的万事万物都处在这个平台上，各个民族或者国家都在这个平台上表演，任何民族或者国家的经济、政治和文化都在这个平台上被展示、比较和取舍。任何民族或者国家的文化要在这个平台上被选择和保留，得以生存下去，无非依靠两条，其一是其文化具有独特性，其二是其文化所发挥的作用突出。某一民族或者国家文化的独特性之所以能够为该文化赢得生存空间，是因为它为该文化的生存提供了理由，为不同文化的交流提供了可能，可以这样说，没有任何特色的文化都是不可能存在的。某一民族或者国家文化所发挥的突出作用之所以能够为该文化争取生存空间，是因为它相比其他人类文化具有比较优势，能够实现该民族或者国家的利益，增进全人类的福利。

（二）中国文化的独特性

保持中国文化的独特性是中国应对全球性挑战的重要方式，是保护国家文化安全的一项重要内容。要保持中国文化的独特性，其前提在于弄清中国文化的独特性究竟是什么，否则，中国文化的独特性是不可能真正得到保持的。

第一，人们关于中国文化独特性的不同观点。

对于中国文化的独特性是什么的问题，不同的学者有不同的看法。如在《东西民族根本思想之差异》一文中，陈独秀认为，东西方民族文化的根本不同有三个方面：其一，西洋民族以战争为本位，东洋民族以安息为本位；其二，西洋民族以个人为本位，东洋民族以家族为本位；其三，西洋民族以法治为本位，以实利为本位，东洋民族以感情为本位，以虚文为本位。李大钊在《东西文明根本之异点》一文中详细地分析了东西文化或者文明的根本差异，认为，其根本差异在于"东洋文明主静，西洋文明主动"。陈来认为，中国文化或者传统价值观念的特色有责任先于自由、义务先于权利、群体高于个人、和谐高于冲突及不患寡而患不均、不患贫而患不安等五个方面。还有其他学者提出了不同的看法。从学者们的分析来看，有的是在分析中国文化的优势，有的是在分析中国文化与西方文化的不同，有的是在分析中国文化的独特性，有的是在分析中国文化的特色，有的关注的是中国文化的内容，有的关注的是中国文化的形式，有的关注的是中国文化的考察视角，有的关注的是中国文化的价值立场，有的关注的是中国文化的功能，有的关注的是中国文化的作用。这种状况一方面表明对于中国文化的独特性的把握有待进一步提炼，另一方面表明中国文化的独特性问题是一个复杂的问题。

第二，中国文化的独特内容。

在我们看来，文化的独特性应该指的是文化内容方面的独特性，即某种文化具有独特的文化内核、价值追求或者精神追求。中国文化的独特内核、价值追求或者精神追求主要有以下几个方面：其一，天人合一。在中国文化中，虽然"天"有"天道"，人有"人道"，但是，天人关系不是客体与主体的二分关系，不仅仅是整体与部分之间的关系，而是"合一"的关系。这种关系是一种无需人的理性来把握的自然而然的"合一"或者一体关系，是一种"有天地然后有万物""有万物然后有男女"的关系，是一种"天"自然地生"人"，"天"与"人"可以自然地感应对方（之道）的关系。由于"人"能够顺应"天道"，肩负"天"的使命，因此，"天"实际上就是"人"的价值追求和所应该遵循的价值原则。在季羡林看来，这种天人合一论"是中国文化对人类最大的贡献"。其二，和谐大同。在思考了"人"得以生成和存在的"天"与"地"，并得出"天命不可违"之后，中国文化就将其关注的重点投向了"人"自身。换句话说，当知道了"人类是从哪里来的"之后，人类就必定会接着思考"人类将往哪里去"这一根本性问题。这一根本性问题就是关于人类的根本价值追求和价值目标的问题。《礼记·礼运》对此问题作出了自己的回答，这就是"大同"，即"大道之行也，天下为公。选贤与能，讲信修睦。故人不独亲其亲，不独子其子；使老有所终，壮有所用，幼有所长，矜寡孤独废疾者皆有所养；男有分，女有归。货恶其弃于地也，不必藏于己；力恶其不出于身也，不必为己。是故谋闭而不兴，盗窃乱贼而不作，故外户而不闭。是谓大同"。作为人类的根本价值追求和价值目标的"大同"，体现在现实社会生活中就是"和谐"。其三，群体至上。当弄清并确立了"人类将往哪里去"这一根本价值追求和价值理想之后，人类就会接着思考"人类是怎样往那里去的"，人应该承担哪些相应的责任这样的问题。在中国文化看来，人是"群居"的动物，不仅只有作为群体才能现实地存在，才能"胜物"，而且，任何个人只有在群体中才能生存，只有"能群"者才能有所成就，即"能群者存，不群者灭；善群者存，不善群者灭"，否则，"虽有尧之智而无众人之助，大功不立"。个人与群体之间的这种关系要求个人应该优先考虑的不是作为整体的构成部分的个人，而是整体或者群体，应该将群体的利益或者价值作为最高的追求，甚至在有时候"不惜身以殉天下"。其四，重义崇德。在中国文化看来，群体生活的自我组织，群体价值的实现，虽然离不开诸多因素的作用，但是，"为天下及国，莫如以德，莫如以义"。"义"之所以如此重要，是因为"义者，百事之始也，万利之本也"。就群体而言，"天下将治，则人必尚义也；天下将乱，则人必尚利也"，就个人而言，"制害者莫大乎义，而罹害者莫凶于利"。义并不是一个虚无缥缈、一无所用的东西，相反，"义可以利人"，"义以生利"。因此，任何人都应该将"义"置于比"利"优先的地位而考虑，应该树立"先义而后利者荣，先利而后义者辱"的道德观念。同"义"一样重要的还有"德"。"德，国家之基也"，不仅国家的治理必须依赖于"德"，"唯有德者能以宽服民"，而且，只有有"德"，个人才是真正的人或者君子，否则，他就会与禽兽无异。

（三）文化自信对于保持中国文化独特性的作用

中国文化独特性的保持是一个系统工程，涉及多个因素，其中，中国或者中华民族及其成员对于中国文化的坚定自信是一个不可缺少的重要因素。

第一，中国文化自信有利于保持中国精神。文化自信包括对文化的性质、作用等的自信，对文化内容的自信是其中的一个重要方面。在文化的内容方面，不仅不同的民族或者国家有所不同，而且同一民族或者国家在不同历史时期也有所变化。前者中的"不同"表明某个民族或者国家有其独特的民族文化，这一民族文化是一个民族区别于其他民族的独特标识。后者中的"不变之处"表明某个民族或者国家有其具有确定性的民族精神，就中国而言，"在5000多年文明发展中孕育的中华优秀传统文化，在党和人民伟大斗争中孕育的革命文化和社会主义先进文化，积淀着中华民族最深层的精神追求，代表着中华民族独特的精神标识"（习近平语），就是习近平所说的"我们民族的'根'和'魂'"。这一"根"和"魂"就是中国精神，就是中国独有的民族精神，就是前述的以"天人合一"、"大同和谐"、"群体至上"和"重义崇德"为主要内容和核心价值观的独特的中国文化。在其内容上，中国文化自信就是对于这种独特的中国文化的自信，换句话说，中国文化的独特内容正是中国文化自信之源。正是因为有这样的自信，中国或者中华民族才能保持中国文化的独特内容和中国精神，才能保持中华民族的"根"和"魂"。如果中国人没有这样的文化自信，那么，就无异于抛弃传统、放弃中国文化的生存权。而"抛弃传统、丢掉根本，就等于割断了自己的精神命脉。博大精深的中华优秀传统文化是我们在世界文化激荡中站稳脚跟的根基。"①

　　第二，中国文化自信有利于保持中国文化的民族自我意识。中国文化自信不仅会使人对于中国文化的独特内容或者中国精神具有坚定的自信，而且会使人意识到中国文化有其唯一的民族自我即中华民族。这种生发于中国文化自信的民族自我意识，就是中国或者中华民族及其成员对于中国文化的文化自觉和文化认同。这种文化自觉使中国或者中华民族及其成员自觉中国文化是由中华民族这一文化主体所创生的一种人类文化，自觉中华民族是一个独立的民族并不断地建构自己的文化，自觉中国文化是一种具有独特内容和精神的民族文化，自觉对于中国文化的民族性尤其是其独特内容和精神应该肩负的责任。只有在这种文化自觉的基础上，才会有中国或者中华民族及其成员对于中国文化的文化认同。这种文化认同不同于人们在接受其他民族文化内容时的那种具有选择性的认同，它虽然必须以准确地理解并接受中国文化的独特内容为前提，但是，更为重要的在于它是基于自身民族身份并因此而承担相应文化责任的认同，是意识到中华民族与中国文化相辅相成、合为一体的认同。这种文化认同不是外在的，而是内在的，是将中国文化的独特内容与中华民族的素质和中国人的言行内在地结合的认同。这种文化认同可以达到这样的境界："我们生而为中国人，最根本的是我们有中国人的独特精神世界，有百姓日用而不觉的价值观。"② 这样的文化自觉和文化认同是建立在中国或者中华民族及其成员对于中国文化具有坚定自信的基础上的，是保持中国文化的民族自我的根本

---

① 《习近平谈治国理政》，北京：外文出版社2014年版，第164页。
② 《习近平谈治国理政》，北京：外文出版社2014年版，第171页。

方式。如果中国或者中华民族及其成员对于中国文化没有这样的民族自我意识，那么，中国文化就必定会消亡，中华民族也就会因此而自毁长城，丧失一个民族得以存在的根本条件。

第三，中国文化自信有利于保持中国文化构建的定力。文化并不是"死"的，总是不断变化的，处在不断的构建之中的。就当前中国文化的构建而言，使之不得不进行的现实社会生活条件主要有两个方面，其一是我国市场经济体制的建立和运行，其二是全球化进程的推进，这两个方面都对中国文化提出了相应的要求。随着中国对外开放的深入，中国文化与外国文化交流更加频繁，外国文化对于中国文化的影响更加全面、充分和深入。在这样的前提下，中国文化要进行构建，实现文化崛起，其根本条件在于中国或者中华民族及其成员对于中国文化要有坚定的自信。只有这样，中国文化构建才能在面对不断变化的社会现实和频繁的文化交流时保持定力，始终认准中国文化的自我定位，既不被复杂多变的现实社会生活所扰乱，又不盲目排外或者崇洋媚外，不在强势的西方文化面前随波逐流，而是中国人在中国文化构建时作出自我决定和自主提出要求，提高相应的文化构建能力，在适应社会发展的需要和学习外国文化的长处的过程中"来整理中国的，创造出中国自己的、有独特的民族风格的东西"①。只有这样，中国文化才不会被其他文化所替代、消解或者同化，才能真正保持中国文化的独特性，保护中国文化的安全，实现中国文化的崛起。

三、文化自信可以维护中国文化的无风险性

保持中国文化的独立性和独特性是保护中国文化安全的根本内容和内在要求，没有中国文化的独立性和独特性就谈不上中国文化的安全，更不用说将中国建成文化强国。由于中国文化是在现实社会生活和与其他文化的交流中存在的，因此，要保护自己的安全，就需要排除外在干扰、抵御各种风险。中国文化自信为这一任务的完成提供了有利条件，是保护中国文化安全的重要方式。

（一）当前中国文化所面临的文化风险

当前中国文化的文化风险问题，是一个如何看待、评估当前中国文化

---

① 《毛泽东文集》（第7卷），北京：人民出版社1999年版，第83页。

生态的问题。中国当前的文化生态是什么样的？这种文化生态是由国外因素造成的，还是由国内因素演化而成的？是由客观因素引起的，还是由主观因素所导致的？是令人满意的，还是不尽如人意的？其中，哪些文化因素对于中国命运提出了挑战？它们会在何种程度上影响中国或者中华民族的文化自信？诸如此类的问题，都是中国文化保护和将中国建成文化强国过程中必须正视的问题。在此只论及中国文化当前所面临文化风险的类型。虽然中国文化风险的类型可以从不同的角度来把握，但是，为了更好地认清中国文化风险的来源问题，此处只从国内外来源的角度来分析中国文化所面临的风险。

中国文化所面临的文化风险就是中国文化受威胁或者存在危险的状态，准确地说，是中国文化的性质和内容存在风险。人们往往更多地关注来自国外的文化风险，对于源自国外的文化风险有更高的警觉。实际上，源自国内的文化风险同样不可小觑。

源自国外的文化风险就是来自以经济实力和政治力量为后盾的西方文化的冲击，具体说来，就是西方文化霸权主义和西方文化中心主义对于中国文化的冲击。虽然它们的目的都在于使中国文化西方化，都力图在中国进行"颜色革命"，都企图在中国培植信奉西方文化的知识精英和政治精英，都会给中国文化造成威胁，但是，与意图较为隐蔽的西方文化中心主义相比，西方文化霸权主义对于中国文化的威胁更为直接、公开和强横。这种威胁表面上是中国文化与西方文化在全球文化市场上互竞高下，其实却是西方文化企图侵蚀、破坏、消解甚至替代中国文化的"没有硝烟的战争"。

源自国内的文化风险是随着我国改革开放而来的文化风险，这些文化风险主要包含物质主义、文化多元主义、文化复古主义和文化虚无主义等。这些文化主张不同于"全盘西化论"的拿来主义，它们产生于中国本土，因观察中国现实生活所得。由于观察视角的局限，这些文化主张不可避免地存在着一定的片面性和局限性，它们或左或右，或激进或保守，虽然可能出于对于中国前途命运的担忧，但是，它们却或多或少会对中国文化的独特性产生各种影响。因为它们都对于中国文化的独特性表现出某种不自信，这种文化不自信会导致对于中国文化的怀疑、批判或者否定。

（二）中国文化风险的实质

虽然中国文化的独特性面临着来自国内外的文化风险，但是，这些文化风险并不简单地只对中国文化的独特内容发生影响，并非只是中国或者中华民族及其成员对于中国文化产生的认同危机，其实质和根本之处在于对于中国文化主权的侵蚀或者侵犯。因此，应该从这样的高度来认识和对待中国文化的文化风险或者文化安全问题。之所以应该如此，是因为中国作为一个与资本主义对立的社会主义大国，在建立自己的政权之后，"在拿枪的敌人被消灭以后，不拿枪的敌人依然存在，他们必然地要和我们作拼死的斗争，我们决不可以轻视这些敌人"①。在中国的敌对势力或者破坏力量不能采取军事、经济等其他手段来对付中国的情况下，为了实现自己的利益，它们就会从文化的角度采取措施来影响中国的国家主权和社会主义建设。于是，"文化成了一个舞台，各种政治的、意识形态的力量都在这个舞台上较量。文化不但不是一个文雅平静的领地，它甚至可以成为一个战场，各种力量在上面亮相，互相角逐"②。事实上，"西方的一些国家拿什么人权、什么社会主义制度不合理不合法等做幌子，实际上是要损害我们的国权"③。"主权是在一个国家里居于统治地位的力量。……主权还意味着外国的势力不能侵入和干涉你们国家的事务"④，是特定国家所享有的独立自主地处理其国内外事务的权力。一个国家所拥有的文化主权，表现在它对其文化作出自我决定和自主地提出要求上，对其文化内容、文化制度等进行自主选择上，对其文化管理、文化传播等享有自主权等方面，其中，最起码和基本的是它拥有自主地保护自身文化的权力。如果中国连这种最起码的文化主权都不拥有，那么，它就不可能应对来自国内外的各种文化挑战和风险，就不可能保护中国文化安全，就不可能将其建成文化强国。

（三）文化自信对于中国文化安全的维护

从中国文化风险的实质就是威胁中国的文化主权的角度来看，中国必

---

① 《毛泽东选集》（第4卷），北京：人民出版社1991年版，第1427页。
② ［美］萨义德：《文化与帝国主义》，李琨译，北京：三联书店2003年版，前言第4页。
③ 《邓小平文选》（第3卷），北京：人民出版社1993年版，第348页。
④ ［美］迈克尔·罗斯金、罗伯特·科德、詹姆斯·梅代罗斯、沃尔特·琼斯：《政治科学》，林震等译，北京：华夏出版社2001年版，第409页。

须采取有力措施来防范文化风险，维护中国文化安全。维护中国文化安全的措施多种多样，中国文化自信是其中的一种重要措施。就中国或者中华民族及其成员对于中国文化的自信而言，它对于中国文化安全的维护不外乎从中国文化内部与外部着手两种。在这两者之中，从中国文化内部着手是根本的措施，因为，只有练好"内功"，做好自己，才能真正维护中国文化的安全。具体表现在，其一，通过文化自信来确信中国文化尤其是其独特内容的合理性；其二，通过文化自信来达成中国文化尤其是其核心价值观的共识，构建中华民族共同的精神家园；其三，通过文化自信来使中国文化不断走向成熟。一个没有文化的国家是不成熟的不能掌握自己命运的国家，是没有文化安全和不拥有文化主权的国家；一个在其文化上越成熟的国家，其所面临的文化风险必定会越少，其文化安全程度必定会越高。外部措施虽然是维护中国文化安全的相对次要的措施，但是，同样必须认真对待。不仅要认真对待中国的政治、经济等因素及产生于国内的非主流文化，而且要认真对待越来越变化迅速的世界及外国文化，尤其对于外国文化一定要有自信和辩证的态度。只有这样，才是维护中国文化安全的应有态度。

（作者彭定光，湖南师范大学道德文化研究中心教授、博士生导师，中国特色社会主义道德文化协同创新中心首席专家。）

论中国传统道德文化的自信特质

刘永春

摘要：自信是中国传统道德文化的一个显著特质。它体现在：第一，中国传统文化积极肯定人的价值和地位，对人的能力高度自信。第二，中国传统道德文化认为真正的自信是道德上的自信。第三，中国传统道德文化能够以兼容并包的胸怀容纳异己道德文化。第四，中国传统道德文化能够以自我反思、自我矫正、自我革新的态度对待自身道德文化。

关键词：中国传统道德文化；自信；特质

探讨中国传统道德文化的自信特质问题，不是要从价值层面直接回答中国传统道德文化自信何以可能的问题，而是试图从事实层面挖掘蕴含在中国传统道德文化内部中的自信成分。也就是要试图回答在中华传统道德文化中有没有关于自信的美德这一问题；如果有，这是一种什么意义上的自信，有何独特之处。对于这一问题的研究有助于丰富我们对文化自信的深入理解，因为这是我们理解文化自信的一个事实基础和逻辑前提。设想我们如何能够对一个本身就不自信（自卑或自负）的文化产生自信呢？！另一方面，这一探讨也有助于澄清自信的道德文化与道德文化自信的异同，避免将二者混淆使用。

一、中国传统道德文化对人类能力和价值高度自信

在中国传统文化萌芽时期，自信就已经蕴含在这种文化中。它最早体现为早期中国人在与大自然恶劣环境做斗争时不屈服的精神气度，对依靠自身能力战胜自然的坚信不疑。这一点在中国早期的神话故事中体现尤为明显，例如夸父追日、后羿射日、精卫填海、女娲补天、愚公移山等，

尽管这些故事看似荒诞，但是这些故事却反映了上古社会一个共同的特点，就是人们在面对自然灾害时并没有被大自然的"恐怖"力量所吓退，而是抱着一种开山辟路、遇水搭桥的勇气去迎接大自然的挑战，相信依靠人类的能力可以战胜一切困难，并且人们也将这种具有自信特质的人视为具有美德的英雄、圣人。《易经》中说："天行健，君子以自强不息；地势坤，君子以厚德载物。"这是上古中国人在面对大自然时对自身能力的一种高度自信。

随着社会的进步，自信的观念也逐渐被哲学化，反映在中国哲学家对人在宇宙中的地位和人的能力的重新认识上。道家对人的地位给予了高度肯定，《道德经》中说："故道大，天大，地大，人亦大。域中有四大，而人居其一焉。人法地，地法天，天法道，道法自然。"在老子看来，道是宇宙万物运行的根本规律，天地是生养万物的父母，人能够和三者并驾齐驱，成为宇宙"四大"之一。可见，老子对人的能力是高度自信的。庄子说："天地与我并生，而万物与我为一。"（《庄子·齐物论》）因为人与天地是"并生"的关系，所以人在天地间无需自卑；因为人与万物同是"一体"，所以人在面对万物时也无需狂妄自大。既不自卑也不自傲，所以，人在面对天地万物时是自信的。

儒家对人在天地间的地位十分自信。认为与万物相比，人在天地间的地位是最尊贵的。《孝经》中说："天地之性人为贵。"《礼记》认为人是宇宙的主宰，"人者，天地之心也，五行之端也，食味别声被色而生者也。"《春秋繁露》认为人与天地一样是万物存在和生长的根本力量，"天地人，万物之本也。天生之，地养之，人成之。天生之以孝悌，地养之以衣食，人成之以礼乐。"人的地位之所以尊贵是因为人具有其他事物所不具有的长养和化育万物的能力，《中庸》中说："能尽物之性，则可以赞天地之化育；可以赞天地之化育，则可以与天地参矣。"所以儒家不仅对人类在宇宙中的地位十分自信，而且对人类改造自然的能力也是十分自信。但是需要注意的是这种自信，并没有使得人类在面对宇宙万物时达到自傲的程度。儒家看到了人的局限性，人与世间万物相比较，虽然是至尊、至贵的。但是这种至尊至贵不是人天生就具有的，而是需要人在道德上的不懈努力才有可能达到，"唯天下至诚，为能尽其性；能尽其性，则能尽物之性"（《中庸》）。如果放弃道德上的努力，不但不能够"尽物之性"，还会近于禽兽,也就谈不上自信了。所以儒家伦理文化的自信不同于道家,不是对自然人的自信,而是对人的潜能的自信,自信人可以通过自身的努力达到"与天地并参"的状态。

汉传佛教对人的能力也是十分自信。不像基督教所认为的那样,人是有原罪的,依靠人自身无法得救,需要依靠上帝才能得救。佛教对人成佛的潜能十分自信,认为一切众生皆有佛性,《大般涅槃经》中说:"我者即是如来藏义。一切众生悉有佛性,即是我义。"即便一阐提也具有成佛的可能性,"放下屠刀,立地成佛"。而且认为人成佛的过程不是依靠外在的力量,而是依靠个体自身的觉醒和修炼来实现的。所以佛教特别注重个体的悟性。聪慧的人可以顿悟成佛,愚蠢的人只要进行严格的长期修炼也可以渐悟成佛。这种理论使得每个人在成佛的道路上获得了自信。

综上所述,中国传统的道德文化通过积极肯定人类所具有的能力或潜能,人在天地万物的崇高地位,赋予了中国古人在能力和地位上的自信。

二、中国传统道德文化自信是伦理道德上的自信

自信是中国传统道德文化的重要特质,最集中地体现在道德自信上。中国传统文化认为一个人的自信不是因为这个人的权力多大,地位多高,财富多少,长相多美,而是在于这个人是否有高尚的道德人格。一个国家或一个民族自信的根源不是经济的繁荣、政治的民主、艺术的璀璨和宗教的发达,而是先进的道德文化。先进的道德文化是一个国家和民族真正自信的根源。

孔孟的思想和行为特别能够体现这一点。孔子和他的弟子们被匡地的人围困,弟子担心他的安危,孔子却说:"文王既没,文不在兹乎?天之将丧斯文也,后死者不得与于斯文也;天之未丧斯文也,匡人其如予何!"(《论语·子罕》)孔子面对困境不恐惧,不担忧,能够坦然面对,这恰是体现了孔子对自己命运的自信。自信自己是道的传承者,不是匡人所能左右的。孔子还认为:"富而可求也,虽执鞭之士,吾亦为之;如不可求,则从吾所好。"(《论语·述而》)孔子似乎认为一个人是否自信与他财富多少和职业类型没有必然关系,而在于他在从事这种职业时或获取财富的手段是否合乎道德。如果他坚守住道义,那么即便这个人从事的职业是极其卑微的,他也不必因此自卑。同样孔子也认为一个人如果心中有仁德,

即便他的生活十分艰辛,甚至过着如乞丐般的生活,他也会坦然自信,"饭疏食,饮水,曲肱而枕之,乐亦在其中矣。不义而富且贵,于我如浮云。"(《论语·述而》)如果一个人能够坚守道德的底线,那么无论他身处何处,他都是自信的,"居处恭,执事敬,与人忠。虽之夷狄,不可弃也。"(《论语·述而》)所以对于孔子而言,自信源自于个人的道德,道德赋予了一个人以真正的自信。

孔子的自信思想在孟子这里得到了充分的发展。孟子一生的行为正是道德自信的生动展示。孟子一介平民,无一兵一卒,一贫如洗,在周游列国时遇到梁惠王、齐宣王、滕文公等王侯贵胄,却总是展示出一副不卑不亢、不屈不挠的自信气度。孟子见梁惠王,梁惠王问:"将有利于吾国乎?"孟子开口便批评梁惠王重利轻义的观点:"王何必曰利?亦有仁义而已矣。"(《孟子·梁惠王上》)孟子见梁襄王,刚出门就批评梁襄王:"望之不似人君,就之而不见所畏焉。"(《孟子·梁惠王上》)孟子面对齐宣王时敢于直言:"君之视臣如手足,则臣视君如腹心;君之视臣如犬马,则臣视君如国人;君之视臣如土芥,则臣视君如寇仇。"(《孟子·离娄下》)孟子说:"说大人,则藐之。勿视其巍巍然……在彼者,皆我所不为也;在我者,皆古之制也,吾何畏彼哉。"(《孟子·尽心下》)可见,孟子在面对君王时是极为自信的!孟子并没有因为君王地位的高贵而自觉低人一等,而是在君王面前展示出一副无所畏惧的气度。孟子不过一介平民,何以在王公贵胄面前有如此的自信?这种自信的力量正是来自于他对道德的笃信和崇尚。在孟子看来,一个有道德的人与一个有权力的人的地位是完全平等的。齐王以生病为由让孟子来拜见他,孟子也以生病相辞,齐国的大臣景子说孟子这样做有悖君臣之礼,孟子却认为自己的做法是恰当的,他对景子说:"天下有达尊三:爵一,齿一,德一。朝廷莫如爵,乡党莫如齿,辅世长民莫如德。恶得有其一以慢其二哉?……故将大有为之君,必有所不召之臣;欲有谋焉,则就之。其尊德乐道,不如是,不足与有为也。"(《孟子·公孙丑下》)孟子认为有权者、有德者与年长者在地位上是平等的,是同样值得尊重的,何以让一个有德之人去向一个有权之人卑躬屈膝、俯首称臣呢?这一点在《孟子·公孙丑下》中说得更为准确:"晋、楚之富不可及也。彼以其富,我以吾仁;彼以其爵,我以吾义,吾何谦乎哉?"从这段话我们可以看到,孟子之所以能够在权力和财富面前不自卑,在于他身上有"仁义"在。是仁义道德赋予了他自信的底气。那么仁义道德有什么资格可以和富贵、权力相媲美呢?孟子说:"有天爵者,有人爵者。仁义忠信,乐善不倦,此天爵也;公卿大夫,此人爵也。古之人修其天爵,而人爵从之。今之人修其天爵,以要人爵,既得人爵,而弃其天爵,则惑之甚者也,终亦必亡而已矣。"(《孟子·告子上》)孟子认为道德是上天所赋予的爵位,而财富权力是人通过努力获得的爵位,天爵比人爵更为尊贵,一个拥有"天爵"之人,怎么可以在面对一个拥有"人爵"之人时自卑呢?孟子认为自信根本上来自于道德,一个有德之人是完全可以自信地面对权贵富豪而不怵然。这种自信是"威武不能屈、贫贱不能移、富贵不能淫"的大丈夫气节,是"居天下之广居,立天下之正位,行天下之大道"的光明磊落的君子气象,是"如欲平治天下,当今之世,舍我其谁也"(《孟子·公孙丑下》)的社会责任感。

墨家对道德的力量十分自信,相信只有依靠道德才可以解决社会动乱问题。墨子并未将社会动乱的根源诉诸经济、地理、法律制度等因素,而是归结于道德,认为人与人之间的不相爱才是社会出现战乱和杀戮的根源。"当察乱自何起?起不相爱。起不相爱。臣子之不孝君父,所谓乱也。子自爱,不爱父,故亏父而自利;弟自爱,不爱兄,故亏兄而自利;臣自爱,不爱君,故亏君而自利,此所谓乱也。"(《墨子·兼爱上》)因此,解决社会乱象的关键在于"兼爱",即对于人不分亲疏贵贱,一视同仁的爱,"若使天下兼相爱,爱人若爱其身,犹有不孝者乎?视父兄与君若其身,恶施不孝?犹有不慈者乎?视弟子与臣若其身,恶施不慈?故不孝不慈亡有,犹有盗贼乎?故视人之室若其室,谁窃?视人身若其身,谁贼?故盗贼亡有……"(《墨子·兼爱中》)墨家对道德自信,还体现在墨子及其弟子大公无私,愿意为道义而勇于献身的英雄行为。

墨子和孔孟身上的这种道德自信气度依然深刻地影响着中国社会,成为激励中国人自信的重要精神力量。在中国传统社会中,一个人即便经济上一贫如洗,只要道德高尚,他依然是自信的,李白"安能摧眉折腰事权贵",陶渊明"不为五斗米折腰",谚语"平生不做亏心事,不怕半夜鬼敲门"就是一种生动体现。相反,如果一个人道德败坏,即便十分富有,富可敌国,或者拥有权力,权倾天下,在他的内心深处一样是不自信的。因道德而自信的观念根深蒂固,牢牢扎根于中华民族的血脉之中,成为世代相传的精神力量。

三、中国传统道德文化能够以兼容并包的胸怀容纳异己道德文化

一种文化是不是自信的文化,通常也会体现在这种文化对待其他文化的态度上。不够自信的文化在对待其他文化时,要么因为担心自己被强大的外来文化所征服,而对其拒绝排斥;要么因为外来文化的落后而鄙视。而一种真正自信的文化在对待外来文化时既不自傲,也不自卑,而是能够以一种兼容并包的积极态度接纳它,包容它,取其精华,去其糟粕,与之和谐共处。

但并非所有的道德文化都能够以兼容并包的态度对待外来道德文化。比如在基督教看来,道德就是上帝的戒律和旨意,以上帝的意愿行事就是善,反之就是恶,行善是对上帝负责。基督教道德文化是以对上帝的信仰为前提,只有在信仰上帝的前提下,做道德之事才是有意义的,反之,即便做道德之事,如果缺乏对上帝的信仰,那么所做之事也是无道德价值的。这种道德文化不能够接受和容纳那些不是建立在信仰上帝的基础之上的道德文化。

相反,中国传统道德文化在对待外来道德文化时一直坚持兼容并包的态度。儒家强调"和而不同""四海之内皆兄弟",有与不同道德文化和谐相处的悠久历史传统。佛教自东汉传入中国后,广为流传,尽管佛教道德文化与儒家道德文化在理念上存在较大差异。比如儒家特别强调个体对家庭、社会和国家的道德责任,反对消极避世。而佛教则在一定程度上忽视这些道德责任,认为人生的意义和价值不在今世而在来世,所以宣扬人最重要的是放下世间的功名利禄,出家修行。但是在当时居于正统地位的儒家文化并没有坚决反对和抵制与自己相异的文化,而是包容和接纳了佛教的道德观念。到后来二者逐渐走向融合,佛教也开始主动吸收儒家的道德观念,比如佛教的《地藏菩萨本愿经》在印度本是一部普通的经书,在中国则被大力弘扬,因为这本书所展示的地藏王菩萨舍身救母的孝道故事与儒家的道德文化是相契合的。在共存融合的过程中,儒家也逐渐吸收了佛教的一些重要理念,宋明理学就是儒家学者在吸收和消化佛教文化之后,将儒家思想推向了一个新的哲学高峰。事实上,在这个过程中,儒家和佛

教已经融合在一起,比如像苏东坡之类的学者,既是儒家学者也是佛教居士。在明清之际,儒释道已经彻底融为一体,你中有我,我中有你,共同构成了中国传统文化的核心。除佛教外,基督教、伊斯兰教甚至还有犹太教等也曾流传到中国,虽然没有像佛教那样深程度地融合进来,但是中国传统文化并没有因为文化的差异而予以排斥和诋毁。

自近代以来,随着西方文明的传入,最先主张学习和吸收西方先进文化的恰是一批儒家学者比如魏源、梁启超等。比如冯友兰在吸收西方分析哲学和实在论的思想后在宋明理学的基础上发展出新理学;唐君毅、牟宗三等人结合德国古典哲学试图重新构建中国道德文化的形而上基础;胡适从实用主义视角分析中国传统道德文化;杜维明试图发掘中国传统道德文化中能够体现普世价值的道德理念等。在当代中国,不少学者从马克思主义角度重新诠释中国传统道德文化,试图构建有中国特色的马克思主义儒学。这些努力尽管有些只是昙花一现,有些还处于初步探索阶段,但是这种追求至少可以反映出中国人在对待外来文化时具有一个兼容并包的态度。这种态度正是对我们本民族文化自信的展现。

中国传统道德文化之所以能够生生不息,绵延数千年依旧繁荣昌盛,就是因为有这种"不忘本来,吸收外来,面向未来"开放包容的自信胸怀。如果我们抛弃这种自信胸怀,依旧固守于中国道德文化中一些落后的像男尊女卑之类的思想观念,认为这才是传统道德,放弃对正义、平等、民主等的追求,那么,中国传统道德文化就会远离人类文明进步的步伐。因此,对传统道德文化的自信不是对传统道德文化的固守,而是以开放的心态对待。那些抱残守缺不愿革新的保守主义者不是在捍卫中国传统道德文化,而是在逐步毁灭中国传统道德文化,使人们对中国传统文化丧失信心。因此,对待其他文化的这种兼容包容的自信胸怀才是中国传统道德文化生生不息的重要保障,是中国传统道德文化自信的重要展示。

四、中国传统道德文化能够以反思革新的态度对待自身道德文化

拒绝直视和承认本民族文化的缺陷,这不是自信,是自傲和自负。真正的自信是能够以客观理性的态度看到自身的文化的优点和缺点,依然对自身文化持有信心,并通过不断自我反思、自我矫正、自我革新实现本民

族文化的创造性转化和创新性发展,这才是真正自信特质的展示。

中国传统道德文化具有这样的特质,它十分重视对自身文化的反思、矫正和革新。周朝将革新视为自己的政治使命,"周虽旧邦,其命维新"(《诗经·大雅·文王》)。《大学》主张人应当每天都追求道德的进步和革新,"苟日新、又日新、日日新"。孔子也十分重视自我革新的精神,他说:"殷因于夏礼,所损益可知也;周因于殷礼,所损益可知也。其或继周者,虽百世,可知也。"(《论语·为政》)在孔子看来,道德文化不是一成不变地继承下来,而是有所损益有所取舍的,比如殷商重视鬼神,周朝在继承殷商文化时,抛弃了殷商这一传统,弘扬了人的道德主体性。孔子在对周礼的继承中,也抛弃了《周礼》中不合时宜的东西,发扬了周朝重视人的价值思想,提出了"仁"的理念。在西汉初年,贾谊等儒家学者对法家的思想进行了深入的反思,认为"秦始皇统一中国后,他的认识没有随着变化了的形势而变化,没有认识到儒家的仁义道德对维护已经统一的中央封建政权的作用"[①]。明清经世致用之学的提出也是建立在对"心学"的批判之上。"明清之际的经世之学作为一种支持现实政治文化的知识体系,就非常注重对历代各种制度的研究和探讨,摆脱了心学知识从观念形态上构建体系的偏向,为实际的政治运行提供历史的经验和借鉴。"[②]在近代中国文化与西方文化的碰撞中,许多中国学者对自身道德文化也展开了深刻的反思,吴虞对儒家的孝道进行了尖锐的批判,康有为借鉴西方文化提出了新的大同说,谭嗣同发展了儒家的仁学思想,梁启超主张发展公德,弥补中国传统道德文化重私德轻公德的不足。在现代,我们以马克思主义理论为指导,采取"取其精华,去其糟粕"的辩证态度重新认识中国传统道德文化。在十九大中,我们又提出坚持马克思主义理论为指导,以"创造性转化和创新性发展"的态度发展中国传统文化。正是通过这种持续不断的自我反思、自我矫正和自我革新,中国传统道德文化才能够与时俱进,永远保持鲜活的生命力,维护我们对中国传统道德文化的持久自信。所以自我反思、自我矫正和自我革新的传统不仅是自信的展示,更是

---

① 罗国杰:《中国伦理思想史》(上卷),北京:中国人民大学出版社 2008 年版,第 97、255、342 页。

② 宏亮:《知识与救世:明清之际经世之学研究》,北京:北京大学出版社 2008 年版,第 83 页。

维系中国道德文化经久不衰的重要精神力量。

五、对一些质疑的回应与总结

有人或许会对上述观点提出质疑，如果承认自信是中国传统道德文化的特质，那么如何理解谦卑的问题。众所周知，谦卑是中国传统道德文化的一大特色。《易经》中说"谦谦君子"，《礼记》中说"自卑而尊人"。这看似与自信相冲突，实际并非如此。谦卑不同于自卑，自卑是对自己的能力、地位等不相信，而谦卑不是因为对自己不相信，而是对他人的尊重和礼貌，正如梁漱溟先生在《中国文化要义》一书中所说，互以他人为重是中国传统伦理的核心理念。尊重他人恰是自信的展示。

还有一个质疑或许会说，中国传统道德文化之所以自信的根源不是这些因素，关键是取决于中国传统道德文化中是否存在普世性的价值理念以及是否能够为解决当代人类社会问题作出贡献，推进人类文明发展等因素。这种观点是误解了本文所探究的问题，文化何以自信与文化中是否有自信的美德是完全不同的两个问题，后者成立并不一定意味着前者成立。上述质疑是对文化何以自信这一问题的回答，而本文研究的问题是后者。需要特别注意的是，证明中国传统道德文化具有自信的特质并不意味着我们就应当对中国传统道德文化建立自信，它只是为我们进一步论证中国传统道德文化自信可以成立提供一个事实的基础，中国传统道德文化何以能够自信这才是我们接下来所要着力探究的核心问题。

（作者刘永春，湖南师范大学道德文化研究院讲师。）

论价值观自信

向玉乔　沈　莹

摘要：价值观自信是价值观主体对自身建构与坚持的价值观的真理性所抱持的确信态度。价值观自信可区分为个体价值观自信与集体价值观自信。个体价值观自信与集体价值观自信的主体和内涵不同，但两者是对立统一的关系，既相互区别又相互联系，并在发展中相互制约、相互促进。价值观自信的确立需要两个条件，即：我们必须拥有属于自己的价值观；我们必须能够充分认识自己所拥有的价值观的存在价值。人类社会生活需要价值观的引导，更需要价值观自信的支撑。价值观能够为人类生活提供价值目标，价值观自信则为人类坚持自己的价值观提供强大动力。

关键词：价值观；价值观自信；个体价值观自信；集体价值观自信

价值观自信是人类自信心的核心，是人类精神世界的支柱，是人类能够在存在世界中持久生存和发展的最强大动力来源。改革开放的时代，既是当代中国人再次创造经济社会发展辉煌的时代，也是当代中国人重新树立价值观自信的时代。在从现代化大国向现代化强国转型升级的时间节点，对价值观自信问题展开深入系统的理论探索不仅有助于深化我们对"价值观自信"这一概念的丰富内涵、本质特征、建构途径等的认识和理解，而且有助于提升我们树立价值观自信的实践能力。

一、自信、文化自信与价值观自信

自信是人类在自然界中谋求生存和发展的漫长过程中逐渐形成的一种心理品质。人类从生物圈中脱颖而出，但我们并不是从一开始就对自己的存在状态满怀信心的。在高深莫测的大自然面前，远古时代的人类感受最深切的主要是自身的渺小和自卑。特别是当大自然以狂风暴雨、地震海啸等自然灾害形式"耀武扬威"的时候，由于与大自然抗衡的手段非常有限，远古时代的人类在"强大"的自然面前一定经常性地表现出强烈的无奈感。让我们庆幸的是，虽然早期的人类与大自然博弈的过程充满艰辛，但是他们最终凭借顽强的毅力和斗志在自然界繁衍了下来。这应该是人类拥有自信心的自然原因。

人类在自然界成功繁衍的后果有两个：一是人类的存在获得了可持续性特征；二是人类社会作为自然界的一个特殊领域得以形成。人类社会在自然界中的诞生是以文化或文明作为根本标志的。凡是社会的，即是文化的或文明的。从这种意义上来说，凡是人类感到自信或骄傲的一切成就，本质上就是被我们称之为"文化"或"文明"的东西。所谓文化或文明，就是与"自然"不同的东西，就是人为创造的东西。对于人类来说，因为我们是文化动物或文明动物，所以我们才感到无比自信和自豪。这就是我们人类一代又一代所拥有的文化自信或文明自信。

价值观自信是我们人类所拥有的文化自信中的核心领域。它反映的是我们人类对自己的所思所想和所作所为的价值确信。作为理性存在者，我们人类不仅仅像其他动物那样自然而然地存在着，而且知道自己通过与后者相区别的方式存在着。更重要的是，我们还会对自己的所思所想和所作所为进行道德价值认识、道德价值判断、道德价值定位和道德价值选择；或者说，我们不仅建构道德价值观念，而且用它们衡量自己的所思所想和所作所为。我们人类是时时刻刻都心怀着一把道德价值尺度的理性存在者，并且在绝大多数时候对自己心中的道德价值尺度抱持确信的态度。换言之，我们倾向于相信自己抱持的道德价值观念是可靠的真理。我们的价值观自信就是因此而产生的。

确切地说，价值观自信是我们人类对自己的所思所想和所作所为的道德价值所抱持的确信态度。所谓"道德价值"，就是善的价值。善的价值就是人类道德价值观念认可的价值，就是被人类相信具有善性质的价值。虽然不同的人对"善性质"的认识、理解和解释并不完全相同，但是它总是存在某些反映人类普遍诉求的维度。真正意义上的价值观自信折射的是人类对道德价值的普遍性认识、判断、定位和选择。在现实生活中，有些人可能对不具有普遍性的道德价值抱持确信的态度，但这不是真正意义上的价值观自信，它充其量只是盲目的价值观自信或主体中心主义意义上的价值观自信。价值观自信是基于人们对某种或某些道德价值的普遍认同而在人类身上展露的自信。

"价值观自信"是党中央新近提出的一个概念。2014年2月24日，习近平总书记在参加中央政治局第十三次集体学习时说："要讲清楚中华优秀传统文化的历史渊源、发展脉络、基本走向，讲清楚中华文化的独特创造、价值理念、鲜明特色，增强文化自信和价值观自信。"[①] 同年9月，中共中央政治局常委刘云山在《培育和践行社会主义核心价值观》一文中也谈到了价值观自信的来源问题，并强调价值观自信是保持民族精神独立性的重要支撑。习总书记和刘云山同志对"价值观自信"这一概念所作的论述受到了我国社会各界的高度关注，尤其是激发了我国学术界对价值观自信问题的研究兴趣。但到目前为止，我国学术界对该问题展开的理论研究还处于起步阶段，系统化的理论研究成果也还没有出现。

党中央之所以大力倡导价值观自信，主要针对两个现实问题。一方面，进入改革开放时代之后，我国的现代化进程急剧加速，以工业化、城市化、网络化、信息化、全球化等标示的现代性内容快速深入人心，而对我国经济社会发展一直发挥着巨大作用的中华传统文化则遭到日益严重的忽略，甚至否定。这种历史虚无主义思潮具有忽略、乃至否定中华传统价值观念的核心价值观取向，具有片面强调现代价值观念的明显特征。另一方面，我国在改革开放时代还出现了相当严重的西化主义思潮。改革开放之后，西方发达国家的先进科学技术产品在我国普遍受到了欢迎，它们的自由、平等、博爱等价值观念也受到了很多国人的盲目推崇。西方发达国家倡导的现代价值观念本身无所谓好坏，但它们是西方国家在发展资本主义过程中形成的价值观念，体现了现代西方人的特殊价值诉求，如果我们将它们不加批判地引进来，其结果必然会对我们自己的本土性、民族性价值观念产生巨大冲击和损害。由于存在崇洋媚外的西化主义倾向，很多国人在国际交往和交流的舞台上缺乏价值观自信，言必称西方，不敢表达本民族的价值观诉求，因而在国际社会上难以掌握必要的价值观话语权。

当今中国已经开始实施文化强国战略。这一战略的实施建立在当代中

---

① 《习近平谈治国理政》，北京：外文出版社2014年版，第163页。

华民族对文化软实力的重要性所形成的高度认识、深刻理解和长远把握基础之上。在不断深化改革开放的历史进程中，当代中华民族逐渐认识到了经济全球化的双面性：它一方面使人类经济活动的国际性得到了空前加强；另一方面也使世界各国如何保持民族文化传统的问题变得更加突出。经济全球化绝不意味着"世界大同"或"世界一体化"。事实上，在经济全球化条件下，国与国之间、民族与民族之间的生存竞争变得更加激烈，强国对弱国的打压现象甚至呈现愈演愈烈之势。在此大时代背景下，如果一个国家彻底背弃本民族的文化传统，一味地融入所谓的全球化潮流，它的唯一命运只能是自我毁灭。当代中华民族融入经济全球化潮流的事态已经不可逆转，但只要我们在这一潮流中始终保持民族本性、民族特色和民族尊严，我们就不至于陷入自我毁灭的深渊。要做到这一点，最根本的是我们必须拥有本民族的价值观自信。我们既应该看到中华民族源远流长的传统文化的珍贵价值，也应该具有在国际舞台上敢于讲中国故事和传播中国声音的自信。中华民族不仅具有在历史上创造灿烂文化的能力，而且应该具有在经济全球化时代捍卫民族文化传统和彰显民族文化软实力的能力。坚信这一点，我们中华民族就能够在国际舞台上展露价值观自信。

二、个体价值观自信与集体价值观自信

价值观自信是一个专属于人的问题。也就是说，只有人类才会遭遇价值观自信问题。这不仅意味着我们应该从"人"的角度来看待和理解价值观自信问题，而且意味着我们必须对"人"有深刻的认识、理解和把握。

根据历史唯物论观点，人的存在既具有个体性，又具有社会性。一方面，现实中的人类是一个个相对独立的生命有机体，具有各自不同的欲望、需要、兴趣等个体性生命要素；另一方面，我们的生命又必须通过与家庭、单位、组织、民族、国家等集体形式相联系的方式才能彰显其存在的意义和价值。也就是说，我们既是个体的存在者，也是集体的存在者。当然，我们的个体性和集体性并不是截然分离的，而是集于我们一身，难解难分地交织在一起，共同塑造了我们的人性本质。从本质上来看，人类个体即是人类集体，反之亦然。因此，如果我们人类是能够拥有价值观自信的动物，那么我们所能拥有的价值观自信就一定具有两种形式，即个体价值观自信和集体价值观自信。价值观自信总是以人类为主体的价值观自

信。这种认识基于我们对价值观的主体性的认知和理解基础之上。有国内学者指出:"价值观的形成从来也不能脱离一定的主体而抽象地存在及进展,这些由不同主体所表呈出来的价值观主要有个体价值观、群体价值观、社会价值观和国家(甚至超国家的)价值观四大类。而价值观主体最初的体现就是个体,即存在着个体的价值观。而这种个体的价值观一旦被这一个体所存在的某个群体接纳,就可能转为群体价值观,而这种群体价值观的作用范围如果不断扩展而被社会采纳时,就转为社会价值观,最后,这种价值观被国家这种高级形态的政治共同体采用后,就会成为一个国家所推崇的价值观,这种过程也被黑格尔在《精神现象学》和后来的《精神哲学》中加以学理化的描述。"① 价值观主体既可能是个体的,也可能是集体的,由此决定了价值观自信的主体也可以区分为个体和集体。个人价值观自信的主体是个人,集体价值观自信的主体是指家庭、单位、组织、民族、国家等集体形式。

个体价值观自信指个人对自身建构与坚持的价值观念的真理性所持的确信态度。它有两层意蕴:第一层意蕴指个人作为价值观的主体对自身的价值观抱持一种自我认同、坚信不疑的态度;第二层意蕴指个人作为价值观主体通过与他人的价值观进行比较,对自身建构与坚持的价值观流露出的自豪感、荣耀感。

集体价值观自信指家庭、单位、组织、民族、国家等人类集体对自身所倡导和坚持的价值观念的真理性所持的确信态度。例如,当代中国人就可以通过"民族"的集体形式表现出集体价值观自信。"就当代中国而言,价值观自信,就是特指人们对社会主义核心价值观的自信,具体包含三层意蕴:第一,价值观自信是对社会主义核心价值体系的一种自信;第二,价值观自信是对社会主义核心价值观的一种自信,这也是价值观自信的根本内容;第三,价值观自信还是基于'三个自信'基础上的一种自信。"②

需要指出,个体价值观自信与集体价值观自信之间是对立统一的关系,它们既相互区别又相互联系,并且在发展中相互制约、相互促进。

---

① 邱柏生:《试论价值观的形成是一个过程》,载于《社会主义核心价值观研究》2015年第1期。
② 杨振闻:《价值观自信论纲》,载于《毛泽东研究》2016年第1期。

一方面，个体价值观自信与集体价值观自信之间存在区别。前者主要反映人类个体对待自身所坚持的价值观的确信态度。由于人类个体的生命存在很容易受到其自身的主观性因素的影响，个体价值观自信也往往具有主观性强的鲜明特征。具体地说，个体价值观自信既可能是理性的，也可能是非理性的。个体价值观自信主要与个人坚持价值观的意向性、目的性等主观因素相联系。相比较而言，集体价值观自信主要反映人类集体对待自身所坚持的价值观的确信态度。由于人类集体是由一定数量的个人组建的，它的存在必须具有一定的集体意向性和目的性基础，因此，集体价值观自信更多地体现集体性特征。与个体价值观自信一样，集体价值观自信既可能是理性的，也可能是非理性的，但它主要依靠集体意向性和目的性来建构。因此，我们不能简单地将个体价值观自信和集体价值观自信混为一谈。

另一方面，个体价值观自信与集体价值观自信又是相互依存的。这两种价值观自信是构成人类价值观自信的两个维度，彼此相互依赖而存在，而不是两个可以截然分开的东西。在任何一个社会中，个体价值观自信和集体价值观自信都是相互贯通的，个体对自身的价值观所持的确信态度中不可避免地具有集体价值观自信的内容，集体对自身的价值观所持的确信态度中也必定具有个体价值观自信的内容。

个人总是集体中的个人，集体又总是由个人构成的集体，因此，个人和集体所坚持的价值观通常是一而二、二而一的关系，个体价值观自信和集体价值观自信也通常密不可分地交织在一起。从这种意义上来说，我们每一个中华儿女所具有的价值观自信实际上是整个中华民族的价值观自信，而中华民族作为一个整体所具有的价值观自信实际上也是我们每个中华儿女的价值观自信。当代中国人可以在个体和集体两个维度上同时展现价值观自信。当然，这需要建立在这样一个前提条件上，即我们的个体价值观和集体价值观具有高度一致性。只有在我们当代中国人所坚持的个体性价值观和集体性价值观高度一致的情况下，我们在国际舞台上所展现的价值观自信才能体现个体性和集体性的统一。

三、人类树立价值观自信的条件

自信是人类普遍具有的一种心理品质。在现实生活中，人类的自信心总是基于自身的某种卓越性而确立。我们或者因为自己外貌优美而自信，或者因为自己智力超群而自信，或者因为自己富于雄辩而自信，或者因为自己善于交际而自信，或者因为自己行动敏捷而自信。总而言之，如果我们拥有一种被称为"自信心"的东西，那是因为我们具有自信的资格。资格就是条件。我们不是无缘无故地自信，也不是无缘无故地不自信。所谓自信，只不过是我们因为具备了某个或某些资格或条件而表现出来的一种心理品质而已。

作为文化自信的核心，价值观自信的树立也需要人类达到一定的条件。作为价值观自信的主体，人类必须具备什么样的条件才能拥有价值观自信呢？归纳起来，我们必须达到两个条件：我们必须拥有属于自己的价值观；我们必须能够充分认识自己所拥有的价值观的存在价值。

价值观都是人类建构的产物，因此，要拥有属于自己的价值观，我们必须付出建构价值观的努力。无论我们人类是作为个体而存在，还是作为集体而存在，我们建构价值观的路径或过程都是有规可循的。总体来看，人类个体和集体建构价值观的过程会经历三个环节，即：形成价值认识和判断能力的环节；形成非系统化价值观念的环节；形成系统化价值观的环节。

价值认识和判断能力是人类个体和集体建构价值观的心理基础。它说明人类能够依据自己的个体意向性和集体意向性对存在世界的存在价值予以认知、评判、定位的能力；或者说，它说明人类具有将自己的价值认知、评判和定位投射到一定对象的能力。这一心理基础的形成是人类的心理世界达到完善程度的一个重要标志。一旦具有这一心理基础，人类就能够朦朦胧胧地将存在世界区分为事实世界和价值世界，并且将其自身的存在朦朦胧胧地区分为两个维度，即自在的存在和自为的存在。前者指人类能够在一定程度上认识到自身的动物性，并且能够模糊地意识到自己存在的自在性；后者指人类能够在一定程度上认识到自身的文化性或文明性，并且能够模糊地意识到自身存在的自为性。不过，具有价值认识和价值判断能力的人类不一定有能力建构价值观念，更不用说有能力建构系统化的价值观。

建构价值观念是人类在具备价值认识和判断能力基础之上形成的一种理性思维能力。一般来说，人类的价值认识和判断能力在始发的时候主要反映人类对存在世界或具体对象的感性反映形式。例如，有的人喜欢看悲剧，有的人喜欢看喜剧；有的人喜欢吃零食，有的人不喜欢吃零食，等等，这些事实说明人类具有朦胧的价值意识，但这样的价值意识带有强烈的情绪色彩，并且具有不稳定性，因而主要表现为情绪性态度。如果这些情绪性态度能够得到不断强化，它们就可能提升为一定的价值观念。也就是说，拥有价值认识和价值判断能力是人类形成价值观念的前提条件和基础。虽然人类在价值认识和判断能力基础上形成的价值观念一开始可能还不是系统化、理论化的价值观念，但是它们毕竟已经从感性的反映形式上升到理性的抽象思维层面。

价值观不同于价值观念。价值观是人类的价值观念进一步达到系统化、理论化的产物；或者说，价值观是人类的价值观念进一步升华的产物。一般来说，价值观念是具体的、零散的，而价值观是人类对其自身所具有的具体的、零散的价值观念进行进一步抽象概括、整合的结果。对于人类来说，无论是处于价值认识和判断能力的始发阶段，还是处于建构非系统化价值观念的阶段，我们的价值思维都是主要处于感性思维的水平上。只有当人类能够将自己的价值观念转化为价值观的时候，人类的抽象思维能力才臻于完善，并且获得了难以动摇的稳定性。也只要到了这一环节，人类才算真正具备了能够树立价值观自信的心理品质。拥有系统化的、稳定的价值观是人类树立价值观自信的必要条件。如果没有系统化的、稳定的价值观，人类的价值观自信就无从谈起。因此，有国内学者强调："随着个体的成长，价值观体系逐渐形成，逐步有了稳定内化的自我评价标准，逐渐累积内化起个体的自信，这时的自信较为稳定，个体以自我价值观体系为基准，筛选出与自身价值观一致的东西作为评价标准，对自我进行评价。个体将现在自我与过去自我加以比较，将自己的追求与成就加以比较，将自己与他人加以比较，并根据自身行为对自己作出客观判断，在现实生活体验中发现自身的长处和短处，从而选择对自己有利的自我实现方向。正是通过这种长期的生活体验意义整合，才逐渐形成了个体稳固的自信心。"[1] 人类个体必须在拥有价值观的前提下才能树立价值观自

---

[1] 车丽萍：《自信的概念、心理机制与功能研究》，载于《西南师范大学学报》2002年第2期。

信。人类集体亦如此。

要树立价值观自信，人类除了必须拥有稳定的价值观之外，还应该对自身的价值观的存在价值具有确信的态度。价值观的存在价值是什么？就是它的真理性。人类个体和集体都可能拥有属于自己的价值观，但它们所拥有的价值观并不一定是具有真理性的价值观。真正意义上的价值观自信应该建立在人类对其自身的价值观的真理性基础上。如果人类所坚持的价值观本身是谬误，则我们难以真正树立价值观自信。这就好比人类看待和评价谎言的情况：如果一个人撒了谎，那么他在谎言基础上树立的自信总是脆弱的。

上述分析对我们认识和理解社会主义核心价值观和当代中华民族的价值观自信之间的关系具有启示。在实施文化强国战略的今天，当代中华民族无疑需要不断强化价值观自信，但这种价值观自信的树立取决于两个条件：一方面，当代中华民族必须拥有属于自己的价值观；另一方面，我们还必须对自己所拥有的价值观的存在价值持高度认同的态度。第一个方面说明当代中华民族不仅有必要充分认识中国传统价值观的存在价值，而且有必要建构社会主义核心价值观；第二个方面则说明当代中华民族有必要对自己所拥有的传统价值观和新建构的社会主义核心价值观予以高度的价值认同。只有先达到这两个条件，我们才能理直气壮地呼吁当代中华民族树立价值观自信。

四、余论

价值观自信是人类自信心的最重要内容。人类社会生活需要价值观的引导，更需要价值观自信的支撑。价值观能够为人类生活提供价值目标，价值观自信则为人类坚持自己的价值观提供强大动力。

价值观是人类对存在世界的存在价值进行深刻认识、判断、定位和选择而形成的系统化思想、理论的总和。价值观自信则反映人类对自身坚持的价值观的真理性所抱持的确信态度。价值观的确立有助于人类发现存在世界的存在意义和价值，价值观自信的确立有助于人类形成乐观主义人生态度。

拥有价值观自信是人类精神健全、精神强大的重要表现。价值观自信问题关系到人类个体和集体的兴衰成败。价值观自信的内核是道德价值观自信。对个人而言，道德价值观侧重于反映一个人生存的道德信念状况，对个人的道德生活发挥着行为导向、情感激发和评价标准选择的作用；对集体而言，道德价值观是集体性文化体系的内核和灵魂，对集体道德生活发挥着无形的杠杆作用，能够起到凝聚价值共识的巨大功能。如果一个人缺乏价值观自信，他就无法对自身所建构的价值观抱持确信的态度，就无法形成自己的价值观，也就无法成为一个精神独立、精神强大的人；如果一个集体缺乏价值观自信，它就缺乏维系自身存在的精神纽带，就难以形成共同的价值目标，就无法凝聚强大的集体精神。

需要特别指出的是，价值观自信是我国应对价值观多元化局面的强大精神支撑。一个国家要真正强大，就必须充分认识和肯定本民族传统价值观的存在价值，就必须培育自己的核心价值观，就必须致力于提高国民的价值认同，以树立本国、本民族的价值观自信。当前，我国已经处于多种价值观激烈碰撞和争鸣的时期，正确价值观与错误价值观、传统价值观与现代价值观、先进价值观与落后价值观之间的对峙和争鸣非常激烈。我国是一个文明古国，但从1840年鸦片战争开始，中华民族就多次遭到西方列强的武力入侵。不可否认，那些接二连三的侵略极大地打击了中华民族的价值观自信。在西方列强的强大武力面前，中华民族在对自身的经济、军事和科技的落后状况痛定思痛之余，对自身曾经引以为豪和长久坚持的传统价值观的存在价值开始持怀疑态度。也就是说，我国饱受西方列强欺凌的近代史严重消解了中华民族的价值观自信。历史地看，新中国的成立使中华民族的民族尊严重新挺立了起来，改革开放使中华民族解决了温饱问题，这些是中华民族应该引以为傲的历史事实。在解决了民族尊严和温饱问题之后，当代中华民族最应该解决什么问题？重拾价值观自信！

经济全球化时代不再是以武力交锋为主的时代，而是价值观碰撞和争鸣的时代。在当今世界，国与国、民族与民族之间的竞争，在很大程度上表现为价值观竞争，因此，能否展现价值观自信对于任何一个国家来说都是尤为重要的事情。如果没有价值观自信，一个国家在国际舞台上就没有话语权。当然，一个国家的价值观自信必须依靠本国的深厚文化底蕴来建立。中国是一个有着五千年历史的文明古国，中华传统美德是中华民族的宝贵遗产，蕴含着丰富历史记忆、独特文化精神的中国传统价值观念是当代中国人树立价值观自信的底气和历史依据，也是当今中国能够在价值观激烈碰撞的当今世界中站稳脚跟的根基。中华民族是能够适应新时代需要建构时代性价值观的伟大民族。正因为如此，在坚定不移地走中国特色社会主义道路的过程中，当今中国开始倡导与中国国情相符的价值观念体系，即中国特色社会主义核心价值观。倡导社会主义核心价值观标志着中国社会的巨大进步，它使当代中华民族树立价值观自信有了前提条件，但我们不应该止步于此，而是应该站在历史文化、科学理论的高度上，进一步提升当代中华民族的价值认识和判断能力，在广泛借鉴和吸收人类历史上的优秀价值观传统基础上，进一步提炼和完善当代中国价值观念，尤其是应该加快进一步提炼和完善社会主义核心价值观的步伐，以不断强化中华民族的价值观自信。

（作者向玉乔，湖南师范大学道德文化研究院教授，博士生导师；沈莹，湖南师范大学2018级博士研究生。）

浅析马克思主义中国化的三个重要伦理向度

管亚苹

摘要：马克思主义中国化是马克思主义自身发展需要与中国实践需要双向互动的过程。马克思主义蕴涵着丰富的伦理思想，在马克思主义中国化过程中对马克思主义丰富和发展离不开伦理思想为其提供源源不断的精神动力。时代的呼唤和实践的孕育、以人民的需要为中心、对公平正义的追求是其中非常重要的三个伦理向度。

关键词：马克思；中国化；伦理向度

马克思主义中国化，就是将马克思主义基本原理同中国具体实际和时代特征相结合。具体来讲，一方面要运用马克思主义的立场、观点和方法来研究和解决中国革命、建设和改革的实际问题，坚持和发展马克思主义；另一方面要把马克思主义植根于中国的历史和文化，以人们喜闻乐见的语言深入浅出地阐释，使之成为具有鲜明的中国作风和气派的马克思主义。研究者大多习惯于从政治哲学、历史学等学科角度解读马克思主义中国化的问题，而容易遗忘其伦理向度背后的光芒。事实上，马克思主义中国化不是一个单调、刻板、抽象的历史过程，它的主体是现实的人民大众，马克思主义中国化的理论成果是在时代的呼唤和实践的孕育中，在不断满足人民日益增长的需要的过程中，体现人民对于美好道德生活的追求和向往中，获得其持续健康发展的深厚伟力。

一、立足于时代的呼唤和实践的孕育

任何一个理论和思想的产生表面上看具有随机性，而事实上只有符合所处时代的呼唤和实践的要求，才能被人民所选择并被坚持和发展下来。

马克思主义中国化过程中所产生的理论成果,都是时代的呼唤和人民实践孕育的结果。马克思主义作为科学真理是具体的,必须适应时代的价值取向,不断地从人民的实践中吸取养料,才能成长为人民所选择和运用的理论。恩格斯说过:"马克思的整个世界观不是教义,而是方法。它提供的不是现成的教条,而是进一步研究的出发点和提供这种研究使用的方法。"① 马克思主义就像一颗种子,之所以能在中国扎根发芽,长成参天大树,结出累累硕果,是因其为体现时代精神的优秀道德文化提供了土壤,实践为之浇灌。

在旧民主主义革命期间,为了完成反帝反封建的革命任务,不同的阶级先后在近代中国政治舞台上扮演着不同的角色,展示着自己的力量,不同程度地推动着中国革命不断向前发展,但每一次都摆脱不了失败的命运。近代中国社会的发展,期待新的阶级及其政党领导新的革命,呼唤新的革命理论的产生。俄国十月革命一声炮响,给中国送来了马克思主义,让中国的知识分子找到了重新审视国家和民族命运的工具,马克思主义得以广泛传播并迅速与工人运动相结合产生了中国共产党,从此中国革命有了主心骨。以毛泽东为主要代表的中国共产党人,把马克思主义的基本原理与中国革命和建设初期的具体实践相结合,实现了马克思主义中国化的第一次理论飞跃,创立了毛泽东思想。

二战以后,特别是80年代以来,世界形势发生了巨大的变化,世界进入了一个不同于战争与革命时期的新的历史时期,和平与发展成为世界的主题。新中国成立以后的前30年间,我国社会主义建设事业虽然取得过辉煌的成就,但也发生过严重的失误。20世纪80年代末90年代初以来,世界社会主义运动遭遇低潮,也引发邓小平对社会主义问题的深层思考。正是在总结我国和其他国家社会主义建设正、反两方面经验的基础上,以邓小平为代表的中国共产党人围绕"什么是社会主义、怎样建设社会主义"的重大理论问题,把马克思主义基本原理同我国建设和改革的具体实际相结合,走自己的路,建设有中国特色的社会主义,形成邓小平理论。

十三届四中全会以后,中国共产党历经了革命、建设和改革,已经从领导人民为夺取全国政权而奋斗的党,成为领导人民掌握全国政权并长期

---

① 《马克思恩格斯选集》,北京:人民出版社2012年版,第664页。

执政的党；已经从受到外部封锁和实行计划经济条件下领导国家建设的党，成为对外开放和发展社会主义市场经济条件下领导国家建设的党。党所处的地位和环境、党所肩负的历史任务、党的自身状况，都发生了新的重大变化。以江泽民为主要代表的中国共产党人，根据国内外形势和党的历史方位的新变化，进一步回答了"什么是社会主义、怎样建设社会主义"的问题，创造性地回答了"建设什么样的党、怎样建设党"的问题，深化了对中国特色社会主义的认识，创立了"三个代表"重要思想，实现了党的指导思想又一次与时俱进，从而进一步推进了马克思主义的中国化。

党的十六大以来，我国已进入发展的关键时期、改革的攻坚时期和社会矛盾频发时期。随着经济体制深刻变革、社会结构深刻变动、利益格局深刻调整、思想观念深刻变化，我国的发展既蕴涵着巨大的发展潜力和发展空间，也承受着来自人口、资源、环境等方面约束的巨大压力；我国的发展既面临着前所未有的宝贵机遇，也面临着各种严峻挑战。要适应我国发展的阶段性特征，奋力开拓中国特色社会主义更为广阔的发展前景，就必须继续解放思想，坚持改革开放，推动科学发展，促进社会和谐，更加自觉地走科学发展道路。科学发展观正是在这样的实践基础上孕育和诞生。

党的十八大以来，以习近平为总书记的党中央，立足当代中国的实际，顺应人民群众的热切期盼和要求，从破解我国目前从最突出的矛盾和问题出发，在深入总结实践经验的基础上，逐步形成新时代中国特色社会主义思想，开拓了马克思主义发展的新境界。

总之，马克思主义中国化过程中产生的理论成果都是适应时代的呼唤，体现社会的道德要求，以人民的实践为基础而进行概括，并随着人民的实践的发展而发展的理论，都是中国共产党集体智慧的结晶。

二、以满足人民的需要为中心

坚持一切为了人民是唯物史观的基本观点。人民群众在历史活动和历史发展中处于主体地位，是历史的创造者和推动者。人民群众是物质资料和人类社会精神生产及社会变革的主体，对历史发展方向起着根本的作用。马克思、恩格斯在《共产党宣言》中指出："过去的一切运动都是少数人的，或为少数人谋利益的运动。无产阶级的运动是绝大多数人的、为绝大多数人谋利益的独立的运动。"① 中国共产党是无产阶级政党，坚持一切为了人民，体现了对马克思主义原理的高度自觉。只有体现人民的愿望和要求，中国共产党才能不断发挥人民的主体性作用，激发劳动者的积极性和创造性，推动社会不断前进，从而实现自己的历史使命。

中国共产党是最广大人民根本利益的代表者，从成立之初，党就把全心全意为人民服务作为根本宗旨写在自己的旗帜上，为了实现人民的解放和幸福努力奋斗。恩格斯说："人们自觉地或不自觉地，归根到底总是从他们阶级地位所依据的实际关系中——从他们进行生产和交换的经济关系中，获得自己的伦理观念。"② 中国共产党在自己的发展史上，始终把人民的利益放在至高无上的位置，才使自己的行动获得了深厚的执政之基和力量之源。刘少奇就曾强调："一切为了群众，否则，革命毫无意义。"③

新民主主义革命期间，党领导人民推翻了"三座大山"，建立了中华人民共和国，发展以共产主义思想为指导的民族的科学的大众的文化，让中国人民从此摆脱被奴役、被压迫的命运，真正"站起来"成为自己的主人。新中国成立后，为了实现人民摆脱贫穷落后面貌的强烈愿望，党领导人民进行了社会主义改造，建立了社会主义制度，从而为国家富强、人民幸福提供了制度保障。在文化上，提出文学艺术要为人民服务、为社会主义服务，百花齐放、百家争鸣，对民族文化要取其精华、去其糟粕，古为今用、洋为中用等思想，让人民的精神面貌焕然一新。

党的十一届三中全会以后，以邓小平为核心的第二代中央领导集体，坚持解放思想、实事求是的思想路线，作出了改革开放的伟大决定，开辟了中国特色社会主义的康庄大道，不断地解放和发展生产力、增强了社会主义国家的综合国力，大大地提高了人民生活水平，让中国人民逐渐走进"富起来"的现实。在文化上，提出要一手抓物质文明，一手抓精神文明，"两手抓，两手都要硬"，明确了建设中国特色社会主义文化，以马克思主义为指导，全面贯彻科学发展观，以培育有理想、有道德、有文化、有纪

---

① 《马克思恩格斯选集》（第1卷），北京：人民出版社2012年版，第411页。
② 《马克思恩格斯选集》（第9卷），北京：人民出版社2009年版，第99页。
③ 《刘少奇选集》（上卷），北京：人民出版社1981年版，第234页。

律的公民为根本任务，发展面向现代化、面向世界、面向未来的，民族的科学的大众文化，不断满足人民日益增长的物质文化发展的需要。

以江泽民为核心的第三代中央领导集体，把"中国共产党必须始终代表中国先进生产力的发展要求，代表中国先进文化的前进方向，代表中国最广大人民的根本利益"作为"三个代表"重要思想的集中概括，这也是党的一切工作"以满足人民的需要为中心"的最庄严的宣誓。以胡锦涛为核心中央领导集体，提出坚持以人为本，树立全面、协调、可持续的发展观，促进经济社会和人的全面发展；以保障民生为重点，加强社会建设；把文化被摆在更加突出的位置，还提出了"坚持中国特色社会主义文化发展道路，努力建设社会主义文化强国"的战略目标；继续高举中国特色社会主义伟大旗帜，带领全国人民向着"共同富裕"的全面小康社会目标奋勇前进。

党的十八大之后，以习近平为总书记的党中央，接过历史的接力棒，不忘初心，以为人民谋幸福、为中华民族谋复兴为己任，在党和国家的历史上留下浓墨重彩，绘出辉煌篇章。党中央以巨大的政治勇气提出"新时代中国特色社会主义思想"，明确坚持和发展中国特色社会主义，总任务是实现社会主义现代化和中华民族伟大复兴，在全面建成小康社会的基础上，分两步走在本世纪中叶建成富强民主文明和谐美丽的社会主义现代化强国；明确新时代我国社会主要矛盾是人民日益增长的美好生活需要和不平衡不充分的发展之间的矛盾，必须坚持以人民为中心的发展思想，不断促进人的全面发展、全体人民共同富裕。中国共产党以强烈的责任担当承前启后、继往开来，开创了在新的历史条件下夺取中国特色社会主义伟大胜利的时代。这个时代，是决胜全面建成小康社会、进而全面建设社会主义现代化强国的时代，是全国各族人民团结奋斗、不断创造美好生活、逐步实现全体人民共同富裕的时代，是全体中华儿女勠力同心、奋力实现中华民族伟大复兴中国梦的时代，是我国日益走近世界舞台中央、不断为人类作出更大贡献的时代。①

中国梦是国家富强、民族振兴的梦，但归根到底是人民的幸福梦，必须紧紧依靠人民来实现，必须不断为人民造福。自十八大以来，我们的党

---

① 习近平：《在中国共产党第十九次全国代表大会上的报告》，2019年10月18日。

把满足"人民对美好生活的向往"贯穿于党中央治国理政的方方面面,通过坚持不懈地努力实现了人均可支配收入稳步增长,人民群众有序参与国家事务的手段进一步丰富,人民基本文化权益得到更好保障,建设美丽中国,为人民创造良好生产生活环境。惠民举措持续出台,民生改革不断深化,人民群众的获得感、幸福感不断增强,极大地凝聚了人心,提振了信心。

一切为了人民是马克思主义中国化过程所产生的理论成果的根本立场,这体现的是无产阶级政党的理论自觉和道德使命。一切为了人民不是一个空的口号,无产阶级政党必须要从人民的愿望和利益出发,一方面要为实现人民的解放创造条件,另一方面要不断适应人民对美好生活的向往和追求,为谋求人民的幸福生活而奋斗,才能不断得到人民的信任和支持。

三、以公平正义为价值取向

公平正义是伦理精神的关键词,也是马克思主义伦理思想的重要范畴。马克思、恩格斯虽没有专门论述公平正义的论著,但分散、渗透在历史唯物主义创建过程中的公平正义观点却很丰富。他们认为,公平正义是一个社会的、历史的、阶级的范畴,不同的社会、时代和阶级对公平正义有不同的理解;公平正义的研究要以现实的人为出发点,公平的性质和内容是由一定社会的物质生活条件即经济基础决定的。只有到生产力高度发达,产品极其丰富的共产主义高级阶段才能实现"各尽所能,按劳分配",实现真正的公平正义。在此之前,公平正义实现程度受制于社会生产力的发展水平以及与此相适应的政治、经济、文化等方面的发展状况。实现公平正义的基本条件,那就是整个社会实行生产资料公有制,在不断解放和发展生产力的基础上逐步实现人人参与、人人共享、人人受益,实现每个人自由而全面的发展。

公平正义也是马克思主义中国化的内在价值追求。毛泽东认为,要实现社会的公平正义,必须要推翻"三座大山"的压迫,建立起实现人与人之间平等的社会主义制度:经济上建立公有制,政治上实行人民民主专政制度,文化上强调文艺为大众服务,从而为确保人民平等地参与政治,平等地占有和分配财富,平等地享有社会地位、权利提供制度的保障。毛泽东的公平正义观坚持人民的利益高于一切,反对任何形式的特权,但在实现公平正义的手段上有较浓重的平均主义理想色彩,是对当时社会历史条件的超越,同时同步富裕的美好愿望也不可能成为现实。

  邓小平在总结历史经验教训的基础,对"什么是社会主义,怎样建设社会主义"的问题进行了再探索,揭示出社会主义的本质:解放生产力,发展生产力,消灭剥削,消除两极分化,最终达到共同富裕。其中"解放生产,发展生产力"是最终达到共同富裕的物质保证,是实现社会公平正义的首要条件和物质依托。在"怎样解放生产力、发展生产力"方面,邓小平提出,把市场与计划相结合,发展社会主义市场经济体制。在分配方式的选择上,邓小平批判了平均主义,他指出:"过去搞平均主义,吃'大锅饭',实际上是共同落后,共同贫穷,我们就是吃了这个亏……"①"消灭剥削,消除两极分化"是实现共同富裕,体现社会主义公平正义的制度保证。消灭阶级、消除两极分化,实现共同富裕的目的有一个具体的过程。最终实现共同富裕,要在坚持四项基本原则,保持人民富裕朝着社会主义方向进发的前提下,在一定阶段、一定范围内又要允许富裕程度的差别和富裕先后的差别存在,最终将要达到的共同富裕,实现共同富裕的途径是就是要一部分地区、一部分人通过诚实劳动和合法经营先富起来,先富带动后富,实现共同富裕,让社会主义的公平正义得以彰显。

  江泽民在毛泽东、邓小平关于实现公平正义的理论和实践的基础上,把对公平正义的探寻推进到新阶段。他首先明确了社会主义初级阶段公平正义的衡量标准,指出,"衡量社会公平的标准必须看是否有利于社会生产力发展和社会进步"②。江泽民还将"努力促进人的全面发展"定位到建设有中国特色社会主义的各项事业的目的和意义的高度上,江泽民的这一执政理念把对公平正义的追寻从解除社会物质基础的束缚、整体提高人民生活水平的层面转而回归到人的本质实现的层面。在切实为社会公平正义提供坚实有力保障机制上,提出了"把依法治国与以德治国紧密结合起来"的治国方略。依法治国与以德治国紧密结合,把法制建设与道德建设也紧密结合在一起,为在社会转型时期进一步扩大社会主义民主,为维护

---

① 《邓小平文选》(第3卷),北京:人民出版社1993年版,第155页。
② 江泽民:《认真消除社会分配不公现象》,载于《求是》1989年第12期,第5页。

社会公平正义营造高尚的思想道德基础。

公平正义是构建社会主义和谐社会的基本要义，我国社会主义制度的本质要求。以胡锦涛为总书记的党中央把实现公平正义当作党的历史使命，发展中国特色社会主义的重大任务来抓，他们围绕公平正义展开了一系列阐述，提出了一系列主张。胡锦涛对公平正义给出了明确的定义，他指出："公平正义，就是社会各方面的利益关系得到妥善协调，人民内部矛盾和其他社会矛盾得到正确处理，社会公平和正义得到切实维护和实现。"① 在人民立场上，胡锦涛提出了衡量社会主义社会公平正义的标准就是全体人民共享改革发展成果，共同富裕。他还提倡"依法逐步建立以权利公平、机会公平、规则公平、分配公平为主要内容的社会公平保障体系"②，主张"在国际关系中弘扬平等互信、包容互鉴、合作共赢的精神，共同维护国际公平正义"③。

十八大以来，以习近平同志为核心的党中央高度重视社会公平正义问题，围绕确保公平主义的实现展开了一系列论述。习近平同志认为，维护和实现公平正义必须从全局利益着眼，他指出："我们讲促进社会公平正义，就要从最广大人民根本利益出发，多从社会发展水平、从社会大局、从全体人民的角度看待和处理这个问题。"④ 实现社会公平正义是有多种因素，但经济持续健康发展是保障社会公平正义的坚实物质基础；制度都是社会公平正义的重要保证；全面深化改革为公平正义创造更加公平正义的社会环境；以建立权利平等、机会平等、规则公平的社会公平保障体系为主要内容；以司法作为维护社会公平正义的最后一道防线。习近平总书记抓大局，重协调，狠抓落实，守底线的思维格局，为确保公平正义的实现构造了美好蓝图，提供了方向指引。

中国共产党人不断把马克思主义的普遍真理同中国具体实际相结合，

---

① 胡锦涛：《在省部级主要领导干部提高构建社会主义和谐社会能力专题研讨班讲话》，载于《人民日报》2005年6月27日。
② 胡锦涛：《在省部级主要领导干部提高构建社会主义和谐社会能力专题研讨班讲话》，载于《人民日报》2005年6月27日。
③ 胡锦涛：《胡锦涛在中国共产党第十八次全国代表大会上的报告》，载于《人民日报》2012年11月17日。
④ 《习近平谈治国理政》，北京：外文出版社2014年版，第96页。

对公平正义进行了深入的探索和研究,取得了一系列研究成果,这为公平正义的维护和实现提供了渐趋完善的理论指导。在探索过程中,各届领导集体都立足国情,以人民为本位,在已有条件下为确保实现更广泛范围、更大程度、更全面的公平正义做出孜孜不倦的努力。这是伟大时代精神和民族精神的集中体现,必将感召人民为实现经济社会发展与人的全面发展的统一而不断奋斗!

(管亚苹,湖南师范大学道德文化研究院博士研究生。)

坚定文化自信：从亚里士多德"中道"与孔子"中庸"谈起

张琛琛

摘要：文化自信是更基础、更广泛、更深厚的自信。亚里士多德在《尼各马可伦理学》中提出的"中道"是一种折中，认为在一切行为和感受中，两极端中间就是最好的，是德行。《中庸》认为，人性处"中"而不偏不倚，就能发扬光大其中的天赋之道，所以说"中"是"天下之大本"，而"中和"是发扬本性，进行道德修养的原则和方法。朱熹还进一步把"中和"夸大为天地万物的法则，并得出了"致中和，天地位焉，万物育焉"的结论，认为儒家的中庸是一种境界。这就说明文化自信是一个民族对自身文化价值的充分肯定和积极践行。

关键词：中道；中庸；文化自信

一、中庸与中道：儒家"道"的理性与亚里士多德的折中

在中庸这一思想上，孔子和亚里士多德惊人一致地阐明了中庸是天人合一或与神合一的最高的善，是万事万物达到最佳状态的度，是人类最高的道德境界。人类一切最高的智慧、美德皆以中庸为贵，中庸是融合各种相反德性而能全备其间的能力。

孔子提倡中庸，"中庸之为德也，其至矣乎！"《中庸》认为人性天赋，而"道"根植于人性，是人性的发扬光大，所以说"率性谓之道"。那么道既存于天赋之性，所以道不可离，为了使本性发扬光大，就是要使性和情达到"中和"的境界。由此可见，"中和"是发扬本性，进行道德修养的原则和方法。《中庸》认为："择乎中庸，得一善，则拳拳服膺而弗失之矣。"这就是说，掌握了"中庸"之道，那就必然会使自己的思想、行为

不致离开人伦道德而陷于邪恶。

亚里士多德认为，人们对中道的选择过程，是主观和客观统一的过程。人们对中道的界限的认识是受人的主观状态影响的，因而按照中道控制情感和选择行为，也不是容易的事情。他认为，这种困难在于两方面原因：一是出于客观事物本身的性质，在两极端中，一端与中道相似，另一端则强烈相反，人们就不容易分辨和把握两极之间的适度；另一方面是出于人本身的性质，即他所说的"天生易于发生的事情，往往和中道相反。特别是快乐，虽然并不真是或都是善事，但它却使人认为它似乎是善事，因而一般人最能被这种快乐引入歧途，只知道趋乐避苦，而不易发现中道。由于这两方面的原因，人们要在每一种场合都找到中道，并且人人都能达到中道，又是一件困难的事情"。因此，行中道就必须具备相当的理性精神，不能凭感情行事。

亚里士多德说，有三种品质：两种恶——其中一种是过度，一种是不及——和一种作为他们中间的适度的德行。这三种品质在某种意义上都彼此相反。道德德性是适度，第一，它是两种恶，即过度与不及的中间；第二，它以选取感情与实践中的那个适度为目的。然而，在所有事情中都找到中点是困难的。可见，亚里士多德是在伦理学中作了三分，把过与不及之间的中间点叫做"中庸"，也就是对过与不及进行折中，就是"中庸"。由此可见，儒家之"中庸"之"中"是形上之至善情感；是道德标准的情感，"中庸"是形下的道德情感；"中庸"体现了道的情感性；亚里士多德的"中道"是"中"的方法在伦理学领域的运用，是一种在其两极端之间取其中间的方法，是一种折中的方法。

二、"中庸"与"中道"的共同源流

在孔子和亚里士多德那里，所谓中庸或中道，就是人们用理智来控制和调节自己的感情与行动，使之既无过度，也无不及，自始至终保持适中的原则。二人在对中庸和中道的理解上，有相当的一致性，可以从精神、德行和思想方法三个方面来看：

第一，精神的一致。不走极端的中庸或中道，要持"中"，不走极端，强烈地反映出人类的理性精神。孔子认为，人们在处理社会关系时，应当时时保持一种理性状态，于两端之间取其中。《论语》载：子贡问："师与商孰贤?"子曰"师也过,商不及。"曰:"然则师愈与?"子曰:"过犹不及。"这里,过和不及也是相反的两极端,孔子认为它们同样不好,唯有无过无不及方为具有理性精神的"中正之道"。"过犹不及"这句话后来流传到后世,反映出古人在理性问题上的共识。将行中道作为一种理性精神,在亚里士多德那里反映得更为明显。他认为,过与不及都不合于理性,也不能培养善德和达到幸福。欲达幸福,必在发挥其功能;欲发挥其功能,必在运用理性,而合乎理性的要求即在于合乎中道。所以,在亚里士多德那里,理性控制下的情感欲望的合理满足,被认为是"善"。故具有美德的中道行为就是理性的行动。因此,他提出人们应当"依从理性,把理性作为行为的准则"。

第二,德性的一致:恰到好处。孔子和亚里士多德都认为,"中庸"或"中道"的根本精神是要求人们的言行恰到好处,因为这体现了人的德性。在孔子看来,中庸既是人们在道德实践中如何掌握行为分寸与尺度必须遵守的重要道德准则,又是一种道德境界。孔子认为,按中庸的方法原则去做,才能有恰到好处的善的效果。他认为,过之所以不是优点,而且会造成危害,是因为人们在履行道德时,一旦过了头,就反而会使原有的道德要求变为对行为的错误导向。比如,礼貌所要求的是恭敬谦让,但如果过了头,则会变成谄媚。孔子认为,君子如能运用中庸的方法于仁德的实践中,就会获得一种至高的品德。所以《中庸》称引孔子的话说"君子中庸,小人反中庸"。这里所谓"君子中庸",不是说君子都做到中庸,而是说,君子都朝中庸方向努力,尽可能做到中庸。这正是君子之所以为君子的道德自律性的体现。亚里士多德也认为中道乃是人的一种美德。他认为,美德就是既能使人成为善人,又能使人圆满地完成其功能的品性,这种品性也就是中道或恰到好处。他说:"德性作为中道,作为最高的善和极端的美。"[①] 他认为过度与不及,均足以败坏道德。因此,"过度与不及是过恶的特征,适度是德性的特征"。而所谓行为恰到好处这样的"人的德性就是种使人成为善良,并获得其优秀成果的品质"。《中庸》说:"故君子尊德性而道问学,致广大而尽精微,极高明而道中庸。"即是说,人

---

① 苗力田编:《亚里士多德选集·伦理学卷》,北京:中国人民大学出版社1999年版,第40页。

们要达到"中庸"或"中道"并不是一件容易的事。也正因为如此，才显示了美德或德性之高贵。故孔子和亚里士多德将"中庸"或"中道"盛赞为"至德""美德"，其原因也在于此。

第三，思想方法的一致：致中和时中。作为一种思想方法，中庸和中道要求人们在处理各种社会关系时，要"致中"和"时中"。孔子认为，"中"总是伴随事物而存在，随事物变化而变化，因此，人们既要致中，又要时中。所谓致中，即指"叩其两端而竭之"，这种方法要求人们在简单的事物中取中行；时中则是指人们在处理问题时要坚持中庸之道，又因人因场合随时变化其具体形式，在复杂的事物中穷尽各种可能性以施行最符合道德要求的行为。《中庸》引孔子的话说："君子之中庸也，君子而时中。"朱熹解释时中为"随时以处中也"。"时中"的提出，反映了孔子对事物本质规律的认识。亚里士多德认为，中道有绝对中道与相对中道之分。所谓绝对中道，指事物中与两极端距离相等的中道；所谓相对中道，"是指不太多，也不太少""是因人而异的适度要求或状态"。在亚里士多德那里，被称为德性或美德的中道，就是这种根据具体情况正确处理情感和行为的一种适度的态度和方法的相对中道。但是人们要"准确地命中中间是困难的"。因为现实生活是非常复杂的，尤其是绝对中道在现实生活中是不存在的。因此，对中道的选择只能是对相对中道的选择。不过，由于绝对中道在理论上的存在，中道便构成价值的吸引力，它要求人们在进行道德选择和实施道德行为时，要尽可能地向绝对中道靠拢。所以，亚里士多德认为要寻得"中道"，正确的方法首先应在过度与不及这两个极端中，尽力避免与中道最为相反的一个极端。比如，在鲁莽与怯懦之间，就必须先克服怯懦，因为它比鲁莽离中道的勇敢更远。"这就是两恶之间取其轻。"因为只有这样人们才能尽可能地向"中道"靠拢，并最终取得善。关于时中，亚里士多德的认识也与孔子接近，他认为："在一切可称赞的感受和行为中都有着中道。"一个有德性的人自然应当时时求中。在时中方法上，孔子与亚里士多德也没有作机械的定论，相反，为了符合善的要求，达到善的目的或结果，他们还主张根据当时的具体情境做出行为判断和选择，以更灵活的态度去处理各种关系。亚里士多德甚至说：我们"有时要偏向于过度，有时又要偏向于不及"，因为只有这样，我们才能取得中道达到善的目的。孔子感叹"天下有道则见，无道则隐"。这些充分体现了两位先哲在坚持中庸中道方面具体问题具体分析的精神。

三、从"致中和"与"伦理德性"看如何坚定文化自信

正如儒学的"中庸"是一种道德修养、一种"君子之德",这种君子之德不仅仅是亚里士多德哲学中"中庸"的德性品质,而是合天道、人道为一,做什么都能适宜、恰当,能"不勉而中,不思而得,从容中道"(《中庸·第二十章》),也就是"性之德也,合外内之道也,故时措之宜也"(《中庸·第二十五章》)。外道即天之道,内道即人之道,这既是将"中庸"之道德品质推到人之外的自然界、天地,与天地相处也能做到适宜,做到"可以赞天地之化育,则可以与天地参矣"(《中庸·第二十二章》),也是"致中和"。能与天地、自然适宜相处,无论做什么都适宜的道德,是一种境界,是孔子所说的"随心所欲不逾矩"的境界,一种"物我两忘"的境界,既超越了形而下的东西,又超越了形而上的东西,真正回到了生活本身、情感本身。所以,我们说达到了君子之德的道德修养的"中庸",将之推而极之,就会达到"自如境界",即"中"最终指向的是"致中和"。儒家之"中庸"本身就是一种境界。而亚里士多德的"中庸"是经过作为方法的"中庸"对其两极端,即过和不及,进行折中从而达到德性,此德性是伦理德性。他把德性分为理智德性和伦理德性,对伦理德性而言是一种适宜的品质,是儒家的道德要求的品质。但这种道德品质的适宜只是在处理人与人之间的崇高的品性才能叫做德性,德性是经过习惯并且通过理性选择而达到的完满的善。可见,亚里士多德的"中庸"所最终达到的就是德性,此德性是经过理性的选择,选择"中间"的而成的品质,是人世的某些美好的道德。所以,我们说亚里士多德的"中庸"最终所指向的是德性,即伦理德性。

坚定文化自信,就要坚定对五千多年文明发展中孕育的中华优秀传统文化的自信。文化自信是一个民族对自身文化价值的充分肯定和积极践行。中华民族五千多年博大精深的优秀传统文化,夯实了中国人底气、增强了中国人的骨气,是我们最深厚的文化软实力。我们应当处理好继承与创新的关系,大力弘扬传统文化中的优秀成分,自觉推进中华文明创新性发展。孔子的中庸思想和亚里士多德的中道思想几乎产生于相同的历史时代,他们在理性精神、思想方法等观点上显示出高度的一致。随着时代的发展,孔子的中庸思想在实践上最终走向了要求个人道德选择和道德修养

必须有利于封建礼教伦理所要求的封建宗法统治秩序的维护和达致社会和谐的道路,亚里士多德的中道观在实践上则走向了在尊重个人意志自由的基础之上寻求社会公正的道路。中庸和中道思想作为中国和希腊传统道德的重要精神,深刻地影响和指导着东方和西方思想文化和社会的发展。亚里士多德和孔子首先都视中道或中庸为最高的德行,其次都把中庸视为主体正确的价值评价和道德行为的统一体,继而都体现了主体情感行为上的辩证特性,还都充满着重智精神,同时他们还具有相似的出发点和目的性。这主要源于人类实践认识发展的一般规律,以及各自所处的自然环境、社会结构与经济结构。亚里士多德中道观与儒家中庸观作为人类思想文化史上的优秀成果在今天依然熠熠生辉,需要我们以科学的态度批判继承,从中领悟有益的启迪,为今天的现代化实践提供积极的指导作用。

孔子和亚里士多德的中庸和中道思想是博大精深的,东西方尽管历史文化背景不同,但在许多方面都有相通的地方。通过对孔子和亚里士多德中庸和中道思想的研究,我们可以认识到亚里士多德的中道思想与儒家的中庸思想在某些方面是有着相同的出发点的,但最后在历史的洪流之中却各自走向了迥异的发展方向,这其中更深层次的缘由仍值得我们反复思量。我们提出坚定文化自信,必然包括要坚定对中国优秀传统文化的自信,而这首先就要对中国优秀传统伦理道德有充分的自信。这种自信存在于两方面:一方面,中国传统伦理道德是中华民族的"传统文化",对中华民族发展产生了不可或缺、不可替代、巨大而长久的行为规范作用和思想凝聚作用,其伟大历史价值彪炳千秋;另一方面,蕴含于中国传统伦理道德之中的中华传统美德则是中华民族的"文化传统",它世代积累而传承下来,今天仍继续发挥着十分重要的作用,其现代价值有待我们去大力弘扬。中华民族正是通过不断地摒弃糟粕、传承美德,才可以对人类文明发展作出了直到今天也不容忽视的突出贡献。习近平指出:"世界上一些有识之士认为,包括儒家思想在内的中国优秀传统文化中蕴藏着解决当代人类面临的难题的重要启示……中国优秀传统文化的丰富哲学思想、人文精神、教化思想、道德理念等,可以为人们认识和改造世界提供有益启迪,可以为治国理政提供有益启示,也可以为道德建设提供有益启发。"[①]

---

① 习近平:《在纪念孔子诞辰2565周年国际学术研讨会暨国际儒学联合会第五届会员大会开幕会上的讲话》,载于《人民日报》2014年9月25日01版。

这就是我们对中国传统文化应有的自信。我们既要鲜明亮出中华民族伟大复兴的文化旗帜、建立当代中国人的文化大厦；也要以高度的文化自信和博大的胸襟对待世界各地的优秀文化，以我为主，为我所用，辩证取舍、择善而从，在自信、自立、自强中，彰显中国特色和中国气派。中国优秀传统伦理道德蕴含的中华传统美德是中国传统文化的思想精华。对中国传统伦理道德的自信，不仅因为其中包含着中华传统美德，还在于其中蕴含着深层次的精神追求并展现出自身突出优势。因此，我们应当加强对中华优秀传统文化的挖掘和阐发，努力实现中华传统美德的创造性转化、创新性发展。

（作者张琛琛，长沙理工大学马克思主义学院2016级硕士研究生。）

"一带一路"倡议背景下的中国文化"走出去"战略研究

石红霞

摘要:"一带一路"是指"丝绸之路经济带"和"21世纪海上丝绸之路","一带一路"不是实体和机制,而是合作发展的理念和倡议,是充分依靠中国与有关国家既有的双多边机制,借助既有的、行之有效的区域合作平台,旨在借用古代"丝绸之路"的历史符号,高举和平发展的旗帜,积极主动地发展与沿线国家的经济合作伙伴关系,共同打造政治互信、经济融合、文化包容的利益共同体、命运共同体和责任共同体。要在"一带一路"倡议背景下让中国文化"走出去",我们必须追本溯源,深刻认识中华优秀传统文化,坚定文化自信;同时明晰"一带一路"倡议背景下中国文化"走出去"的途径。

关键词:"一带一路";中国传统思想;文化自信;中国文化"走出去"

当今,继承发扬中华民族优良文化传统,弘扬和培育中华民族美德精神,增强文化自信,是新时代发展提出的重要任务。在新时代的背景下,中国文化"走出去"已是必然。如何促使中国文化"走出去",成了新时代无可逃避且亟须解决的问题。文化的传播应该建立在文化自信上,文化自信是一个民族、一个国家以及一个政党对自身文化价值的充分肯定和积极践行,并对其文化的生命力持有的坚定信心。了解中华优秀传统文化,肯定中华文化的价值,是实现中国文化"走出去"的重要战略。

一、中国文化"走出去"需坚定文化自信

(一) 深刻认识中华优秀传统文化,坚定文化自信

当今世界正发生复杂深刻的变化,国际金融危机深层次影响持续显现,世界经济缓慢复苏、发展分化,国际投资贸易格局和多边投资贸易规则酝酿深刻调整,各国面临的发展问题依然严峻。"一带一路"就是在这复杂的时代背景下诞生的。我们只有坚定文化自信,才能让中国文化在"一带一路"背景下"走出去",在世界文化之林再铸辉煌。

中华优秀传统文化内容丰富,形式多样,在思想、建筑、文艺方面尤为突出,在此我们对中国传统文化思想加以分析。中国传统文化思想博而杂,最主流思想有显性和隐性之分。显现的主流思想是儒家思想,是中国历代统治者所倡导的,也为大众所接受的文化传统,儒家的仁、义、礼、智、信、中庸等理念深入中国人的骨髓。隐的思想是道家思想,道家思想在知识分子中的影响巨大,对中国文学艺术的影响巨大,在中国有知识分子的生活态度中,在中国艺术中,超脱、无为、逍遥的境界追求随处可见。另一隐在的思想传统是法家思想,中国政治统治中主流思想和方法论是法家的权术治术。另外,佛教思想传入中国以后,与儒、道结合,形成了汉传佛学思想,对中国人的生活影响也是巨大的。所以,中国的传统文化的主流是以儒家思想为核心的儒、道、法、释(佛)的结合体。

中国是有着五千多年历史的文明古国,有着十分丰厚的传统文化底蕴,其中包括对当今全球化本质内涵的最早追寻与赋予。儒家文化中的仁礼、恕道、德治等义理暗合现今的社会主义核心价值观。它所提倡的道德规范意识有利于培养现代公民意识;"大一统"思想有利于维护国家统一和安定团结;"以人为本"的治国思想有利于今天的政治文明建设;"和为贵"的思想有利于和谐社会的构建;民本思想有利于"三农"问题和其他社会问题的解决;"义利观"有利于社会主义市场经济的完善。仁与礼是孔子政治哲学的核心概念,中国素有"礼仪之邦"之称,现在我们强调建设社会主义和谐社会,以和平的方式解决国际争端;儒家文化侧重于实用的伦理学说,对中华文化的发展有着不可磨灭的贡献。现今的很多行为都可以从传统文化主流思想中找到解释。而道家思想建构了东方的理想国。

"道"是老子政治哲学的核心概念,其整个理论体系都是由"道"引发出来的,道家在政治上主张无为而治,以德化民。国家政治管理上简政放权,以德治国体现了道家思想的相对稳定性。法家代表管仲提出了"法律面前人人平等"的法治理念以及加强法制教育、公正无私、信赏必罚、执法严格谨慎等观念。这些措施曾推动了中华文明的发展,在当今建设中国特色社会主义法治国家的进程中,我们除了从社会实践的实际情况出发,不断进行制度创新外,还必须重视传统法治文化资源的现代性转化,注重中国传统文化思想的当代价值。[①] 时代向前推进,思想也在向前发展。但是这发展不是断裂的,而是一脉相承,扬弃并进的。

儒家思想经历了春秋战国时期形成,秦朝受到打击,西汉成为正统思想,唐朝受佛教和道教的冲击,宋明理学盛行下儒家思想进一步发展,明清受西方文化影响儒家思想走向衰落,直到马克思主义思想的传入,中华文化才开始重新崛起。文化传承路,自古便不是一帆风顺的。中国文化几经波折,却历久弥新。在历史和人民面前表现了她生命力的强大、思想的统一性和凝聚性,正是中华民族向心力和凝聚力所在,也是推动中国统一的主要动力。儒家思想的坚忍包容、延绵不息,造就了中华民族含蓄内敛、温文尔雅的谦谦君子形象;礼让为先、睦邻友好、和而不同的文化内涵,也使中国在外交活动中树立了良好的形象,构建了健康和谐的周边关系。在新时代的背景下,我们既要欢迎世界各国优秀文化在中国的土壤上生长,更要做中华文化的传播使者,促进中华文化"走出去"。中国优秀的传统文化,是文化自信的依据。中国改革开放以来的实践成果,是文化自信的表现。

(二)中国文化"走出去"的时代需要

在全球化的场域中,各国文化一方面互学互鉴、交流交融,另一方面也越来越融入国际经济、政治、意识形态等领域的博弈中。中华文化既迎来了"走出去"的历史机遇,也面临着文化霸权和文化壁垒的挑战,"走出去"的步伐越来越快。面对并存的机遇和挑战,只有明晰"走出去"的

---

① 吴倩:《当前继承和弘扬中华优秀传统文化的主要途径》,引自中国论文网,2015 年 03 月 02 日。

真正价值目标,才不会为"走出去"而走,最终偏离了正确的方向。我国经济社会发展的现阶段,中华文化"走出去"是在内、外两方面的动因驱使下的必然选择。从内部动因来看,在全球化的大背景下,我们需要获得更多由文化资源转变而来的经济资本。美国学者弗朗西斯·福山认为,在现代经济社会中,文化尤其是道德文化,已经成为具有经济价值的社会资本,如作为一种社会美德的"信任"或"信任度"。一个国家或社会"信任度"的高低,不仅标志着这个国家或社会的道德文化水准,甚至在某种程度上是决定该国社会经济发展的主要因素之一。然而,决定"信任度"高低的条件,不再局限于一个国家政治经济民主化水平,更具有决定性意义的是传统文化中某些可转化的精神气质。随着我国融入全球化经济体系程度的不断提升,对这种"社会资本"缺乏所带来的不利体会也越深刻。从外部动因来看,我们仍然处于西方强势文化掌握话语权的客观环境中,西方文化在客观上对我国也产生了多层次的负面影响。在当前的全球化场域下,国际政治多极化、民族文化多元化以及经济模式多样化的诉求作为现实的存在,应当成为我们考量文化"走出去"的重要基础。这种诉求对我们来说就是对自己国家和民族的文化责任。中华文化"走出去",是为了保持和维护民族独立与国家发展,也是为了在文化全球化的大趋势下寻求一种动态的平衡。

二、"一带一路"倡议中习近平的建议给中国文化"走出去"的启示

(一) 中国文化"走出去"先以亚洲为重点方向

中国文化走出去是一项伟大的事业,不可能一蹴而就,需要有周密的计划,抓住重点,以点带面。在"一带一路"倡议下,习近平建议以亚洲国家为重点方向,率先实现亚洲互联互通。"一带一路"源于亚洲、依托亚洲、造福亚洲。中国文化可以乘着有中国驾驭的"一带一路"列车,进行一场亚洲之旅。利用地缘关系,将中国文化的种子洒向各国。在共建"一带一路"过程中,商业活动是各国发生最频繁的活动。中国文化"走出去"要最大限度地发挥商业活动的文化传播功能。商人进行贸易活动时,不仅通过商品交换将商品中蕴涵的丰富文化加以交流,而且通过人与

人之间的交往过程交流文化。丝绸之路是起始于古代中国，连接亚洲、非洲和欧洲的古代陆上商业贸易路线，最初的作用是运输古代中国出产的丝绸、瓷器等商品，后来成为东方与西方在经济、政治、文化等诸多方面进行交流的主要道路。今日的"一带一路"倡议的地域和国别范围也是开放的，而且较古丝绸之路更开放。历史上的丝绸之路主要是商品互通有无，"一带一路"交流合作范畴要大得多，优先领域和早期收获项目可以是基础设施互联互通，也可以是贸易投资便利化和产业合作，当然也少不了人文交流和人员往来。中国应该抓住机遇，在"一带一路"倡议背景下，以亚洲为中心，以点带面地扩大中国文化的国际影响力，增强文化竞争力和国家文化软实力。

（二）中国文化"走出去"须彰显其包容性

2015年2月3日，"一带一路"就已经从倡议变成了实实在在的行动，"一带一路"倡议提出后，应者云集。沿线国家中，已经有近60个国家明确表示支持和积极参与建设。习近平的第二点建议是以经济走廊为依托，建立亚洲互联互通的基本框架。"一带一路"兼顾各国需求，统筹陆海两大方向，涵盖面宽，包容性强，辐射作用大。参与国家的增多意味着文化的多样性，在文化交流过程中，中国文化需凸显其包容性，求同存异，兼收并蓄。求同存异就是能与其他民族的文化和睦相处；兼收并蓄就是能在文化交流中吸收、借鉴其他民族文化的积极成分。中华文化的包容性，有利于各民族文化在和睦的关系中交流，增强对自身文化的认同和对其他民族文化的理解。在世界四大文化体系中，古埃及文化和古巴比伦文化是如何中断的以及中断的原因，学术界至今也没有公论。现今的西方文化，已经可以确认不是古希腊文化的延续。[1] 因此，在世界四大文化体系中唯有中国传统文化一枝独秀地维持到现在，而且还在不断地发展壮大。其中原因何在？一个不可忽视的因素，那就是中华文化的包容性。中国传统文化向来主张海纳百川、有容乃大。文化上的包容性，使中国社会思想文化在内部形成丰富多彩、生动活泼的局面；在外部则向世界开放，不断接受异

---

[1] 杨乐：《浅论中国传统文化的包容性》，载于《渭南师范学院学报》2009年第3期，第2页。

质文化的激发和营养,从而使自身具有更强的生命力。充分发掘和弘扬中国传统文化中的包容精神要求我们自觉地、不断吸纳外来文化,借鉴其他文化的优秀文明成果,像季羡林先生所说的那样既拿来又送去,把外国的好东西拿来,把自己的好东西送去,这叫作拿来主义和送去主义的结合。只要有利于文化发展和建设,都要毫不犹豫地拿过来,推进我国的文化建设,培育出精神振奋、品格高尚的民族精神。这是我们今天弘扬传统文化中的包容精神的题中应有之义。在联合国教科文组织总部的演讲中,习近平主席对产生了深远影响的历史文化事件进行深情回望:从公元前中国开辟丝绸之路、张骞出使西域,到唐朝与各国通史交好;从明朝郑和七下西洋,到明末清初中国人积极学习现代科技知识等;从佛教传入中国形成中国特色佛教文化,到现代中国写意油画的形成……

"中华文明是在中国大地上产生的文明,也是同其他文明不断交流互鉴而形成的文明。"习近平这样总结伟大中华文明的形成与发展过程,表达出鲜明的文化观:"文明因交流而多彩,文明因互鉴而丰富。文明交流互鉴,是推动人类文明进步和世界和平发展的重要动力。"这既是历史的回望,也是现实的总结——中国何以在短短三十多年取得举世瞩目的伟大成就,得益于改革开放,得益于互学互鉴,得益于吐故纳新!中华文化,因互鉴包容、与时并进的特性,始终充满蓬勃生命力,赋予一个民族开放胸襟与广博情怀。实现中国梦,必须弘扬中华文化,必须继承、发扬中华文化重要的精神特质。

为此,习近平主席欧洲演讲中提出"推动中华文明创造性转化和创新性发展,激活其生命力",同时真诚表示,"对待不同文明,我们需要比天空更宽阔的胸怀"。

(三) 中国文化"走出去"应发挥教育的传播功能

教育是文化传播的又一重要途径。人们通过学习各种文化课程,能够获得不同的文化知识。在经济全球化的今天,中外留学生更是对传播各自民族的文化起到非常重要的作用。在"一带一路"共建中,习近平建议以人文交流为纽带,夯实亚洲互联互通的社会根基。未来五年,中国会为周边国家提供2万个互联互通领域培训名额。中国可以借此机会开设中国文化相关课程,还可以和"一带一路"参与国互派留学生,加强各国在文上的交流，充分发挥教育在文化传播中的功能。十年树木，百年树人。对于教育，习近平一向看得很重。青年节，他去往北京大学，听学生朗诵《沁园春·长沙》，与哲学家汤一介促膝长谈，座谈时指出要让青年学子"扣好人生的第一粒扣子"；教师节，他去往北师大，称赞教师是人类历史上最古老、最伟大、最神圣的职业之一，称"国将兴，必贵师而重傅"；儿童节，在海淀民族小学，习近平则系着红领巾，与小朋友互致少先队礼，给他们讲自己小时候的故事，告诉他们"精忠报国是一生目标"；更早时，他视察中南大学、国防科大，念念不忘的也是建设"世界一流大学"。在与各国的教育交流中，北京语言大学为我们作了很好的表率。北京语言大学积极地"走出去"，目前与世界上58个国家和地区的321所大学及教育机构建立了合作交流关系，采取多种形式开展中外联合办学，与哈佛大学合作设立了哈佛北京书院，在泰国设立了曼谷学院，在日本设立东京分校；并与美国韦伯斯特大学、美国乔治梅森大学、德国康斯坦茨应用科学大学、英国曼彻斯特大学等十余所国外大学开展联合培养本科生或研究生项目；并承办了17所孔子学院和1所孔子课堂。中国推出"文化走出去"战略以来，成就斐然。2015年8月，据孔子学院总部简报，目前，全球有1400多家孔子学院和课堂，注册人数总计170万。孔子学院总部在《孔子学院发展行动计划（2016—2020年）》（草案）中提出，到2020年，全球孔子学院将达到550所，孔子课堂1200个。据粗略估算，截至目前，全球约有1亿人学习过汉语。目前全国有346所大学开设了对外汉语教育专业，培养了63000余名本科生或研究生，这63000名中国学生就是将来可能从事对外汉语教师工作的储备师资力量。语言是文化的载体，以孔子学院的模式在世界范围内推广汉语是文化"走出去"战略的重要和有效举措。但汉语仅是了解中国文化的一个窗口，还有很多的中国文化可以通过教育传播出去。

三、结语

中国文化"走出去"的根本动力或者说根基，在于每一个中国人对中华优秀传统文化的认知，在于对中华传统文化中所蕴含价值理念的认同。中华文化"走出去"最终靠的是"人"。因为每一个中国人，都是中华文化的承载者,也是传播者,但首先是承载者。作为承载者,倘若是"空载"的,哪里还谈得上传播。能够"走出去"的文化必须是有生命的,而这也绝非靠精彩的表演、生动的文字就能获取的。中华文化的生命力,在于其千百年来所滋养的价值观念,以及人们对这一价值观念的认同和践行,而认同和践行本身,正是对文化自信最好的体现。"一带一路"战略目标是要建立一个政治互信、经济融合、文化包容的利益共同体、命运共同体和责任共同体,是包括欧亚大陆在内的世界各国,构建一个互惠互利的利益、命运和责任共同体。在高层引领推动的"一带一路"倡议背景下,中国文化"走出去"前景乐观。

(作者石红霞,长沙理工大学马克思主义学院硕士研究生。)

第二部分

传统伦理专题

由衷之言的伦理困境
——孔子的言语伦理思想

陈科华

摘要："修辞立其诚"是儒家言语伦理学构建的核心命题，它包含"非礼勿言"、"言必及义"、"无征不信"、"言之必行"和"时然后言"等言语伦理原则；儒家由衷之言的伦理困境实际上是传统社会背景下知识分子生存困境在言语问题上的反映，这种以牺牲言语效用价值以维护言语道德价值的致思取向，对当代言语伦理建设有着十分重要的启示意义。

关键词：孔子；言语伦理；由衷之言；修辞立其诚；巧言令色

讲真话和不说假话是言语伦理的基本要求，它是诚信原则在言语领域的集中体现。但是，在人际交往过程中，讲真话或由衷之言又存在着不同境遇下的伦理困境。对此问题，孔子站在仁学的高度从正反两个方面提出了"修辞立其诚"（《周易·文言传》）与"巧言令色，鲜矣仁"（《论语·学而》）的思想，对当代言语伦理建设有着十分重要的启示意义。

一、儒家"言语"学科的价值取向

我们知道，孔子在教学实践过程中逐渐形成了以"德行"、"政事"、"言语"和"文学"等为主的四大学科门类，且在每一个门类都培养出了十分出色的弟子，即所谓"四科十哲"，其中"言语"一科以子贡、宰我为代表。那么，孔子为什么对"言语"如此重视呢？

对于将"言语"立为儒学四科之一这一举动的意义，我们过去的儒学研究是重视不够的。其实，若将此现象放在"轴心时代"的范畴加以审视，就会发现：公元前六世纪左右，不只是在诸子蜂起的中国，而且在欧洲哲学发源地的古希腊以及佛教发源的古印度都曾有过对言语的学理研究。如在中国产生了墨家、名家的"名辨之学";在印度产生了"因明之学";而在古希腊产生了"逻辑学"。而且,广义逻辑学在不同文明发源地的共同出现还与这一时期不同地区的政治生态有着惊人相似之处有关,如古希腊的城邦政治为公民提供了直接参与政治的公共空间,而有关城邦公共利益的议题因都需要通过公民大会的公开辩论才能决定,这样话语的说服力就显得尤其重要,而古希腊的逻辑学就是在适应这种民主政治需要的广场演说术、论辩术中逐渐发展起来的。与之相比,春秋战国时期的中国,随着天子式微,各诸侯国出于"争霸"或生存的政治需要,不得不向社会大量招募和吸用人才,这样知识分子就有了较为自由的政治生态发展空间,且他们大多选择了以游说诸侯为主的政治参与模式,正是在这种游说诸侯的过程中,思想界产生了中国古代史上罕见的"百家争鸣"现象。儒家与其他各家一样也加入到游说列国的队伍之中,孔子周游列国十四年,可以说是诸子游说政治的典型代表,虽然结果不甚理想,但他也充分体会到了言语在游说政治中的重要性。

不过,正如大家看到的那样,孔子及儒家并没发展出一套属于自己的语言逻辑学,究其原因,我想有二:一是春秋时期的"百家争鸣"不是发生在如古希腊那样以城市广场为平台的公共政治空间,游说政治更多地表现为一种"庭辨之术",即它只是思想家与君王之间的一种对话,既缺乏公开性和透明度,更缺乏自由性与参与性,这一点使得游说变成了一种独白式或自说自话式的思想推销,而这种方式无疑会弱化游说主体对言语的逻辑考量;二是孔子及儒家虽然也意识到"辞欲巧"(《礼记·表记》)在游说政治中的重要性,但是基于儒家"内圣外王"之学的逻辑一致性要求,儒家修辞学没有把"辞欲巧"作为言语的最高境界来追求,孔子认为修辞的主要目的是做到"辞达而已矣"(《论语·卫灵公》),即只要能将想要说的话准确明白地表达出来就可以了,没有必要通过文饰其辞以增强言语对于他者的说服力,因为,如果以"辞欲巧"为目的,言说主体往往会滑落到言不由衷的境地,违背言语伦理的诚信原则要求,是以《周易·文言传》中孔子从正面的角度提出了"修辞立其诚"的言语伦理命题。这一命题表明,儒家所主张的"修辞"不仅是语言学所讲的"修饰言辞",而且更重要的是要通过修辞来省察自身之过以维护主体的道德纯洁,这种道德纯洁表现在言语上就是要讲真话,要说由衷之言,用朱子的话来说:

"诚,便即是忠信;修省言辞,便是要立得这忠信。"(《朱子语类》卷九十五)由此,我们可以看到,儒家修辞学的重心不在语言学的范畴,而属于古人所谓"三不朽"之一的"立言"范畴,儒家这种把修辞学的伦理属性提到如此重要地位的价值取向,无疑会妨碍其修辞学朝逻辑学方向的发展。

二、孔子言语伦理思想的主要内涵

通观《论语》一书,有一个较为深刻的印象是:孔子对于如何言语有着有十分自觉的伦理考量,概括来讲,主要包含如下五个言语伦理原则。

第一,要讲符合礼义的话,即"非礼勿言"(《论语·颜渊》)。礼是周代政治制度和行为规范的总称,它规定了社会各阶层成员所能够享受的权利和应该承担的义务,因不同的人有不同的权利和义务,是以不同的人会有不同的"名分"。孔子十分重视"正名",他认为,春秋礼崩乐坏实际上就是"名"分乱了,是不同身份等级的人没有严格履行礼制规定的权利与义务所致,表现在言语方面就是在社会交换活动中喜欢讲不符合自己身份或名分的话,违反了"非礼勿言"的言语伦理准则。因而要改变这一状况就必须从"正名"开始,孔子曰:"名不正,则言不顺;言不顺,则事不成;事不成,则礼乐不兴;礼乐不兴,则刑罚不中;刑罚不中,则民无所措手足。故君子名之必可言也,言之必可行也,君子于其言,无所苟而已矣。"(《论语·子路》)"名之必可言也"是指一个人若摆正了自己的名分,或者看到与"名"相对应的真"实",就一定能够说话顺当而有理,从而也就一定能够说服大家一起来成就一番事业。当然,"非礼勿言"还包括了言语的礼貌问题,中国古代的礼仪对涉及人伦关系的各种境遇下主体"应当如何说话"都有详细而严格的规定,但其核心体现为一个"敬"字,故中国古代之礼语又称敬语,意在表达对他人的尊重。

第二,要讲符合道义的话,即"言必及义"。义是指天下合宜之理,道是指天下通行之路,道义就是体现公正和诚信价值的维系及调整人际关系的准则。孔子说:"群居终日,言不及义,好行小慧,难矣哉!"(《论语·卫灵公》)道义原则体现在言语伦理问题上就是:一方面要"言忠信"(《论语·卫灵公》),即说话要诚实可信,孔子说:"言忠信,行笃敬,虽蛮貊之邦,行矣。言不忠信,行不笃敬,虽州里,行乎哉?"(《论语·卫灵公》）又曰："人而无信，不知其可也。大车无輗，小车无軏，其何以行之哉！"（《论语·为政》）另一方面要"言必有中"（《论语·先进》），即要讲正肯当理的话，孔子在评价弟子闵子骞时曾说："夫人不言，言必有中。"（《论语·先进》）"中"即中正之谓，意即闵子骞要么不言，言则总是讲到事物的点子上了，所说的话符合公理，对于问题的解决有重要的指导作用。对此，朱子评论曰："言不妄发，发必当理，惟有德者能之。"（《论语集注》）说明并不是什么人都可以做到"言必有中"的。

第三，要讲有根据的话，即"无征不信"（《中庸》）。征是证据、验证之谓。孔子曰："道听而途说，德之弃也。"（《论语·阳货》）一个人所说的话要让别人相信，除了"讲道理"外，也要"摆事实"，没有事实根据的"道理"或道听途说之言是缺乏可信度的，哪怕这个"道理"是权威人士说的。孔子说："上焉者，虽善无征，无征不信，不信民弗从。"（《中庸》）意即一个人即使地位尊贵，并且所讲的话听起来也合情合理，符合社会公认的道德标准要求，但若没有事实验证的话，仍然无法使人信服。所以孔子认为，要说有"征"即有根据、可验证的话，如他在谈到三代之礼时，曰："夏礼吾能言之，杞不足征也；殷礼吾能言之，宋不足征也。文献不足故也。足，则吾能征之矣。"（《论语·八佾》）而对于"虽善无征"之言，孔子认为既不要轻易地否定，也不要轻易地相信，而是要持"阙疑"即审慎的态度，他说："多闻阙疑，慎言其余，则寡尤。"（《论语·为政》）这一点尤其表现在孔子对天命鬼神的态度上。我们知道，孔子的天命观在很大程度上承继了周代的宗教思想，因而一方面孔子主张要"畏天命"（《论语·季氏》）和"知天命"（《论语·尧曰》），但另一方面，孔子又认为"天何言哉"（《论语·阳货》），是以"子罕言利与命与仁"（《论语·子罕》）"子不语怪、力、乱、神"（《论语·述而》）。可见，孔子对天命鬼神这些无法验证的东西采取了一种"存而不论"的态度，贯彻了实事求是的言语伦理价值取向。

第四，要讲能够做到或可行的话，即"言之必可行也"（《论语·阳货》）。一个人要立足社会就必须不失信于人，而要达成这一目标就必须做到言行一致。言行不一致有两种情况，一种是因为私心自重，所以表里不一，说的与做的不一样，这种人就是孔子所最为痛恨的"乡愿"，"乡愿，德之贼也"(《论语·阳货》)。另一种是因为说话有欠考虑，所以容易"言过其行"，说得多，做得少，或者说大话，做小事甚至不做事。这种人就是孔子所不喜欢的巧言令色之徒，"君子耻其言而过其行"(《论语·宪问》)，"巧言令色，鲜矣仁"(《论语·学而》)。"巧言、令色、足恭，左丘明耻之，丘亦耻之。"(《论语·公冶长》)"巧言乱德，小不忍则乱大谋。"(《论语·卫灵公》)"恶紫之夺朱也，恶郑声之乱雅乐也，恶利口之覆邦家者。"(《论语·阳货》)有鉴于巧言令色的危害，孔子主张君子要把"慎言""重诺"当作言语伦理的重要行为规范来践行。他说："君子食无求饱，居无求安，敏于事而慎于言，就有道而正焉，可谓好学也已。"(《论语·学而》)"多闻阙疑，慎言其余。"(《论语·为政》)"古者言之不出，耻躬之不逮也。"(《论语·里仁》)而"慎言""重诺"的外在特征就是少说多做，说话时要语速迟缓，甚至显得有点木讷，即"君子讷于言而敏于行"(《论语·里仁》)。而之所以会是这样，是因为"为之难，言之得无讱乎？"(《论语·颜渊》)事情本身难做，所以话不能随便讲，否则就如俗语所云：站着说话不腰疼。

第五，要讲符合环境要求的话，即"时然后言"(《论语·宪问》)。"时"是孔子思想的重要范畴，是指主体所处的具体境遇。孟子说："孔子，圣之时者也。"(《孟子·万章下》)足见孔子是一个与时俱进的人，反映在言语伦理思想方面，孔子认为，正确的言语只有在恰当的空间和时间跟合适的人讲才是恰当的。如游说诸侯时就必须要看清楚当时政治生态环境情境，所谓"邦有道，危言危行，邦无道，危行言孙"(《论语·宪问》)。国家"有道"，讲话可以直接一点，国家"无道"，说话就必须谦逊谨慎一点，否则就有掉脑袋的危险。如跟学生上课就必须考虑生源的方言状况，选择一种为多数人听得懂的语言即普通话——"雅言"来讲才是恰当的，"子所雅言，诗、书、执礼，皆雅言也"(《论语·述而》)，而且还要考虑他们的理解能力状况的不同而因材施教，"中人以上，可以语上也；中人以下，不可以语上也"(《论语·雍也》)，如跟君子"进言"就特别要讲究时机与火候，不能急躁，不能隐瞒，不能不看脸色，"侍于君子有三愆：言未及之而言谓之躁，言及之而不言谓之隐，未见颜色而言谓之瞽"(《论语·乡党》)。这些皆反映出孔子对于言语的境遇伦理学考量。

三、由衷之言的伦理困境

我们知道，言语与仪态是人际交流过程中不可或缺的重要媒介，无疑，好言语、好脸色是促进人际交流和谐的重要因素，世界上没有谁愿意经常与疾言厉色的人打交道，那么，孔子为什么要在道德上否定"巧言令色"之人呢？

其实，根据《礼记·表记》所载，子曰："君子不以色亲人；情疏而貌亲，在小人则穿窬之盗也与？"又曰："情欲信，辞欲巧。"可见，孔子并不是笼统地反对巧言令色之徒，而是认为言语的表达必须以真实的情感为基础，即要做到言由衷出，而言不由衷的巧言令色就如凿壁之盗的小人一样，不可不防。但是，孔子也意识到，由衷之言往往是耿直之言，是人家不喜欢听的话，所谓忠言逆耳是也，因此，欲达到人际交流的最佳效果，由衷之言最好能通过恰当或顺耳的方式表达出来，这就是"情欲信，辞欲巧"。不过，需要指出的是，在实际的社会交往中，能够做到"情欲信，辞欲巧"的人并不太多，故孔子所谓"巧言令色，鲜矣仁"的察人之道只是指现象之普遍性而言，而少数、个别、特殊的"巧言令色"的仁者也还是存在的。对此，清代学者刘宝楠所撰《论语正义》云："然夫子犹云鲜矣仁，不忍重斥之，犹若有未绝于仁也。"我以为，此解是深得夫子之意的。

但是，如果根据上述孔子言语伦理思想的要求，那种"慎言"到近乎"木讷"的言说方式，对于促进人际交换的顺利进行显然是不利的，由此，我们可以看到，孔子言语伦理思想所欲解决的核心问题是：主体对言语之"说服力"的效用诉求与言之由"衷"的价值认同之间存在难以克服的内在矛盾，因而只能选择以"慎言"甚至"无言"为主的这样一种保守或消极的言说方式。这一点充分反映了传统社会背景下由衷之言或"言不欺心"的伦理困境。

因为，如上所述，孔子关于儒学"言语"一科发展的伦理学导向，除了是对言语伦理之诚信原则的执着外，实际上还有防止在君子"谋道"过程中可能产生的"谋食"化倾向的意义在内。我们知道，在儒家试图通过游说来实现自己的政治抱负（谋道）的实践过程中，涌现出了一批以"言语"见长并在诸侯间的"伐交"活动中屡立奇功的弟子们，如子贡，是孔门弟子中"利口巧辩"之佼佼者，连孔子也"常黜其辩"。有一次，齐国欲攻打鲁国，孔子基于对祖国的关心，派子贡去"伐交"，结果是"子贡一出，存鲁，乱齐，破吴，强晋而霸越。子贡一使，使势相破，十年之中，五国各有变。"（《史记·仲尼弟子列传》）对子贡的这份功劳，孔子一方面给予了肯定，但另一方面又指出"夫其乱齐存鲁，吾之始愿，若能强晋以弊吴，使吴亡而越霸者，赐之说之也。美言伤信，慎言哉。"（《孔子家语·屈节解》）孔子的意思是子贡在"伐交"的过程中为了说服对方而竭尽了言语之能事，却伤害了儒家所倡导的信义原则，是为"美言伤信"，并不足法。但是，子贡的所作所为（无论是从政还是经商以及对孔子名布于天下的宣传作用）在儒家弟子内部有着很强的示范效应，以至于不少弟子及时人认为子贡的能力、水平超过了孔子——"叔孙武叔语大夫于朝曰：'子贡贤于仲尼。'"（《论语·子张》）加上孔子自己也承认过："赐敏贤于我"（《史记·仲尼弟子列传》），这使得子贡的智者形象更加高大起来，受到众多追随者的追捧和效法是很自然的。但是，对于子贡这种逞口舌之能的事功成就，孔子下了"美方伤信"的评语，意在告诫弟子们学问之道的根本在于修身，而言语之道的根本在于"立诚"，离开了"立诚"的内在价值追求，"辞巧"就会异化为实现功利主义目的的工具，虽可以收一时之功效，但不可以真正、长久地取信于人。

不过，"谋食"作为人的生存需要又是儒家必须时刻面对的现实问题，孔子自己也说过："富而可求也，虽执鞭之士，吾亦为之。"（《论语·述而》）一个人有过上好日子的想法是具有伦理的正当性的，而问题是：作为君子是以"谋道"为人生理想，"谋道"意味着追求的不是自己一个人过上好日子，而是要让大家一起过上好日子，但如何做到这一点，不同的人会有不同的看法，因而也会有不同的"道"。孔子及儒家所提倡是"仁道"，仁道是一种"爱人"之道，而"爱人"就意味着要或多或少地做出自我牺牲，而这种自我牺牲能够达到何种程度，如需要主体牺牲到穷困潦倒甚至失去生命的地步，这是否应该和可能呢？事实上，这一问题是孔子及儒家在"谋道"过程中经常碰到和面临的既现实又严峻的挑战，无论是颜回之死还是陈蔡之困都将此问题给活生生地摆在孔子及儒家面前。处此生存境况与压力之下，知识分子最易产生的精神倾向就是曲道以求容，媚俗以顺势，如此，"巧言令色"就会成为他们人际交换中最显著的外在特征。因此，孔子提出"巧言令色，鲜矣仁"的命题，就是告诫君子在"谋道"过程中不要为"谋食"所困而滑落为乡原主义式的伪君子。

由上可知，由衷之言的伦理困境实际上是传统社会背景下知识分子生存困境在言语问题上的反映，这种以牺牲言语效用价值以维护言语道德价值的致思取向，对于我们今天市场经济条件下如何构建一个"讲真话"的语言环境仍然有着十分重要的借鉴意义。

（作者陈科华，湖南工业大学马克思主义学院教授。）

论丘处机对成吉思汗的道德规劝

吕锡琛

摘要：成吉思汗对道教养生之道表现出极大的兴趣，不远万里遣使敦请全真道领袖丘处机前往中亚传道，丘处机亦秉持济世救民的慈爱胸怀，利用这一难得的机缘，以道家身国同治的政治伦理主张和修德养心思想对成吉思汗进行了坦诚的劝诫，在一定程度上促使成吉思汗调整了武力征伐的既定策略，开启了宗教传播的和平之旅、文化融合之旅、文明进步之旅，成就了"丝绸之路"上宗教传播过程中"一语止杀"的千古佳话。在当今世界各种文明相遇、碰撞与融汇的复杂背景下，丘处机万里弘道、"一语止杀"的千古佳话，依然具有积极的启示意义。

关键词：丘处机；成吉思汗；丝绸之路；道德规劝；和平之旅

以成吉思汗为首的蒙古贵族集团虽然信奉萨满教和喇嘛教，但对于道教这一汉民族的宗教仍十分重视，特别是对道教养生之道表现出极大的兴趣。公元1219年，远在中亚进行西征的成吉思汗作出了一个具有重大历史意义的决定：派遣侍臣刘温（字仲禄）来到中原，敦请道教全真派首领丘处机前去讲道。丘处机秉持济世救民的慈爱胸怀，利用这一难得的机缘，万里应诏，成就了"丝绸之路"上宗教传播的和平佳话。本文拟就这一历史事件的时代背景及其内容和社会意义作一论述。

一、丘处机向成吉思汗实行道德教化的机缘

成吉思汗对丘处机的西行予以了特殊的关注和重视：他命刘温挂上虎头金牌，上面写着："如朕亲行，便宜行事"，使他沿途享有方便行事的各种特权，为了保证丘处机及其随行人员的安全，又专门"抽兵以卫之"，

防止不测，并且多次传旨，向丘处机嘘寒问暖。

从表面上看来，此举的目的虽然是向丘神仙学习长生之术，但如果我们联系当时的社会背景作些思考，则不难体察，身处戎马倥偬之中的成吉思汗之所以万里求道，其实还另有深意。

当时，北方的大片土地沦入金人之手，民族矛盾与阶级矛盾交织，社会动荡，民不聊生。这种社会环境，促使人们寻求精神避难所，全真道正是这种特定历史环境下的产物。作为宋朝遗民，全真道创始者王重阳目睹北宋末年宋徽宗迷信道教符箓、炼丹等道术对朝政的危害。因此，他从宗教理论和修行方法、组织机构等方面对北宋的道教进行改革，摒弃了符箓、炼丹诸术，主张道、释、儒三教合一，融合、吸收儒、释二家入道，强调清心寡欲的内修真功和积德行善的外修真行相结合，并且，又将"救一切众"与"忠君王"紧密结合，将其视为修行之法的重要内容。① 于是，全真道既为统治者所认可，又吸引着包括落泊士人在内的众多民众，创教者王重阳声动一方，"闻其风者，咸敬惮之；杖屦所临，人如雾集"②。王重阳的门徒继承了他的宗旨，他们周济众人，大获民心。丘处机成为全真道领袖后，主要在山东的登州、莱州等地进行宗教活动。这时，身处战乱和天灾之中的广大民众将全真道视为救星，教团领袖丘处机堪称众望所归，甚至在当地农民杨安儿、耿格起义之时，政府官员也曾请他出面且有效地制止了动乱，"所至皆投戈拜命，二州遂定"③。

成吉思汗正是看中了丘处机作为道教领袖的声望、影响以及抚众安民的道家学说。当时，蒙古军队已经攻下金国的中都，由于金军的顽强抵抗，成吉思汗意识到不可能在短期内征服金国，于是委命木华黎负责管理新占领区的政治和军事，自己则率师西征，占领了西辽旧属的大片领土，并开始攻入中亚大国花剌子模。但是，成吉思汗认识到武力镇压的局限性，必须辅之以安抚手段，才能真正有效地统治被征服的广大地区的众多

---

① 王重阳：《重阳真人金关玉锁诀》，引自白如祥辑校：《王重阳集》，济南：齐鲁书社2005年版，第280页。

② 范怿：《重阳全真集·序》，引自白如祥辑校：《王重阳集》，济南：齐鲁书社2005年版，第1页。

③ 陈时可：《长春真人本行碑》，引自赵卫东辑：《丘处机集》，济南：齐鲁书社2005年版，第413页。

民族,而道教以及道家学说的安抚之术正是征服人心的重要武器。

此外,成吉思汗延请丘处机还有着更为深远的意图。当时,他虽然领兵西征,但并未忘记,在黄河以南,还苟延残喘着蒙古人的世仇金国。消灭金国是成吉思汗的宿愿。从金国的兵力部署和地理形势看,假道于宋进攻金国是最为便利的捷径,而宋金是多年的仇敌,故成吉思汗策划联宋灭金。

不过,成吉思汗的意图还不仅在此,他还希图在灭金之后,进而取代南宋政权,统治广大的汉人地区。全真道是在汉人中影响颇大的宗教,道家学说颇重抚众安民之术,因此,无论从收服民心,稳固阵脚的需要考虑,还是为日后的联宋灭金进而统治全中国作准备,召请丘处机这位道教领袖都是十分必要的。

成吉思汗的上述意图,可以从他延请丘处机的手诏中清楚地反映出来。诏书的主要内容如下:

"天厌中原骄华太极之性,朕居北野嗜欲莫生之情,反朴还淳,去奢从俭,每一衣一食,与牛竖马圉共弊同飨。视民如赤子,养士若弟兄……七载之中成大业,六合之内为一统。非朕之行有德,盖金之政无恒,是以受之天佑……然而任大守重,治平犹惧有阙……聘贤选佐,将已安天下也……访闻丘师先生,体真履规,博物恰闻,探赜穷理,道充德著……朕心仰怀无已。岂不闻渭水同车,茅庐三顾之事,奈何山川弦阔,有失躬迎之礼……选差近侍官刘仲禄备轻骑素车,不远数千里,谨邀先生暂屈仙步,不以沙漠游远为念,或以忧民当世之务,或以恤朕保身之术,朕亲侍仙座,钦惟先生将咳唾之余,但授一言,斯可矣。"①

在诏书的前半段,成吉思汗首先指出,相继统治中原的宋金当权者骄奢淫逸,腐朽奢华,已经不得人心,为上天所厌弃。接着,他极力表白自己素来遵循反朴还淳、去奢从俭、谦退爱民等宗旨,因而得到上天的护佑,建立殊功伟业。这样,不仅从理论上否定了宋、金政权存在的合理性与合法性,还显示了自己取而代之的伦理正义性。进而又通过标榜自己反朴还淳、去奢从俭、谦退爱民的道德形象与道家治道建立起直接的联系,

---

① 陈垣编:《重阳宫圣旨碑》,引自《道家金石略》,北京:文物出版社1988年版,第445页。

故而从感情上拉近了与道教首领丘处机以及广大汉人之间的距离,为统治广大汉族地区作了舆论上的准备。在诏书的后半段,成吉思汗则充分地表达了对于丘处机的景仰之心以及自己求贤辅治的意图,明白地提出要向丘处机求取治国安民之道和保身之术。可见,他既留意于道教的长生之术,更垂青于道家治道的忧民救世之功,希图以此缓和民族矛盾,稳定阵脚,巩固统治。这一切,正是丘处机得以向成吉思汗进行道德教化的难得机缘。

二、丘处机力致太平的政治抱负

丘处机对于成吉思汗的诏请,也表现出了与往常大不相同的态度。在此以前,他曾多次拒绝了金和南宋对他的聘请,而此时却不惧艰辛,接受了远在中亚的成吉思汗之诏。之所以如此,是出于以下几方面的考虑:

第一,他希望此行能够劝诫以成吉思汗为首的蒙古贵族集团,使他们不至于杀戮太过。当时,蒙古军队以残暴见称,他们屠杀人民,毁灭城镇,《蒙鞑备录·军政》就记载了这一状况:"凡攻大城,先击小都,掠其人民,以供驱使。乃下令曰:每一骑兵,必欲掠十人。人足备,则每名需草或柴薪,或土石若干,昼夜迫逐,缓者杀之。迫逐填塞,壕堑立平。或供鹅洞炮尘等用,不惜数万人。以此攻城壁,无不破者。城破,不问老、幼、妍、丑、贫、富、逆、顺皆诛之,略不少恕。"丘处机对于兵祸给人民所带来的灾难是深有感触的,因此,他力图通过自己向成吉思汗的道德劝诫,减轻人民所受的兵祸之苦。在丘处机赴召北上途中寄友人的诗中,就充分表现出了这种抱负。诗中说:"十年兵火万民愁,千万中无一二留。去岁幸逢慈诏下,今春须合冒寒游。不辞岭北三千里,仍念山东二百州。穷急漏诛残喘在,早教身命得消忧。"[1] 当到达中亚的阿姆河附近时,丘处机与成吉思汗第三子窝阔台的医官郑景贤相遇,他在给郑医官的诗中,再次表明自己赴诏西行的目的:"我之帝所临河上,欲罢干戈致太平。"[2]

第二,丘处机希望通过此行影响蒙古上层统治集团接受中原地区原有

---

[1] 丘处机:《复寄燕京道友》,引自赵卫东辑:《丘处机集》,济南:齐鲁书社2005年版,第188页。

[2] 丘处机:《中秋以诗赠三太子医官郑公》,引自赵卫东辑:《丘处机集》,济南:齐鲁书社2005年版,第194页。

的统治方式,稳定这一广大地区的社会秩序。处于较低社会发展阶段的蒙古民族进入中原后,破坏了这一地区的社会经济和人民的生活秩序,而金朝和南宋的统治已是日薄西山,再也没有力量稳定局势。因此,中原地区的不少汉族地主阶级成员只得寄望于锐气正旺的蒙古帝国的统治者。丘处机的应诏,在很大程度上代表了这种意向。

第三,他希望通过此行为全真教的进一步发展奠定基础。丘处机以及全真道的其他一些成员都认识到,要发展自己的势力,必须借助于统治者的扶助。丘处机看到,金和南宋政权已是末日将至,而成吉思汗及其后继者则很有可能成为一统天下的霸主。只有借助于以他为首的蒙古贵族统治集团,才可望扩大全真道的影响,促进全真道的发展。而成吉思汗在延请丘处机的诏书中又表现出极度的谦恭和坦诚,这无疑更加强了他对于蒙古统治集团的信心。因此,在答宣抚使王巨川的诗中,丘处机将自己的西行论道与老子化胡联系起来,诗中说:"良朋出塞同归燕,破帽经霜更续貂,一自玄元西去后,到今似无北庭招。"[①] 虽然谦称自己的西行是"续貂",却也足以说明他此行的动机。正是出于这些原因,丘处机才不顾自己已经72岁的高龄,毅然应召,不远万里,历尽艰辛,来到成吉思汗的帐前。

三、丘处机对成吉思汗的道德规劝

丘处机与成吉思汗正式论道共有三次,成吉思汗令人将论道内容用蒙、汉两种文字记录,并命"勿泄于外"。后来,侍臣奉敕将其整理,编成《玄风庆会录》,由此我们得以了解丘处机向成吉思汗弘道的具体内容。

(一) 长生之道在于节欲

在初次见到成吉思汗时,成吉思汗向丘处机询问长生之药。丘处机坦率地回答他说,并无长生之药,而只有养生防病的卫生之道。在正式论道时,丘处机围绕这一问题进行了详细的论述,他以道家的崇俭寡欲的道德修养主张和精气理论来阐述养生之道。他说:"人以饮食为本,其清者为精气……气全则生,气亡则死,气盛则壮,气衰则老",如果恣情于声、色、味、情,则散气伤身,"眼见乎色,耳听乎声,口嗜乎味,性逐乎情,

---

① 丘处机:《答宣抚王巨川》,引自赵卫东辑:《丘处机集》,济南:齐鲁书社2005年版,第186页。

则散其气。……人以气为主，逐物动念则元气散。……愚迷之徒，以酒为浆，以妄为常，恣其情，逐其欢，耗其精，损其神，是致阳衰而阴盛，则沉于地为鬼，如水之流下也。"而知晓修炼长生之术的学道之士则与之相反，他们"去声色，以清静为娱；屏滋味，以恬淡为美。……去奢屏欲，固精守神，唯炼乎阳，是致阴消而阳全，则升乎天而为仙，如火之炎上也。"①但丘处机深知修心治心之难，正所谓"易伏猛兽，难降寸心"，更何况是"富有四海、日揽万机"的帝王，故他只是劝成吉思汗，"但能节色欲，减思虑，亦获天佑"，"宜修德保身，以介眉寿"。②

丘处机否定了长生之药，摒弃了前代道教所宣扬的肉身成仙等神话，以节欲作为卫生长寿之术，希望以此引导这位雄踞世界的可汗谨守节欲去奢等修德养心的主张，这是极具政治伦理意蕴的。

(二) 帝王修行应"外修阴德，内固精神"

为了打动和迎合成吉思汗，丘处机以君权神授的理论美化成吉思汗，将其打扮成"皇天眷命"派来管理人间的"天人"，即天上之仙官。他说："陛下本天人耳，皇天眷命，假手我家，除残去暴，为元元父母，恭行天罚，……克艰克难，功成限毕，即升天复位。"因此，作为天人下凡，恭行天罚的皇帝更需要珍重自己的身体，清静节欲。这就为促使成吉思汗接受道教少私寡欲的思想奠定了心理基础。他劝诫说："在世之间，切宜减声色，省嗜欲，得圣体康宁，睿弄遐远耳。"但是，帝王妃嫔成群，因而比常人更加难以节欲。于是，丘处机反复警告："贪欲好色则丧精好气，乃成衰惫，陛下宜加珍啬。"接下来，丘处机又指出，仅仅做到节欲，这还只是平常之人的修炼内容，皇帝的修炼之道则与此不同。他说："陛下修行之法无他，当外修阴德，内固精神耳。恤民保众，使天下怀安则为外行，省欲保神为乎内行。""省欲保神"只是修行的"内行"，还必须"外修阴德"，即要做到"恤民保众，使天下怀安"。③丘处机的这番教导，将

---

① 耶律楚材编：《玄风庆会录》，引自赵卫东辑：《丘处机集》，济南：齐鲁书社2005年版，第137页。
② 耶律楚材编：《玄风庆会录》，引自赵卫东辑：《丘处机集》，济南：齐鲁书社2005年版，第141页。
③ 耶律楚材编：《玄风庆会录》，引自赵卫东辑：《丘处机集》，济南：齐鲁书社2005年版，第137－139页。

作为最高统治者所应承担的恤民保众、安定天下职责与个体的养生修炼和道德培育有机地结合起来，不仅充分体现出他的政治智慧，而且也展现出道家身国同治思维模式的独特作用。

为了提高道学治国智慧对成吉思汗的影响力，丘处机还极力神化全真道教派。他告诉成吉思汗，与自己一起学道的道兄刘处玄、谭处端、马钰等人皆"功满道成，今已升化"，唯有自己"辛苦之限未终"，但只要自己坚持"积善行道"，亦必成仙。为了使自己的劝诫具有更大的权威性，丘处机对道教经典加以神化。他说，道教经典乃上天所降，太上老君曾在不同时代多次赐道经给张道陵、寇谦之等道教徒，降经的目的，是要"使古今帝王臣民皆令行善"；《太平经》等诸多道经具有祈福禳灾的特效，"皆治心修道，祈福禳灾，扫除魑魅，拯疾疫之术"；"皆修真治国之方，中国道人诵之行之，可获福成道"。他又将《太平经》等道经中的承负说和佛教轮回说加以改造，对成吉思汗进行道德劝诫："行善进道则升天为之仙；作恶背道，则入地为之鬼。……帝王悉天人谪降人间，若行善修福，则升天之时位逾前职，不行善修福则反是。天人有功微行薄者，再令下世修福济民，方得高位。昔轩辕氏天命降世，一世为民，再世为臣，三世为君，济世安民，累功积德，数尽升天而位尊于昔。"为了提升"修真治国之方"和积善行道之术对成吉思汗的影响力，他许诺，只要能够"积善行道，胡患不能为仙乎？"① 在这里，丘处机对全真道所倡导的"精神成仙"主张作了很详尽的阐扬，将修道成仙、治国、行善的理论融会贯通、联为一体，的确还是很打动人心的。成吉思汗当即表示"敢不遵依仙命、勤而行之？"尽管这番道德说教的实际作用并无充分或直接的文献记载，但从后来成吉思汗的一些举措来看，这些"修真治国之方"的确在一定程度上发挥了恤民保众，平治天下的功效。

（三）建议选贤与能治理中原

丘处机及时地抓住了向成吉思汗传授养生之道的机会，运用道家身国同治的理论，在个人养命长生的话题中引入了济世安民和道德修养的内容，并提出了"恤民保众，使天下怀安"的要求。围绕着万里赴诏以图济

---

① 耶律楚材编：《玄风庆会录》，引自赵卫东辑：《丘处机集》，济南：齐鲁书社2005年版，第138–139页。

世救民这一重要目的，丘处机还献上了安定中原的治平之策。他首先向成吉思汗指出，中原地区具有丰富的物产、高度发达的物质文明和完备的治国之术，"四海之外，普天之下，所有国土不啻亿兆，奇珍异宝比比出之，皆不如中原天垂经教，治国治身之术为之大备。山东、河北，天下美地，多出良禾、美蔬、鱼、盐、丝、蚕，以给四方之用，自古得之者为大国。所以，历代有国家者，唯争此地耳。"因此，治理好中原地区是十分重要和必要的。然而，此地区目前却是"兵火相继，流散未集"，急需派遣精明能干的官员前去治理。他还建议免除其三年赋税，以便使国家和军队"足丝、帛之用"，使老百姓"获苏息之安"，这是"安民祈福"的一个重要方面。关于上述安抚山东、河北等地的建议，丘处机在论道过程中曾反复提起。在此，他又强调，如果派遣廉洁、干练的官员前去按上述筹划行事，则"必当天心"，如果让那些无才无德的人去统治中原，则"不徒无益，反为害也"。① 接着，丘处机建议成吉思汗仿效金朝，在不熟悉中原的情况时，先立傀儡皇帝统治中原，然后再取而代之。从这一系列建议来看，丘处机的见识和胸怀远非一般宗教人士所能及，他成功地将养命长生的话题引向了具体的济世安民之策，这更加为他的弘道活动增添了和平的光辉。

四、丘处机西行论道的社会意义

丘处机将道教的伦理道德主张与道家的政治智慧紧密结合，适应了成吉思汗巩固政权、进而统一全中国的长远计划，还为之涂抹上了几缕上天神灵的光芒，深为成吉思汗所服膺，认为这是"天锡仙翁，以寤朕志"，从而"命左右书之，且以训诸子焉"。② 他对丘处机说："谆谆道诲，敬闻命矣。斯皆难行之事，然则敢不遵依仙命、勤而行之？"③ 成吉思汗这些话语虽然不无恭维和安抚这位道教领袖的政治意图，他对上述道德教诲的遵依和践行的情况亦无直接的文字记载。不过，从间接的历史文献来看，丘

---

① 耶律楚材编：《玄风庆会录》，引自赵卫东辑：《丘处机集》，济南：齐鲁书社2005年版，第141页。
② 宋濂撰：《释老传》，《元史》卷二百二，北京：中华书局1976年版，第4525页。
③ 耶律楚材编：《玄风庆会录》，引自赵卫东辑：《丘处机集·附录》，济南：齐鲁书社2005年版，第141页。

处机对于成吉思汗的劝诫在某种程度上还是产生了一些实际作用。据《长春真人西游记》记载：岁癸未（1223年），成吉思汗猎于东山，因马踣而失驭，摔于马下。丘处机谏曰："天道好生，今圣寿已高，宜少出猎。坠马，天戒也。"成吉思汗马上接受他的谏言说："朕已深省，神仙劝我良是。我蒙古人骑射，少所习，未能遽已。虽然，神仙之教在衷焉。"还对臣下表示："但神仙劝我语，以后都依也。"此后，他在较长一段时间内没有打猎。①

特别值得指出的是，在会见丘处机以后，成吉思汗的军事政策有了一些变化，在一定程度上减少了屠杀行为。在此以前，成吉思汗奉行的完全是武力征服和屠杀政策。1219年，他开始了进攻中亚大国花剌子模的战争。据史书记载，在这段时间内，成吉思汗直接插手的屠杀行动有：1220年2月攻下不花剌城，3万多抵抗者全部被杀；3月，投降的康里将卒3万多人全部被杀；1220年夏，蒙军攻入花剌子模的首都玉龙杰赤城，除了将居民中的年轻妇女和儿童掳为奴婢外，其余人尽被屠杀；1220年秋，统大军攻下阿母河北岸要塞忒耳迷，尽屠其民；1221年初，率军进攻塔里寒，军民被屠杀殆尽。而在1222年年底即丘处机与成吉思汗论道之后，情况似乎有了一些变化。1223年成吉思汗起程东归，"这段期间，蒙古人没有在钦察草原进行大征战"②。

以上事实说明，丘处机向成吉思汗论道以后，成吉思汗的军事政策曾有了明显的转变。应该说，恰好在1222年底出现政策转变，这并不是时间上的某种巧合。愚意以为，之所以产生这种转折，除了军事形势、气候和地理条件等方面的因素之外，我们也不应排除丘处机对成吉思汗进行道德规劝的影响，促使他在某种程度上接受了道家道教伦理道德和政治智慧。

在1226年秋开始进攻西夏的战争中，成吉思汗因为出现了五星聚于西南这一天象而下令不杀掠。③到第二年六月，他又再次向臣下提起这件事说："朕自去冬五星聚时，已尝许不杀掠，遽忘下诏耶。今可布告中外，

---

① 李志常：《长春真人西游记》，引自赵卫东辑：《丘处机集·附录》，济南：齐鲁书社2005年版，第223页。
② 韩儒林主编：《元朝史》（上册），北京：人民出版社1986年版，第156页。
③ 宋濂撰：《太祖本纪》，《元史》（卷一），北京：中华书局1976年版，第24页。

令彼行人，亦知朕意。"① 这说明，他从内心接受了道教的星占术和丘处机的止杀主张。这样做的目的，一方面是要向天下证明，自己的一切行为皆顺乎天道，并力图通过止杀这一怀柔之术来获取民心；另一方面，也体现出道教的方术以及尊重生命、止杀好生等道家生命伦理思想对他产生了约束作用。

当然，成吉思汗关于"不杀掠"之诏令的实际执行情况，我们也不可估计太高。例如，在进攻西夏的战争中，由于肃州、中兴等城中的居民进行了抵抗，蒙古军队对其实行残酷屠杀，肃州城民幸免者仅一百零六户。②但作为以武力征战而著称的最高首领能够将"不杀掠"的命令"布告中外"，告诫、约束部下的屠杀行为，这是相当有意义的行为。由此可见，丘处机的劝诫功莫大焉！

八百年前发生在丝绸之路上的这段宗教传播故事，既体现了成吉思汗在文化上的开阔和政治上的敏锐，更凸显出全真高道丘处机悲天悯人、拯救众生的伟大精神，它有力地促进了汉蒙文化的交流融会，开启了宗教传播的和平之旅、文化融合之旅和文明进步之旅。随着中国政府"一带一路"倡议的提出，当年的"丝绸之路"已经揭开了崭新的篇章，在中国人民走向世界的伟大旅程中，在世界各种文明相遇、碰撞与融会的复杂过程中，丘处机万里弘道、"一语止杀"的千古佳话，依然具有积极的道德启示意义。

（吕锡琛，中南大学公共管理学院教授，博士生导师，道学国际传播研究院执行院长。）

---

① 《太祖本纪》，《元史》（卷一），北京：中华书局1976年版，第24页。
② 宋濂等撰：《昔里钤部传》，《元史》（卷一二二），北京：中华书局1976年版，第3011页。

孟子的"人性论"对西方伦理学的挑战

旷剑敏

摘要：根植于"独立个体""自由民主"的西方哲学强调独立的理性，在面对现代的全球危机时捉襟见肘；儒家强调在整体关系中自我的成长与圆满则是克服当今世界共同困境的选择。孟子的"性善说"强调了人的主动性，对西方的"性恶论"提出了挑战；追求"公共善"的"率性说"对"个人主义"提出了挑战；具有共享思想的"民本说"对"自由主义"提出了挑战。用中国话语诠释中国哲学，而非用西方概念套用中国哲学，不仅可以还原中国哲学本来面目，而且是对西方哲学有益的补充。

关键词：孟子；人性论；西方伦理学；挑战

当今的国际社会面临着共同的问题：贫富悬殊日益扩大，城乡差距日益拉大，环境问题日益突出，社会利益分配不均，政府权力部门缺乏公正等。炫富、仇富心理失衡现象严重，恐怖组织日益猖獗，社会不稳定现象增多，社会的和谐与正义受到威胁。全球危机意味着单靠个人、一个地区甚至是一个国家的力量都难以解决。现代社会的困境超越了不同国界和不同社会，需要全体人类携手共同治理。根植于"独立个体""自由民主"的西方哲学强调独立的理性，在面对现代的全球危机时捉襟见肘。安乐哲指出："在这个新的时代，悠久的中国哲学叙事中普遍存在的过程感受力将日益关涉我们未来的出路。"[①] 中国哲学所倡导的"和为贵"等相互依存的价值观将有利于应对全球危机，实现"双赢"的目的。我国中共中央"十三五"规划建议指出了"共建共享"，习近平主席提出的"一带一路"

---

① 安乐哲：《为时未晚：论中国哲学之西译》，张琳译，载于《汉江论坛》2017年第5期。

国际合作的倡议，都是对中国传统哲学理念的阐发，应对国际危机的有效途径。以往的中国哲学总是在西方哲学体系中寻找自己的位置，用西方的概念来阐释中国的智慧，结果不是被误解就是被贬低。当代西方的一些汉学家如安乐哲、葛瑞汉、信广来等开始用中国的方法重新审视中国哲学，在中国哲学中找寻人存在的意义，而不是一味地探寻人的本质，以适应世界的"变"。可以说，中国哲学在西方重新获得了活力，对西方哲学提出了新的挑战。

孟子是第一位从哲学上来谈论"人性"的思想家。[①] 以"性善论"作为其理论的奠基，孟子提出了"善与人同""与民同乐"等"共享"的思想。正如《诗经》所说："天生蒸民，有物有则。"（《诗经·大雅·蒸民》）天生人类及万物，人受命于天而产生性。有了"性善"就可以达到"尽心、知性、知天"的"天人合一"的境界。"性善说"对西方哲学的"性恶论"提出了挑战，"率性说"对"个人主义"提出了挑战，"正心说"对"自由主义"提出了挑战。可以说，孟子的"人性说"对西方伦理学提出了全面的挑战。

一、"性善说"对"性恶论"的挑战

在西方的伦理学中，人由上帝创造和设定，可以说，上帝是宇宙的中心，规定了人的道德原则，人虽然具有"原罪"，但是至善是人发展的必然结果，从而回答了"人是什么"的终极问题。尽管康德提出"借助纯粹的实践理性，道德是自给自足的"[②]，但是道德行为所达到的终极结果还是需要一个公设——即上帝来保证。"上帝"是一个过程前的存在实体，人的德性的发展成为了上帝才能的显现。而在儒家的学说中，"天"具有多重含义，并非一个实体。在孟子的哲学系统中，"天"有时指"自然之天"，如"天不言，以行与事示之而已矣"；有时指"道德之天"，如"尽其心者，知其性也；知其性，则知天矣。存其心，养其性。所以事天也"

[①] 沈顺福：《德性伦理抑或角色伦理——试论儒家伦理精神》，载于《社会科学研究》2014 第 5 期。

[②] 康德：《单纯理性限度内的宗教·序言》（第 1 版），北京：中国人民大学出版社 2003 年版。

(《孟子·尽心章句上》)；有时指"道"即必然性，如"天下有道，小德役大德，小贤役大贤；天下无道，小役大，弱役强。斯二者，天也。顺天者存，逆天者亡"(《孟子·离娄章句上》)。尽管天具有多重意义，却有着一个共同属性，即"莫之为而为者，天也"(《孟子·万章章句上》)；也就是说，"天"独立于人的意志之外，"'天'是一种属性，而非实体。凡是具有这种属性者都可以称之为'天'。"①"天"的意义的开放性，意味着"人能弘道，非道弘人"(《论语·卫灵公》)。人在成圣的努力过程中达到圆满的境界，强调了人的主动性。孟子认为人应该向内反省，找到天赋予的善端即尽心，也就知天了。孟子的这种"性善说"在西方的宗教界引发了很大的争论。

早在19世纪末，汉学家理雅格大力推介孟子的"性善论"，认为孟子主张人性向善与基督教引导人们弃恶向善的基本教义是相通的。《圣经》设定了人由神按照神的形象，按照神的样式所造，因此人一出生就具备了德性。这种德性与孟子的"善"颇为相似。然而，就人性是否本善这一问题，传教士之间的分歧很大。基督教是以人的"原罪"为基本教义，正是由于人的堕落，才需要神的救赎，神的地位是不容侵犯的。孟子的"性善论"中没有上帝的位置，因为"仁义礼智，非由外铄我也，我固有之也，弗思耳矣"(《孟子·告子上》)。人可以通过自己不断地修身，而达到理想的状态，这与基督教的原罪说是格格不入的。传教士们很难接受上帝缺失的异教徒的学说。尽管理雅格大力推荐孟子的"性善说"，但是作为传教士的理雅格仍然不忘站在基督教的立场上批判孟子"没有自然的虔诚"，孟子关于圣人的完美构想"只是一个灿烂而无事实根据的幻影"②。理雅格面对孟子的矛盾性招致了别的传教士的攻击和批判。传教士谢卫楼(D. Z. Sheffield，1841—1913)发表专文批判理雅格对孟子"性善论"的看法。谢卫楼认为，孟子的"性"并非如理雅格所说的趋向"善"，而是本质上的"善"，这与基督教的教义是相背离的，其根据主要为对《孟子·

---

① 张奇伟：《"莫之为而为者，天也"——孟子"天"范畴新解》，载于《中国哲学史》1999年第4期。

② Legge, James：*The Religions of China, Confucianism and Taoism Described and Compared with Christianity*. London：Hodder and Stoughton，1880.

告子上》中"人性之善也，犹水之就下也。人无有不善，水无有不下"一句的翻译。理雅格译为："The tendency of man's nature to goodness is like the tendency of water to flow downwards. There are none but have this tendency to goodness, just as all water flows downwards."① 谢卫楼译为："The goodness of man's nature is like the flowing down of water; there is no man who is not good, there is no water that does not flow down."② 很明显，理雅格把孟子的"性善"理解为倾向性，而谢卫楼解释为，"人性被视为内在而固有的、本质意义上的善好（inherently and essentially good）"。③ 谢卫楼把"性善"看做是"本质的（essence）"就又把孟子纳入了亚里士多德的话语体系中进行诠释。这种探寻本质的做法并非中国传统哲学的根本，从而引发了20世纪末美国汉学家的纷争。

20世纪至21世纪随着中国经济的强盛，世界一体化进程的加快，美国汉学家对中国哲学开始出现了浓厚的兴趣。以 Web of Science 为平台，搜索"Mencius"主题词，1950年至2017年期间共有851篇文章，美国地区篇数位于首位，有68篇，主要研究领域为哲学、亚洲研究、宗教、心理学、政治学等。发表的篇数从1999年的3篇到2008年9篇呈直线上升趋势。从这个数据可以得知当代对《孟子》的研究，美国地区比较活跃，涉及的领域也比较广泛，只是近几年的研究热情稍有点减退。从哲学类被引率最高的文章来看，有关"权利"的文章被引最高，其次就是有关人性方面的文章。由此可见，孟子的"性善论"仍是西方哲学界讨论的热点。江文思（James Behuniak Jr. 2005）明确指出把"性"翻译为"nature"具有误导性，同样运用亚里士多德的词汇来解释也是危险的，因为中国古代哲学思想是不会用二分法来看待世界的。④ 安乐哲（Roger T. Ames）也认为：

---

① Legge, James: *The Works of Mencius*. 郑州：中州古籍出版社2016年版，第393页。
② Sheffield, D. Z: A Discussion on the Confucian Doctrine Concerning Man's Nature at Birth. *The Chinese Recorder and Missionary Journal*, Vol. IX (Jan. - Feb.), 1878: 22.
③ Sheffield, D. Z: A Discussion on the Confucian Doctrine Concerning Man's Nature at Birth. *The Chinese Recorder and Missionary Journal*, Vol. IX (Jan. - Feb.), 1878: 18.
④ Behuniak, James: *Mencius on Becoming Human*. Albany: States University of New York Press, 2005. PPxxvii. - 186. Reviewed by Franklin Perkins. *Philosophy East&West*, Volume 57, Number 4 Otc. 2007: 596 - 599.

"人的本性（human nature）是一种对在《孟子》中'性'的最不恰当的翻译。"① 安乐哲进一步指出："在人的状况下，'性'意味着作为一个人完整的过程。"② 在安乐哲看来，孟子的"性"是一种文化产物，是文化上的某种成就。"性"与"命"不同，"命"是人类与禽兽共同拥有的条件，而"性"是人所获得的禽兽所没有的东西。③ 如果说安乐哲用了"杜威"的词汇来激发读者对孟子"性"的思考，而华蔼仁（Irene Bloom）则从生物学的角度探讨《孟子》中"性"的意义，认为："一种普遍人性的意义是依次建立在一种普遍的人类本性之直觉的基础之上的，其中，人的生物学上的本性总是被纳入考虑之中。"④ 华蔼仁强调如果把孟子的人性仅仅看作是天赋或者共有的概念是不够的，因为孟子把人性当作一种可以通过社会化发展的潜能。⑤

《孟子》中"性"的概念在欧美所引起的纷争，反映了欧美对待中国文化的态度从最初的排斥到主动用西方话语进行融合的转变，也反映了西方看待中国文化的视角和立场。从某种意义上说，中西哲学思想在某些方面是相通的，"西方汉学家们对于《孟子》的研究，围绕《孟子》'人性'论展开的论战，就不再是与我们无关的东西。"⑥ 孟子的"性善说"要更好地在西方推广，就应该探讨其与西方话语相重合和差异的地方，以相互借鉴和补充。美国汉学家安乐哲提出了儒家角色伦理，认为儒家的人性概念是对西方"个人主义"思想体系的挑战。⑦

---

① ［美］江文思：《孟子心性之学》，安乐哲编，梁溪译，北京：社会科学文献出版社，2005，第89页。
② ［美］江文思：《孟子心性之学》，安乐哲编，梁溪译，北京：社会科学文献出版社，2005，第97页。
③ ［美］江文思：《孟子心性之学》，安乐哲编，梁溪译，北京：社会科学文献出版社，2005，第110页。
④ ［美］江文思：《孟子心性之学》，安乐哲编，梁溪译，北京：社会科学文献出版社，2005，第127页。
⑤ Bloom, Irene: *Mencius: Contexts and Interpretations*. Edited by Alan K. L. Chan. Honolulu: University of Hawaii Press, 2002: 276.
⑥ 韩振华：《从宗教辩难到哲学论争——西方汉学界围绕孟子"性善"说的两场论战》，载于《中山大学学报（社会科学版）》2012第6期，第166页。
⑦ Ames., Roger T.: Recovering a Confucian Concept of Human Nature: A Challenge to the Ideology of Individualism. *Acta Koreana*, 2017 (20): 9.

二、"率性说"对"个人主义"的挑战

安乐哲认为,中国文化推崇相互依存关系价值,人是在关系中构成的。这种在关系中生成的"人"与西方分散的、独立的"个人主义"模式形成了鲜明的对比。他指出,"独立个体"的概念结出了两个恶果,一是为极端自由主义资本家提供了道德与政治的逻辑;二是普遍的"独立个体"概念根深蒂固,无视家庭关系的亲密性与特殊性,其本身成为简化和暴力。因此,安乐哲提出进行第二次启蒙,变革现有的世界文化秩序,走向以"相互依存关系"为本的儒家角色伦理学。① 面对当今世界面临的共同的困境,安乐哲提倡改变自利的个人主义观念转向"关系为本"的儒家角色伦理学,因为儒家对人性的理解是整体的、美学的叙述,"人和世界一起在一个动态的、对位的关系中成长与演变"②。"只有关系这样去发展,才是道德之根本所在。"③ 从某种程度上来说,儒家整体的观念,"权变"的处事态度,确是对"个人主义"的挑战,也是克服当今世界共同困境的选择。但是,儒家并非只是一种角色伦理,儒家强调的是一种"公共善",在各种关系中完善自我成圣成王。从角色伦理学本身的概念来说,就是在用一种西方概念套用中国哲学。一个人的角色并不是一成不变的,人有各种角色,角色与角色之间有着不可避免的冲突。过分强调关系,终将导致腐败人情网、个体个性的磨灭、创造力的丧失。"注重关系性存在的角色伦理学潜藏的危险在于,个人会因为过于注重关系而压制,乃至丧失个人的独立判断,往往会身不由己地为了迎合关系上的和谐而放弃自身的独立原则,甚至良心道德。"④ 在儒家的哲学系统中,关系只是人在成长过程中的生存环境,儒家关心的是人的德性的正常生长。孟子曰:"尧舜所以为

---

① 安乐哲:《第二次启蒙:超越个人主义走向儒家角色伦理》,田辰山译,载于《唐都学刊》2015 年第 2 期。
② Ames., Roger T.: Recovering a Confucian Concept of Human Nature: A Challenge to the Ideology of Individualism. *Acta Koreana*, 2017 (20): 19.
③ 安乐哲:《儒家角色伦理学:挑战个人主义意识形态》,载于《孔子研究》2014 年第 1 期,第 7—9 页。
④ 李慧子:《儒家伦理学对西方伦理学的挑战——评安乐哲的"儒家角色伦理学"》,载于《社会科学研究》2014 第 5 期,第 20 页。

万世法，亦是率性而已。"（《孟子集注序》）"率性之谓道。"（《中庸》）儒家的道德法就是在与他人的各种关系之中的率性。朱熹这样解释"率性"："人物各循其性之自然，则其日用事物之间，莫不各有当行之路，是则所谓道也。"① 从某种意义上来说，"率性"追求的就是一种"公共善"的和谐世界。

在孟子的哲学中，"心"是人存在的基础。孟子认为，人人都有"不忍人"之心，由于人的"不忍"，所以见到小孩将要掉到井里，人人都会有"恻隐之心"。这种"恻隐之心"是"公共善"，或者说就是人性的开端。孟子进一步阐述人之所以为人，是因为人有四端之心："恻隐之心，仁之端也；羞恶之心，义之端也；辞让之心，礼之端也；是非之心，智之端也。人之有是四端也，犹其有四体也。有是四端而自谓不能者，自贼者也；谓其君不能者，贼其君也。凡有四端于我者，知皆扩而充之矣，若火之使然，泉之始达。苟能充之，足以保四海；苟不充之，不足以事父母。"（《孟子·公孙丑上》）仁义礼智本根植于心，是一切言语行为的道德基础，也是人之所以为人的自然本性，或者说是本体论意义上的自身存在。四端之心犹如火种、源泉，懂得扩充它们就可以安抚天下了。由此可以说，人性的萌芽是四端之心：有了仁义礼智的人才会愿意与人分享自己的财富，担负社会责任，维护正义。舜之所以能安定天下是因为自然遵循仁义之路，而非强行仁义，所以孟子说："人之所以异于禽兽者几希，庶民去之，君子存之。舜明于庶物，察于人伦，由仁义行，非行仁义也。"（《孟子·离娄下》）从仁义礼智之本心出发，自然会亲爱自己的家人，以天下为忧乐。换个角度来说，人生活在社会的各种关系之中，只要拥有本心，率性而为，自然会考虑他人，推己及人，实现和超越自己。孟子曰："有天爵者，有人爵者。仁义忠信，乐善不倦，此天爵也；公卿大夫，此人爵也。……既得人爵，而弃其天爵，则惑之甚者也，终亦必亡而已矣。"（《孟子·告子上》）天授予人以仁义忠信爵位，人应该遵循自然之道，"率性"而为；如果沉溺于公卿大夫等人授爵位，就会舍弃了天爵而丧失人爵。从"仁"的本义来说，有二人才会产生"仁"，这就意味着人以群居，天所赋

---

① 朱熹：《四书章句集注》，北京：中华书局2011年版，第19页。

予的人性只有在与他人或他物的交往中凸显。没有关系的独立个体是谈不上"人性"的，正如孔子所说"德不孤，必有邻。"由此，孟子推崇民本，把背离民意的桀、纣称为"一夫"，终会为天所抛弃。孟子的"民本"思想对西方的"自由主义"提出了挑战。

三、"民本说"对"自由主义"的挑战

"自由主义"源于基督的"原罪说"。[①] 由于人人都有原罪，世俗的统治者就会利用自己的权利作恶，别尔嘉耶夫说："如果没有恶和由恶产生的苦难，那么也就不会有解放的需要。"[②] 由此，自由主义也是一种"个人主义"，强调个体优于国家、集体和社会，认为政府也是一种恶，应该限制政府的权力，不能对个人干涉过多。自由主义的性恶论直接导致崇尚武力和法制。而武力与法制恰恰是儒家所反对的，"道之以政，齐之以刑，民免而无耻；道之以德，齐之以礼，有耻且格"（《论语·为政》）。道德与礼才是约束民众的有效手段，统治者以德为政才会实现人际间的和谐，"为政以德，譬如北辰，居其所而众拱之"（《论语·为政》）。儒家以天下百姓为国家的基础，关注的是社群本身利益，而非政府，这更有利于民主的实现。"儒家思想既不像自由主义民主模式那样，把'手段和目的'做严格区分，将社会作为实现人目的的一种手段，也不像集体主义模式那样，将个人作为社会的一种手段。儒家思想中，家庭模式的特权和义务是不可分割的，扩展到家庭以外的范围，就成了合理政治统治的基础。"[③] 在孟子看来，维护了全民的利益即是王道。

孟子认为执政者应该以民为本，"民为贵，社稷次之，君为轻"（《孟子·尽心下》）。民为国家社稷的根本，得民心者得天下。当官的为民做主，这是理应担当的职责所在。孟子的首先强调了"与民同乐""忧民之忧"的亲民思想。"乐民之乐者，民亦乐其乐；忧民之忧者，民亦忧其忧。

---

① 陶红梅、陈葵阳：《西方自由主义的源与流》，载于《学术界》2012年第5期，第170页。
② 启良：《自由主义传统》，南宁：广西人民出版社2003年版，第118页。
③ 安乐哲：《和而不同：中西哲学的会通》，温海明译，北京：北京大学出版社2009年版，第69页。

乐以天下，忧以天下，然而不王者，未之有也。"（《孟子·梁惠王下》）与民同乐，与民共享，这才是王者之道。孟子以文王的园林与齐宣王的园林做对比，文王的园林方圆七十里，老百姓可以去那里割草打柴，捕鸟猎兔，文王与百姓共享园林，百姓以为园林小了；齐宣王的园林方圆四十里，老百姓如果杀了里面的麋鹿，就如同杀了人一样被治罪，老百姓就认为齐宣王的园林太大了。因此，与民亲近，与民共享才能真正得到百姓的拥护。孟子的与民共享的途径有三：一是关心弱势群体，使所有百姓"被尧舜之泽"；二是"使民养生丧死无憾"，与老百姓全面共享；三是"正经界，钧井地，平谷禄"，以制度保障公平。

（一）使民"被尧舜之泽"——全民共享

孟子认为："思天下之民，匹夫匹妇有不与被尧、舜之泽者，若己推而内之沟中——其自任以天下之重也。"（《孟子·万章下》）想到那些没有受到尧舜恩泽的百姓，就像自己把他们推到水沟里去一样愧疚，因而自己担当起天下的重任。孟子劝告君王实施仁政首先应考虑最穷苦没有依靠的人，"老而无妻曰鳏，老而无夫曰寡，老而无子曰独，幼而无父曰孤。此四者，天下之穷民而无告者。文王发政施仁，必先斯四者"（《孟子·梁惠王下》）。对于孤苦弱势群体的考虑源自孟子的"仁"，与民共享应该是与所有百姓的共享，由此，孟子推演出"老吾老，以及人之老；幼吾幼，以及人之幼"，使所有百姓得到实惠，家有恒产，老有所养，实现全民共享。

孟子的全民共享出发点在于畏民。因为"天视自我民视，天听自我民听"（《孟子·万章上》），天是通过老百姓来看，通过老百姓来听，得罪了老百姓就是得罪了天，因此，对待老百姓应心存敬畏之心。"顺天者存，逆天者亡"（《孟子·离娄上》），顺民意即顺天意，这是群体的整体意志，与西方的民主权利的"天赋人权"所强调的个人权益有所不同。君王实施王道应考虑所有百姓，顺应天命。"王如好货，与百姓同之，于王何有？"君王与民一起享有钱财，天下哪会不归服的呢？可见，全民共享是王道。

（二）"使民养生丧死无憾"——全面共享

孟子认为老百姓富裕了才能实现与民共享。"不违农时，谷不可胜食也；数罟不入洿池，鱼鳖不可胜食也；斧斤以时入山林，材木不可胜用也。谷与鱼鳖不可胜食,材木不可胜用,是使民养生丧死无憾也。"(《孟子·梁惠王上》)意思是说,王者实施王道,使农民耕种不违背农时,粮食就会吃不完;渔民细密的大网不到大池里去,鱼鳖就吃不完;樵夫在一定的时候进山林伐木,材木也就用不完。粮食、鱼鳖吃不完,材木用不完,人民富裕了,养生丧死都没有遗憾了。如果遇到灾年,就要"春省耕而补不足,秋省敛而助不给"(《孟子·梁惠王下》),保障人民的物质生活水平。

　　仅仅共享物质不足以为政,孟子提倡"善与人同",实现教育文化共享。孟子辨别了惠、忠、仁的区别。"分人以财谓之惠,教人以善谓之忠,为天下得人者谓之仁。"(《孟子·滕文公上》)而惠是不足以为政的。孟子以子产为例,他以自己的车渡人过溱水、洧水。孟子指出,君子哪能帮人人过河呢?如果在十一月份修建可徒步的桥,十二月份建好可通车的桥,百姓就不必为渡河而发愁了。可见,与民共享中的财富共享只是"惠"而已,为民考虑应该使民获得永利,"授人以鱼,不如授人以渔"。

　　孟子赞叹大舜了不起是因为他把善当作人所共享,"善与人同",善政不如善教。"善政,民畏之;善教,民爱之。善政得民财,善教得民心。"(《孟子·尽心上》)如果人人皆善,那当政者且有不善之理?孟子以薛居州为例。薛居州是个善士,如果当政者周围都是薛居州,那他又与谁为不善呢?可见,通过善教,使民为善,使王为善,天下就有序而太平了。因为人的本性是善良的,没有教育,只吃饱、穿暖、住好,就与禽兽无异。所以圣人有责"教以人伦:父子有亲,君臣有义,夫妇有别,长幼有序,朋友有信"(《孟子·滕文公上》)。因此,"善教"是自我帮助他者觉悟的文化共享,是自我在"为他者"的实践中的主体性的确立。孟子非常重视百姓的教育,他认为除了使百姓有恒产之外,还应该"谨庠序之教,申之以孝悌之义,颁白者不负戴于道路矣"。认真办学校,教以孝悌之理,用礼来规约行为,社会自然就和谐了。"有教无类"是儒家教育公平的一贯传统。孟子全面共享的思想能够保障良好的社会环境,正常的社会关系,个人的权益只有在良好而有序的社会大环境中才能得到保障。

　　(三)"正经界,钧井地,平谷禄"——制度保障共享

　　孟子认为如果制定了良好的制度就可以保障公正,实施仁政。"夫仁

政,必自经界始。经界不正,井地不钧,谷禄不平,是故暴君污吏必慢其经界。经界既正,分田制禄可坐而定也。"(《孟子·滕文公上》)孟子提议井田制,认为施仁政要从划分田界开始。如果划分田界不公正,井地就会不均,作为俸禄所收的谷子就会不公平,因此,暴君污吏就会怠慢划分田界。如果划分田界公正,分田地、制定俸禄就容易了。对于井田制,朱熹解释道"此法不修,则田无定分,而豪强得以兼并,故井地有不均;赋无定法,而贪暴得以多取,故穀禄有不平。此欲行仁政者之所以必从此始,而暴君污吏则必欲慢而废之也。有以正之,则分田制禄,可不劳而定矣"[1]。孟子进一步向滕文公建议在郊区实行助法,在城市实行贡法。由此可见,孟子的仁政并非完全"人治",有法可循才是孟子所提倡的。要使老百姓能安居乐业,人人享有"五亩之宅,树之以桑",不饥不寒,制定公正的制度是必不可少的。正如孟子所言,"上无道揆也,下无法守也,朝不信道,工不信度,君子犯义,小人犯刑,国之所存者幸也"(《孟子·离娄上》)。在上位者没有道义准则,在下位者没有法律制度可守,朝廷不信道义,工匠不信尺度,君子侵犯义理,小人触犯刑法的社会中,国家还能生存下来是侥幸。既然规和矩是方圆可以成形的依据,那么制度就是仁政可以实施的依据,是公正、公平共享的保障。制度应该保证民众的利益,一旦制度损害了民众的利益,人们有权利推翻暴君的统治。由此可见,政府权利应该受限于民众,而非受限于个人。

综上所述,孟子的善政是以实现"公共善"为目标,以保障全民共享而非个人独享为目的,实现"天下为公"的大同世界。

四、结语

孟子的"性善说"不仅是人异于禽兽的根本,而且是人能以群分的奠基石。基督教的性恶说导致人类成为上帝的附庸,需要上帝的救赎;而孟子的"性善说"没有上帝的位置,自我便可以在社会关系网络中完善达到圆满的境界。分散的个人容易导致自私、自利、走向暴力,而考虑家庭及

---

[1] 陶红梅、陈葵阳:《西方自由主义的源与流》,载于《学术界》2012年第5期,第239页。

社会的率性而为带领集体走向繁荣；自由应该是集体意志的自由，而非依靠法制和暴力的打击来争取个体的自由。以民为本，实现全民共享、全面共享并以制度保障共享，建立和谐的大同世界才能实现个体的自由。孟子的"性善说"对基督"性恶论"的挑战、"率性说"对"个人主义"的挑战及"民本说"对"自由主义"挑战，表明中国儒学不仅属于中国，而且属于世界。中国儒学中的智慧不应是西方哲学系统中的"亚里士多德式的儒学""实用主义的儒学"，而是中国式的儒学。用中国话语诠释中国哲学，而非用西方概念套用中国哲学，不仅可以还原中国哲学本来面目，而且是对西方哲学有益的补充。

（作者旷剑敏，中南大学公共管理学院在读博士，中南大学外国语学院副教授，硕士生导师。）

中国传统伦理思想对环境法本土化的启示

屈振辉

摘要：中国传统伦理思想源远流长、博大而精深，是我国环境法本土化不可或缺的本土资源，又尤以儒道墨法四家的思想最具有启示性。其中儒家的"天人合一"思想强调整体性，不仅是环境法学"主客一体化"理论之源，对环境立法及其价值追求也具有重要启示；道家"道法自然"思想可视为自然法思想，如果将"道"和"法"理解为规律和法律，则它意味人类应按自然规律进行环境立法；墨家"兼爱交利"思想也颇具有生态智慧，前者意味着环境法应以爱护自然为情感基础，后者则揭示了蕴藏在这种情感背后的动机；法家思想中也不乏涉及生态环境保护之处，而其"一断于法"思想以及严格执法态度，对改变当前我国环境执法的现状亦有启示。挖掘中国传统伦理思想并从其中获得启示，将改变我国在环境立法上移植西法的现状，以中华生态智慧之光推动世界环境法发展。

关键词：传统伦理；环境法；天人合一；道法自然；兼爱交利；一断于法

西方工业发展是导致环境问题产生的主要原因，而环境问题又催生了环境伦理思想的产生。它们对环境法的产生和发展都有重要影响，分别构成了环境法的现实基础和理论基础。然而当西方伦理思想特别是其环境伦理思想面对世界环境危机一筹莫展时，学者们开始将目光转向中国传统生态智慧。西方"许多现代环境（生态）伦理学家纷纷把目光转向了东方文化，并从中找到了能够从外部有效地颠覆现代西方工业社会的价值范式的一系列重要思想。"① 西方非人类中心中的深层生态学就是例证，它在中国传统文化中汲取了很多有益养分。西方环境伦理思想这种转向给我们以启示，即要从中国传统伦理思想中积极寻找养分。国人习以为常地认为环境法是西方舶来品，中国环境法也确实是在移植西法中形成的，然而在这个移植过程中存在着本土化问题。不解决这个问题，环境法治在我国恐难实现，更谈不上中国环境法走向世界、影响全球。而且中国环境法学也只有在实现本土化后，才可能产生"理论自信"和"道路自信"。

中国传统伦理思想最精彩的华章就在先秦，其中最灿烂是该时期形成的诸子百家文化，特别是儒道墨法四家思想对后世影响最大。研究传统伦理思想对环境法本土化的启示，可以以这四家的伦理思想为起点。

一、儒家"天人合一"思想的启示

中国传统文化是"伦理文化"的典型代表，而儒家伦理文化又是中国传统文化的代表。儒家伦理文化对人与自然之间关系的认知，可以被全部概括为四个字即"天人合一"。"中国哲学的基本问题是'究天人之际'的问题，而中国哲学的基本理念是'天人合一论'。"② 因此研究中国伦理思想对环境法治的启示，首先要从"天人合一"这个核心理念破题。中国传统文化中很少出现"自然"等词汇，而"天人合一"中的"天"就是指的自然，即"自然之天"；"天人合一"中的"人"就是指的"人"，即"自在之人"。"天人合一"就是指的人与自然"合一"。"天人合一"这个概念主要包括四重含义：首先是"天人同构"即人由"天"复制出，"天"按自己形象复制出人因而两者相似；其次是"天人一体"即人是"天"的产物，"天"人能相互感知感应即"天人感应"；再次是"天人同性"即"天"人本性相同，这就为发挥人性达于"天性"奠定了基础；最后是"天人同理"即"天道"就是人道，人应当按照"天道"即"天"的规律生活。准确地说"天人合一"在中国传统文化中，本质并非自然哲学理念而是政治哲学理念，其目的是为论证统治者统治的"合法性"；但是客观上说它也涉及人与自然的关系，我们正是从这点上获得其对环境法

---

① 李培超、陈学谦：《中国环境伦理学本土化诉求述评》，载于《思想战线》2009 第 3 期。
② 蒙培元：《人与自然——中国哲学生态观》，北京：人民出版社 2004 年版。

的启示。

"天人合一"启示首先表现在整体性上。"天人合一"强调自然是"合一"的整体，必须从整体性上把握人与自然之间的关系，这是符合现代生态学基本规律的正确认知。现代生态学表明了自然环境乃是一个整体，整体性是自然环境最基本、最主要的特性，很多环境问题产生都是忽视整体性的恶果。环境法作为人类解决环境问题的法律方法，也理应遵循自然环境所具有的整体性特征。"在环境法学研究中尤其应注重整体主义方法论，因为在现代生态学中，整体性是生态系统最重要的特征。"① 但事实上产生于西方的环境法却并非如此，它恰恰产生在"天人二分"的思想基础上。这样的环境法注定无法从根本上解决环境问题，甚至还有可能会使环境问题变得愈演愈烈。既然"天人二分"是现代环境恶化的根源，那"天人合一"就是解决环境恶化的路径，遵循这个逻辑我国学者提出主客一体化论。所谓"主客一体化"又称"主客双联法"，即主体与客体或主观与客观相联系的方法，而这种方法与"天人合一"观有密切联系。"主客一体化"作为环境法学研究方法论，"是以来源于西方生态哲学和后现代主义哲学的'主客一体'为其哲学基础的，并融入了东方'天人合一'的人与自然相和谐的思想精髓。"② 就此而言，"天人合一"应为我国环境法的本土资源。环境法的这种整体性还表现在环境立法上。由于整体性是自然生态系统最重要的特征，因此在进行环境立法时必须"天人合一"，即从自然生态系统的整体性角度进行立法。就目前而言，我国尚未形成系统的环境法典，除作为环境基本法的《环境保护法》以外，我国环境法基本上是以单行法形式出现的，即专门防治某种污染或专门保护某种资源。这种模式容易导致环境立法上的顾此失彼，各单行环境立法之间缺乏协调性和统筹性，因此很难起到保护好整个自然环境的作用。解决的办法就是从生态环境的整体性出发，制定具有综合性、系统性的生态保护法。如果将法和生态规律分别视为人道和天道，那么前述从生态整体性出发的生态保护法，就可以视为人道与天道的"天人合一"之法。环境法的这种整体性还表现在法律思维上。中国传统文化的"天人合一"观启示我们，在环

---

① 刘湘溶、王彬辉：《环境法学权利研究方法论》，载于《现代法学》，2008年第6期。
② 陈泉生：《环境法哲学》，北京：中国法制出版社2012年版，第130页。

境法学研究中要有整体性的法律思维。

"天人合一"启示其次在于人与自然和谐。"天人合一"的精华全在这个"合"字上。这个"合"是"合规律性与合目的性相统一的合,是人的自然化和自然的人化相统一的合。"① 如果将天视为是自然之天即自然的代名词,那么"天人合一"指的就是人与自然和谐,而人与自然和谐也体现环境法的价值追求。"天人合一"是指人主动遵循与天道合一,不是反过来天道遵循与人的"天人合一"。环境法虽说是康德说的"人为自然立法",但是人类在立法中也只能够遵循自然规律,而不能违反自然规律或者说"逆天行事",人类立法遵循自然规律就是"天人合一"。人与自然之间存在对立与统一这两种关系。人类产生之初与自然浑然一体、依赖自然,人与自然之间是统一关系即"天人合一";然而伴随生产力发展和改造自然能力增强,人类便开始将自己与自然逐步地对立起来,世界环境的恶化就是人与自然对立的恶果,而环境法正是这种恶化发展的阶段性产物;面对环境恶化人类意识到与自然对立之害,开始重新追求人与自然的统一和和谐相处,逐步复归最初的"天人合一"并有所发展。环境法的价值追求也随之发生了较大转变,"追求人与自然的和谐,这必定成为环境法发展的一个重要趋势",环境法应当是追求人与自然关系和谐之法。②"天人合一"既是中国环境法的本土资源,在追求人与自然关系和谐上更是革命性的动力。"中华传统文化从来追求人与自然的和谐,追求天人合一……环境法学应该在新的环境道德和环境文化观念的基础上,运用'人与自然和谐相处'这一基本理念实现对传统法律系统进行重构和革命,建立人与人和谐、人与自然和谐的法律秩序。"③ 而在实现人与自然和谐的"天人合一"上,环境法还做出许多具体设计和制度性安排。生态补偿机制就体现了这种人与自然和谐。"生态补偿机制是以保护生态环境、促进人与自然和谐为目的,根据生态系统服务价值、生态保护成本、发展机会成本,综合运用行政和市场手段,调整生态环境保护和建设相关各方之间利益关系的环境经济政策。"④ 从中可见"促进人与自然和谐"是其主旨。

---

① 康中乾:《论"天人合一"之"合"》,载于《人文杂志》,1995第4期。
② 周训芳、李爱年:《环境法学》,长沙:湖南人民出版社2000年版,第39页。
③ 蔡守秋:《环境与资源保护法学》,长沙:湖南大学出版社2011年版,第119页。
④ 《国家环境保护总局关于开展生态补偿试点工作的指导意见》(环发〔2007〕130号)。

二、道家"道法自然"思想的启示

中国古代对人与自然关系具有丰富的认知,道家"道法自然"思想也是其中重要组成。如果说"天人合一"中还有政治哲学色彩,那么"道法自然"更具有纯自然哲学涵义;如果说前者是对人与自然理想状态的描述,那么后者就是对人与自然现实关系的揭示。其完整表达为"人法地,地法天,天法道,道法自然。"它被认为是中国化自然法思想的经典表达。且不论"道""自然"的复杂哲学含义,从法学角度看它的意思是指"天、地、人类和道都要受自然的支配,自然是最根本的东西,当然它们应取法于自然;特别是人类,她是道所化育而生的,道既取法于自然,人类更应取法于自然。"① 其本意是指人要按照万物自身的规律行事——"人"最后"法"的是"道"和"自然"。"道法自然"思想对环境法具有重要启示。

"道法自然"的启示首先就表现在自然法上。无论环境法是否直接调整人与自然的关系,但它总不可避免要涉及人与自然的关系,这也是环境法与其他部门法最大的不同点——其他部门法调整的基本上是人与人的关系。因此可套用中世纪法学对法律分类的术语,将这两者分别称为"自然法"和"人法"。实际上环境法是最具自然法特质的部门法,但以往从自然法角度对环境法进行的研究,侧重在西方自然法上而未涉及中国自然法。有学者在研究西方各个时期自然法后指出,"现代环境法对人与自然关系的调整、对自然物质世界的关注和重视在某种程度上正是对古代自然法学尊重自然精神的复兴。"② 但实际上中国也有丰富的自然法本土资源,道家"道法自然"的思想就是其典型代表。在环境法中从自然法上解读"道法自然",如果我们将其中的"法"理解为环境立法,那么"道法自然"则似乎可以做如下解释:人类应按照自然的基本规律进行环境立法,尊重自然规律是环境立法时最基本的法则。"道家的'道法自然'"观,虽然在认识人类与自然关系问题上过于消极且或多或少带有天命论的色彩,

---

① 杨鹤皋:《中国法律思想通史》(上),湘潭:湘潭大学出版社 2011 年版,第 157 页。
② 蔡守秋、杜万平:《论环境法对古代自然法学尊重自然精神的复兴——以"自然"含义的演变为视角》,载于《当代法学》2005 第 2 期。

但其中包含的人类应尊重自然，人类在立法时应充分考虑自然规律的要求，无疑是一种积极的生态伦理观。"[1] 而这也将环境法与自然法密切地联系起来，因为自然法就是对自然规律的法律规则化。"道法自然"还体现人在自然面前的谦卑。人只能法天法地之后通过"道"效法自然，这表明人在自然中只是服从者而非统治者。反之如果人是统治者就不是人"法"自然，而是自然在法道法天法地之后"法"人了。由此可见，"道法自然"说与人类中心主义是相悖的，而这也是在环境立法时应坚持的正确态度。"人作为生态自然界中一个物种，并不能超乎于生态自然法则之上，人类在生态自然中的各种活动必须受到生态自然法则的约束。"[2]

"道法自然"的启示其次在于尊重客观规律。"人法地，地法天，天法道，道法自然。"如果将其中的"法"理解为法律的"法"，则说明法律最终来源于自然界的客观规律，在环境法中它就是生态学、环境科学规律。环境法学作为法学与自然科学融合的产物，其以解决环境问题和维护生态平衡为主旨，理所应当遵从生态学规律和环境科学规律。"从宏观上说，环境法不是单纯调整人与人之间的社会关系，而是通过调整一定领域的社会关系来促进对人与自然关系的协调。这决定了环境法必须尊重和体现自然规律特别是生态学规律的要求。"[3] 生态学中物物相关、相生相克、能流物复，以及负载定额、协调稳定、时空有宜等，这些生态学的规律都必须体现在环境法中。"环境法的规律性实际上就是指环境法的生态规定性，它要求环境法必须体现、反映和尊重自然生态规律。"[4] 其中最重要的有两条基本原理，即"生产和生活废弃物的排放量不超过环境容量的极限"和"生产对资源的需要量同环境对资源的可供量之间保持平衡"。"这个生态学所要求的基本原理应该成为人类处理环境问题所遵循的基本原则，成为制定环境政策和立法的理论基础之一。"[5] 在强调环境法必须遵从

---

[1] 张梓太：《中国古代立法中的环境意识浅析》，载于《南京大学学报（哲学·人文·社会科学）》1998第4期，第155页。
[2] 陈泉生：《环境法哲学》，北京：中国法制出版社2012年版，第567页。
[3] 金瑞林：《环境法学（第3版）》，北京：北京大学出版社2013年版，第17页。
[4] 柯坚：《环境法的生态实践理性原理》，北京：中国社会科学出版社2012年版，第117页。
[5] 金瑞林：《环境法：大自然的护卫者》，北京：时事出版社1985年版，第13—14页。

生态学规律的同时，不能忽视环境科学规律在其中的重要作用。环境科学规律也是环境法必须遵从的规律，但是它在以往环境法学中常常被人们忽略。其实生态学和环境科学是有非常密切的联系的，但同时它们又是各有侧重的两个不同领域中的学科。前者建立在后者基础上而且不能相互替代。"生态学是环境科学的基础理论，也是环境科学的组成部分，是研究生物与环境之间关系的后门科学。生态学对环境科学的主要贡献是提供生态系统的观点和方法。生态系统是生态学研究的基本单位，也是环境科学的核心问题。人是生态系统的组成部分，人的环境也是生态系统的环境，所以，生态学的研究为环境科学的兴起奠定了理论基础。"[1] 因此在环境法中生态学以及环境科学规律，必须同时并用而不能顾此失彼、有所偏废。但生态学、环境科学的规律自身并非法律，它们要成为法律还必须经过法律化的过程。"道法自然"中的"法"可理解为法律化，即将生态学、环境科学规律通过立法活动，转变为运用实际的环境法律规范。"环境法是规律性与意志性相结合的统一体"[2]，而"道法自然"则充分地表达了这种统一。

三、墨家"兼爱""交利"思想的启示

墨家思想相对于儒家思想和道家思想而言，并非中国传统伦理思想主流因而鲜受重视，但是在生态思想上前者并不逊色于后两者。而实际上环境伦理也并非西方伦理的主流，但非主流的伦理并不代表不蕴藏生态智慧。其中"兼爱""交利"可说是墨家思想的核心，其生态伦理意涵对环境法具有重要的启示。所谓"兼爱"就是指平等地对待所有的人，人与人不分亲疏、贵贱、贫富都一视同仁；所谓"交利"就是指人们之间应互惠互利，以利益为联系的纽带相互依存、共谋发展。"兼爱交利"最初是作为人际交往的原则，但其中也包含了非常宝贵的生态伦理思想。"'兼相爱、交相利'主要是一种不分人我、亲疏、贵贱的平等之爱，这种思想在生态伦理上表现为对人与自然的无差别的对待，即提倡自然也应该获得与

---

[1] 文祯中：《自然科学概论》（第3版），南京：南京大学出版社2012年版，第125页。
[2] 柯坚：《环境法的生态实践理性原理》，北京：中国社会科学出版社2012年版，第117页。

人类同等的关怀。"① 正是从上述思想中的这些生态伦理元素中，表现出"兼爱交利"思想对环境法的启示。

首先，"兼爱"思想对环境法具有重要启示。虽然"兼爱"思想本身并不具有生态含义，但从其内在逻辑却很容易推导出生态伦理。"兼爱"中带有明显的伦理拓展主义痕迹：既然人与人之间都应平等相待、一视同仁，那么这种关系也应推及人与自然万物之间，即人们应平等对待自然、爱护和保护自然。"墨家的'兼爱'蕴藏着对人的爱再扩大到对所有生命的爱、对物的爱、对大自然的爱，再到对整个宇宙的爱的逻辑必然性。"② 非人类中心倾向是环境法发展的一种趋势，其法理基础建立在非人类中心主义伦理上，而墨家"兼爱"思想与后者又是何曾相似？因此我国环境法不必在西方伦理中找支撑，"兼爱"思想就是其最好的本土伦理资源。再者爱护自然是人们保护环境的情感基础，人们只有在心里爱自然才能自觉保护自然，也才能自动自觉地遵守环境保护法律法规。拓展到人与自然关系领域的"兼爱"思想，很好解释了人们为何要爱护自然保护环境，也奠定了遵守人们环境法的道德情感基础。环境守法在我国也不需以西方伦理为基础，"兼爱"思想就能成为其最好的伦理基础。另外"兼爱"思想还能更新环境法律思维。"兼爱"强调对人要视人若己、平等对待，实际上其从逻辑的角度上说就是换位思考，要求每个人都站在他人的角度上思考问题。"墨子在'兼相爱、交相利'思想中提出了两条重要的道德准则。一是'视人若己'换位思考的准则……'视人若己'的换位思考准则就是要求人们站在他人的位置来审视自我的行为，从自我观点出发来理解他人的感受。"③ 如前所述，环境法的重要特点在于涉及人与自然关系，而这也是它与其他部门法最大的不同之处。这就需要作为立法者的人类在环境立法时，既要考虑到自身也要站在自然的角度考虑。拓展到人与自然关系领域的"兼爱"思想，其中"视人若己"之意如果引入环境法中，将是对人类抑或是非人类中心主义的超越。因为"视人若己"自然也会"爱人爱

---

① 李慧明、廖卓玲：《中国古代哲学文化中的循环经济伦理思想探析》，载于《贵州师范大学学报（社会科学版）》，2007 第 1 期。

② 任俊华、刘晓华：《环境伦理的文化阐释：中国古代生态智慧探考》，长沙：湖南师范大学出版社 2004 年版，第 27 页。

③ 曹胜强、孙卓彩：《墨子研究》，北京：中国社会科学出版社 2008 年版，第 226 页。

己",从而能很好地将"人"和"己"统一起来。概而言之,"兼爱"思想对环境法的启示是多方面的,但相比西方环境伦理而言它更具本土特色。

其次,"交利"思想对环境法也有重要启示。"天下熙熙,皆为利来;天下攘攘,皆为利往。"利益是驱使人类活动和行为最根本的动力。与传统儒家的"重利轻义"思想恰恰相反,墨家伦理思想却毫不避讳地大谈利益之道。墨家利益思想主要体现在"交相利"上。"交利"与"兼爱"在逻辑上互为其因果:人之间"兼相爱"的根源在"交相利",人之间"交相利"就能实现"兼相爱"。"交利"反映了人际利益关系的真实图景,即人们在利益上是相互依存、互惠互利的关系。不仅人际关系如此,人与自然关系也是如此。"墨家虽然在这里讲的是人类之间的交相利,但其思想的必然逻辑也包含了人与自然环境之间的交相利。"[①] 自然和其他生命体向人类提供物质和能量,这就是自然和其他生命体对人类的"利",这也是人类要"爱"自然以及万物的根源;人类保护改善自然环境、保护物种多样性,这就是人类对自然和其他生命体的"利",而这也是人类"爱"自然以及万物的表现。人类与自然和其他生命体是"交利"关系,因此人类与自然和其他生命体要"兼爱"。但在科技发达、人类改造自然能力的近代,人类为满足一己私欲肆意破坏和掠夺自然,自然和其他生命体也残酷无情地报复人类,人类与自然和其他生命体的关系日益交恶,人类"兼爱"自然和其他生命体无从谈起。"交利"思想对环境法的重要启示就在于,它能很好揭示人们爱护、保护自然的动机,还原了人与自然和动植物正常的利益图景。墨家这种思想指引人类在环境法的实践中,要更多从与自然"交利"的角度进行考虑,努力构建人与自然间正常的利益交换关系。如果说"兼爱"反映人际伦理和生态伦理,那么"交利"则更多体现出的是经济伦理,对环境法的影响也更多体现为生态经济法。与自然"交利"思想也体现在环境法制上,例如生态补偿制度以及环境影响评价制度等。

---

① 任俊华、刘晓华:《环境伦理的文化阐释:中国古代生态智慧探考》,长沙:湖南师范大学出版社2004年版,第28页。

四、结语

除儒家、道家、墨家等三家的上述思想外，其他中国传统伦理思想对环境法亦有启示。这其中首推以韩非为代表的法家伦理思想。春秋的管仲不仅具有丰富的生态伦理思想，而且积极地制定各种法令保护环境和资源；[①] 法家代表人物韩非的思想中也含有生态成分，包括"因天命、持大体"顺应自然的规律、合理地开发和利用自然资源以及节俭等。而最难能可贵的是，韩非"生态伦理思想也与其关于严刑峻法的论述紧密结合……强调用法令来保证生态保护的实施"[②]。但法家伦理思想对环境法影响最大的方面，其实并不在生态伦理上而却在法律伦理上。秦末汉初之际是我国法家思想盛行的时代，其中的法律伦理思想对后世法律启示很大。比如"一断于法、任法去私"的执法思想，就对目前我国在环境执法上具有很大启示。我国环境执法状况相对而言并不是很理想，这也与执法部门没做到"一断于法"有关。个别单位、个别的人在环境执法中徇私情，是造成局部地区环境特别恶化的重要原因。反观我国历史上唯一的"法制"国家秦朝，不仅环境立法完备而且环境执法也很严厉。古籍中记载"商君之法，刑弃灰于道者"（《史记·李斯列传》），并记载"秦连相坐之法，弃灰于道者黥"（《汉书·五行志》），这些都是对法家严格环境执法的经典记载。媒体将新环保法称为"史上最严环保法"，但相比上述古律中的记载真可谓差之远矣。

中国传统伦理思想除法家法律伦理思想外，还有其他很多伦理思想对环境法具有启示。如佛教"众生平等"伦理观与生物多样性，墨家"强本节用"消费伦理观与绿色消费等。其中有些对环境法的影响与西方伦理相似，也有些能带来与西方伦理思想不同的启示，因此挖掘并重新审视这些伦理思想很重要。

（作者屈振辉，湖南女子学院湖南女子学院教育与法学系副教授。）

[①] 牛西平、郭飒飒：《周秦伦理思想探微》，西安：陕西人民出版社2007年出版，第147-151页。

[②] 廖颖：《荀子、韩非子生态伦理思想比较》，载于《华章》2014第3期。

儒家的伦理叙事

文贤庆

摘要：文明由人创造，一出生便感知伦理叙事对人的意义。而中国人不可避免地受到儒家伦理叙事的影响。伦理叙事可分为集体叙事和个体叙事，具有起点、目的和桥梁三要素。关于儒家伦理的集体叙事，文章将从中华民族作为伦理主体的视角勾勒儒家思想在伦理叙事中的展开，试图呈现儒家思想作为一种特殊文化的独特性；关于儒家伦理的个体叙事，文章将从个体作为伦理主体的角度勾勒儒家思想在伦理叙事中的展开，试图呈现出儒家思想中有关个人伦理培养的独特视角。由此，揭示出儒家伦理思想具有的独特价值。

关键字：儒家；伦理叙事；集体叙事；个体叙事

人是世界上最具独特性的一种存在，这种独特性表现在人能够利用自己的感觉和理性感知自己和世界，形成人的世界观，在形成世界观的同时，人表现出了自己对于世界的一种主观态度，这种主观态度表现为人自身的价值观。正是在认识世界、表达自身对世界所持态度的过程中，人类形成了自己的文明。文明表现为人类创造出的物质文明和精神文明，文明在本质上是人自主创造的意义和价值世界。当一种意义和价值被人自主地创造出来，人就超越了单纯的动物性而成为文明人，文明人在意义和价值的创造过程中通过行为准则、习俗、社会规则等指导自己的生活，把自然的存活变成了伦理的生活。在伦理生活中，人们有意识地反思自己的生命和生活，形成自己的伦理叙事。在叙事中，人们从自己出发去思考生命的意义和生活的目的，通过主动把自己编织进或真或假的故事讲述自己和他人的故事，在彼此相互缠绕的故事中获得生命的感悟和生活的体验。在这个意义上，具有主观意识和反思能力的生命天生就是自身故事的创造者、讲述者和理解者，把这样的生命拉长，生命成了生活，生活成为了可以叙事的伦理生活。这也就意味着，从意义和价值创造的角度上来说，人类生命和生活天生就是故事的展开。故事如何展开？故事通过故事的参与者在时间和空间中展开，围绕着故事想要呈现的主题展开，展开为可以理解的、具有统一性的故事。这也就是说，人类生命和生活以作为伦理主体的自我为中心在时间和空间中把自己和他人展示为一串串主题集中的有序事件，让我们的生命和生活可以有价值和意义地被理解。我们可以看到，在这种理解中，人从出生开始就被置于某种集体的社会关系中，我们总是在社会关系中获得自己的社会身份，成为一个社会的人、历史的人和伦理的人。因此，通过发生在具体时间和空间中的人类个体生命和群体生活的理解，我们就可以看到伦理叙事对于我们所具有的意义。

毫无疑问，作为中国人，最切己的生命感悟和生活经验都来自于历史悠久的中华文明，而中华文明的核心无疑是儒家思想。因此，本文试图以儒家为主题来展示中华文明和中华民族的伦理叙事，从而揭示出儒家伦理思想具有的独特价值。在第一部分，文章将首先分析伦理叙事具有的一般结构，为进一步的分析打下基础。在第二部分，文章将基于儒家文化的特征指出儒家伦理叙事具有的基础性起点。在第三部分和第四部分，我们将依托前面的分析呈现出儒家伦理叙事的具体展开。在第三部分，文章将从中华民族作为伦理主体的视角勾勒儒家思想在伦理叙事中的展开，试图呈现儒家思想作为一种特殊文化的独特性。在第四部分，文章将从个体作为伦理主体的角度勾勒儒家思想在伦理叙事中的展开，试图呈现出儒家思想中有关个人伦理培养的独特视角。

一、伦理叙事的一般结构

由于深受文学理论的影响，我们总习惯把叙事简单地理解为讲述故事，认为讲述故事就是把或真或假的事件和行为编织成为了某个特定目的而在时间中先后发生的事件或行为序列。然而，叙事终究是人的叙事，叙事的内容终究是关于人的叙事，叙事在本质上是对人类生命的感悟和生活经历的理解，"一种叙事，也是一种生活的可能性，一种实践性的伦理构想"[①]，

[①] 刘小枫：《沉重的肉身：现代性伦理的叙事纬语》，北京：华夏出版社2004年版，第6-7页。

伦理作为一种社会现象，必须而且只能从人类的社会关系和社会生活本身去理解。这意味着，伦理叙事是人类基于反思能力通过个体或集体的经历创造生命和生活的意义。在这种意义创造过程中，伦理主体通过对生命和生活的反省与自觉，在良善生活的人性目的论的条件下发展和理解有关生命和生活的伦理训诫，让人成为越来越自觉的伦理人。什么是伦理人？伦理人就是有关人的本质的问题。关于这一点，亚里士多德认为人天生是政治的动物。"人的本质不是单个人所固有的抽象物，在其现实性上，它是一切社会关系的总和。"① 这又是什么意思呢？即认为人的本质是社会关系的本质，人作为伦理人就应该通过社会关系来理解。这告诉我们，有关人的伦理的理解应该从社会关系角度入手而深刻地理解人性，② 有关人类伦理叙事的理论必须把重点放在通过关系而呈现其本质的人性身上，这样的人性是一个人的伦理品性，是一个民族的民族性格、是一种文化的精神气质。然而，我们有可能通过人在本质上是一种关系性的存在给出伦理叙事的一般结构吗？

人是关系性的存在表明人从来不是独立存在的个体，人的伦理叙事不是某个独立个体按照自己的主观意志随意建构出来的。虽然每个人都有自主的能力在想象和体验中构建自己的生活，但我们的关系性本质让我们总是处在某种约束之下。从出生开始，我们就是作为某人的儿子或女儿来到这个世界，我们一来到这个世界就带着某种社会身份和历史身份，在生活成长的过程中，我们在社会关系中成为了某人的朋友，成为了某人的恋人，成为了某人的同事等。在这些关系中，"我"通过社会角色的扮演成为被社会认可的人，尽管"我"是有意识的主观能动者，感悟着自己的生命，体验着自己的生活，有意识地把自己当作故事的主角进行创造，追求自己人性本质的终极目的，但毫无疑问的是，"我"的个人经历和主题统

---

① 中共中央马克思恩格斯列宁斯大林著作编译局编译：《马克思恩格斯选集》（第1卷），北京：人民出版社2012年版，第135页。

② 然而吊诡的是，西方近代以来的伦理理论都重点强调个体所具有的自由意志和权利。正是基于此，麦金泰尔批评整个近代以来的启蒙运动有关伦理合理性的筹划都是不成功的。在他看来，启蒙运动有关伦理理论的合理性筹划归根结底放在了一个没有社会关系的无根"自我"身上，这就导致了伦理理论最终变成了个体主观的情感主义表达，而丧失了其意义。参见［美］麦金泰尔：《追寻美德》，宋继杰译，南京：译林出版社2003年版。

一的个人叙事总是要放置在一个特定的社会关系中才能得到理解。个人的生命和生活总是预先设置了一个更加宏大的社会和历史传统,"我们至多是我们自身叙事的合作者,……我们每一个人作为自身戏剧的主角,在他人的戏里扮演着配角,而每一出戏都受到其他戏的约束。"①

在这里,我们清楚地看到,伦理叙事以一个具有自我意识和反思能力的伦理主体为中心,在从生到死的生命历程和社会关系交织的生活网络中展开自己,向着人性本质的终极目的进行构建,把生命感悟和生活经验约束到统一的主题之下,试图理解生命和生活的意义。② 在有关伦理主体的伦理叙事中,伦理生活既关乎人的品格,也关乎人的行为原则和行为后果,它们共同构成了伦理叙事中人性的开展。从这个意义上讲,伦理叙事的开展既包括了以美德为主的美德理论,也包含了以后果为主的后果主义和以动机为主的义务论。对伦理叙事而言,重点并不在于它属于何种规范理论,而在于人性是如何开展的。事实上,在伦理叙事中,人性的开展既体现在个体式的伦理主体身上,也体现在集体式的伦理主体身上,大致而言,我们可以认为个体式的伦理主体体现了个人品格或美德,而集体式的伦理主体则体现了社会规则和后果,因此,人性的开展并不以个体的美德或品格为唯一核心,而是也包含了集体式的社会或国家所体现的后果、原则和制度,我们可以称之为文化气质或伦理精神,为了方便,我们可以分别把个体式的伦理体现称之为"个体叙事",把集体式的伦理体现称之为"集体叙事"③。

在揭示了伦理叙事可以分为个体叙事和集体叙事之后,核心的问题就

---

① [美]麦金泰尔:《追寻美德》,宋继杰译,南京:译林出版社2003年版,第270-271页。

② 在分析叙事的基本构成要素时,克里斯曼(John Christman)认为把叙事变成有意义的伦理叙事不可或缺的要素是"主题统一性"和"可叙说性"(tellability)。参见 John Christman:*The Politics of Persons: Individual Autonomy and Socio-historical Selves*. New York: Cambridge University Press, 2009: 72-85。

③ 刘小枫分别用"自由伦理的个体叙事"和"人民伦理的大叙事"的概念来形容个体伦理主体的叙事和集体伦理主体的叙事。他认为"人民伦理的大叙事"是对个人命运的历史挟裹,因此对之持有明显的批判态度。参见刘小枫:《沉重的肉身:现代性伦理的叙事纬语》,北京:华夏出版社2004年版,第10页。我在这里接受他有关个体和集体两种叙事的划分,但是因为本文把集体叙事看作是一种伦理精神,所以我持有的是一种肯定立场,因此我并不接受他对"人民伦理的大叙事"的批判意义。

是伦理叙事的人性开展是如何进行的。前已备述，伦理叙事是人们有意识地反思自己的生命和生活，创造价值和意义的活动。这也就意味着，生命和生活本身是伦理叙事的起点，而有价值和意义的生命和生活则是伦理叙事想要达到的目的，而连接起点和目的的桥梁则是人们在生活实践中构建起来的各种道德训诫。基于此，我们可以说一个"未受教化而偶然所是的人"构成了伦理叙事的起点，"实现其目的而可能所是的人"构成了伦理叙事的目的，而"伦理训诫"则构成了连接起点和目的之间的桥梁。① 很显然，不同的伦理叙事基于不同的环境具有不同的起点、目的以及连接二者的不同桥梁。就本文的主题而言，儒家思想作为一种伦理叙事是如何展现它的人性过程的呢？

二、儒家伦理叙事的"偶性"起点

历史偶然，中华文明和中华民族发迹在亚洲大陆的东边，这里有两条自西向东的河流，它们为依河流而居、形成集约的农业文明提供了基础。大约在距今七八千年前的新石器时代中期，中国的黄河流域和长江流域开始形成比较稳定的耕种农业，开始形成大陆式的农业文明。这种文明认为，人和人生活于其中的自然世界是一个有机的整体，在一个有机整体里，任何事物都不是孤立存在的，而是通过彼此关联相互成就的，无论人事、抑或自然，都是在情境关系中变易生成的，"宇宙的一切都是相互依存、相互联系的，每一事物都是在与他者的关系中显现自己的存在和价值，故人与自然、人与人、文化与文化应当建立共生和谐的关系。"② 因此，伦理叙事的主体也首先是在关系中形成的，这种关系表现为天人合一，在这种思想中，"天"不仅是自然，还是一个有德性的天，是一个具有伦理道德属性的天。天是人的道德立法者，不但万物人事都来自于"天"的大化流行，而且天把德性赋予了人君和人伦，而人也可以与道德的天相通。人如何与天相通呢？人首先通过宗族血缘与天上的祖先相通，宗族血缘不仅成为天人相通的根本，而且也成为日常生产生活的起点。如

---

① 参见［美］麦金泰尔：《追寻美德》，宋继杰译，南京：译林出版社2003年版，第66-70页。
② 陈来：《中华文明的核心价值——国学流变与传统价值观》，北京：生活·读书·新知三联书店2015年版，第50页。

此一来，在中华民族和中华文明中，宗庙成为聚落的中心，血缘家族的宗法身份与政治聚落的统治身份合二为一，形成了一种家国同治的文明形态的道德传统，这就成为了中华民族进行伦理叙事最初的偶然起点。

在中华民族的传统中，这个可考起点从周代就开始了，在这个时期，我们表现出了强烈的氏族宗法血亲传统，这种传统以血亲为基础，确立其血亲基础上的宗法关系，然后再把宗法关系渗透到社会生活和国家生活。这充分表明，在中华民族的生活世界，以血亲为基础的宗法关系是中华民族对于自身和所处世界的价值态度，区别于选择个体自由实现的西方文化和追求超自然满足的宗教文化，中华民族从开始就追求一种现实的、积极的社会性构建，强调人伦关系。《说文解字》中说："伦，辈也。从人侖聲。一曰道也。"这就是说，伦在本质上是用来确定事物的秩序和道理的。《说文解字》又说："凡注家训伦为理者。皆与训道者无二。"这就是说，伦作为家庭中的训示，也就是寻找到构架家庭的那个秩序和道理。由此我们可以看出，人伦关系在根本上源于家庭血亲关系，而基于血亲关系建立起来的亲亲关系就成为了中华民族伦理精神的起点。不但如此，把家庭关系扩散出去，适用于家庭的宗法关系就被扩展到了这个社会和国家，由此形成了中国独具特色的家-国一体的社会体制和社会结构。正是在这种家-国同构的伦理生活中，中华民族在本质上体现出一种群体本位的伦理精神，体现出一种讲究通过礼仪规划确定伦理原则和规范的伦理生活，体现出一种追求家庭、社会、人与自然关系和谐的精神追求。

然而，尽管中华民族基于血亲关系强调人伦关系的建构，但人伦关系在根本上却是需要个人去实现的，无论是个别性的人通过"伦"的实体在精神上从自然存在提升为伦理的存在、普遍的存在，还是个别性的人与人之间的关系及其行为的合理性与合法性，个体的独立性总是存在的。因此，伦理精神的追求就不可能脱离开个体的主观伦理而独自实现出来。那么，在伦理精神之下的个体伦理是如何开展的呢？既然伦理精神的追求指向人伦关系，指向家庭、社会和国家，那么个体伦理的开展就被限制在情境关系中而展开为情境化的自我，这意味着，个体伦理的开展强调个体对人伦伦理的践行。不过，值得注意的是，这里并不存在个体伦理与社会伦理孰先孰后的问题。虽然伦理精神的追求不能脱离个体主观伦理的开展而呈现，但这并不意味着我们必须接受一个个体的观念先行。在一个讲究动态平衡、整体关联、流转生成的文化传统中，个体只有在关系中才能够在人伦关系和天人关系中呈现其主观伦理性，而这种伦理性的本源则在于"天"、在于"道"。因此，个人主观伦理在这个意义上并不构成我们探讨伦理精神的基础，毋宁说，个体主观伦理的开展恰恰是自觉地把人伦和天人关系看作最本真的道。

基于上述分析，我们可以看到，在中华文化的传统中，中国人有关生命和生活的伦理叙事是在天人合一的关系指导下进行的价值和意义创造，个体的生命和生活总是放置在人民伦理的大叙事中前行的，个人的价值和意义是通过家庭、社会和国家才得到凸显的。区别于近代西方文明基于个体自由对个体叙事有关权利和义务等的强调，中国式的个体叙事强调的是伦理主体在人伦关系和天人关系中的内省自觉，这种内省自觉是一种依托于群本位的社会结构对社会礼仪规范的内省自觉，追求家庭、社会、国家和天人关系的和谐。在这个意义上，个体伦理对个体品格的完善总是指向家庭、社会、国家和天人关系的完善，而集体叙事则通过家庭、社会、国家所体现的原则和制度裹带着个体叙事成为一种文化气质或伦理精神。个体叙事和集体叙事一样，在根本上都依托一种整体关联的变易生成关系而展开。那么，个体叙事和集体叙事分别是如何展开的呢？

三、儒家伦理的集体叙事

我们在前面已经提到，伦理叙事是人们对生命和生活的有意识地反思，这种反思既表现在个体身上，也表现在个体汇集的集体身上。不过，对于儒家伦理叙事而言，因为它在根本上强调一种变易生成的整体宇宙观，这就使得整体宇宙观成为了个体叙事和集体叙事的共同起点。因为集体叙事在本质上强调的就是整体关联，所以我们在这里首先分析中华民族作为伦理主体的集体叙事的开展。

在强调整体关联的天人合一观念的统摄之下，儒家的伦理文化认为人居于其中的世界是一个具有超越性的伦理世界，而人可以与之相通，中华民族和中华文化在根本目的上应该追求对于天理、天道的实现，表现在中华民族的民族性格和中华文化的精神气质中，儒家伦理叙事就应该展现这种整体关联思想下的人性发展。这种人性发展以能动的伦理主体为核心，伦理主体在人伦社会关系中内省自觉，发现人性目的的实现总是表现在群本位的社会关系中，人们总是通过礼仪教化来完善各自的人性，最终达到社会人伦关系的和谐和天人关系的和谐。那么，这种集体叙事具体是如何展开的呢？

《论语》中谈到孔子有关伦理精神时说："文王既没，文不在兹乎？"（《论语·子罕》）"仁远乎哉？我欲仁，斯仁至矣！"（《论语·述而》）这就是说，孔子相信伦理精神的本质就在自己的内心，我想要获得它，就可以直接地体悟到。当然，这并不是说孔子认为伦理的原则在任何时候都是随心所欲就可以达到的，在这里，孔子表明的是，伦理的原则就在伦理主体自身，并且我们是可以通过直觉的方法获得的。不过，孔子也承认，伦理主体对伦理原则的直觉必须化为日常生活的具体的伦理行为，而且需要不断地"学而时习之"（《论语·学而》）和"三省吾身"（《论语·学而》）。此后，从孟子的"良知"说再到王阳明的"致良知"，也正是贯穿了孔子的这种思想。他们都关注经验中的人伦和天人关系，关注作为个体的伦理主体通过直觉内省的方式在情境化的关系中呈现出动态的人生追求，从而展现出相关于伦理主体的最好生活方式。

因为儒家伦理文化注重经验生活，内省自觉的成人之道必须通过经验性的社会生活来呈现伦理精神，这种伦理精神在儒家伦理叙事中就表现为群体本位的伦理精神。按照我们前面所及，个体伦理的开展总是伦理主体对人伦伦理的践行，而人伦伦理又总是依赖于家、国、社会、自然等实体而展开，因此，伦理主体只有在人伦中才能真正实现自己的伦理，呈现出一种伦理精神，孟子如是说："人之有道也，饱食、暖衣、逸居而无教，则近于禽兽。有契为司徒，教以人伦。"（《孟子·滕文公上》）正是通过人伦，我们可以看到，群体本位的伦理精神是儒家伦理精神的一个主要特征。

在人伦关系中，每个人都不是一个独立的个体，人们必须依赖于和他人的关系才能在血亲和社会关系中寻找到自己的位置、实现自己的人生价值、发现属于自己的好的伦理生活。因此，孔子讲："君子务本，本立而道生。孝弟也者，其为仁之本与！"（《论语·学而》）这也就是说，个人只有在家庭关系中，呈现出作为儿子对父亲母亲的孝顺，或者呈现出作为兄弟姐妹对兄弟姐妹的友爱，才是伦理的呈现。在这种家庭关系中，首先谈论的不是个体的权利概念，而是在角色关系中所呈现出德性的义务，因此，个人的伦理首先表现的是家庭这样的群体关系下的伦理，个人只有在家庭关系中才首先获得了最初的身份认同，呈现出了自己的伦理德性。

从讲究孝悌的家庭关系出发，儒家进而把这种群体关系扩展到社会和国家。孟子谈到人伦关系时就说："父子有亲，君臣有义、夫妇有别、长幼有序、朋友有信。"(《孟子·滕文公上》)在其中，父子关系、夫妇关系和长幼（兄弟）关系体现了个人融于家庭的群己关系，君臣关系体现了个人融于国家的群己关系，朋友关系体现了个人融于社会的群己关系。从家庭关系出发，基于家-国同构的结构，君臣关系被等同为父子关系，君为国父，臣为臣子，忠孝被归于一。"于是，君因同于父而更加神圣，国因同于家而增强了人们的爱国心。"① 这也就是意味着，个人的伦理的展开是从家庭关系进而展开，走向国家和社会，在国家和社会的群体结构中获得个体的社会认同，呈现出了自己的社会德性。这再次表明，个体的伦理只有融入到群体关系中才呈现其伦理性，进一步凸显了群体本位的伦理精神。

正是基于这种群体本体精神，我们可以看到，当我们反观伦理涉及的根本利益问题时，儒家伦理就会表现出"重义轻利"的特征。何谓义？孟子讲："义，人路也"，(《孟子·告子上》)即表现在人伦关系中的一系列群体本位的伦理规范，对家族、国家整体利益的拥护和服从。何谓利？指的则是个人私欲。自然而然，在一个群体本体的伦理传统里，必须是"义以为上"(《论语·阳货》)，"不义而富且贵，于吾如浮云"(《论语·述而》)。由此可见，儒家伦理传统一直就有着追求群体本位的伦理规范的特征。在这里，需要注意的是，这并不是说儒家伦理传统就只讲义而不讲利，我们只是说，义在任何时候都应该先于利。事实上，"圣人于利，不能全部较论"(《二程集》)，但却应该做到"见利思义"(《论语·宪问》)。

在追求群本位的社会结构中，我们可以看到，个体的伦理总是表现为通过家庭、社会、国家等群体机构认可的公德。公德意味着它并非个体纯然的主观自觉，而是具有某种客观属性，这就使得儒家伦理表现出一种追求礼仪教化的精神。按照王国维和杨宽等人的考察，礼最初是从事神之器

---

① 林存阳、刘中建：《中国之伦理精神》，成都：四川人民出版社2000年版，第72页。

与事神之醴推之一切事神之事，也就是说，礼指涉的是各种尊敬神和人的仪式，包括祭祀和生活习俗。① 然而，真正把礼变成一种文化精神的还是在西周时期。在西周时期，以家庭血亲为核心的祖先崇拜慢慢取代夏商时期的鬼神祭祀，这导致礼的文化中心从宗教礼仪慢慢转移到人礼之上，又因为周代强调政治统治上的"以德配天"，复而导致以人事为核心的礼仪文化开始逐渐成为中华民族礼仪文化的奠基。在周礼文化的基调中，它总体上强调的是人世间的生活秩序和伦理精神，体现为制度和礼仪两个部分，而这些特征主要表现在以下两个方面。第一，礼仪文化反映在政治生活中。通过制度性的礼仪规定，周朝明确了天子、诸侯对于天地鬼神的祭祀，这在根本划分了统治者和统治者的权限。然而，由于周朝越来越重视人事间的生活秩序，所以，统治者更加重视把"郊社尝谛"推发出去作为一种普遍性的礼仪适用于普通的日常生活，以达到治理国家的功能。这就导致礼仪文化更多地反映在伦理生活中。如果说在政治生活中礼制占据重要地位，凸显的是人们家-国生活中的等级结构，那么，在伦理生活中，通过礼仪规范更多的是培养人的伦理习惯。《曲礼》中记载："伦理仁义，非礼不成，教训正俗，非礼不备。分争辨讼，非礼不决。君臣上下父子兄弟，非礼不定。宦学事师，非礼不亲。班朝治军，莅官行法，非礼威严不行。祷祠祭祀，供给鬼神，非礼不诚不庄。是以君子恭敬撙节退让以明礼。"(《礼记·曲礼》)这表明礼仪规范是从外在的形式让人培养内在的伦理。正是在礼仪从祭祀到人事，从政治到伦理的过程中，我们看到了人文性礼仪文化的发展。这集中地通过孔子发扬光大的儒家表现得淋漓尽致。

孔子在与他最优秀的弟子颜渊谈论伦理的核心话题"仁"时说道："克己复礼为仁。"(《论语·颜渊》)在孔子看来，一方面，内在的仁是伦理的核心，是礼仪规范的基础，赋予外在的利益规范以基本的伦理精神；但另一方面，礼是仁的外在表现，仁终究要通过外在的礼表现出来。因此，任何归于"仁"的名义之下的具体伦理条目总是要通过礼仪规范表现

---

① 参见王国维：《观堂集林》（卷六·第一册），中华书局1991年版，第291页；杨宽：《古礼新探》，中华书局1965年版，第308页。

出来，比如讲孝，"生，事之以礼；死，葬之以礼，祭之以礼"（《论语·为政》）。这也就是说，按照各种具体的礼仪规范对待父母的生活、死亡，那么这就是做到了真正的孝。孔子有关仁礼之间的这种关系尤其明显地表现在他与宰我之间有关子女为父母守孝三年之期的看法上。宰我认为父母去世，子女守丧三年太久了，认为守丧一年就可以了。孔子对此评价说："予之不仁也！子生三年，然后免于父母之怀。夫三年之丧，天下之通丧也。予也有三年之爱于其父母乎？"（《论语·阳货》）在孔子看来，子女为父母守丧三年是为了报恩父母对子女人生最初三年的爱抚。在父母的丧礼上规定子女守丧三年是为了体现孝的实质，没有礼仪具体规定上的三年，也就无从体现子女对父母孝的实质。因此，在孔子看来，仁与礼是人表现伦理品质不可或缺的两个方面。正是在孔子这里，儒家开拓出了注重外在礼仪与内在精神相统一的伦理文化。

当我们前面谈到伦理主体通过在家庭、社会、国家中呈现出一种群体本位精神和礼仪教化精神时，我们可以看到，它们实际上是把伦理主体放置于一种情境关系来看待处理，追求伦理主体与其寓于其中的家庭、社会、国家的和谐，而这种对于和谐的追求在本质上又来源于自然，来源于天人合一的思维观念。正是在天人合一的思维观念下，儒家伦理强调我们应该追求人世间的和谐，而这种有关和谐的追求主要体现在社会国家层面。

中国哲学最初的蓬勃发展是"百家争鸣"时期，这个时期主要表现在东周这个社会动荡的时代，在这持续五百多年的动荡时期，各门各派的思想家都殚精竭虑地思考社会如何才能稳定和谐，和谐正是在这样的历史发展中成为了中华民族独特的伦理精神。按照儒家的看法，无论是孔子提倡的"天下大同"，还是孟子主张的"仁政"，都强调和谐的社会关系是社会稳定的基础，尤其是按照《大学》所言，"古之欲明明德于天下者，先治其国；欲治其国者，先齐其家；欲齐其家者，先修其身；欲修其身者，先正其心；欲正其心者，先诚其意；欲诚其意者，先致其知；致知在格物。物格而后知至；知至而后意诚；意诚而后心正；心正而后身修；身修而后家齐；家齐而后国治；国治而后天下平。"（《大学》）这也就是说，天下太平与和谐齐家都是一个人伦理修养的目标，家–国同构，"家是小宇宙，国是大宇宙"①，国中包含着人际和谐和万邦和谐的思想，而家中则包含个人身心和谐和家庭和谐的思想，儒家因此特别强调血亲关系之上的孝亲以及由此扩展出来的仁君圣王。

综观上述儒家伦理精神呈现出来的特点，我们可以看到，以中华民族作为伦理主体的儒家集体叙事表现为追求自觉的伦理主体把自己置于家庭、社会、国家中呈现出的一种相依相待的关系，这种关系表现为对群体本位精神的追求，表现为对礼仪教化精神的追求，表现为对相依相待关系和谐状态的追求。在这个意义上，儒家伦理精神从根本上来说不是一种抽象地追求个体自由实现的思维方式，这意味着儒家伦理精神的主流不可能单纯从个人私利的角度去思考伦理生活；然而，同样明显却一直遭人忽视的是，儒家伦理精神从根本上来说也不是一种抽象地追求屈己为他的思维方式，这也就意味着抽象地谈论儒家伦理精神是一种没有个体而只有集体和他人的抽象集体主义观点是不正确的。事实上，儒家伦理在根本上体现的是一种整体性视野下对不同具体情境进行历史地构建的伦理生活方式，强调的是个体依于自己所在的时代历史和生活情境与环境互动地发展出个人应该具有的生活方式和伦理品质。这也就意味着，个体必须置于一种情境、一种传统中才能得到理解；个体从来不优先于集体，但同样的，集体也并不优先于个体；个体与集体是一种相依相待，相互成全的关系。这是一种整体性的伦理叙事和伦理精神。

四、儒家伦理的个体叙事

在前面，我们已经通过儒家伦理的集体视角揭示了中华民族的历史和生活所呈现出来的伦理思维和伦理精神，然而，真正说来，历史是人的历史，生活是人的生活，历史与生活在本质上最终是要体现在人身上的，而思维与精神也无非是人的体现，这也就是说，一个人或一个民族具有怎样的人格或民族性格，最终表现为一个民族所具有的文化精髓。正是在人格或民族性格的表现中，我们可以看到一个偶然所是的人和民族如何在道德训诫中成为实现其目的而可能所是的人或民族。

---

① [新加坡] 赖蕴慧：《剑桥中国哲学导论》，刘梁剑译，北京：世界图书出版公司北京分公司2012年版，第9页。

第二部分 传统伦理专题

我们在前面已经谈及,总体而言,自从周代确立起儒家伦理传统的人文主义精神以来,中国哲学在主流上关注的是人伦日用,然而,按照冯友兰的说法,中国哲学固然不是佛教和基督教那种"出世间底哲学",但是,中国哲学也并非简单地就是"世间底哲学","我们可以说,中国哲学是超世间的。所谓超世间的意义即世间而出世间",冯友兰称之为"极高明而道中庸"①。什么是"极高明而道中庸"呢?冯友兰说,它表达的是一种超越人伦日用而又在人伦日用之中的人生境界,"有此等境界底人,谓之圣人。圣人的境界是超世间底。就其时超世间底说,中国的圣人的精神底成就,与印度所谓佛的,及西洋所谓圣人的,精神底成就,是同类底成就。但超世间并不是离世间,所以中国的圣人,不是高高在上,不问世务底圣人。他的人格是所谓内圣外王底人格。"② 这也就是说,中国哲学的超世间哲学追求一种内圣外王的圣人人格,这种人格追求是就人的伦理修养而言的,这是中国哲学区别于佛教和西方基督教的根本之一。在这一部分,我们试图分析儒家思想中的这种伦理人格,进而把握儒家伦理的个体叙事。

众所周知,儒家谈论伦理是通过具体地谈论伦理主体如何在不同的时空中呈现出不同的伦理德性而展开的,这种思想大概在孔孟那里就已经形成了比较核心的伦理人格探讨,而宋明理学则使得这种探讨更加完备。基于此,我们将以孔孟思想为主,辅以宋明理学来探讨儒家的伦理人格。

我们都知道,孔子谈论伦理,重在"仁礼",而我们一般认为孟子在孔子的基础上对伦理的阐发重在"仁义",然而,换个角度来看,如果把孔孟思想集中于伦理人格,那么他们共同表现出的特征就是对属于伦理人格之德性的仁义礼智的重视。基于此,我们不妨概括出一条新的径路,伦理人格的养成是伴随着仁义礼智等特征而不断呈现出的人生不同阶段。按照这种看法,我们可以把仁义礼智分别对应儒家提及的小人、君子、贤、圣四种人格特征。当然,我们需要承认,仅仅以伦理人格特征来对应仁义礼智并不整全,不过,这对于我们解释儒家伦理人格特征而言则是大有助益的。

在展开仁义礼智与四种人格的对比之前,我们首先得定位的一点就

---

① 冯友兰:《新原道:中国哲学之精神》,北京:生活·读书·新知三联书店2007年版,第2-3页。
② 冯友兰:《新原道:中国哲学之精神》,北京:生活·读书·新知三联书店2007年版,第4页。

是，二者都是关于伦理主体的人格展开的，仁义礼智在这里主要被看作伦理主体的德性，而小人、君子、贤、圣则是伦理主体所具有的伦理境界。对于仁义礼智，虽然存在不同的解释，但我们大致可以接受孟子所言的"四端"，至于四种伦理人格，则需要做一点补充说明，即"小人"并不是我们今天意义上伦理邪恶之徒，而仅仅指伦理境界比较低的这类人，而"君子"也并非就身份地位而言的统治阶层，同样，"贤"和"圣"也是就人格所可能达到或具有的境界而言。在此基础上，让我们尝试着展开论述二者之间的对应关系，以期对儒家的伦理人格给出一个系统性的统一说明。按照孟子的说法："恻隐之心，仁之端也；羞恶之心，义之端也；辞让之心，礼之端也；是非之心，智之端也。"（《孟子·公孙丑上》）这也就是说，恻隐之仁爱、羞恶之正义、辞让之礼节和是非之智慧是人所具有的性格倾向。在这里，"四端"是人先天具有的先天倾向，而仁义礼智则是由"四端"之先天倾向而发展出来的人格扩充。正是在人格扩充的过程之中，我们可以看到，伦理人格具有的不同境界展示了出来。

按照孟子的看法，"智"就是对于是非的辨别，这种辨别不仅指一般的知识性的辨别，而且特别重要的是对伦理与否的辨别。很显然，这种是非辨别的能力对于任何一个正常的人来说都是具有的，因此，小人、君子、贤、圣都具有这种智慧。然而，四种不同的人格境界在对智慧的使用上却是存在差异的，小人的智慧仅仅停留在不主动为非，但却只关心实际利益；君子的智慧则是追求个人伦理发觉，所以孔子说："君子喻于义，小人喻于利。"（《论语·里仁》）至于贤人和圣人，则是在君子发挥智慧的基础上追求大道，如果说贤人更多地把大道的智慧体现在处理社会和国家之上，那么圣人则是追求大道的天人合一。

我们接着分析"礼"，孟子讲，"礼"就是辞让、恭敬之心，辞让、恭敬在本质上要求一个人不断地按照具体的伦理规范修养内心，用孔子的话来说，即"克己复礼"（《论语·颜渊》）。这就是说，我们对于通过辞让、恭敬表现出来的礼节是为了实现自己内在的修养，在这个意义上，除了小人之外，君子、贤、圣都是具有此种特征。然而，他们之间也是存在程度上的差异的，君子的礼节更多地指向伦理主体个人的慎独修身，即使在礼节的关系上关涉他人也是为了凸显修养自己的内心。贤人则不同，他们在根本上是为了通过修身以体验大道，所以周敦颐在提及贤人时讲到："伊尹、颜渊，大贤也。伊尹耻其君不为尧、舜，一夫不得其所，若挞于市。颜渊不迁怒，不贰过，三月不违仁。"（《通书·志学》）至于圣人，"礼"的实践在任何方面都应该符合伦理规范，所以孔子讲："七十而从心所欲不逾矩。"（《论语·为政》）

关于"义"，孟子认为，就是伦理主体关于社会之事应该具有的正义羞耻之心。这在本质上要求伦理主体把内在的伦理扩充到社会和国家。孟子解释说，"义，仁路也"（《孟子·告子上》）；也就是说，义是达到仁爱的道路或方法。在孟子看来，"义"和"仁"共同构成了"仁政"，所以孟子讲，"未有仁而遗其亲者也，未有义而后其君者也"（《孟子·梁惠王上》）。这就是说，仁义的本质是为了在仁君的统治之下建践行社会秩序的正义。因此，尽管就"义"指涉伦理羞耻而言，君子同样具有，但是就"义"是正确地扩充仁爱，意在做有利于社会和有利于他人的事情而言，则超出了君子重在内心修养的界限，而属于"贤者"具有的普遍本质。当然，就圣人而言，仅仅有义还不够，还要把义上升到仁，也即从社会国家上升到天下。

最后，对于"仁"，孟子显然秉承了孔子的思想。"樊迟问仁。子曰：'爱人。'"（《论语·颜渊》）孔子认为，"仁"在本质上就是对于人的爱。孟子接续孔子讲："仁也者，人也。"（《孟子·尽心下》）这也就是说，仁就是对于人自身的一种肯定，肯定自己，肯定他人，把人看作是根本性的目的。基于此，"仁"作为一种德性就是尊重一切人格，把"仁"实现出来，做到"己欲立而立人，己欲达而达人"（《论语·雍也》），也就是说，只要一个人愿意把自己当做一个伦理主体而树立起来并且努力践行去达到，那么他也会同样地对待别人，按照孔子的看法，如果一个人能够做到"博施于民而能济众"（《论语·雍也》）就是圣人了。遵循孔子，孟子谈到仁政时说，"老吾老，以及人之老；幼吾幼，以及人之幼"（《孟子·梁惠王上》），而且，孟子进一步认为，仁者会做到"仁民而爱物"（《孟子·尽心下》），这也就是说，孟子认为仁者不但能够把爱遍及所有的人，而且也会爱惜万物。从这里我们可以看到，能够做到爱所有人进而爱万物的人就超越了君子和贤人，而在境界上成为了圣人。

基于上述四端之伦理德性与儒家伦理人格的谈论，我们大致可以看到儒家伦理人格所具有的不同境界以及各自所对应的德性的开展，这也就是后来宋明理学里面谈论为圣功夫的不同阶段,"圣希天,贤希圣,士希贤"(《通书·志学》)。这意味着,儒家在根本上强调一个人应该从追求内心修养的君子做起,一步步地做到把伦理修养扩充出去,泽及社会、国家,最后达至天下和万物,这也就是儒家一直强调的"内圣外王"之路。

纵观上述儒家有关伦理人格的追求,我们可以看到,儒家强调伦理主体通过人世间的伦理践行而不断地进行自我超越,认为伦理人格在本质上是天人一体的特性。这种特性表现出了中华民族的文化具的基本特征:第一,宇宙论意义上的天不仅仅是单纯自然的天,而是包含了伦理形而上意义的天;而人伦伦理精神并不是对日常经验的主观总结,而是既人伦又超越的客观精神,这种客观精神与大道之天合二为一。第二,中华民族的伦理文化在本质上关注人的问题,追求人的精神境界,这种境界的最高体现即是圣人。

五、结语

通过上面的分析,我们可以看到,儒家的伦理叙事在整体关联性的宇宙论指导下以血缘宗法关系基础上的家国同治为人性起点,在集体叙事的民族性格和文化精神中表现为追求内省自觉的成人之道、追求群体本位的社会结构、追求礼仪教化的道德规范和追求和谐关系的精神境界;在个体叙事的个人自觉中追求极高明而道中庸的伦理人格。我们可以看到,儒家伦理文化作为一种生活方式贯穿于中华民族上下五千年的历史发展过程之中,形成了一副波澜壮阔的伦理生活史画卷,在这幅有关人性发展的历史画卷中,儒家通过集体叙事表现出来的内省自觉、群体本位精神、礼教精神和和谐追求,和通过个体体现的伦理人格追求,让我们深刻地看到了儒家对于中国人的生命和生活的价值与意义的反思:我们每一个中国人都因为以儒家为代表的伦理文化传统而获得自己的价值和意义;中华民族因为以儒家为代表的伦理文化传统而在相依相待的过程中成就出了一种属于中华民族的独特叙事,在这个叙事中,我们凝聚出了独特的伦理文化精神。

(作者文贤庆,湖南师范大学道德文化研究院副教授。)

论道教养生的价值主张、道德智慧与伦理精义

——以南岳为中心的考察

王泽应　周山东

摘要：南岳之"寿岳"美名，不仅源于神话传说，也孕育于独特的养生文化。从东汉至明清时代，在南岳隐居和授业的名羽高道就有109人。他们以长生成仙的信仰和实践，赋予了这座名山以"我命在我"的生命价值主张；"调欲静心"的道德养生智慧；"道法自然"的深生态伦理养生精义。在历史上，促使了南岳成为国人重要的精神家园，对于现代人的身心健康仍然具有重要的启示意义。

关键词：南岳道教；养生；价值主张；道德智慧；伦理精义

南岳以寿岳之名著称于世。据清光绪李元度所纂修之《南岳志》称：南岳旁有寿星关照，"为大江南北十数行省之主山，上与南极相维系"。唐代诗仙李白有诗云："衡山苍苍入紫冥，下看南极老人星。"南岳之寿岳美名由此而来。然而，南岳之为寿岳，不仅在于这些神话，还在于其独特的养生文化。《南岳志》记载，从东汉至明清时代，在南岳隐居和授业的名羽高道就有109人。他们以长生成仙为共同的信仰，在此或结庐修炼，或参访云游，或谈玄论道，或立说著书，为南岳这座风光秀丽的名山增添了新的人文神韵。本文着重阐述南岳道教养生独特的价值主张、道德智慧和伦理精义，以进一步明了其历史价值，探寻其现代意义。

一、"我命在我"的生命价值主张

追求长生成仙，是道教的基本信念。在世俗观念看来，死生有命，富贵在天。然而，道教信徒认为人的生死寿夭并不是由天命所决定的，而是由自己主宰的。只要经过主体坚持不懈的修炼，就能开发人体潜能，延续

人的寿命，达到长寿成仙的境界，从而实现与大道的合一。《太平经》称："人命近在汝身，何为叩心仰呼天乎？"① 葛洪在《抱朴子内篇·黄白》中引《龟甲文》曰："我命在我不在天，还丹成金亿万年。"此后的道书如《养性延命录》《真气还元铭》《老子西升经》《悟真篇》《固气还神九转琼丹论》等都一再强调这个观点，集中体现为道教"我命在我"的生命价值主张。其"不仅与人对生命起源及其存在价值、存在状态的认知有关，而且通过一系列生命护养实践而得到体证。"② 养生就是道教展现其生命价值主张的实践。

这种生命价值主张，首先体现在不为名利所动，保持生命的长存。这一精神可以追溯到老庄。如《老子》教导世人思考："名与身孰亲？身与货孰多？"（《道德经·第四十四章》）庄子"宁生而曳尾于涂中"，不愿"死为留骨而贵"（《庄子·秋水》），反对为了所谓的功名，牺牲幸福、快乐和健康。道教吸收和发展了这些价值主张，如《老子道德经河上公章句》作为从道家向道教发展的作品，提出"天地生万物，人最为贵"③ 的观点；早期道教经典《太平经》更是一再声称："人命最重""人命最贵"，认为"是曹之事，要当重生，生为第一，余者自计所为"④。《三天内解经》甚至提出："死王乃不如生鼠，……生可贵也。"⑤ 死去的帝王的灵牌虽然高高在上，但还不如活蹦乱跳的老鼠；也就是说一切功名利禄权势都不如生命重要，生命是最为根本的东西。正如天师道葛洪所阐释的："生之于我，利亦大焉。论其贵贱，虽爵为帝王，不足以此法比焉。论其轻重，虽富有天下，不足以此术易焉。"（《抱朴子内篇·任能》）

这种生命价值主张，还展现为在把握"道"之规律的基础上，进行逆修成仙的养生实践。《阴符经》云："观天之道，执天之行"，"是故圣人知自然之道不可违，因而制之"。"道"虽然是人类生命的外在终极根源，

---

① 王明：《太平经合校》，北京：中华书局1960年版，第527页。
② 詹石窗：《道教与中国养生智慧》，北京：东方出版社2007年版，第479页。
③ 张继禹主编：《中华道藏》（第19册），北京：华夏出版社2004年版，第129页。
④ 王明：《太平经合校》，北京：中华书局1960出版，第613页。
⑤ 《三天内解经》，引自《道藏》（第28册），北京：文物出版社，上海：上海书店，天津：天津古籍出版社联合出版1996年版，第416页。

但却又内存于生命之中,生命与"道"同在,并能体"道"、证"道",制天命而动之,如此才能体现生命的价值。正是在这种价值观的推动下,道教人士创造了蔚为大观的养生思想和实践体系。其以"天人合一""气化宇宙"说为哲学基础,采取"内炼形神、外服丹药"两大进路,涵盖脏腑养生、环境养生、四时养生、饮食养生、起居养生、精神养生、形体养生、呼吸养生、服饵养生、丹功养生方方面面。道教认为通过各种养生术,可以长生久视,甚至扭转时间之矢,实现生命永存。这一价值主张在历史上成为道门中人探寻生命奥秘的不竭动力,现代科学也部分证实其合理性。《三元延寿参赞书》称:"人之寿,天元六十,地元六十,人元六十,共一百八十岁。"而国外已经有专家预测人的天年将远远超过120岁。①

道教"我命在我"的生命价值主张,在南岳有鲜明的体现。如在南岳开创上清派的晋代道姑魏华存,本出生于官宦之家,父亲为晋司徒魏舒。然而她自幼喜好神仙之道,志慕神仙之术。虽然被逼嫁与官居太保掾的南阳人刘文(字幼彦)为妻,并育有二子,但仍潜心修道。待儿子稍大,生活稍能自理后,便隔离房屋,独居斋戒清修。后来在南岳修道十六年,开创了道教上清派。又如在衡山受箓,隐居3年,最终仙归衡山的唐代道士李泌。他一生经历四朝,在肃宗、代宗和德宗三个皇帝手下都掌握大权,为平定安史之乱,改革唐王朝中期的政治作出了重大贡献。然而,他不为宰相之高官厚禄所动,身在朝堂,心在山川,天下稍有安定,就退步抽身,体现了其"逞才于危世,静意于山川"②的生命价值意识。特别值得一提的是曾在南岳云游修道的明初道士张三丰,他一方面继承了道教"重生贵命"的传统,另一方面又发展出新的意义。在其《养生篇》中,开头便言:"人之所欲,莫甚于生,欲得其生,须重其生,于重其生,切莫轻生。杀身成仁,见危授命,非轻生也,平日保其生,至此用其生,乃不同夫虚生,乃虽死而犹生。"在张三丰看来,生命的价值不仅在于保存好生

---

① 盖建民:《再论道教"我命在我不在天"思想的现代性意义》,载于《宗教学研究》2009第4期。
② 刘汉斌:《李泌的进退人生》,载于《领导文萃》2013第7期(下),第37-39页。

命,更在于"用其生",不"虚其生"。为了济世度人而"杀身成仁",是"虽死而犹生",从而进一步提升了道教生命价值观的境界。

在历史上,道教"我命在我"的生命价值主张赋予了南岳以强大的人文吸引力,使南岳成为"国人重要的精神家园"①。据湖南师范大学邹远志考证,仅唐代诗人中,与南岳道教结缘并写下相关诗篇的就有 40 来位。② 其中包括唐明皇、张九龄、孟浩然、李白、王勃、王维、贺知章、杜甫、韩愈、柳宗元、刘禹锡等。如李白在《送女道士褚三清游南岳》中称,"吴江女道士,头戴莲花巾。霓衣不湿雨,特异阳台云。足下远游履,凌波生素尘。寻仙向南岳,应见魏夫人",体现了对南岳的向往,对自由洒脱魏夫人的崇拜之情。杜甫在《望岳》中也曾写下"恭闻魏夫人,群仙夹翱翔"的诗篇。这些诗人很多都是仕途不顺或者遭贬,南岳道教的生命价值主张为他们岌岌可危的建功立业信仰提供了另一种的选择。不仅如此,南岳还以独特的地理环境,滋养着生命价值意识。诚如王夫之所分析的那样,李泌之所以能从昔日的狂妄而变得沉稳,全得益于在南岳山顶的隐居苦读。"君不见邺候晚节知前非,岳顶读书云满衣。"③ 身处南岳山顶、白云深处,使得李泌更能领会"我命在我"的生命价值主张,从而能"晶冰彻底纤尘净"。不仅如此,南岳道教还赋予了生命价值观以新的时代意义。1939 年 5 月,南岳道教人士和佛教信徒一起,组建了"南岳佛道救难协会",成为全民族抗战的一部分,践行了张三丰"杀身成仁,虽死而犹生"的思想,"显现出伟大灵魂的光辉"④。

二、"调欲静心"的道德养生智慧

道教对生命价值的独特主张,衍生出重生、贵命的精神。注重养生,保持身心健康是道教生活的重大主题。在道教众多的养生方式中,道德养

---

① 李元度纂修,王香余、欧阳谦增补,王香余续增,刘建平点校《南岳志》,岳麓书社 2013 年版,第 1 页。
② 湖南生道教文化研究中心编:《道教与南岳》,长沙:岳麓书社 2003 年版,第 156 页。
③ 湖南生道教文化研究中心编:《道教与南岳》,长沙:岳麓书社 2003 年版,第 145 页。
④ 该名言原出自于高尔基:"站在革命的火焰面前,要自己首先跳进去,才能显现出伟大灵魂的光辉。"时任游干班副教育长的叶剑英在协会成立讲演中引用,作为讲演的结束语。

生是重要的维度。葛洪曾言:"若德不修,而但务方术,皆不得长生也。"(《抱朴子内篇·对俗》)事实上,"道德养生作为一种存在,在古人眼中不仅是第一养生方式,而且决定着最终的养生效果。"① 儒家也曾强调"德润身"的意义,然而儒家更多的是要发挥道德修养对于和谐生存环境营造的价值;而道教则是侧重于将道德修养运用于心性修炼,突出"调欲静心"的价值,并有着其独特的人性论前提。

心性之学是以对人性的预设为前提,论述人之行为所应当如何的学问,是儒释道共同的文化内核所在。正如《性命圭旨》所言:"(三教)无非此性命之道也。儒曰'存心养性',道曰'修心炼性',释曰'明心见性'。心性者,本体也。"② 道教对心性的认知直接源自道家。在道家看来,人性生而质朴。老子称:"人性"来自"道性",而"道常无名,朴"。庄子曰:"性者,生之质也",并具体展开为虚静、恬淡、寂寞、素朴、纯粹。老庄认为保持真朴本性对于养生非常重要,因为"平易恬淡,则忧患不能入,邪气不能袭,故其德全而神不亏"。然而,质朴的本性极易受到智巧伪诈的知识,争夺道德名誉的伪善行为,过度的物质欲求所侵蚀。"五色令人目盲,五音令人耳聋,五味令人口爽,驰骋田猎,令人心发狂,难得之货,令人行妨。""此五者,皆生之害也。"为此,老庄提出了少私寡欲、致虚极、守静笃、坐忘、心斋等系列养生方法,意在使人专一心志、摆脱世俗名利的纷扰,以保持身心的和谐状态,其实质是一种道德养生方法。诚如庄子所说:"夫恬淡寂寞虚无无为,此天地之本而道德之质也。"道教传承与发展了这一养生方法。如《老子道德经河上公章句》声称:"除情欲,守中和,是谓知道要妙之门户。"③ 葛洪强调:"人能淡默恬愉,不染不移,养其心以无欲,颐其神以粹素,扫涤诱慕,收之以正,除难求之思,遣害真之累,薄喜怒之邪,灭爱恶之端,则不请福而福来,不禳祸而祸去矣。"(《抱朴子内篇·道意》)净明道直接将谨守忠孝作为修心炼性的方法,以"正心诚意""惩忿窒欲"作为长寿成仙的阶梯。

---

① 王伟凯:《论道德养生》,载于《兰州学刊》2010 年第 11 期,第 12 – 14 页。
② 《藏外道书》(第 9 册),成都:巴蜀书社 1992 年版,第 510 页。
③ 河上公:《道德真经注》(卷 1),引自《道藏》(第 12 册),北京:文物出版社,上海:上海书店,天津:天津古籍出版社联合出版,1996 年第 1 版。

"至孝之士，泯然无心。守一不动，一切魔事自然消伏。"① 全真道创教者王重阳更是直截了当地说："只要清净两个字。其余都不是修行。"②

以"调欲静心"为主要目的的道德养生方法，在南岳道教得到了很好的继承与发展。如南岳夫人魏华存借助于身神系统，使"调欲静心"演变成"存思内视"的精神自我运动法。魏华存认为，人体"泥丸百节皆有神"，并详细描述了心、肺、肝、肾、脾、胆等神的服色与功能。虽然其与现代解剖学的结论有一定的出入，但其意义在于通过将人体器官的神格化，使"存想身神"变成一种形象化的精神自我运动。此即是通过观想身中诸神，以调节心身合一，使人之魂魄、精气神相统一，从而实现延年益寿、得道成仙的修炼之法。魏华存要求在存想的过程中，"恬淡闭视内自明，物物不干泰而平，意矣匪事老复丁，思咏玉书人上清。"即修炼者闭目存思，潜神入静，内观脏腑，心境自明，凝神入境，外物不干，泰和庄严，诚实无事。进入了此状态之后，默诵玉书《上清黄庭内景经》，便会朗然洞彻，老能返壮，病能复康。不仅在存思内视时要保持恬淡虚无，在吐纳服气、积精宝精、漱咽津液也要努力保持恬淡虚无。魏华存所言的"恬淡虚无"包括客观环境和主观心境两方面："一方面，修炼黄庭者要居于安静虚寂之地，方能免除外界干扰，专心致志地去修行养生。……另一方面，修炼者要保持平静的心境，做到恬淡无为无私无欲，抛去一切私心杂念和主观妄想，力求思想虚空，这样既利于修道成仙，又利于体安身康。"③ 由此，魏华存赋予了"调欲静心"的道德修炼方法以具体的实践途径。

唐代著名道士司马承祯则赋予"调欲静心"道德养生方法以具体的操作路径。《南岳总胜集》称："开元初，司马承祯字子微，自海山乘桴炼真南岳，结庵于观北一里，目之白云。"④ 司马承祯在南岳修道十多年，著有《坐忘论》《天隐子》《服气精义论》等。在其《坐忘论》中，介绍了守静

---

① 张继禹：《中华道藏》（第31册），北京：华夏出版社2004年版，第391页。
② 王重阳：《玉花社疏》。
③ 申国昌：《〈黄庭经〉养生教育思想探微》，载于《中国道教》2001年第6期，第23-28页。
④ 湖南省道教文化研究中心编：《道教与南岳》，长沙：岳麓书社2003年版，第88页。

去欲的安心坐忘养生方法。司马承祯认为养生须静心。"心为道之器宇，虚静至极，则道居而慧生，慧出本性，非适今有。"（《坐忘论·泰定》）只有心神正常，五脏六腑的功能活动才能协调正常，为此需要"视名利如过隙"（《坐忘论·泰定》），"虽有营求之事，莫生得失之心"（《坐忘论·真观》），其中除欲是根本。世人"或显德露能，求人保己；或遗问庆吊，以事往还；或假修隐逸，情希升进；或酒食邀致，以望后恩；斯乃巧蕴机心，以干时利，既非顺道，深妨正业"（《坐忘论·断缘》）。正确的做法应该是"于生无要者，并须去之；于生虽用有余者，亦须舍之"（《坐忘论·简事》）。为此，司马承祯特别创设了安心坐忘的七阶次步骤。一曰信敬，要求修道者对他的理论坚信不疑，敬而行之，方能根深蒂固。"根深则道可长，蒂固则德可茂。"（《坐忘论·信敬》）二曰断缘，即断绝人间一切有为俗事之缘，以形成一种恬适简单的生活和心境。三曰收心，使心不为外物所动，从而静定的居于至道之中。四曰简事，即简化俗事，安分守己。司马承祯称："名位假而贱，道德真而贵"，切不可"弃道德，忽性命"（《坐忘论·简事》）。五曰真观，即真切的观察生活中哪些是不可废、不可弃，哪些是不可有的。"拙戒其本""观本知末"。六曰泰定，达到一种"形如槁木，心若死灰，无感无求，寂泊之至"的状态，"无心于定，而无所不定"。七曰得道，通过凝精聚神，保养元气，实现神与道相合为一。

总的来说，南岳道教对于"调欲静心"道德养生的突出贡献，在于提出了一套以"存思身神"为主要形式的实践方法，和"安心坐忘"七阶次的渐进步骤。诚然，这些方法具有浓厚的宗教修行特征，非世俗之人所能完全遵照之，但并不能掩藏其中的合理性成分。如《黄庭经》所描述的脏腑功能与传统中医学是一致的，"描述的身神与生理活动的一一对应关系，反映了道教对集体无意识原型与生命本能关系的精确把握"[①]，从而为其道德调控价值和健康促进价值提供了一定的合理性依据。司马承祯"名位假而贱，道德真而贵"的观点，以及突出主体修养的重要性和必要性，告诫

[①] 具体分析请参见：尹立：《〈黄庭经〉的分析心理学解读》，载于《中国道教》2002年第5期，第23-26页。

人们"无问昼夜，行立坐卧，及应事之时，常须作意安之"（《坐忘论·收心》）的观点，无论是对于健康养生，还是道德修养都有着重要意义。现代医学家、心理学家已然认识到调欲静心是对治浮躁、焦虑、抑郁等病态心理的良方，沉思冥想是松弛思想的特殊运动。罗杰斯、马斯洛等学者正是以此为基础，发展出现代西方人本心理学、超个人心理学的治疗方法。

三、"道法自然"的深生态伦理养生精义

"伦理养生是将伦理资源转化成形体健康手段的一种养生方式。"[①] 其与道德养生的区别在于，道德养生是以内在的道德修养促进身心的健康；伦理养生则是以外在的伦理规范指导人类的行为，形塑有益于健康的行为方式。就后者而言，集中体现在道教以"道法自然"作为养生的基本原则，将人的活动纳入生态系统之中，顺天应时以养生，体现出深生态伦理养生之精义。

道教以"道法自然"作为养生的基本原则，根源于"道"作为伦理秩序的内在要求。[②] 伦理秩序并不完全等同于现实生活中的秩序，而毋宁说是生活中的合理秩序，其为现实生活中的秩序提供正当性、应然性基础。在道家道教看来，这种合理性根据就是"道"。"人法地，地法天，天法道，道法自然。"（《道德经·第二十五章》）"道法自然"之"道"是天地万物和人的终极根源，在生成天地万物之后就转化为天地万物生存和发展的内在依据。"万物恃之以生而不辞"（《道德经·第三十四章》），"独立而不改，周行而不殆"（《道德经·第二十五章》），可以"为天下式"（《道德经·第二十八章》）。也就是说，"道法自然"之"道"，规定了人类处理人与自然、人与人关系的基本原则。值得指出的是："道法自然"之"自然"，既不是指自然界之自然，也不是霍布斯所说的"自然状态"，更不是任由"人欲"肆意发展、膨胀，在其本质上是"人文自然"。[③] 它

---

① 詹石窗：《道教与中国养生智慧》，北京：东方出版社2007年版，第5页。
② 具体请参见：周山东、吕锡琛：《〈道德经〉之道与伦理秩序》，载于《求索》2010第4期，第107-109页。
③ 具体请参见：刘笑敢：《老子古今》（上卷），中国社会科学出版社2006年版，第73-82页。

表达的是老子对人类以及人与自然宇宙的关系的终极状态的关切，包括人类与宇宙的总体和谐，没有压迫、最少控制的人类社会秩序的自然和谐，以及生存个体自身的自然和谐的生存状态。从人与天地自然的维度而言，就是要维持和谐与平衡，为养生营造良好的生态环境。

道教以"道法自然"作为养生的基本原则，立基于天人合一的思想基础。在中国哲学思想史上，人与自然的关系又被称之为"天人关系"。在道家道教看来，天和人都是由"道"而来。"道生一，一生二，二生三，三生万物。"（《道德经·第四十二章》）天、地、人等宇宙万物，因为同源于"道"而连贯成为一个整体。诚然，"道"只是道家道教的理论预设，然而其意义在于为人们提供了一种关系思维模式。相比于西方的主客二元思维，"关系思维，就是从事物与事物的关系中去理解事物，具体地说，就是理解一个事物时，不是从此事物去理解此事物，而是从与此事物相关的他事物去理解此事物，即从一事物的存在去把握相关的他事物，或从他事物的存在去把握相关的一事物"[①]。这一思维模式，深刻影响了道教对天人关系的认知，南岳道教也有集中的展现。如魏华存在其《黄庭经》中，以对天地大宇宙的认知，来构筑人体小宇宙的神仙系统。认为两个宇宙之间即天人之间构造相同，互相对应，互相作用。天和人同时完善，同时损弃。只有天人和谐，密切感应，才能使人体臻于尽善尽美的境界，实现养生的目的。

正是基于此，道教一方面崇扬回归自然的生活情趣。"五岳独秀"的南岳衡山，更是受到无数名贤的青睐。李白曾盛赞"衡山苍苍入紫冥"，黄庭坚描绘"万丈祝融插紫霄""自长沙溯湘江而上，仰望群峰，状若阵云；帆随湘转，九向九背，构成为七十二峰山水连绵壮观的宏观胜境，使人心胸豁朗；而层峦叠嶂之中，有三海、四绝、五峰、九潭、九池、九溪、十五洞、二十四泉、三十八岩诸景点，加上异兽珍禽，琪花瑶草，汇而凝集为无数的微观风光，令人赏心悦目。"在道教看来，这是养生的风水宝地。所谓风水宝地，就是大地生气流行与聚集的地方。天地人因"生气"而得以联系贯通。"生气"代表的一种能带给万物以生命的阴阳之气。

---

① 王智：《关系思维与关系属性》，载于《东岳论丛》2005 第 5 期，第 153－157 页。

大地就如人的身体一样，有经络、穴位，生气沿着大地之经络运行，在穴位处聚集。在南岳，有衡山洞天、青玉坛福地、光天坛福地、洞灵源福地。不仅如此，南岳更因其处于星度二十八宿的轸星之翼，旁有"长沙星"的守护。在此修炼，自然会得天地之助而长寿成仙。据《南岳志》记载，南岳"隋唐以前，衡岳羽流白日冲举者，不可胜数"。至新中国成立，"汇而聚之，仙道得百有七人"①。

另一方面，也要求人们的行为主动顺应天地四时的运行。《周易·系词上》曰："阴阳之配日月。"万物化生的过程体现为阴阳的交媾。道教以此为基础，提出"天地之机，在于阴阳升降"②，昼夜的交替，四季的更换无不如此。道教养生，强调"使人体内部阴阳交替的生理活动与外界的阴阳升降情况相互协调起来"③，调整人的生活作息、饮食起居、行起坐卧使之符合天地阴阳消长，四季更替的规律，提出了"春夏养阳，秋冬养阴"的原则，"春养肝、夏养心、秋养肺、冬养胃、四季养脾"的方法。在南岳，魏华存将这一养生理念吸收入存想法中。她的存想法不仅存想体内诸神，而且存想体外的日月星辰、山岳云霞，并通过调整元气，使之与所摄取的日月星辰外气相合。如在《黄庭内景经》中，称："出日入月呼吸存"，"六腑五脏神体精，皆在心内连天经"，"外应眼目日月清"，"心意常和致欣昌，五岳之云气彭亨"。在《黄庭外景经》中称："出日入月是吾道"，"谁与共之斗日月"，"昆仑之上不迷误，九原之山何亭亭"，"侠以日月如明珠"，"五行参差同根蒂"，"朝会五神和三光"。《黄庭经》将日月和呼吸、五行与五脏、日月星与精气神联系在一起，力求使人体与天地产生谐振。特别是其中的"三光"思想，其在天为日月星，在人为精气神。这种修炼既是将人体融入到天地中去修炼，也是将天地融入到自身去修炼，彼此合二为一，才能修炼有成。

从现代科学来看，道教"道法自然"以养生，追求天人合一，与深生

---

① 李元度纂修，王香余、欧阳谦增补，王香余续增，刘建平点校：《南岳志》，长沙：岳麓书社2013年版，第448页。
② 施肩吾：《钟吕传道集》，引自《道藏》（第4册），北京：文物出版社，上海：上海书店，天津：天津古籍出版社联合出版，1996年版，第661页。
③ 詹石窗：《道教与中国养生智慧》，北京：东方出版社2007年版，第414页。

态伦理的理念有着内在契合之处。深生态伦理是相对于浅生态伦理，或者一般的生态伦理而言，其以对人与自然关系的"深度追问"，提出"生态中心主义""内在价值论""自我实现论"等创新性的论题。"生态中心主义"主张摒弃"人类中心主义"，以生态的和谐共生为最高价值取向。这在道教那里，以"道生一，一生二，二生三，三生万物"① 的终极预设和关系思维，突破人类的思维局限。道教始终把养生置于整体的生命系统之中，以实现天人合一为最高目标指向。"内在价值论"认为生物圈中的一切存在物都具有内在价值。在道教看来，天地万物都是"道生之，德畜之，物形之，势成之"②。也就是说，天地万物都是凭借"道"而产生，借由得之于"道"的本性（即德），而成长为具有一定形体的自然物，并受着周围环境的培养和限制。因而，"万物莫不尊道而贵德"③。道教养生强调既要保养人类的生命，也要保护自然万物的生命。"自我实现论"即"把自我理解并扩展为大我的过程，缩小自我与其他存在物的疏离感的过程，把其他存在物的利益看作自我的利益的过程"④。道教养生强调回归自然、顺应自然，其实质就是把自我生命融入更大的宇宙生命系统之中，实现与天地合一，与道合一。因此，从伦理学维度来看，道教养生不啻为一种深生态伦理实践。

在现代社会，道教"道法自然"、顺应自然、回归自然的养生思想，已经发展成为山林疗法。所谓山林疗法，是"借助山林所具备的各种物理性环境因素，并结合医学理论与文化因素，使生活与自然融于一体，以此充实人体精气，调和身心，预防和治疗疾病的活动"⑤。具体形式包括赤脚散步、冥想、坐禅、拥抱树木、风浴、温泉疗法等。据韩国庆熙大学丁彰炫介绍：19 世纪中期，德国在森林地带开展了山林气候疗法、山林地形疗法以及自然健康调养法，目前已将山林疗法纳入医疗保险体制之中。日本

---

① 陈鼓应：《老子译注及评价》，北京：中华书局 1984 年版，第 225 页。
② 陈鼓应：《老子译注及评价》，北京：中华书局 1984 年版，第 254 页。
③ 陈鼓应：《老子译注及评价》，北京：中华书局 1984 年版，第 254 页。
④ 雷毅：《深层生态学：阐释与整合》，上海：上海交通大学出版社 2012 年版。
⑤ ［韩］丁彰炫：《山林疗法与道家养生论》，引自中国道教协会编：《尊道贵德　和谐共生——国际道教论坛论文集》，北京：宗教文化出版社 2011 年版，第 230 页。

自 2004 年起，设立了国家研究课题，建立了 42 所森林疗法基地。韩国也在国有林中建立了 3 处"治愈之林"。山林疗法虽然从西方开始运用于治疗领域，然而道家、道教很早便在养生修炼法中运用了山林疗法。道家道教"天人合一"的思想，为人类回归自然、融入自然提供了理论基础和价值导引；道家道教养生"顺应自然"的思想，为山林疗法实现人体与自然的交换提供了切实的途径；道家道教重视身心并养的思想以及追求无病长寿的养生目标与山林疗法有着相通之处。在当前，实现道教深生态伦理养生方法的现代转换，开创一种新的道教山林治愈法，必将使伦理学对人类健康事业做出更多的贡献。而在这方面，南岳具有得天独厚的条件。

（作者王泽应，湖南师范大学道德文化研究中心教授，博士生导师；周山东，湖南女子学院教育与法学系副教授。）

牟宗三论政治神话的建构、解构与重构

黄泰轲

摘要：牟宗三先生认为有两种政治神话：一种是西方民主政治蜕变的非理性的独裁与极权的政治神话；一种是儒家德治所倡导的各适其性、各遂其生、人皆尧舜的政治神话。在详细阐释政治神话的建构后，通过对根源理性的挺立和次级理性的架构，牟宗三先生解构了西方式非理性的政治神话，重构了一个既保住中国德治之长又开出西方民主之长的中国式现代政治神话。借此政治神话，牟宗三先生告诉我们中国文化的现代使命、现代意义和现代化道路之所在。

关键词：政治神话；道德理性；民主政治；牟宗三

神话是在人类早期甚至是史前时期出现的一种文化样式，在某种意义上说，它是人类早期不发达的生产力与低下的认知能力的产物。但我们注意到，进入文明社会后乃至在生产力高度发达的今天，神话本身并没有消失，比如政治神话，从古希腊到现时代，一直存在于人类的历史上。按照法国学者让－皮埃尔·韦尔南的说法，在古希腊，多神论体系紧密无间地错杂在各种社会政治组织的形式中形成政治神话，古希腊的政治神话培育了古希腊人的理性，即"人类集团在历史上第一次认识到，只有经过一种公开的、矛盾的、所有人都能参与的、彼此都以有理有据的话语相对的争论，符合他们普遍利益的决定才能作出"①。古希腊人借助这样的理性来理解、引导政治实践。在现时代，无论在科学领域还是在政治领域，人们的

---

① ［法］让－皮埃尔·韦尔南：《神话与政治之间》，余中先译，北京：三联书店2005年版，第218页。

理性都努力地躲避古希腊人那样公开公共、充满矛盾、有理有据的论争，人们认为这样的论争是一种"不健康"至少是一种"不完满"的状态，人们渴求一种一成不变、绝对普遍的理性，"前进在这条路上的社会集团，就会以某种方式，浑身分泌出宗教思想来。"① 于是，现代政治便有了"神甫共和国"乃至极权主义的政治神话。对现代政治神话的形成，德国思想家卡西尔在《国家的神话》一书中有详细考察。受卡西尔的启发，牟宗三先生在《政道与治道》一书中对政治神话问题也多有发挥。除与卡西尔一样关注政治神话的建构、解构外，牟先生还特别关注了政治神话的重构。牟先生有关政治神话的思想是颇值得我们研究的。

一、政治神话的建构：形成、形态及影响

按照最一般的说法，神话是在先民们对自然力的斗争和对理想的追求过程中产生的。在我们看来，无论是对自然力的斗争还是对理想的追求，其实质均是对生命的完善。牟宗三先生正是从生命切入来谈神话的。他认为，人的生命有平面生命和立体生命之分，平面生命指那种安于生命的既成局面，机械、淤滞、沉闷、平庸，没有创造性；立体生命是对平面生命的打破，人总有不满于既成生命局面的时候，当他意识到平面生命的不合理时，其平面生命就被一种超越性的力量所推动而成为立体生命，立体生命是一种有创造性、理想性的生命。牟先生认为，我们可以从"心"的一面和"物"的一面打破平面生命而成就立体生命。从心的一面打破，成就了"德性生命"，是为圣贤；从物的一面打破，成就了"情欲生命"，是为英雄。圣贤如孟子，纯以道德生命相表露，全副是精神，通体是光辉，浩然之气至大至刚，塞乎天地之间；英雄如刘邦，生命充沛，元气无碍，不依成规，不饰虚套，纯以原始情欲生命相表露，以布衣身，提三尺剑而取天下。对孟子和刘邦这类的德性生命和情欲生命而言，什么可能，什么不可能，几乎是不可预测的，正如佛教说"业力不可思议"，尤当其立体生命触动人心，普遍地被觉察，汇成一种客观的愿望，则由此客观的愿望发出的客观的立体力量，其摧毁力与创造力更是不可思议，这种不可思议性

---

① ［法］让－皮埃尔·韦尔南：《神话与政治之间》，余中先译，北京：三联书店2005年版，第219页。

便是神性。众生皆有神性，但下根之人要依他者而起，秘密在他者身上，遂有神话。神话是对神性的进一步符号造作。虽如此，牟先生认为，德性生命的神性与情欲生命的神性还是有明显区别的，这种区别造就了宗教神话和政治神话。具体说来就是：德性生命者受纯然德性之感召，他要上达天德、成就神性并启发于需要"道成肉身"者，他与世俗利益牵扯甚少，也不求解决任何世俗的实际问题，人们仰望他那纯然是德性的人格，惊奇、赞叹那人格的不可思议的功化，于是，历史上就有了有关宗教教主的神话。与德性生命者无涉俗世特殊指向而一心成就德性自己不同，情欲生命者自始就与感觉界联系在一起，而且他要在感觉界的一定向上解决某种问题，最主要的是"厚生"的问题，比如人们的衣、食、住、行之类，这样，情欲生命者最能唤醒普罗大众与千万人为伍，最易与政治联系在一起，因普接群机而契接神性，这样，基于那强烈的情欲生命和情欲生命之神性化，政治神话就诞生了。

牟宗三先生认为，从历史上看，政治神话有两种形态：古代英雄式形态和近代概念式形态。一个真正的英雄，不会单退于私人的情欲、权力欲之中，相反，他的私人的情欲、权力欲会膨胀出去，与群体愿望相勾连。他靠他的坚强意志，为群体所欲之事做主，群体信赖他、附和他，把事情交予他办，由他来领导，他往往以"伸大义于天下，拯人民于水火"的名号来领导人们，靠着祯祥、符瑞，更靠着其强烈生命与恢宏气度开创出"天命所归"的事业，最终产生英雄式的政治神话。英雄式的政治神话是英雄的立体力量所直接、自然产生的，即在"英雄比武"之后，谁成为统治者，谁成为被统治者，一切均是天经地义、自然而然的。我们说，这种政治神话合"力"但不一定合"理"，一旦人们觉醒了，政治形态就要生问题。正如牟先生所说："当政权是由生命的立体力量之'力'打来的时候，人在此是无话可说的，这里没有概念。'力'是一个最后的事实。但这最后的真实并停不住其为最后的真实。它也需要理性来客观化。当人们的觉识照察到这里也有话可说时，思想上的人工曲折，人的概念机能，即在这里凸起。"[①] 当人们普遍觉察到英雄式的政治神话不合理时，由力所直接、自然产生的政治形态，变为由概念所产生的间接的架构形态。近代政

[①] 牟宗三：《政道与治道》，长春：吉林出版集团2010年版，第82页。

治远较古代政治复杂，政治家需要解决许多类似于"方形的圆"这样的问题，为了兼顾不同利益，调和各种矛盾，大量政治概念，各种主义、学说应运而生。很多词语以前只被用作一种描述性的、逻辑的或语义上的含义，而现在被当作要产生某种效果和激励起某种情感的词语来使用。并且，为了实现这些新概念的完全效用，概念创造者还引入了大量的新仪式对它进行补充。在近代，政治家集技术者、行动者、魔术者为一身，政治神话也因此而产生。牟先生引斯宾格勒的话说："以前是大皇帝，现在是卢骚①，思想家。继之而起的，当是尼采等人。这些都是贡献概念、主义的人。再加上犹太资本家贡献钱。野心家就利用这两种成素而造成政治神话。"② 在近代诸多政治概念中，"集体主义"是最有代表性的一个概念，因此，牟先生也将近代的政治神话命名为集体主义的政治神话。

在实际政治生活中，我们看到，无论是英雄还是概念，其对政治的进步均有着某些积极方面的作用。从英雄来看，英雄以他强烈的生命力、敏锐的觉识、坚强的意志、百折不挠的精神带领人们在感觉界建功立业，这对安人民、复秩序、开太平是极有好处的。从概念来看，我们凌空开出一个概念，可以引导、保障政治活动向良性方面运转，如卢梭的政治概念（虽然也遭清算），开出了西方近三百年来自由民主的传统，这是近代之所以为近代最积极、光明的一面。虽有上述积极作用，但因英雄与概念易乱用其才力与效用，故而英雄式神话和概念式神话对政治生活的影响实际更极易走向消极、恶劣的一端。对英雄式政治神话而言，表现在：第一，英雄总有才力枯竭的一天。前面我们说道，英雄的生命力量主要用在感觉界解决某一具体问题，当那一具体问题解决了，英雄的使命完成了，他的生命亦将完结。例如，亚历山大来到大海边，因为无陆地可征服而感叹最后早死。第二，英雄是神魔混杂的。大凡英雄，生命总有两面，光明和阴暗，光明表现为仁慈，阴暗表现为残酷。残酷是他为达目的不惜一切代价和手段而表现出来的。所以，在英雄式的政治神话中，英雄往往也是独裁者。第三，英雄靠"力"而非"理"来安顿政治，时间长了，力或衰竭或乱用或滥用，政治的不合理之处便暴露出来。这时，革命就要兴起，新的

---

① 即卢梭。
② 牟宗三：《政道与治道》，长春：吉林出版集团2010年版，第84页。

英雄就会出现,当新的英雄力有不逮时,下一个新的英雄又出现,这样,政治进入革命与造反的循环。再来看概念式政治神话的弊端。概念原本有"虚用"和"实用"之分,在虚用一面,我们"立理以限事",用概念指引、批判现实政治,在实用一面,我们"即事以穷理",努力地使现实政治朝概念所指出的良性方向发展。但在实际的政治操作中,极易将原本只能用在虚的一面的"立理以限事"用在实的一面,造成极权专制与骚扰,最典型的是希特勒等辈。牟先生对此有深刻认识,他说:"希特勒利用'种族国家'造成近代的、概念式的极权专制的政治神话。他们是生命特强的人,都能发动立体力量。然他们的生命,他们的立体力量,能套在概念里面行,能客观化到集体里面,党里面行,能运用科学的技术,这就使他们不同于古代的纯英雄主义的途径。他们凭借概念、党,造成他们自己是个神,神性化的独裁者:概念是神话的概念,党是神话的党,领袖是神话的领袖。"①

二、政治神话的解构:独裁与极权的消解

我们看到,无论是古代英雄式的政治神话还是近代概念式的政治神话,极易带来独裁、极权的恶果。所以,德国思想家卡西尔说:"在政治里,我们总是生活在火山似的地面上,我们必须对突然的灾变和爆发有所准备。"② 为了避开这种危险,哲学家一直在思考着如何把政治神话转化为政治理性。在某种意义上说,西方政治史就是一部理性与神话相互斗争的历史,在理性与神话不断斗争的过程中,在二十世纪,神话最终在德国等国家取得了胜利,这些国家一度成为了极端的法西斯主义国家并上演了一场国家神话的悲剧。卡西尔极其熟知西方政治史上反神话的斗争,他说:"自从柏拉图的时代以来,一切伟大的思想家都做到了极大的努力来发现一种合理的政治理论。人们确信在 19 世纪最终找到了正确的途径,1830年奥古斯特·孔德出版了他的《实证主义哲学教程》的第一卷……他的真实目的和最高的抱负是成为一种新的社会科学的奠基者,把我们在物理和化学中所见到的同样精确的推理方式、同样的归纳和演绎的方法导入这门

---

① 牟宗三:《政道与治道》,长春:吉林出版集团2010年版,第84页。
② [德]卡西尔:《国家的神话》,范进译,北京:华夏出版社1990年版,第329页。

新科学。政治神话在20世纪的突然泛起说明了孔德及其弟子门徒的希望流产了。"① 通过对西方政治史的考察，卡西尔得出的结论是："在政治中，我们尚未发现牢固可靠的根据。这里似乎没有任何明白地建立起来的宇宙秩序；我们总是面临着突然再次回到旧的混乱状况的威胁，我们正在建造雄伟壮丽的大厦，但我们尚未能把它们的基础确定下来。人靠熟练运用巫术、符咒就能改变自然进程这种信仰，千百年来一直在人类历史中流行。尽管净是挫折和失望，但人类仍然极为顽固地坚持这种信仰。因此，在我们的政治活动和政治思想中仍有巫术所把持的地位也就不足为奇了。"② 自然科学的成功激发了哲学家探求政治基础的激情，卡西尔认为，以自然科学为榜样，想要为政治找一个像物理学那样的法则是不可能的，政治属于社会界，自有其法则，但这法则到底是什么，卡西尔欲言又止。在《国家的神话》一书的结尾，卡西尔得出了一个较为悲观的结论：哲学对摧毁政治神话无能为力，充其量，它只能研究政治神话的起源、结构、方法、技巧等，为我们认识政治神话起点作用。

牟宗三先生认为，卡西尔对社会法则的欲言又止及其得出悲观结论是情有可原的。因为擅长对"自然"运思的西方哲学难于着手解答生活关系、社会关系问题。那么，政治到底有没有可靠的理性基础？牟宗三先生给出明确答案：有！但他同时认为，这种理性不是西方哲学讲的那种科学的、逻辑的理性，而是中国哲学所讲的道德理性，如怵惕恻隐之仁心。关于道德理性的涵义，牟先生有一段较为精彩的论述："吾人此处所谓理性是指道德实践的理性言：一方简别理智主义而非理想主义的逻辑性，一方简别只讲生命冲动不讲实践理性的直觉主义，浪漫的理想主义，而非理性的理想主义。我们如果明白了此所说理性不是逻辑理性，又明白了与此理性相反的非理性，则怵惕恻隐之心何以又是理性的，即可得而解。"③ 牟先生认为，中国政治有一个最高格——以"德"来规定的"圣王"，这个最高格从根上反对政治神话并开启了政治理性之门。这是因为，"圣王"要以"德"取天下（政道）和以"德"治天下（治道）。其内容不外乎以下

---

① ［德］卡西尔：《国家的神话》，范进译，北京：华夏出版社1990年版，第345–346页。
② ［德］卡西尔：《国家的神话》，范进译，北京：华夏出版社1990年版，第346页。
③ 牟宗三：《道德的理想主义》，长春：吉林出版集团2010年版，第21页。

两条：第一，在政道上，完全是"公天下"的观念，通过"推荐"（"天子不能以天下与人""天子能荐人于天"）与"普选"（"天视自我民视，天听自我民听"）而得天下。这里并没有什么人权运动，也没有什么宪法规定，完全是民心向背表示天理合当如此。第二，在治道上，视人民为一存在的生命个体而注意其具体的生活与价值。不把人民吊在虚幻的概念上，远离生命之根，而是全副让开，物各付物，各适其性，各遂其生，各正性命。这一点又包含两层含义：生存第一，富而教之。首先保证人民物质生活幸福的畅达，在此基础上，进一步保证人民精神生活幸福的畅达，两者均畅达，方才实现了人生的全部。但是，在教化的时候，又要注意政治与道德的分际：落在道德上，严于律己，督促自己不断地超凡入圣；落在政治上，宽以待人，只是教人以起码的人道，不责望人人都做圣人。

各适其性，各遂其生，就个体而顺成，这是中国政治的最高原则。凡是有利于此点的，我们都全副敞开承认，给予肯定与尊重。我们不像西方那样，将财产、信仰、居处、思想、言论、出版、结社等方面的权利一一列举，我们没有这么多的概念，我们认为这样做不仅繁琐且难免挂一漏万。就个体而顺成这一最高政治原则就像一个车轮，无远弗届、无微不至，转到哪里，那里的事情便理所当然，该如何便如何。所以中国政治重个体、重生命、重生活、重德性、少限制、少骚扰、少设计、少矫揉、简单方便、亲切易行。儒家认为，统治者首先要加强自己的德性修养，与民同好，与民同乐，甚至是要先忧后乐。很明显，中国政治的上述特点是对独裁和极权的否定，是对政治神话，无论是英雄式神话还是概念式神话弊端的消解。

三、中国现代政治神话的重构：根源理性的挺立与次级理性的架构

上文讲到，在治道上，中国政治的最高原则是就个体而顺成，使人人皆得其所，各遂其生、各正性命，即要"正德、利用、厚生"并以"正德"为本。（在某种意义上说，正德涵盖厚生，因为一夫不获其所，不遂其生，便不是仁义心所能忍。）儒家讲成圣成贤，道家讲成真人、成至人，佛家讲成佛、成菩萨，在中国哲学看来，人皆有向上发展以成就神性的可能。中国政治对此是首先予以承认的。故中国的政治，其最高、最后之境

界即是视人人自身皆为一目的,引导其德性觉醒、奋发并完成自己,此是一种人间天国境界,也是一种政治神话。但这种政治神话与西方的政治神话有着本质的区别。牟先生说:"这种神治天国境界,不是近人所谓乌托邦,理想国。近人所谓理想天国,都是根于假言邪说立一理以架空造作的意计穿凿,这是私意抓紧把持,非神治,故未有不燔乱天下者也。而德化、道化之治道方可说神治天国境界,因为它能推开让开而落在各个体自身上。物各付物,归于现成。神治宇宙万物亦不过如此。"① 儒家政治目的是使人成为圆满、自足、无限的绝对个体,这便是其政治神话的魅力与精彩所在,这种"绝对"不是西方政治中的绝对主义、极权主义、集体主义所蕴含的"绝对",西方政治中的绝对抹杀个性、摧残人性,将个体都纳入机械系统中,而使之成为一个物质化的螺丝钉,这样的结局便是西方政治神话的恐怖之处。所以,牟先生认为,中国的治道,幽深玄远、至微至精,无有任何国家能讲过中国者。

中国的实际政治状况是这样的吗?事实上,我们看到,兴亡交替、百姓困苦似是中国政治的常态。问题出来了。前文在谈中国政治时,与"治道"相提的还有一个"政道",即政权的归属问题,也即得天下的问题。从得天下看,"天与贤,则与贤;天与子,则与子"原本是符合"推荐、天与"观念的,但后来,"与子"实际上成为一个无限连续下去的制度,"天下为公"一变而为"家天下"。这样,政权靠世袭延续,政道遂高悬而不显。儒家在政道方面无用武之地,便只能下力气将治道发展至高远境界,即在个体而顺成上尤其是在个体德性的成长上下功夫。但是,政权是治权之源,个体顺成的达成需要掌握政权的圣君及掌握治权的贤相来保障。但圣君贤相可遇而不可求,所以,我们的政治总难逃"人存政举,人亡政息"的怪圈;即便可求,我们也要求他们"其心如太虚,德量如天地",这样,圣君贤相负担过重,与此相反的是,人民对国家、政治、法律负担过轻或基本无负担,人民总是被动地在圣君贤相"君子德风"的吹拂下而处于不自觉的睡眠状态;更有甚者,如碰上一昏君暴君,人民便成为任意践踏的对象,最终酿成暴乱,政治就处于一治一乱停滞不前的境地。在政道高悬,治道不显(受政道所限、所累)的情况下,人民的存在

---

① 牟宗三:《政道与治道》,长春:吉林出版集团 2010 年版,第 34 页。

只能成为一个"道德的存在"而不能成为一个"政治的存在",长此以往,道德理性没有通气处,不能实现更多方面价值,最终便有窒息之虞。正如牟宗三先生所说:"国家政制不能建立,高明之道即不能客观实现于历史。高明之道之只表现为道德形式,亦如普世之宗教,只有个人精神与绝对精神。人人可以与天地精神相往来,而不能有客观精神作集团组织之表现。是以其个人精神必止于主观,其天地精神必流于虚深而阴淡,人类精神仍不能有积极而充实之光辉。"① 为了解决中国历史上治乱循环、刍狗百姓的困局,牟先生认为,应该开出中国政治的政道来,建立民主政治,建立近代的政治、法律制度,转出政治生活之文制与常轨。在详细考察了中、西政治各自的优劣后,牟先生认为,在开出民主政治上,我们应该向西方学习。他认为,存在着两种真理,内容的真理和外延的真理,前者表现为具体的普遍性,后者表现为抽象的普遍性,牟先生举例说:"比如说孔子讲仁,仁是个普遍的原则,但是你不能说仁是个抽象的概念。仁是不能和科学、数学、逻辑里面所谓的抽象概念相提并论的。照孔子所说的,仁是可以在我们眼前真实的生命里头具体呈现的。所以孟子说仁就是恻隐之心,它就是具体的。但是虽然它是具体的,它并不是事件。它有普遍性。在这情形下所说的普遍性,黑格尔就叫做具体的普遍。"② 中国政治讲具体、讲实际而不讲形式、讲概念,西方政治则相反,由此,牟先生说中国政治是"理性的内容表现"而西方政治是"理性的外延表现"。对中国政治而言,只要能各正性命,皆合情理,但因缺少概念的厘定,不能尽其方正之界域,这种合情理没有保障,易流于漫荡和软疲,故而中国的政治不稳定,改朝换代经常发生。西方政治是理性之外延表现,对西方政治而言,他们运用种种政治概念如自由、平等、人权等设计政治样式,其成就就是建立了民主政体,形成种种法律、契约等等,详细规定了每个个体的权利与义务,为政治活动划定了一个清晰的界限,提供了一套法律的、制度的保障。所以,针对中国政治的不足,牟先生提出的补救方法是:从治者身上让开一步,绕一个圈,再自觉地来一次"理性之外延的表现",通过理性架构,开出民主政体来,从治者与被治者两面对待地想,使双方都有责

---

① 牟宗三:《道德的理想主义》,长春:吉林出版集团 2010 年版,第 5 页。
② 牟宗三:《中国哲学十九讲》,上海:上海古籍出版社 1997 年版,第 33 - 34 页。

任,而不是将政治建立在对仁者的过度依赖和仁者的无限负担上。

但是,牟宗三先生对西方民主政治的弊端也有深入的认识,他认为,西方人只顾着争取形式的自由和权利,在法律、契约的死板性、限定性、被动性中忘记了顺适调畅个体的主观生命。"人们乃在此外在纲维网中,熙熙攘攘,各为利来,各为利往,尽量地松弛,尽量地散乱,尽量地纷驰追逐,玩弄巧慧,尽量地庸俗浮浅、虚无迷茫,不复见理性在哪里,理性之根在哪里,人生宇宙之本源在那里。一方面外在地极端技巧与文明,一方面内在地又极端虚无与野蛮。"① 民主政治发展到今天,西方人陷入了有事无理、有象无体、游魂无力、不能光大自己信念与道路的窘境。牟先生认为,造成这种局面是因为西方人斩断了民主政体的理性之根,西方人所崇尚的理性只是一种平面的计算理性而不是一种立体的价值理性,是次级理性而不是根源理性,西方人丢失的便是这根源理性。牟先生说:"我们必须了解根源的创造的理性之意义,与次级的知性的理性之意义的差别。根源的理性是对生命强度之立体力量而言的,次级的理性是对生命下散之平面的力量而言的。从人的政治实践方面说,须用根源的理性来对治,从既成政体下的政治制度与权力关系之科学的研究方面说,则须次级的理性来从事。对我们现在'政治如何能从神话转为理性'的一问题说,此所谓'理性的'是指'根源的理性'言,而讨论这个问题亦须从'根源的理性'说。人们在这里常常有所缠夹而辨不清。"② 根源理性专治政治神话,根源理性走失,政治神话便不可避免。因为,凡是造成政治神话的极权主义者都是具有极强烈的情欲生命与极不正常的心理变态,西方由概念织成的外在纲维网对他们说又算得了什么,只有以德遍润生命,稳住根源理性,方可对治政治神话。要知道,"克念作圣,罔念作狂",圣狂之分仅在一念间。

中国政治挺立的是根源理性,这就从根上防止了令人恐怖的独裁和极权的政治神话,相反,形成了令人向往的各适其性、各遂其生、人皆尧舜的政治神话。在实际的政治运行中,只因我们政道高悬、治道不显,这种政治神话一直没有实现,现在,我们认识到了这一点,主动坎陷,运用次

---

① 牟宗三:《政道与治道》,长春:吉林出版集团2010年版,第148页。
② 牟宗三:《政道与治道》,长春:吉林出版集团2010年版,第105页。

级理性架构出民主政治来，这就是现代中国政治神话的重构或者说是完成。

有学者认为，卡西尔《国家的神话》一书要借政治科学来揭露政治神话的面目，牟宗三虽然看到了卡西尔的意旨，但其用意却恰恰相反，正是要根据中国古代的"圣王"神话，来构建今天容纳圣王、英雄和天下为一体的"现代政治神话"。"牟子建构了一种能包摄'政治科学'的'现代政治神话'：'以德治天下'兼具主观性（圣德）与客观性（人民的生活、价值与幸福：民之所好好之，民之所恶恶之），所以虽然'以人治人'，但却不会强人从己，而是一个开放的社会。"① 该学者认为，建立在逻辑理性之上的"政治科学"极易脱落成为集魔术性与技术性于一身的语言幻想，从而形成新的"政治神话"，因此，不是"政治科学"拯救了"政治神话"，而是'政治神话'拯救了"政治科学"。我们认为，这种见解是相当精辟的。

现在，我们可以总结如下：在牟宗三先生那里，存在着两种神话，一种是西方民主政治蜕变的非理性的政治神话，一种是儒家德治的神话，它是理性的、纯正的，它可以在吸收西方民主政治成就的同时活血化瘀、永放光彩。通过对根源理性的挺立和次级理性的架构，牟总三先生重构了一个既保住中国德治之长而又开出西方民主之长的中国式的现代政治神话。

四、对牟宗三政治神话思想的评价

近代以来，国人开眼看世界。新文化运动前后，接受过新式教育的一些启蒙思想家们猛烈地批判封建专制并视西方科学、民主为解决中国问题的灵丹妙药。牟宗三先生慧眼般地看到了这股反封建、求民主思潮所隐藏的弊病："封建"是什么？很多人说不出个子丑寅卯来。于是，一切旧的、老的、过去的皆在反对之列，最终，我们的文化之根也被反掉了。科学、民主好不好？自然是好。但是，很多人只要求享受科学、民主的现成好处，从不问科学、民主怎么来，也从没想过为科学、民主而斗争而牺牲。牟先生认识到，现时代的中国，不仅外王方面不够，内圣方面亦不够，内

---

① 陈迎年：《智的直觉与审美直觉：牟宗三美学批判》，上海：上海人民出版社2012年版，第154页。

外俱失，颇为危险。与一般人带着十足的感情色彩去批判中国政治、赞扬西方民主不同，牟先生对中国政治状况作了冷清分析，找到了问题的症结并开出了药方。他认为，中国的政治短于制度的安排，长于内容的表现，在所短上，我们应向西方学习，补上理性架构一环，在所长上，我们应保持优点，光大心性本源，这是防止西方式政治神话并实现中国式政治神话的关键。牟先生反复地地告诫我们：一定要用道德来提撕、罩护理性架构而不使之跑偏、蹈空；用理性架构来充实、扩开道德而不使之枯窘、萎缩。牟先生认为，没有道德提撕的民主只能导致相对主义和虚无主义，最终走向窒息。这正如布鲁姆在《走向封闭的美国精神》一书中所揭露的：在生活中，人们容易以"怎么干都行"来理解民主，而这种理解不仅成为个体堕落的辩护词，还成为个体不求上进的辩护词，没有价值提撕的民主，已经走向"抑制了人们培养和探索优秀生活的真正原动力"① 的封闭局面。

当然，牟宗三先生建构中国式现代政治神话的思路也面临着许多的质疑。第一，就光大传统道德理性并以之为政治之根这一点来说，还是"中学为体"的老思路，以道德提撕政治，有"泛道德主义"之嫌。正如韦政通先生所说："所谓'泛道德主义'，就是将道德意识越位扩张，侵犯到其他文化领域（如文学、政治、经济），去做它们的主人，而强迫其他文化领域的本性，降于次要又次要的地位……使各方面的思想，始终处于道德奴婢的地位，缺乏健全的发展。"② 韦先生认为，正是这种"泛道德主义"在政治方面形成了儒家虚构圣王、德治天下但又根本不可能加以实现的政治神话。第二，就根源的道德理性让开一步，以便次级的科学理性架构出现代民主这一点来讲，牟宗三先生"变戏法"般起了许多的概念，诸如综合的尽理之精神与分解的尽理之精神、理性的运用表现与理性的架构表现、理性的内容表现与理性的外延表现等，有学者认为，这些都是"整齐好玩"的公式，两分法的思维有将中国政治问题简单化的嫌疑；再者，让开一步说起来容易，但一旦让开恐收束不住，良知坎陷变为良知陷溺，道

---

① [美] 布鲁姆：《走向封闭的美国精神》，缪青译，北京：中国社会科学出版社1994年版，第27页。
② 韦政通：《儒家与现代中国》，上海：上海人民出版社1990年版，第88页。

德理性陷入物欲一层而不能自拔；还有，道德理性与民主政治之间并没有必然的逻辑关联，也就是说，我们并不能从道德理性出发，逻辑地开出民主政治来，中国政治的实践表明，我们事实上也没有开出来。①

牟先生也并非没有注意到上述理论困境或责难。首先，牟先生不认为自己挺立道德理性就是"泛道德主义"。相反，他认为自己一再强调政治与道德的分际。他认为，儒家在私人领域积极提倡成贤成圣，但在政治上，只强调"起码而普遍的人道"，并没有强人所难。其实，自己强调道德理性倒是含有另一层深意，反对现代政治只追求形式的自由、民主而不利用自由、民主去调适生命，因此，自己不是提倡"泛道德主义"而是反对"泛政治主义"。其次，关于道德理性不能开出民主，就理论上的不能来说，牟先生认为，道德理性与民主并不是逻辑上的必然关联而是辩证上的必然关联，"坎陷"一词本意就不是说"直接"开出而是说"间接"开出；就实际上的未能开出来说，牟先生说自己并不是如来佛，说能就能、说有就有，民主政治要靠自己努力争取，不是祖宗或哪个哲学家设计好了，我们拿现成的享受，要求现成的纯是无理取闹，既不科学也不民主。

通过上面的分析，我们看到了牟宗三先生重构中国现代政治神话背后的良苦用心：第一，对使命意识和责任意识的强调。牟先生坚定地认为，儒家思想不是民主政治的绊脚石，儒家也并不是消极地去适应、凑合民主政治，儒家要积极地开出民主政治，这是儒家文化自身发展的内在要求，也是时代赋予儒家的使命，我们应该有这个责任意识并自觉地把这个责任担当起来。第二，对中国文化主位性的努力维持。牟先生不仅看到了政治的发展，更看到了政治发展的动源，西方民主政治的弊病乃至产生的独裁、极权的政治神话，就在于缺乏中国这样的道德理性的动源，根固泉浚，用道德理性提撕政治发展，我们才有数千年的文明不断，牟先生认为，对自己的好的东西要自信并继承，这样才算对得住中国人的身份。第三，对脚踏实地、团结苦干精神的呼唤。牟先生认为，我们不能只是感情用事地沉溺于对祖宗的埋怨和对西方的崇拜，光想讨祖宗或西方便宜饭吃的人"没出息，没有良心"，没有科学、民主，我们就朝那个方向奋斗就

---

① 关于对牟宗三坎陷开出民主的批评，可参见杨泽波：《坎陷开出民主不同理解九种——关于牟宗三坎陷开出民主论的不同理解的评论》，载于《天府新论》2014年第1期。

是，不要动不动就喊革命、闹立法院，要团结一致把科学、民主"做"出来；也不要认为科学、民主仅是"肉食者谋之"之事，我们均要积极地介入其中。在牟先生看来，第一步要紧之事，即是要实现经济的现代化，只有经济现代化了，政治现代化、文化现代化才有望。我们可以说，藉重构现代中国政治神话，牟宗三先生实要告诉我们：中国文化的现代使命、现代意义和现代化道路之所在。

（作者黄泰轲，哲学博士，湖南师范大学博士后。）

网络空间中华优秀传统文化创造性转化的道德路径

罗方禄

摘要： 空间是社会的表现。网络空间已然成为发展、实践人的本质的，等同于人在现实空间中的生产、生活实践的空间。网络空间就是现实空间。在新时代，要在网络空间实践好人的本质，核心是要去虚拟化，要将人"人化"，也即实现人的本质的归化。这既需要通过网络物质生产实践，也要在网络人际交往、先进的精神文化滋养中升华。为此，要迫切解决的是主体脱嵌背景下，网络道德生成的困境，如何将人由"网络人"拉回到"现实人"中来，以从道德层面满足人们的美好生活需要。

关键词： 网络空间；中华优秀传统文化；马克思主义人的本质；主体脱嵌；现实嵌入

党十九大报告指出，新时代我国的社会主要矛盾已经转化为人民日益增长的美好生活的需要与不均衡不充分发展的矛盾。[①] 美好生活的需要以物质生活的充裕为保障，更体现为对精神愉悦，即幸福感的追求。在本质上，唯有道德的良善的生活才能保证人享有精神愉悦和幸福。网络空间与现实空间道德生成、建设、维系的不均衡制约了网络空间的有序发展。长期以来，人们对网络的认知停留在消极的、虚拟的、单向度的层面，使人的本质在负性文化、负性道德的冲击下遭到异化、消解。网络空间不是杂乱无序的，与人的现实生活、生产脱嵌的空间，需要在张扬人的主体性，促进网络与现实场域交互、融合中，重新生成、构建道德伦理法则，这一

---

① 习近平：《决胜全面建成小康社会夺取新时代中国特色社会主义伟大胜利》，北京：人民出版社2017年版，第11页。

需要决定了网络空间中华优秀传统文化创造性转化的道德路径。

一、主体脱嵌：网络空间道德生成的困境

美国学者曼纽尔·卡斯特尔出版的《网络社会的崛起》一书被誉为标志着人类社会进入了新纪元。有学者评论，"网络社会"并不是即将出现的一种社会结构，而是唯一的社会结构，并不当指向未来，而是现在，因为它分析的是正在浮现中的新的社会结构。然而，他的雄心被技术决定论所局限，给新的社会结构的后续发展带来了未涉及的人性，或者说道德伦理问题。诚如法国巴黎高等社会科学院教授阿兰·图雷纳指出，卡斯特的著作重新发现了现代社会科学的最高理想——发现了由新技术与经济文明所导致的社会、文化和心理转变，并用这种转变来替代对人性的研究。① 这种转变一度误导人们忽视网络空间的人性研究。互联网发展已经进入大数据、云计算、物联网新时代，人们跟网络的关系在广度和深度上不断拓展，由触网、玩网步入到了与网络建立板结化关系的阶段，鲜有人能脱离网络的影响，大数据正日益影响人类的价值体系、知识体系和生活方式。但，在人性上，人之于网络处于消极、被动的地位，人的主体性没有得到张扬，建立在人性基础的道德生成上，人甚至缺席、游离了，即人作为道德实践的主体，在整个网络空间道德生态中"脱嵌"了。"脱嵌"一是指人作为实践主体，在物理空间上的缺场；二是指人作为精神主体，在道德生成上的缺场。造成这种困境的原因主要在于：

1. 虚拟对道德的遮蔽

长期以来，受技术决定论的影响，人们对网络的认识仅仅停留在技术知识共享和信息流通的单向层面，对网络空间一言以蔽之"虚拟"，没有发现网络空间的交往是真实的人的社会交往和在此基础上发展的社会属性。马克思认为"人的本质不是单个人所固有的抽象物，在其现实性上，它是一切社会关系的总和"②。人的本质由社会属性决定。然而，社会属性被忽视意味着维系人的关系必需的道德、文化也就被"虚拟"所遮蔽了。

---

① 杨雁斌：《千年之交的社会形态——〈网络社会的崛起〉一书评介》，载于《国外社会科学》2001 年第 6 期。
② 《马克思恩格斯选集》（第 1 卷），北京：人民出版社 2012 年版，第 139 页。

在网络社会生成的文化是"真实虚拟的文化"。虚拟社群并非"不真实",而是在不一样的现实层面上运作。① 换言之,如果没有辩证地认识网络空间现实与虚拟的关系,我们将迎来两个严重的后果:其一,道德弱化。认为网络是虚拟的,是人性的真空场域,没有真实的交往就不需要道德,不需要伦理维系网络空间秩序。其二,人的本质被异化。从应用层面来说,网络并不是单纯的技术的存在,相反,网络信息技术越发达,其虚拟性越小而现实性越发突出,对现实社会的影响越大。"空间是政治性的、意识形态性的。它是一种完全充斥着意识形态的表现。"② 网络及衍生的大数据、云计算等技术集成作为新的科学技术在价值上绝不是中立的,具有明显的政治意向性。对此,美国等西方国家较早地利用政治介入网络空间,将网络当作文化殖民、政治霸权入侵的重要工具,打着"自由、民主"的旗号干涉别国内政。比如,近年来,主权国家顷刻间的政变都由网络发起,社会陷入混乱,国家的人民也就没有自由、公平、正义等政治伦理诉求可言。任何一种新技术和科学的出现最终都是为了解放人。但,停留在没有人性基础的认知下的虚拟的技术应用带给人们越来越便捷的生活的同时,也使人形成了对网络技术的依赖,人被捆绑了,无法把握网络空间意义的流动,慢慢丧失人的本质,使人不断自我异化。

2. 现实道德引导滞后

由于人们普遍认为网络空间是虚拟的,才导致现实道德引导的滞后,造成了网络道德构建的"二律背反悖论"。即,人们既想构建网络空间特殊的道德伦理,但在快速发展的技术及网络经济的诱惑面前,前者往往被抛掷一边,或者难以达成共识,甚至受自由主义西方化思潮的影响,排斥现实道德的介入。"在网络社会,价值被生产,文化符码被创造,而权力被决定。网络社会的新社会秩序对大部分人来说都越来越像是后设的社会失序。"③ 后设的社会失序问题如何解决?当然,不能单靠网络空间生活、

---

① [美]曼纽尔·卡斯特:《网络社会的崛起》,夏铸九等译,北京:社会科学文献出版社2006年版,第338页。

② [法]亨利·勒菲弗:《空间与政治》,李春译,上海:上海人民出版社2008年版,第46页。

③ [美]曼纽尔·卡斯特:《网络社会的崛起》,夏铸九等译,北京:社会科学文献出版社2006年版,第440页。

生产实践来自发生成，而是需要现实生活中已经被检验的道德的创造性转化介入。中华优秀传统文化内含丰富的道德内容和形式，其多种多样的表现形态都指向教化的功能，有着广泛的情感基础和心理认同，决定了其在网络空间创造性转化的逻辑起点。

3. 道德判断难以统一

道德判断是指在一定的社会背景下对他人行为的适当性进行对或错的价值评价。做出准确的道德判断以社会的有序为前提和保障。网络空间秩序，"换言之，像是自动化随机的事件序列源于不可控制的市场逻辑、技术、地缘政治秩序或生物决定论"①。在失序状态下，网络道德事件发生的随机性不断增强，最容易一石激起千层浪，经舆论的炒作，将个人的私事助推为公共事件。美国学者汉娜·阿伦特特别注重对私人事件的探讨，她说，"我让你们注意这些私人事件，目的不在于与我的谴责辩论，在我看来这些谴责不着边际且傲慢，我是意在讨论一个似乎更合理的疑问，即那些对道德问题极少有精神或概念准备的人，是否有权利讨论道德问题。"②在助推者中，不少人抱着"看客"的心态，即对道德问题是少有精神判断和准备的人，从伦理上来讲，也就没有权利讨论道德问题。因为，"道德关乎个体，即单数的人。是非的标准，即对于我应该做什么这个问题的回答，既不依赖于我与周围的人们共同分享的习惯和风俗，也不依赖于一种有着神圣起源或人类起源的命令，而是依赖于我对我自己做出了什么样的决断。"③ 然而，在网络空间的"丛林法则"中，舆论及次生舆论导致的事态反转已成为干扰人的道德判断力的重要因素，事端制造者模糊善恶、是非，导致网络空间依然存在的现象，"即人会被诱惑去行善，且需要努力以作恶，就像他们需要努力去行善，会被诱惑去作恶一样。"④ 人们在善与恶的选择中没有倾向于善的选择，其后果便是恶的随意性发生的概率变

---

① [法]亨利·勒菲弗：《空间与政治》，李春译，上海：上海人民出版社2008年版，第440页。

② [美]汉娜·阿伦特：《反抗平庸之恶》，杰罗姆·科恩编著，陈联营译，上海：上海人民出版社2014年版，第55页。

③ [美]汉娜·阿伦特：《反抗平庸之恶》，杰罗姆·科恩编著，陈联营译，上海：上海人民出版社2014年版，第112页。

④ [美]汉娜·阿伦特：《反抗平庸之恶》，杰罗姆·科恩编著，陈联营译，上海：上海人民出版社2014年版，第81页。

大，在这种状况下，道德判断丧失了起码的参考标准，要达成共识几乎没有可能。

二、现实嵌入：耦合交互中人的本质归化

嵌入是相对于网络空间主体脱嵌而言，通过现实空间已发育的道德嵌入到网络空间中，以实现二者的耦合，使人在两个场域的生活、生产场域的交互中促进人的本质归化。道德最终要实现的目标是人性的优化，其要处理的问题：一是现实空间与网络空间如何耦合；二是如何使人的本质从异化的一面走向归化。主要过程体现在：

1. 网络技术意识形态化成为人异化的新因素

网络技术的意识形态化是指在网络技术—人的关系格局中，网络技术摆脱了消极、被动应用的地位，转而成为了占据统治地位的，靠价值从积极或者消极层面影响人的价值生发地。人们对网络技术的过度依赖使其成为统摄人的生活、生产实践和交往的意识形态化了的存在，其导致的一个后果的表征在于人的异化和社会的异化问题仍然是现代社会的突出问题，产生了马尔库塞所诟病的人性扭曲的"单向度人"。面对技术意识形态化的困境，他毫不留情地批判了发达资本主义社会对人和物超强的控制及非人性的压制，实则违背了技术解放人的本质。与马克思指出的资本家的剥削导致人的异化不同，网络空间导致人的异化的新动因恰恰是网络技术意识形态化所滋生的单向度的科技观，"由此便出现了一种单向度的思想和行为模式，在这一模式之中，凡是其内容超越了既定的话语和行为领域的观念、愿望和目标，不是受到排斥就是退化到这一领域"[①] 受单向度思维模式的影响，人的政治观、经济观、价值观都成为了单向度的了，使消费主义、利己主义、拜金主义、极端个人主义大张旗鼓，并由此形成了单向度的文化观，网民喜欢、信任非主流的文化和价值，进而解构现实空间中已形成的道德权威，使人慢慢游离于人之为人的本质。

2. 网络和现实道德都决定于实践

实践是西方哲学史上源远流长的传统。从亚里士多德的实践与创制二

---

① ［德］赫伯特·马尔库塞：《单向度的人：发达社会意识形态研究》，刘继译，上海：上海译文出版社2014年版，第12页。

分法、康德的理性意志实践、黑格尔的思辨精神实践到费尔巴哈的感性生活实践，西方实践哲学展现出不同的方法论逻辑，马克思在对这些方法论逻辑的批判继承中形成了主体基于现实不合理性能动改造客体的"实践逻辑"方法。① 总体而言，在对实践的认识上，西方哲学传统形成了道德实践论和技术实践论，只有马克思将二者辩证统一起来，将实践看作是完整的人的活动，也即实现了人的自由全面发展的本质的活动，实现的手段，正是主体对现实的不合理的改造。现实生活是在人类世世代代的实践活动产生、丰富发展的，人性和人的本质也是在实践中实现的，维系这一过程的持续进化的力量正是由社会存在决定的属于社会意识层面的道德。那么，作为主体的人在网络空间的实践是不是现实的实践？基于主体基于不合理性能动改造客体的认识，这种实践在本质上就是现实的真实的实践，同样会因为网络空间的实践产生道德，再由生成的道德反作用于实践。在这种认识的指导下，网络与现实长期割裂的历史才会得以改变，慢慢地转化为确证网络现实性的认识。

3. 成熟的精神交往的统摄

要顺利实现网络空间与现实空间的耦合，需要在批判网络技术意识形态化的基础上，肯定网络空间道德生成的实践逻辑，再跨入第三步，由成熟的精神交往来统摄。任何科学技术的出现都是为了解放人，实现人的自由全面发展，这是现代伦理学发展的最终目标。然而，网络技术的普及、推广使人类社会无可避免地陷入了技术狂欢和对经济的狂热追求中，导致现时代人的精神生活物化。精神是人之所以为人的根本指向，是人的存在价值和意义实现所必需。面对人的精神生活被物化的困境，关键在于人的主观能动性的极致发挥，使人始终有超越的精神追求。马克思认为，人能够把自己的生命活动变成自己的意志的对象，即是，人能够把自身的现实生活作为对象进行超越性的构想，由于人的这种超越本性的存在，精神活动的形而上的力量总是力求超越并引导和提升物质实践的品质，促使物质生活不断从低级走向高级、趋向完美。② 马克思指出的这种精神活动实质

---

① 李腾凯：《马克思共享观的三重"实践逻辑"进路》，载于《湖北社会科学》2016年第8期。

② 陆杰荣、徐海峰：《论马克思的精神生活观》，载于《哲学动态》2015年第10期。

是成熟的精神交往，因为它取决于人对自身的超越性的构想。精神的超越性追求是人所特有的，能帮助人摆脱物性、避免异化的根本动因。在现代社会，人的精神生活的物化不仅仅是现实社会道德失范所造成的，更多的还来自人之于网络技术、价值观的依赖。要摆脱二者的负性交融、渗透，只有成熟的精神交往才能彻底地克服，正因为此，网络空间的道德建构成为了时所必然。

三、建构向度：满足人们的美好生活需要

网络空间所带来的对人性、人的本质的消解的鲜明的外在表现：一是由对技术的依赖形成技术单向度的思维，给人带来精神上的空虚，缺少对自我的反思；二是由网络伦理秩序的滞后导致人缺乏外在的道德约束和超越性的道德追求，使人性的好坏都无拘无束地外漏，进而出现这样的状况，即人会被诱惑去行善，且需要努力以作恶，就像他们需要努力去行善，会被诱惑去作恶一样。意即，在网络空间，为善与作恶变得等同起来；三是由网络空间看似广域实则被弱化了的交往导致人的自我封闭，进而助长了人的自私性，形成冷漠、逃避责任、趋利避害的社会文化。中华优秀传统文化特质体现在它是极其讲求反思性、内倾性、情感性的文化，包罗了体系庞大、内涵丰富的物质和精神文化。新时代，我国社会主要矛盾已经转化为人民日益增长的美好生活需要与不平衡不充分的发展的矛盾，美好生活需要的满足以充足的物质保障为基础，除此外，更重要的是更高级的精神道德需要的满足，其正好与中华优秀传统文化的特质契合。网络空间的道德建构，需引导网络主体在反思自我、促进自我心性成长、关爱他人的道德实践中达致自在、自为之境，向人的自由全面发展的最高境界迈进。

1. 伦理秩序重塑

唐凯麟、王泽应指出，中国伦理现代化始终面临着既要跟上伦理文化的世界潮流又要保持伦理文化的民族特性、既要学西方又要抗击殖民文化、既要肯定自己伦理文化的根柢又要超越自己以往的陈旧传统等这样一些错综复杂互渗的文化难题。"[1] 简言之，中国伦理现代化面临着自我的本

---

[1] 唐凯麟、王泽应：《中国现当代伦理思潮》，合肥：安徽文艺出版社2017年版，第35页。

体性的保持与创新性发展的双重难题，导致了它先天不足。为解决这一难题，产生了现代新儒家学派、自由主义西化派和马克思主义伦理学派。两人对中国伦理现代化困境的阐释中，在网络社会，有一个关键问题没有涉及，那就是网络空间主体脱嵌的问题。要保持人始终作为成熟的道德实践主体，必须要由历代文化积淀而来，否则，脱嵌导致的一个严重的后果便使得网络空间沾染伦理的西化，它"主张弱化道德，认为道德的本质不过是供人使用或借以达到幸福生活的工具，如果无助于增进人的幸福，道德就不仅没有什么积极作用反而有害。"① 换一种表述，西化实则是道德极端功利主义，它极易与伴随网络技术而来的工具理性结合。发生在网络空间里的诸多越轨、失范行为表明，正是道德功利主义和工具理性助长了网络空间里的人的自私性，给人营造了一个可以为所欲为满足自我私欲的幻觉。

  为规避这个问题，网络空间的伦理秩序重塑迫在眉睫。这决定了中华优秀传统文化创造性转化的旨趣在于既要抵御西化的侵蚀，更要在马克思主义立场观点方法的指导下，探寻出二者的切合点。主要体现在：一是关照日常生活。西方哲学经过长时间的纷争，从黑格尔的实践观开始，人才慢慢从"上帝"的桎梏中解放出来，到马克斯·韦伯出版《新教伦理与资本主义精神》，彻底解决了宗教哲学的"出世"与现实生活"入世"的割裂。西方宗教和哲学之间的割裂之所以长期存在，甚至诱发战争，根源在于它们的方法论的单向、极端，没能像中华优秀传统文化内涵丰富的辩证统一思想，强调人与人、人与社会、人与自然、人与自我的和谐统一，强调"天、地、人三才"的统一。诞生在我国本土的哲学思想儒家和道家从一开始就是去神化、祛魅化的，转而关注人的世俗生活及人性成长。"儒家正是一贯重视生活、生命、生生，而不离开日用生活去追求思辨，不离开历史文化去追求思辨。"② 如孔子不谈论"怪、力、乱、神"，《老子》强调"人法地、地法天、天法道、道法自然"，发展到庄子那里成了纯正的心性修养、智慧生长的学问。网络技术是西方文明送给我国的"嫁妆"，裹挟着被西化的伦理思潮，技术理性将人从"上帝"那里拉回来，但技术

---

① 唐凯麟、王泽应：《中国现当代伦理思潮》，合肥：安徽文艺出版社2017年版，第34页。
② 陈来：《论李泽厚的情本体哲学》，载于《复旦学报（社会科学版）》2014年第3期。

依赖又使现代人重新跌入与现世生活割裂的深渊。网络空间不单是技术的生产、生存空间，而是与人的生活密不可分。人该如何过好包含网络和现实空间的现世生活？自然离不开建构在中华优秀传统文化基础上的伦理秩序的维系。

二是情感浸润。李泽厚认为21世纪中国哲学该登场了，为什么这么说？按照他提出的"情本体"的范畴所要解决的问题的逻辑，推动中国哲学登场的动力来自于其对人强烈的情感关怀。他认为，"即使是失去对神的信仰而陷入机器（科技机器和制度机器）支配的日常世界人在自己的悠久的文化心理积淀中，难道就允许真正无家可归？就不能够找到自己建立的信仰和信仰的快乐？如果真是那样，情感又如何能够成为本体？"① 情感要成为本体就在于促使人寻找到自我、乃至整个族群的精神家园。在"情本体"范畴中，中国传统的信仰不是神的信仰，也不是受外在所物化的信仰，而是对人的真实的情感关切的文化信仰。文化信仰是稳固的不受外物所拖累的直抵人的精神家园的价值体系，建立了高一级价值体系，低一级情感秩序自然而然形成，最终实现网络空间里人的情感、道德、信仰的统一。

三是内省慎独。人的精神生活之所以会被物化，根本在于人丧失了独立的自我，在外在物欲编织的牢笼中，人难以回归自性，反观自我。与轴心时代的其他哲学比较而言，儒学是一种理性精神和人文性格早熟的学问，这种早熟主要表现在主体意识的觉醒和道德修养的自律。② 这种思想的集中体现在"慎独"二字中。伦理道德都是先发乎内，由增强自我的修养，外化为道德实践。网络空间恰恰相反，囿于"虚拟"的片面认识，主体认为不是真实的人与人的交往，便缺少了自我约束，认为可以为所欲为，不光陷入了网络无需道德建树的集体无意识而走向一波又一波的集体狂欢之中，更甚者，衍生于网络的非主流价值观还不断冲击着现实社会成熟的固有的伦理秩序。

2. 家国情怀同构

许纪霖指出，"现代社会的个人乃是'大脱嵌'的产物，其从家国天

---

① 李泽厚：《情本体在今日》，载于《中国美学研究》2007年第3期。
② 朱小明：《思孟学派"慎独"说的三重境界》，载于《理论月刊》2014年第7期。

下的共同体中游离出来,成为自我本真性的原子化个人。"① "脱嵌" 了的人自认为可以独立于外界,自视 "我就是我"。这种思潮正好迎合了作为网络 "原住民" 的一代,误以为网络是传统的稳固的 "家国天下共同体" 的例外。果真如此吗?随着网络发展的深化,越来越多的人已经开始认识到主体与现实的 "大脱嵌",归根到底也是家国秩序的 "大脱嵌" 所带来的危害,如深度的迷茫、随处蔓延的空虚、自我认同的危机。谋求家国天下的共同体意识是以儒家为核心的中华优秀传统文化的伦理主线。"'大脱嵌' 之后,家国天下的秩序与现代人的自我,都面临着一个'再嵌化':自我要置于新的家国天下秩序中来重新理解,而家国天下也在自我的形塑过程中得以重新建构。"② 在再嵌入的过程中,网络空间是必不可少的场域,并且,因网络的联结而使 "地球村" 越来越成为现实的今天,家国天下的秩序应然包括网络空间。

3. 主体责任实践

网络空间最容易造成一个 "无知之幕",看似人人都参与,但却往往找不到承担责任的人。如原本的一件私事经网络曝光后,无相关的网民出于好奇心理转发、评论,一起助推事态的恶化给当事人带来伤害,这样的事情在网络空间屡见不鲜,但因为很多人都这么做,也就因为共担而实质上没有人承担责任,长此以往,滋生了网络空间里的冷漠文化,唤醒人的"破坏性人格"。"一个人对他没有做过的事负有责任,这是可能的;他可以对它们负责。但对那些他并没有积极参与的事情,要他对它们负有罪责或感到有罪,这却不可能。"③ 恰恰在网络空间里,人容易认为对自己助长的恶并没有积极参与,所以推导出自己无罪,不必感到罪责。

网络空间是现实的人的交往空间,至少是真实的虚拟空间,要使人人在网络空间里的交往有序,跟现实空间一样,必须是责任主体的交往。中华优秀传统文化里包含了丰富的责任伦理,如仁的思想、君子人格,倡导

---

① 许纪霖:《家国天下——现代中国的个人、国家与世界认同》,上海:上海人民出版社 2017 年版,第 13 页。
② 许纪霖:《家国天下——现代中国的个人、国家与世界认同》,上海:上海人民出版社 2017 年版,第 13 页。
③ [美]汉娜·阿伦特:《反抗平庸之恶》,杰罗姆·科恩编著,陈联营译,上海:上海人民出版社 2014 年版,第 153 页。

"己所不欲勿施于人""己欲立而立人,己欲达而达人"的推己及人价值观,升华为"修身、齐家、治国、平天下"的责任实践,并在"民吾同胞、物吾与也"和"为天地立心、为生民立命、为往圣继绝学、为万世开太平"中发扬光大,并发展成为当代"友善"的社会主义核心价值观,以及党的十九大提出的"激励人们向上向善、孝老爱亲,忠于祖国、忠于人民"[1]的道德要求。正是因为中华优秀传统文化所蕴含的强烈的责任感,本身对它的继承和发扬也出于责任感和使命感,才使得中华民族子孙始终与家、国同呼吸、共命运。因此,要从根本上做好网络空间的综合治理,关键在人,在每个人的主体责任实践,网络空间是否有序关系整个社会生活、生产是否有序,网络安全事关国家整体安全。

(作者罗方禄,中南大学马克思主义学院2017级博士研究生。)

---

[1] 习近平:《决胜全面建成小康社会夺取新时代中国特色社会主义伟大胜利》,北京:人民出版社2017年版,第43页。

论韩非治国理政思想的四重价值追求

周四丁

摘要：韩非学说融会了法家学派对人类政治生活的独到价值追求。韩非治国理政思想的价值追求旨在保障和增进普通民众利益，包含富强、法治、公正、诚信四个层面及其践行之道。韩非是具有独特政治伦理智慧的思想家，其贡献体现在论证了其价值序列，系统地阐述了其价值的践行之道，同时也为认识中国传统文化与社会主义核心价值观的关系打开了一个新窗口。

关键词：富强；法治；公正；诚信

韩非虽然是法家的集大成者，但是绝不是非道德主义者，其治国理政思想包含着独特的价值追求。正如陈奇猷所言，"法家非与人仇"，诸子百家殊途同归，都努力探寻救民于水火的方法，都有各自的价值追求。朱伯崑认为，"韩非同儒家争论的焦点不是要不要道德的问题，而是如何理解人类的道德生活，怎样确立和实行封建制所需的伦理规范"[①]。韩非治国理政思想的价值追求是法家对人类政治生活的价值追求；其价值取向是保障和实现普通民众利益；主要包括富强、法治、公正、诚信"四重"价值追求，韩非不仅详述了这"四重"价值追求的核心含义，还阐发了践行之道；不仅有益于当时的富国强兵、秩序重建、化乱为治，对对当今的治国理政也有借鉴意义。

---

① 朱伯崑：《先秦伦理学概论》，北京：北京大学出版社1984年版，第271页。

一、富强

韩非深刻地认识到民众渴望富贵、诸侯渴望富国强兵、富强是安天下的根本之道，所以他认为富强应当是法家学说最重要的价值追求。韩非明确地使用了"富强"这一概念，"明主者，通于富强则可以得欲矣"（《韩非子·八说》）。其意思是指君主只有践行富强之道才能实现自己的欲望。《韩非子·六反》篇中论述道："审于法禁，法禁民著，则官治；必于赏罚，赏罚不阿，则民用。民用官治则国富，国富则兵强，而霸王之业成矣。霸王者，人主之大利也。人主挟大利以听治，故其任官者当能，其赏罚无私。使士民明焉，尽力致死则功伐可立而爵禄可致，爵禄致而富贵之业成矣。富贵者，人臣之大利也。"此章句详细地阐述了韩非富强的理路，他认为富强包括四层含义，其层级关系是富民、富国、强兵、霸王。他认为富民是富强的逻辑起点，人主治国就需要选贤用能、赏罚无私以满足民众的富贵之业；富民就能用民，就能富国；富国以农，就能为强兵提供物质基础；国家兵力强大后，就能立威于诸侯，"战而胜，则国安而身定，兵强而威立"（《韩非子·难一》），这就是富强的最终状态，即成就霸王之业。

韩非认为践行富强价值观需要使君主认识到霸王之业的重要性，使民众知晓富贵之业的具体途径。"霸王者，人主之大利也。人主挟大利以听治，故其任官者当能，其赏罚无私。"（《韩非子·六反》）在列国争雄的时代，君主要自觉承担起霸王使命，力行法治集聚国力，"是故力多则人朝，力寡则朝于人，故明君务力"（《韩非子·显学》）。"人朝"属于霸王，"朝于人"则意味着失去自主权，还有可能丧失宗庙社稷；在以力争胜的时代，要么鲸吞它国成为一代霸主，要么失其宗庙社稷破国失民；诸侯国君在治国理政的过程中只有深刻认识到形势的严峻性，才能从内心深入激发起实现富强之欲望。如果说君主践行富强价值观需要一种自觉的责任意识，那么百姓践行富强价值观则是"欲利"本能的自然释放，君主有义务为民众这一本能的释放提供条件。韩非预设人心欲利，"人无毛羽，不衣则犯寒；上不属天，而下不着地，以肠胃为根本，不食则不能活；是以不免于欲利之心。"（《韩非子·解老》)，同时又指出，民众实现利益的欲望是无穷的，"且夫死力者，民之所有者也，情莫不出其死力以致其所欲"(《韩非子·制分》)。所以,韩非很自然地得出结论,要使人们完成富贵之业,国君就要"使士民明焉尽力致死则功伐可立而爵禄可致,爵禄致而富贵之业成矣"(《韩非子·六反》),就要使"富国以农,距敌恃卒"(《韩非子·五蠹》)的国策深入人心,使人们奉为圭臬。

  韩非富强价值追求的可借鉴之处在于以富民为逻辑起点,宜鉴戒之处在于以霸王为终极目标。韩非富强价值追求的意义在于其将追求财富与强大当成崇高的、为民谋福的善业。在韩非的富强理念中,富民是基础,没有富民,就不可能富国和强兵;民众的积极性是迅速积聚国力的前提。他把富强打造成为一种被普遍接受的价值观,使之具有统一思想和行为的整合功能,于是举国追求富强,天下必然一统。正是由于将富民当作突破口,韩非富强学说才能在秦国的实践中取得巨大的实效。韩非将富民与得民心紧密结合在一起,在当今时代依然具有其现实意义。然而在当时,这种思想却常常被抨击。《法言·问道》说:"申韩之术,不仁之至矣,若何牛羊之用人也!"认为通过利益引导民众从事富强之业便是视民如牛羊。还有观点认为利益导向不能真正统一人心,"正因为其太切近真实,使它无法发挥意识形态的文饰功能。因此也就无法胜任提供与体制相适应的文化秩序的使命"[①]。只有富民政策改弦更张,民心才会背离。富强价值观的缺陷在于把富民、富国、强兵都当成霸王的工具价值,当霸王目标实现后,富民、富国、强兵就失去了工具价值。秦大一统后,舍富民之策而代之以残民之政,于是大一统的政权转瞬间土崩瓦解。有鉴于此,应当将富民作为终极价值,富国与强兵,都是为了更好地富民;要淡化对霸王之业的追求,和平发展、互利共赢才能确保永不衰竭的发展动力。

二、法治

  在韩非治国理政思想中,政治伦理意义上的法治是指将民众的利益制度化。韩非明确提出了"以法治国"的理念,"故以法治国,举措而已矣。法不阿贵,绳不挠曲。法之所加,智者弗能辞,勇者弗敢争。刑过不辟大臣,赏善不遗匹夫"(《韩非子·有度》)。韩非所主张的政治伦理意义上

[①] 杨阳:《王权的图腾化——政教合一与中国社会》,杭州:浙江人民出版社2000年版,第179页。

的法治有三重内涵,第一、韩非认为法治是设利民之法。韩非认为立法之根本就是为百姓谋利,"窃以为立法术,设度数所以利民萌便众庶之道也"(《韩非子·问田》)。故而,韩非对立法也提出了很高的要求,"故至安之世,法如朝露,纯朴不散;使民心无结怨,口无烦言"(《韩非子·大体》)。认为法律应该是纯洁的,能真正满足民众利益需求、协调好民众利益关系的;好的法律就是解决民众最迫切的需要,"故安国之法,若饥而食,寒而衣,不令而自然也"(《韩非子·安危》)。所以,韩非学说中的法治,一直将法律与增进民众福祉紧密结合在一起,而不只是将法律当成君主的宰制臣民的工具。第二、韩非认为法治是齐民之法。韩非明确提出"一民之轨,莫如法"(《韩非子·有度》)的观点,认为法律能高效地使人整齐划一、遵守共同的规范、采取共同的行动。韩非认为法律是最好的齐民手段,一方面法律就是利害之道,凝聚着民众的利益,"明主知之,故设利害之道以示天下而已矣。夫是以人主虽不口教百官,不目索奸邪,而国已治矣"(《韩非子·奸劫弑臣》);另一方面,法律也是高效的齐民方式,"且舜救败,期年已一过,三年已三过,舜有尽,寿有尽,天下过无已者,以有尽逐无已,所止者寡矣……赏罚使天下必行之,令曰:'中程者赏,弗中程者诛。'令朝至暮变,暮至朝变,十日而海内毕矣,奚待期年?"《韩非子·难一》法治令行禁止的效率远高于德治的感化效率。所以,只有法律才能让民众整齐划一,"至夫临难必死,尽智竭力,唯法为之"(《韩非子·饰邪》)。全体国民在法律的激励下尽智竭力,是法治的理想状态,也是富国强兵追求的状态。第三、法治是强国之道的法律化。如果说儒家是将"圣人之道得行于天地之间"作为德治的目标,那么,韩非法治的目的就是富强,法治是富强方法的法律化。韩非主张将利出耕战法律化,"利出一空者,其国无敌;利出二空者,其兵半用;利出十空者,民不守"(《韩非子·饬令》)。利出耕战,是富强之策,需要以法律来推行这一政策,并且运用法律来固化民众的利益关系。这一法律制度设计移风易俗,会因民众产生阵痛而受阻碍,立法者应根据国家和民众长远利益冲破重重阻力设立法律制度,"故法之为道,前苦而长利;仁之为道,偷乐而后穷。圣人权其轻重,出其大利,故用法之相忍,而弃仁人之相怜也"(《韩非子·六反》)。普通民众的见解、欲望、习惯与精英们对国家长远利益的洞见是有出入的,立法者需要以强大的魄力通过刚性的法律移风易俗、为民造福。"圣人之治民,度于本,不从其欲,期于利民而已。故其与之刑,非所以恶民,爱之本也。"(《韩非子·心度》)当国家强大之时、民众获利之后,就自然会明白法律对于富国、富民的意义而拥护法律。

韩非设计两种途径践行法治价值观。第一是将法律编写成文向民众颁布。"法者,编著之图籍,设之于官府,而布之于百姓者也……是以明主言法,则境内卑贱莫不闻知也。"(《韩非子·难三》)通过颁布法律文书的形式推行法治,就算是国民中最卑贱的人也知道法律的内容,并依据法律调整自己的行为。第二是通过官员来执行法律,"故明主之国,无书简之文,以法为教;无先王之语,以吏为师"(《韩非子·五蠹》)。通过官员向民众宣传法律、执行法律,使法律成为行事施予的唯一准绳。"明主之国,令者,言最贵者也,法者,事最适者也。言无二贵,法不两适,故言行而不轨于法令者必禁。"(《韩非子·问辩》)官员的命令是最尊贵的言辞,法律是唯一准绳。官员执法的最终结果就是"力出一空","官行法,则浮萌趋于耕农,而游士危于战阵"(《韩非子·和氏》),而这正是法家法律所聚焦的利益。

熊十力从正反两方面评价了韩非的法治,一方面他认为"其释《老》之'不敢为天下先'曰'圣人尽随于万物之规矩',一言道尽民主法治精神,美哉洋洋乎!独惜韩子未抱定此语去发挥"①,高度肯定韩非法治的理念;另一方面他又认为,"韩非仍承君主政体,又主极权,故人民无参政权,但供人主之驱策以尽力耕战而已"②,使法治成为君主宰制臣民的工具。这是非常有代表性的观点,这种观点其实是从西方民主政治的理路来解读韩非的法治思想,忽略了韩非给法治注入的独特价值和韩非学说自身的内在理路。首先,韩非给法治注入的内涵,使法治与人民的利益结合在一起,即"随于万物之规矩",故而不可能成为君主宰制臣民的工具,因为法律是便于人民谋取正当利益的。其次,韩非所构建的法治社会的上下通道是异常畅通的。民众只要有能力就能做官,成为执法者,所以,认为人民无参政权是有失偏颇的。最后,认为君主极权,独占立法权的观点也不客观。虽然法律需要通过君主颁布,但是法律制度的设计者往往是"能

---

① 熊十力:《韩非子评论》,上海:上海书店出版社 2007 年版,第 45 页。
② 熊十力:《韩非子评论》,上海:上海书店出版社 2007 年版,第 45 页。

法之士"，他们根据社会发展的需要来设计法律，最后由君主认可，并不是君主个人意志的体现；并且，法律一旦设定，君主也需要遵守。但是，韩非学说关于法治价值观的论述也存在一些缺陷。第一，韩非没有将法治作为终极价值观，而只是作为工具价值观。"故以法治国，举措而已矣"（《韩非子·有度》），韩非虽然认可法治的价值，但是并没有将法治本身当成最高的目标，只是将它当成实现富国强兵的工具。第二，韩非将法治的主体限定为君主和大臣，只强调君主奉法和大臣执法对于法治的重要性，而没有重视民众的重要性。韩非认为民众只是法律治理的对象，没有树立起民众对法律的崇拜、信仰和守法意识，民众只是将法律当成获取利益的方式，如果民众没有对法律的信仰，一旦利益受到损害，法治必将被破坏。

三、公正

如果说西周时期的等级制度是通过礼来维系不同群体的利益差异，那么韩非则要通过法来消除人与人之间的利益差别以激励民众富国强兵。《韩非子》一书中"公正"一词共出现了三次，"所谓直者，义必公正，心不偏党也"（《韩非子·解老》），"今人主以其清洁也进之，以其不适左右也退之，以其公正也誉之，以其不听从也废之。民惧，中立而不知所由，此圣人之所为泣也"（《韩非子·外储说右下》），"故群臣公正而无私，不隐贤，不进不肖。然则人主奚劳于选贤"（《韩非子·难三》）。韩非还提出了"法平""法不阿贵""推功而爵禄，称能而官事""不别亲疏，不殊贵贱""均贫富"等理念，都充分体现了其对"公正"价值追求。第一，韩非提出了"法不阿贵"的价值追求，意在打破西周等级社会中遗留的贵族特权的桎梏。在西周宗法封建时期，存在"礼不下庶人，刑不上大夫"的问题，贵族与民众在礼法面前的地位是不平等的，韩非的法治理论则赋予法治更公正的内涵。韩非强调法律的执行应不偏不倚，与执法对象的社会地位无关，"法不阿贵，绳不挠曲……刑过不辟大臣，赏善不遗匹夫"（《韩非子·有度》），也不能因执法者的喜好、亲疏而影响执法力度，"是故诚有功，则虽疏贱必赏；诚有过，则虽近爱必诛。疏贱必赏，近爱必诛，则疏贱者不怠，而近爱者不骄也"（《韩非子·主道》）。第二，韩非提出了"选贤用能"的价值追求。西周时期依靠血亲辨识来维系统治，决定一个人社会地位的往往是血缘关系，因此社会阶层是固化的，普通民众无法向社会的上层移动；韩非提出"所举者必有贤，所用者必有能"，使人们根据自己的能力与贡献获得相应的地位，就打破了固化的社会阶层，激发民众的积极性。民众之间的公正会大大地激发民众的积极性，"夫有功者必赏，则爵禄厚而愈劝；迁官袭级，则官职大而愈治。夫爵禄大而官职治，王之道也"（《韩非子·显学》）。这正是国家长盛不衰之道。第三，韩非提出了"均贫富"的价值追求。韩非提出"故明主之治国也，适其时事以致财物，论其税赋以均贫富"（《韩非子·六反》），合理地使用民力以扩充物质生产，通过税收来调节贫富差距，一方面可以极大地丰富社会生产，另一方面能使社会财富公平地分配，这两者是不可偏废的，也具有现代意义上的结果平等的思想。

韩非的公正价值观是通过制定和实施公正的法律来践行的。"人类总是需要通过两条途径实现分配正义：一是个人道德修养，二是社会制度。"[①] 韩非不是选择个人道德修养的途径而是选择社会制度的途径来践行公正价值观，他认为个人道德是不可靠的，只有符合民众利益的公平的法律才能够实现公正。他认为公正不能独立存在，必须物化在法律规范及其实践中。"饬令则法不迁，法平则吏无奸。法已定矣，不以善言售法。任功则民少言，任善则民多言。"（《韩非子·饬令》）法平是公正在现实中的理想状态，也许不同的时代对"法平"理解不同，但它是每个时代的共同追求。韩非的治国理政思想给予民众"以力得富，以事致贵"的空间，激励臣民追求个人的富贵之业，并且认为诸侯国君为了实现国家强大、调动民众积极性的目标要自我约束、依法行赏罚。虽然韩非学说没有提出专门约束君主的法律，但是君主依法赏罚事实上就是对君主权力的约束。综上所述，相对于西周时期而言，韩非法治价值观主张使君民之间的权利趋向相对平等。

韩非所追求的公正价值依然具有一定的时代价值，当今社会耳熟能详的"法律面前人人平等""律法无情""选贤用能"等用语，与韩非所追求的公正价值是基本吻合的。然而韩非所追求的公正价值亦遭受很多的批判，司马谈在《论六家要旨》中指出"法家不别亲疏，不殊贵贱，一断于法，则亲亲尊尊之恩绝矣。可以行一时之计，而不可长用也，故曰'严而

[①] 向玉乔：《分配正义》，北京：中国社会科学出版社2014年版，第177页。

少恩'"。司马谈认为"不殊贵贱"的公正是韩非学说实践失败（秦二世而亡）的原因。类似的批判还有司马迁"惨礉少恩"、贾谊的"仁义不施"，以及熊十力的"夫商韩惨酷，固无理"等。这些批判说明人们对韩非所追求的公正的排斥，从另一个侧面印证了实现公正价值的艰难。虽然法治观念逐渐深入人心，选人用人逐步规范化，但是有法不依、选择性执法、用人唯亲等现象依然存在，当代社会依然在追求更公正的法治与用人环境。公正，正因为其实现过程非常艰难，所以就显得特别的珍贵；人们不仅要珍惜几千年来所争取到的相对公正，更要肩负起当代人追求进一步公正的责任；在现有基础上逐步细化制度，争取为进一步实现"所举者必有贤，所用者必有能"的理想公正状态，做出具有时代特点的贡献。

四、诚信

将"诚信"作为一个概念使用，韩非是最早之一，《韩非子》一书共有三次使用这一概念。"名号诚信，所以通威也"（《韩非子·诡使》），"形名参同，用其所生。二者诚信，下乃贡情"（《韩非子·扬权》），"子之以此知左右之不诚信"（《韩非子·内储说上七术》）。在词义上具有诚信含义的词如"信""相信""诚"等出现多达 176 次。韩非治国理政思想中伦理意义上的诚信主要是指法律信用，即君主一旦颁布法律，就要依照法律行使赏罚。如果在形式上将法律界定为民众利益的制度化，而在现实操作层面却不执行法律，那么民众的利益就得不到保护，富国强兵的宏伟目标终将成空。法律信用是通过赏罚信用体现出来的。"信赏，以赏者赏，以刑者刑，因其所为，各以自成。善恶必及，孰敢不信？规矩既设，三隅乃列。"（《韩非子·扬权》）法律信用是君主赢得臣民信任的保证。韩非在强调法律信用的同时认为人是不可以信任的。韩非从"父子犹以计算之心相待"的人性自为出发得出"信人则制于人"的结论。梁启超认为韩非虽然以偏概全、有失偏颇，但是其对人性阴暗的揭露让人痛快淋漓、又显得沉重。"彼所言'父子犹以计算之心相待'，以此为推论之出发点，其偏宕自不待言，但其将人性黑暗方面，尽情揭破，固不得不谓为彻底沉痛之论也。"[①] 刘泽华则认为韩非对人性的揭露虽然客观，但伤害了人们的

[①] 梁启超：《梁启超论先秦政治思想史》，北京：商务印书馆 2012 年版，第 178 – 179 页。

感情,"韩非的这种说法太过刻薄,刺伤了人们的感情,于是常被斥为伤害了人的伦理尊严的谬论。其实,从那个时代看,韩非的论述是相当客观的"①。所以,维护法律信用是韩非诚信价值的主轴。

韩非学说提出了践行诚信的两条途径。第一是君主守法。君主依法行赏罚才是臣民诚信的根本所在。"故明君无偷赏,无赦罚。赏偷,则功臣堕其业;赦罚,则奸臣易为非。是故诚有功,则虽疏贱必赏;诚有过,则虽近爱必诛。"(《韩非子·主道》)君主拥有至高无上的权力以彰显自己的意志,只有当君主的权力在法律的轨道内运行,才能赢得民众的信任、赢得民心。第二是通过参验使臣民守法,"观听不参则诚不闻,听有门户则臣壅塞"(《韩非子·内储说上》)。臣民在个人利益的驱使下有可能枉法谋利,通过参验之法使臣民处于被监督之下,才能使臣民成为真正意义上的执法者。"上以名举之,不知其名,复修其形。形名参同,用其所生。二者诚信,下乃贡情。"(《韩非子·扬权》)这是提高整个国家诚信水平的可行的方法。"诚信主体坚守诚信的时间越久,力度越强,他人对其诚信的期望就越高。"②法律能使君主更持久地坚守诚信。

韩非深刻认识到诚信建设取决于君主,将君主守法作为君德修养,将约束臣民守法作为君主的责任,具有很强的借鉴意义。当今社会的诚信问题非常突出,政府诚信是解决当前诚信问题的关键。"打铁还需自身硬",政府要扮演好政策制定者、执行者和监督者的角色,使政策得到有效的实施,不能失信于民;政府对社会的承诺也要及时兑现;要加强对下级政府及民众的诚信管理,如果政府在执法过程中对下级官员或经营者的违法违规行为不作为,甚至收受贿赂充当保护伞,那么政府也会失去民众的信任,诚信危机也会愈演愈烈。许建良非常认可韩非践行诚信的参验方法,"在动态境遇里的参督的构设,尽管对诚信客观认识上并不很乐观,但是,对诚信的生长是非常有力的"③。伤害人的伦理尊严的不是对"信人则制于人"的认识,而是现实生活中"信人则制于人"事实,认识这一现象并减少这一现象,不是伤害人的伦理尊严,而是增进人的伦理尊严;先秦诸子

---

① 刘泽华:《中国古代政治思想史》,天津:南开大学出版社2001年版,第100页。
② 龙静云:《论作为社会资本的诚信与企业诚信管理》,载于《江汉论坛》2011年第1期,第58页。
③ 许建良:《先秦法家的道德世界》,北京:人民出版社2012年版,第343页。

均旨在增进人的尊严,只有韩非的参验之法能真正达到目的。韩非认为:"故世之所以不治者,非下之罪,上失其道也。"(《韩非子·诡使》)诚信亦然,诚信或不诚信,取决于政府能否建立有效的诚信机制,所以,政府应不断完善诚信体制。

五、结语

韩非治国理政思想的价值追求不是外生于其法治体系,而是其法治体系的应有之义,其法治理论正因为包含着价值追求,影响才更深远。韩非治国理政思想的价值追求说明他是具有独特贡献的思想家。

第一,韩非的独特贡献体现在其论证了价值序列。

价值序列是指按照价值的重要性进行排序,虽然各学派均追求多重价值,且在表达时亦有前后顺序,但是鲜有学派论证其多重价值的逻辑关系与优先顺序,而韩非则非常鲜明地将其价值序列确定为富强、法治、公正、诚信,这体现了韩非学说的独特性。韩非将富强作为最重要的价值,又把富民作为富强最重要的组成部分;其他学派虽然从不同的层面论及基本的物质保障对于治国理政的重要性,但是很少提及富民、富强,更没有将富强当成最重要价值观。韩非对民众在治国理政中重要价值的认识最深刻、最全面,他不仅告诫君主"明主者,通于富强则可以得欲矣"(《韩非子·八说》),还就如何实现富强进行了详细地逻辑阐述。要富强就要实行法治,"国无常强,无常弱。奉法者强,则国强;奉法者弱,则国弱"(《韩非子·有度》)。国家富强的程度取决于对法治的坚守程度,法治是富强的保障,是实现富强的手段。实行法治就离不开公正,东汉许慎所著《说文解字》一书的解释:"灋,刑也,平之如水,从水;廌,所以触不直者去之,从去。"法有公平正直之义,韩非认为在法治之下,"其任官者当能,其赏罚无私",所以,公正是法治的应有之义。离开了公正的法治,就失去了法治的应有之义,所以,君主在制定法律时,要确保法律是公正的。公正是以法治为目的,法治以公正为基石,所以,法治的重要性优于公正。韩非又提出"使士民明焉尽力致死则功伐可立而爵禄可致,爵禄致而富贵之业成矣"(《韩非子·六反》)。"士民明焉"有明白、相信两层含义,韩非认为法治畅通不仅需要民众了解法律所凝聚的利益关系,更需要民众相信法律是可以信任的,法律所保障的利益是能够实现的。民众只有相信法律，才能依据法律调适自己的行为，才能致力于耕战。所以，诚信是为了实现富强、法治、公正等价值而存在的工具性价值观，其重要性都弱于前者。

第二，韩非的独特贡献体现在他对价值践行进行了阐述。

韩非不仅认识到了富强、法治、公正、诚信对于治国理政的重要性，还就如何践行这些价值进行了卓有成效的探讨，这是其思想比儒家的道德学说更先进的地方。他认为实现富强的关键在于将君主的霸王之业与臣民的富贵之业结合起来，法治的关键在于以吏为师、以法为教，公正需要法治来保驾护航，诚信的前提是君主守法。这些观点将富强、法治、公正、诚信等价值与其法治理论体系融为一体，更在一定的时空范围内得到有效的践行并取得显著的成效。儒家学说在战国时期得不到认可，主要的原因就在于"迂远而阔于事实"，与现实结合不紧密。

第三，韩非的独特贡献体现在其学说可以为认识中国传统文化与社会主义核心价值观的关系打开了一个新窗口。

从形式上看，韩非的价值追求内容包括富强、法治、公正、诚信，与社会主义核心价值观的部分内容有一致性；从义理上看，韩非对于其价值内涵的阐发并不完全过时，有些还具有时代意义，甚至可以作为社会主义核心价值观相关内涵阐释的依据与参考，比如，富强应以富民为先、法律要保护民众的利益、诚信需要执政者守法等等，都对践行社会主义核心价值观有一定的参考价值，这充分说明社会主义核心价值具有一定的法家渊源。韩非学说只是认识中国传统文化的窗口之一，由这个窗口可以发现社会主义核心价值观不是无源之水、无本之木，而是有着深厚的传统渊源和历史文化积淀，是中华文明几千年治国政治经验的总结与升华。

（作者周四丁，湖南师范大学公共管理学院博士研究生。）

荀子富国思想的经济伦理意蕴探析
——兼与亚当·斯密的"国富论"比较

贺汉魂

摘要：在我国先秦，荀子是明确提出"富国论"的思想家。荀子创造性地提出真正的富国应是国民、国家俱富。荀子指出人性中既有"好利"的一面，也有"好义"的一面，实现富国目标，应通过隆礼重法建构造良好的经济秩序，培育经济主体以义制利的价值理性。荀子的富国论与亚当·斯密的富国论在内容上有许多相似处，但蕴涵其中的伦理精神却有重大区别，对二者进行比较分析是发现荀子富国思想特殊内涵与特殊价值的重要方式。

关键词：荀子；亚当·斯密；富国论；经济伦理

荀子是我国先秦诸子思想的集大成者，更是儒家学派的代表人物，在儒家思想史中地位甚高，冯友兰先生便言，"孟子以后，儒者无杰出之士，至荀卿儒家壁垒始又一新"[①]。经济伦理思想是荀子伦理思想的重要内容。在荀子的经济伦理思想中，富国是根本目标，《荀子》一书单列一篇《富国》，这在先秦诸子思想中极其少见。荀子的富国思想内涵丰富，意境高远，不仅深刻揭示了当时社会的阶级矛盾，鲜明地代表了新兴封建统治阶级的根本利益，还提出了开源节流、明分使众、以义制利等具体可行的富国主张。荀子的富国思想在我国封建社会产生了极其深远的历史影响，钱穆先生便称"汉代以后的儒家学者对经济的见解，基本上由此而来"[②]。放眼世界经济伦理思想史，能与荀子相比肩者，大概只有早期资本主义时期

---

① 冯友兰：《中国哲学史》，北京：中华书局1961年版，第668页。
② 钱穆：《中国文化史导论》，北京：商务印书馆1994年版，第120页。

的亚当·斯密。通过比较二者的富国思想,由此体悟荀子的良苦用心,发现其伦理智慧对于实现民族复兴、人民幸福、国家富强的"中国梦"颇有现实启益。

一、开源节流实现富国裕民的根本目标

在我国先秦经济伦理思想中,富国与富民之争是核心命题之一。荀子对此问题极为重视,创造性地提出了"国"既指国家,也指国民,真正的富国应是兼足天下,上下俱富,"上富"指充实国库,满足上用,即国家富强,"下富"指国民富,"则上下俱富,交无所藏之,是知国计之极也"(《荀子·富国》)。在富国民与富国家的关系上,荀子强调国民富是国家富的根本基础,"下贫则上贫,下富则上富"(《荀子·富国》),"裕民则民富,民富则田肥以易,田肥以易,则出食百倍"(《荀子·富国》);相反,"民贫则田瘠以秽,田瘠以秽则出食不半"(《荀子·富国》),"上虽好取侵夺,犹将寡获也"(《荀子·富国》),结果只能是"下贫则上贫"(《荀子·富国》),"伐其本,竭其源"(《荀子·强国》)。但是荀子强调富国民,根本目的在于维护统治者的统治能够长治久安,"故有社稷者,而不能爱民,不能利民,而求民之亲爱己,不可得也"(《荀子·君道》),实现王道政治,"故王者富民,霸者富士,仅存之国富大夫,亡国富筐箧,实府库"(《荀子·王制》),实际是其"君,舟也;人,水也。水能载舟,亦能覆舟"(《荀子·王制》)的伦理精神在经济思想中的贯通。可见,国家富强才是荀子富国论的根本目的,这也是荀子的富国主张能够为诸侯君王所待见,避免孟子遭遇的"王顾左右而言他"的情形的重要原因。

富国目标如何实现?单就实现国民富而言,最直接的方式当然是国民少交些,多得些。荀子坚持儒家传统的什一税率,接受管仲的"相地而衰征"的主张,意在确保国民对国家少交一些。荀子号召富人行乐善好施之道,"乐富贵者也,乐分施者也"(《荀子·非十二子》),意在使一般国民多得一些。但这些不是荀子实现富国目标的根本主张,荀子的根本主张,用现代话语言之,便是开源节流,开源的根本途径是强本扬末,节流就是节用。

所谓"本",在我国古代指农业,强本即指重视农业发展。荀子强调农业是富国裕民的基础,"不富无以养民情,……故家五亩宅,百亩田,务其业而勿夺其时,所以之也"(《荀子·大略》)。为此,荀子提出了

"计利而畜民"的农业发展基本原则,"量地而立国,计利而畜民,度人力而授事"(《荀子·富国》)。为了贯彻此原则,荀子又提出一些具体的政策主张:一是实行国家授田制度为"养民情",稳农民提供基本条件,"百亩一守,事业穷,无所移之也"(《荀子·王霸》);二是国家"罕举力役,无夺农时"(《荀子·王霸》),确保农民"务其业"(《荀子·大略》);三是减轻农民的负担,"轻田野之税,省刀布之敛"(《荀子·王霸》),"以时禁发而不税"(《荀子·王制》);四是对受灾的农民进行救济,确保他们"岁虽凶败水旱,使百姓无冻馁之患"(《荀子·富国》);五是注意生态保护,促进农业可持续发展,荀子提出农业生产既要因时制宜,"春耕,夏耘,秋收,冬藏,四者不失时"(《荀子·王制》),也要因地制宜,"所志于地者,已其见宜之可以息者矣"(《荀子·天论》),还要追求可持续发展,"圣王之制也:草木荣华滋硕之时,则斧斤不入山林,不夭其生,不绝其长也。鼋鼍鱼鳖鳅鳝孕别之时,罔罟毒药不入泽,不夭其生,不绝其长也"(《荀子·王制》)。显然,荀子"计利而畜民"的主张是对早期儒家"因民之所利而利之"观点的继承,但更强调了国家在发展农业方面的作用。

所谓扬末,即发展商业。荀子明确提出士农工商分工分职的理论,"农分田而耕,贾分货而贩,百工分事而劝,士大夫分职而听"(《荀子·王霸》),充分说明了商业的流通功能,"通流财物粟米,无有滞留,使相归移也"(《荀子·王制》),提出了一系列惠商的政策主张,如"修采清,易道路",促进交通事业的发展;"谨盗贼",为商业贸易提供安定有序的环境;"平室肆",为商人提供旅居和经营方便;"平关市之征","关市几而不征",减轻甚至免除关市税收。但是荀子反对自由放任的商品经济,主张国家对商业发展进行宏观调控和微观管制:一是限制奢侈品经营买卖,"知务本禁末之为多财也"(《荀子·君道》);二是调控物价,确保"质律禁止而不偏"(《荀子·王霸》),实行等价交换,确保交换双方均无所损失,"易者以一易一,人曰无所得亦无所丧也"(《荀子·王霸》);三是合理调整农商比例,缩减从商人数,"省工贾,众农夫"(《荀子·君道》)。

消费是经济发展的根本目的与根本动力,"没有消费,也就没有生产,因为如果没有消费,生产就没有目的","消费创造出生产的动力"[1]。实现

---

[1]《马克思恩格斯文集》(第8卷),北京:人民出版社2009年版,第15页。

国富目标要求国民合理消费,这也是实现强本扬末的根本途径。对此,荀子早有充分的认识。荀子乐观地认为只要努力发展生产,物质产品就足以满足人们的衣食需要,甚至还能有所节余,不必压抑人们的消费欲望,"夫天地之生万物也,固有余,足以食人矣,麻葛、丝、鸟兽之羽毛齿革也,固有余,足以衣人矣"(《荀子·富国》)。这也是荀子批判墨子节俭消费观的重要依据,"墨子徒然昭昭然为天下忧不足"(《荀子·富国》)。但是荀子并不是消费主义的提倡者,相反,他明确提出了节用的消费主张,"足因之道,节用裕民,善藏其余"(《荀子·富国》),"务本节用财无极"(《荀子·成相》)。荀子主张节用,根本而言,是因为他认识到人的所有欲望未必均能得到充分满足,即使是天子,也只能"近尽"而已,"欲虽不可尽,可以近尽也。欲虽不可去,求可节也"(《荀子·正名》)。这些论述表明荀子早已认识到自然资源就其存在与潜在的绝对性而言是无限的,造成资源稀缺现象的根本原因在于人类改善与控制人类自身欲望的能力与认识、利用、改造与维护自然资源的能力不足。"引起人类需要永远无法满足的根源就在于人的能力与欲望之间矛盾,亦即人力资源的稀缺性"[①],这是一种真正的人本主义经济观。荀子"使欲必不穷乎物,物必不屈用于欲,两者相持而长"(《荀子·礼论》)的消费主张既克服了将节俭与扩大再生产相分离的片面节俭论的局限(墨子的节俭观可谓是代表),也克服了杨朱"尽一生之饮,穷当年之乐"(《列子·杨朱》)消费观的纵欲之弊。不过荀子提倡的是等级消费观,荀子之所以反对墨子的节用论,重要原因在于他认为这会打乱士庶之间的分工分职制度,破坏赏罚制度,"墨子大有天下,小有一国,将少人徒,省官职,上功劳苦,与百姓均事业,齐功劳。若是则不威,不威则罚不行"(《荀子·富国》)。这种等级消费观没有认识到真正需要改善消费状况、提升消费力的是劳动大众。这一点不能不说是荀子消费主张的伦理缺陷,而且必然大大降低其消费主张在实现富国目标方面的功效。当然,这也可理解为,荀子清醒地认识到在当时的社会,只有统治者保持较高的消费水平才能为经济发展提供一定的消费驱动力,这无疑是一种实事求是的态度。

荀子的富国思想与早期资本主义时期的亚当·斯密的国富论有重大区

---

① 陈惠雄:《人本经济学原理》,上海:上海财经大学出版社1999年版,第108页。

别。亚当·斯密所谓的"国",直接而言,指的是国民,其著作的名称便是《国民财富的性质和原因的研究》,而且上升到人生幸福的高度审视经济发展的意义,"社会上最大部分成员境遇的改善,决不能视为对全体社会不利。有大部分成员陷于贫困悲惨状态的社会,决不能说是幸福的社会。"① 目的决定手段,荀子从国家富强的角度强调国民富裕是基础,自然会要求国家更多干预,甚至是直接参与国民经济发展。亚当·斯密则希望"看不见的手"支配经济运行自然地实现国民富裕的目标。荀子与亚当·斯密均是现实主义思想家,二者在富国目标的具体内涵上的认知不同,归根到底是不同社会存在决定的。亚当·斯密生活的英国资本主义社会既是大量社会成员陷于贫困悲惨状态的社会,也是生产相对过剩,不少人富裕却不幸福的社会,所以他提出了让国民富而有福的国富目标。国民富裕,国家富强并不等于人民幸福,却是人民幸福的根本前提,先秦动乱时代,人民不富裕,国家不富强恰是致使人民不幸福的根本原因,所以荀子提出让国民富起来而没有突出让人民幸福起来的目标。亚当·斯密生活的英国资本主义社会,商品经济已经相当发达,市场机制这只"看不见的手"在国富方面的确发挥了重要功效,其国富论的重要意图是说服统治者保障"看不见的手"更进一步发挥功效,自动实现全体国民富裕的目标,即便言及政府"看得见的手",真正目的也在于强调"看得见的手"要为"看不见的手"保驾护航,如斯密指出,英国的流通领域若由私商、外国人控制了,最终会严重伤害英国的经济,因此,要以女王法令的形式保障英国的商船必须由英国制造。荀子生活的先秦时期,经济上依然是以农业为主的自然经济,政治上诸侯国争霸图强,自然要以农为本,自然要求国民富裕服从国家富强的目标,自然需要国家出面引导国民富裕的方向与内容。

二、隆礼重法构建明分使群的经济秩序

在荀子的富国思想中,"上下俱富"是根本目标和基本内容,建构明分使群的经济秩序则是实现富国目标的根本保障。荀子认识到在生产活动中人类必然形成两大类关系,即人与自然的关系,人与人的关系,其所谓的明分也有两层基本含义:一指"明于天人之分",意指自然界和人类各

---

① [英]亚当·斯密:《国民财富的性质和原因的研究》(上卷),郭大力、王亚南译,北京:商务印书馆2008年版,第72页。

有其作用范围和职分,"天有其时,地有其材,人有其治,夫是之谓能参"(《荀子·天论》);二指人群之分,荀子指出人是能"分"也能"群"的社会存在物,"力不若牛,走不若马,而牛马为用,何也?曰:人能群,彼不能群也。人何以能群?曰:分",不分必乱,"群而无分则争,争则乱,乱则穷矣。故无分者,人之大害也;有分者,天下之本利也"(《荀子·荣辱》),所以"救患除祸,则莫若明分使群矣"(《荀子·富国》)。其中,人群之分才是荀子明分思想的主要内容,"分"的根本目的则在于建立"皆使人载其事,而各得其宜"(《荀子·荣辱》)的良好秩序。

  荀子所谓的"分"既指生产分工,也指职业分工。荀子对分工意义进行了详尽的论述:分工有助于形成联合生产力,"和则一,一则多力,多力则强,强则胜物"(《荀子·王制》);有助于提高生产专业化的程度,"自古及今,未尝有两而能精者也"(《荀子·解蔽》);有助于劳动能力的专业化发展,"人积耨耕而为农夫,积斫削而为工匠,积贩货而为商贾"(《荀子·儒效》)。荀子肯定社会职业分工,还在于这有助于消除人们在物质利益方面的争夺,形成良好的经济秩序,"事业所恶也,功利所好也,职业无分,如是,则人有树事之患,而有争功之祸矣"(《荀子·富国》)。在当时,社会分工主要指士农工商的职业分化,与先秦多数思想家一样,荀子称农业为"本",关于百工,即手工业,荀子的基本观点是"百工忠信而不楛,则器用巧便而财不匮矣"(《荀子·王霸》)。关于商业,荀子指出商业发展使社会各部门,各地区的物质产品相互流通,"货财通,而国求给矣"(《荀子·王霸》)。荀子对各产业从业者提出的基本道德要求是各尽其职,"农农、士士、工工、商商一也"(《荀子·王制》)。这里的"一"指的是各尽其职是一贯的原则。荀子关于生产分工意义的论述全面而深刻,在我国经济伦理思想史中可以说是无出其右者,直至亚当·斯密才有类似的论述:"有了分工,同数量劳动者就能完成比过去多得多的工作量,其原因有有三:劳动者的技巧因专业而日进;第二,由于一种工作转到另一种工作,通常要损失不少时间,有了分工,就可以免除这种损失;第三,许多简化劳动的缩减劳动的机械的发明,使一个人能够做许多人的工作。"[1]

---

[1] [英]亚当·斯密:《国民财富的性质和原因的研究》(上卷),郭大力、王亚南译,北京:商务印书馆2008年版,第8页。

荀子所谓的"分"还指士庶间的社会地位区分与财富分配，消费不均等。荀子提出士以上的统治阶级在生产中处于领导者和监督者地位，庶民处于执行和被役使者地位均属当然之道，否则必然产生"则人有树事之患，而有争功之祸矣"（《荀子·富国》）的矛盾。在财富分配与消费方面，士庶所得应该贫富不等，"夫两贵之不能相事，两贱之不能相使，是天数也"（《荀子·王制》）。对庶人，应是在扣除了生产费用之后，得到的生活必需品略有剩余，"皆使衣食百用出入相掩，必时臧余，谓之称数"（《荀子·富国》），"愿悫之民完衣食"（《荀子·正论》），对士以上的统治阶级，应"赏以富厚"，使他们过上"重色而成文章，重味而备珍怪"（《荀子·君道》）的奢侈生活。至于一般官员，应根据德才职确定俸禄的多少，"德必称位，位必称禄，禄必称用"（《荀子·富国》），荀子提出不均等的分配、消费观的根本目的在于实现"维齐非齐"的分配秩序，"分均则不偏，执齐则不壹，众齐则不使"（《荀子·王制》）。显然，这种观点继承了孔子的"均无贫，和无寡，安无倾"（《论语·季氏》）的基本立场。

荀子提出"分"必须依"义"而行，"分何以能行？曰：义"（《荀子·王制》）。"义"者宜也，即适当之谓，依"义"而分才能构建"有序—和谐"的经济秩序，"故尚贤使能，则主尊下安；贵贱有等，则令行而不流；亲疏有分，则施行而不悖；长幼有序，则事业捷成而有所休"（《荀子·君子》），才能形成经济合力，"故义以分则和，和则一，一则多力，多力则强，强则胜物"（《荀子·王制》）。荀子认识到"制"是依"义"而分的根本保障，荀子所谓的"制"既指经济活动中的计量单位，"无制数度量则国贫"（《荀子·富国》），"知明制度权物称用名为不泥也"（《荀子·君道》），更指制约，引导人们经济活动的制度规范，"使群臣百姓皆以制度行，则财物积，国家案自富矣"（《荀子·王制》）。荀子所谓的制度，一指礼，二指法，"隆礼尊贤而王，重法爱民而霸"（《荀子·强国》），"先王恶其乱也，故制礼义以分之，使有贫富贵贱之等，足以相兼临者，是养天下之本也。书曰：'维齐非齐。'此之谓也"（《荀子·王制》），荀子指出礼、法之必要，根本原因在于人们的好利恶害之本性，"好利而恶害，是人之所生而有也"（《荀子·荣辱》）。但是荀子并没有将人的自然本能视为恶，只是认为如果听任这种自然本能张扬就会产生恶，"然则从人之性，顺人之情，必出于争夺，合于犯分乱理而归于暴"（《荀子·性恶》），所以要进行礼法的教化、管制，"故必将有师法之化，礼义之道，然后出于辞让，合于文理，而归于治"（《荀子·性恶》），"先王恶其乱也，故制礼义以分之，以养人之欲，给人之求，使欲必不穷于物，物必不屈于欲，两者相持而长。是礼之所起也"（《荀子·礼论》）。在礼与法的关系方面，荀子认为"礼"高于"法"，"礼者，法之大分，类之纲纪也"（《荀子·劝说》）。荀子从"国命"的高度提出，"人之命在天，国之命在礼"（《荀子·礼论》），"礼者，治辩之极，强国之本，威信之道，功名之统也"（《荀子·礼论》）。荀子的礼法论实际上说明了一切规范一方面是对不合理欲望和自由的限制，因而是一种对"恶"的"恶"，但是人类以"恶"制"恶"的根本目的是为了避免更大的"恶"或实现更大的"善"。"所谓善是指我们确知对我们有用的东西而言。反之，所谓恶是指我们确知那阻碍我们占有任何善的东西而言。"① "小恶"实为"小善"之牺牲。所以，规范的本质又可言其为以尽量小的"善"的牺牲换取尽量大的"善"的实现。可见荀子的礼欲论从人性论的角度深刻回答了为何规范是建构经济秩序的根本保障。

荀子的礼法关系论既阐析了礼是法的精神，又论述了礼是规范经济秩序的最基本规范，这种认识无疑是非常科学的，因为即便是在现代社会，法律也只是规范对社会产生重大影响的行为，"道德所规范的是每个人的全部具有社会效用的行为，而法所规范的则仅仅是其中的一部分，即那些具有重大社会效用的行为。"② 社会存在决定社会意识，其种公共强权的存在，社会的充分分化，独立个人出现，德规与法规对人类存在的价值意义差别，人类对这种规范意义价值差别的自觉意识是礼法分流的根本前提。③ 荀子明确提出法规在经济秩序建设方面的意义重大，却不以法为主导性规范，反映的是其生活的先秦时代，我国德规、法规分化的社会条件已经有了一些存在，但总体而言，社会结构依然是血缘家族社会，其所要建构的经济秩序只能是符合我国封建血缘家族社会礼治秩序的经济秩序。荀子把礼看成是"分"的原理、规范与内在需要，"百王之所同也，而礼法之大分也"（《荀子·王霸》），从而在使"礼"得到职业分工的合理性证明的

---

① ［荷］斯宾诺莎：《伦理学》，贺麟译，北京：商务印书馆1962年版，第157页。
② 王海明：《新伦理学》，北京：商务印书馆2001年版，第111页。
③ 高兆明：《制度公正论》，上海：上海文艺出版社2001年版，第190-191页。

同时，也使得职业分工具有了尊卑的等级性。荀子提倡的等级消费也是依礼而行的，"节用裕民而善藏其余，节用以礼"，"礼者，以财物为用，以贵贱为文，以多少为异，以隆杀为要"（《荀子·礼论》）。荀子还把礼夸大为天地万物的普遍法则，"天地以合，日月以明，四时以序，星辰以行，江河以流，万物以昌，……礼岂不至矣哉！"（《荀子·礼论》）由此一来，封建等级制度和等级道德便成了"与天地同理，与万世同久"（《荀子·王制》）的永恒的、绝对的命令了。这样，伦理秩序这只"看不见的手"实际上已经成为经济秩序的内在灵魂。

与荀子不同，亚当·斯密所谓的"看不见的手"实际是市场机制。亚当·斯密认为决定"分"的根源是内在于人的源于利己本性的交换本能，"我们每天所需的食料和饮料，不是出自屠户、酿酒家或烙面师的恩惠，而是出自他们自利的打算。我们不说唤起他们利他心的话，而说唤起他们利己心的话。我们不说我们自己有需要，而说对他们有利"①，人与动物不同，人们哪怕是极不类似的才能也能交互为用，"他们依着互通有无、物物交换和相互交易的性向，好像把各种才能所生产的各种不同产物，结合成一种共同的资源，个人都可以从这种资源中，随意购买到自己所需要的别人生产的物品。"② 这种人性论使得斯密得出了"看不见的手"会自动使利己与利他实现统一，形成良好经济秩序的结论，"每个个人……通常既不打算促进公共的利益，也不知道他自己是在什么程度上促进那种利益。……在这场合，像在其他许多场合一样，往往使他能比在真正出于本意的情况下更有效地促进社会的利益。"③ 无疑，经济交换是实现"群"的一种方式，而且也得讲"义"，但经济交换讲究的是交换者彼此间的利益计量，这种"义"，最主要的便是契约保障下的自由交换，"他的大部分临时需要和其他人一样，也是通过契约、交换和买卖而得到供给的"，④ 这种契约自

---

① ［英］亚当·斯密：《国民财富的性质和原因的研究》（上卷），郭大力、王亚南译，北京：商务印书馆2008年版，第14页。
② ［英］亚当·斯密：《国民财富的性质和原因的研究》（上卷），郭大力、王亚南译，北京：商务印书馆2008年版，第16页。
③ ［英］亚当·斯密：《国民财富的性质和原因的研究》（上卷），郭大力、王亚南译，北京：商务印书馆2008年版，第27页。
④ ［英］亚当·斯密：《国民财富的性质和原因的研究》（上卷），郭大力、王亚南译，北京：商务印书馆2008年版，第14页。

由的根本保障当然是法律。斯密所要建立的经济秩序实际是资本主义自由市场经济秩序,即便是分配与交换秩序,也应该自由地实现,"尽管他们(指富人——引者注)的天性是自私的和贪婪的,虽然他们雇用千百人来为自己劳动的唯一目的是满足自己无聊而又贪得无厌的欲望,但是他们还是同穷人一样分享他们所作一切改良的成果。一只看不见的手引导他们对生活必需品作出几乎同土地在平均分配给全体居民的情况下所能作出的一样的分配,从而不知不觉地增进了社会利益,并为不断增多的人口提供生活资料。"①

三、以义制利培育经济主体的价值理性

经济总是人的经济,富国的经济目标必须通过人的实践才能实现。人是什么?"全部人类历史的第一个前提无疑是有生命的个人存在。因此第一个需要确认的具体事实就是这些个人的肉体组织以及由此产生的个人对其他自然的关系",②有生命的个人首先或最基本的追求是经济利益,就此而言,人就是经济人。但"经济"并不是一个与"物质"完全相同的概念,因为"经济"是人的经济,人必须循"人理"才能经济。所谓的"人理",当然包括人的伦理,这一点荀子早有说明,"争饮食,无廉耻,不知是非,不辟死伤,不畏众强,恈恈然唯利饮食之见,是狗彘之勇也"(《荀子·非十二子》)。经济应是伦理的经济,经济人自然应是有价值理性的经济人,培育经济人的价值理性无疑是实现富国目标的逻辑起点。

经济利益与伦理的关系,在我国传统经济伦理思想,包括荀子的经济伦理思想中,主要以义利范畴表示。荀子所谓的"义",主要内涵有三:一谓大众普遍接受的道理,如言"少事长,贱事贵,不肖事贤,是天下之通义也"(《荀子·仲尼》);二谓道德规范与行为准则,常与"礼"连用,也就是礼义,如言"君子大心则敬天而道,小心则畏义而节"(《荀子·不苟》);三谓人区别于动物的根本属性,如言"人有气,有生,有知亦且有义,此最为天下贵也"(《荀子·王制》)。关于"利",荀子有本意与引申

---

① [英]亚当·斯密:《道德情操论》,蒋自强等译,北京:商务印书馆1997年版,第229-230页。
② 《马克思恩格斯文集》(第1卷),北京:人民出版社2009年版,第23页。

义两种理解。首先,"利"可解释为锋利、锐利,荀子言"故木受绳则直,金就砺则利"(《荀子·劝学》),这里使用的是"利"的原意。其次,"利"可以解释为利益、功利,"故无分者,人之大害也;有分者,天下之本利也"(《荀子·富国》),这里所谓的"利"指的便是现实的物质利益。荀子指出人性中必有"好利"的一面,也有"好义"的一面,但经济主体以义制利才能建构造良好的经济秩序,实现富国的目标,所以它才是处理义利关系的基本原则,"虽尧舜不能去民之欲利。然而能使其欲利不克其好义也,虽桀纣亦不能去民之好义。然而能使其好义胜其欲利也。故义胜利者为治世,利克义者为乱世"(《荀子·大略》)。

无疑,在强调经济人本身具有德性的一面,荀子与孟子是一致的。不过荀子强调的是人有好"义"的一面,这种"义"重要的功能恰在于处理好"分"与"群"的关系。可见,同样是强调人的道德本性,荀子的人性观更"经济"些。不过,荀子"义"的实质内容依然是封建等级制度和等级道德,维护的是新兴封建统治阶级的整体利益和根本利益,所以荀子所谓"义"常为"公义""公道"之意。与此相对应,"利"实际指"私欲""私事"。这样,公与私便成为荀子"义利观"的实质内容。所谓"以义制利"或"以礼节欲"就是以"公义胜私欲"(《荀子·修身》),实际上就是要求人们只能取得与自己等级地位相应的利益,用等级道德来限制对利欲的追求。这就不奇怪,在荀子义利观中,求利的自然合理性虽然得到承认,获利的平等权利却被否定,甚至人死后享受的葬礼也有等级之别,"君子贱野而羞瘠,故天子棺椁七重,诸侯五重,大夫三重,士再重"(《荀子·礼论》)。不过,也正是出于维护封建统治阶级整体利益的目的,荀子所谓"制利"的重要内容之一是规劝在上者以义克利,不要与民争利,"上重义则义克利,上重利则利克义","从士以上皆羞利而不与民争业,乐分施而耻积臧,然故民不困财,贫窭者有所窜其手"(《荀子·大略》)。

在人性认识方面,荀子与孟子的另一重要不同在于孟子强调人天然地具有善良的本性,"仁、义、礼、智,非外铄我也,我固有之也"(《孟子·告子上》),人若要成为善良的人,只需发扬出这种善良种子便可,"尽其心者,知其性也;知其性,则知天矣"(《孟子·告子上》)。荀子提出德性养成之关键是通过礼与法的外在规约与教化的化性起伪活动使人们树立正确荣辱观这种内在心灵机制。荀子提出人人都有荣辱之心,"凡人莫不欲安荣而恶危辱"(《荀子·儒效》),"欲安而恶危,欲荣而恶辱,是禹桀之所同也"(《荀子·君道》)。荣辱均有两端,即"义荣"和"势荣""义辱"和"势辱","志意修,德行厚,知虑明,是荣之由中出者也,夫是之谓义荣"(《荀子·荣辱》),反之,"流淫、污漫、犯分、乱理、骄暴、贪利,是辱之由中出者也,夫是谓之义辱"(《荀子·荣辱》);凡是由地位尊贵、俸禄丰厚、势位胜人、名声显赫而形成的光荣便是势荣,反之,詈侮、搏、捶笞、膑脚、斩断等形体上的耻辱便为势辱。荀子并不否定人们对利的追求,"义与利者,人之所两有也"(《荀子·荣辱》),又肯定荣辱有两端,却以"义"为"荣"的本质规定性,提出了"先义而后利者荣,先利而后义者辱"(《荀子·荣辱》)的荣辱观。

为何坚持"先义而后利者荣,先利而后义者辱"(《荀子·荣辱》)呢?荀子敏锐地体察到人作为个体生命存在体,必然会以自身的生存,发展为重要目的,这是人能"分"的一面,但独立存在的个体必须在社会中才能实现,这是人能"群"的一面,"义"就是处理"分"与"群"的根本原则,是社会伦理法则,"何以能群?曰:分。分何以能行?曰:义"(《荀子·王制》)。"义"是人之为人的本质属性,对义的背离就是人的本质属性的泯灭,是人的主体性的丧失,故不义为辱的本质规定,个体当然应该树立"先义后利"的荣辱观。"义"又是社会的人伦法则,是社会存在发展的普通法则,循义而行才能无不适宜。社会对循义而行者当然应该作出"荣"的评价——赋予行为主体荣誉、奖励等。也就是说,社会可保障,应保障"先义后利"的荣辱观得到真正的实践。荀子特别强调荣辱之别与追求经济利益的方式之异密切关联:以义求之则荣,以不义求之则辱,如诚实经营的商人是"良贾","良贾不为折阅(亏本)不市"(《荀子·修身》),"贪贾"则"唯利之见,是贾盗之勇也"(《荀子·修身》);就统治者而言,"凡主相臣下百吏之俗,其于货财取与计数也,须孰尽察,其礼义节奏也,芒轫慢楛,是辱国已"(《荀子·富国》)。至于有人,荀子称其为小人,坚持以不义之行为求势荣,荀子认为这主要是因为社会道德教化不够,又没有相应的法度约束,在混乱的社会,他们接触到昏暗的习俗,往往只见财利而不知礼义,"人之生固小人,无师无法则唯利之见耳。人之生固小人,又以遇乱世,得乱俗,是以小重小也,以乱得乱也"

(《荀子·荣辱》)。

在经济人的价值理性及其生成方面，亚当·斯密与荀子有重大区别。斯密肯定在市场机制这只"看不见的手"的作用下，个人对自身利益的追求会连带造成社会福利水平提高，进而认为"看不见的手"具有的伦理价值超越直接从道德出发的东西。推进社会整体福利，当然可称其为义，在斯密看来，这种义只有在尊重、保障人的利己之心时才能充分实现。由此看来，斯密所谓的经济人的价值理性就是对经济利益的追求，斯密的荣辱观的基本内涵是利者便是荣者。斯密当然不否定经济人具有道德情感，即道德同情心，"无论人们会认为某人怎样自私，这个人的天赋中总是明显地存在着这样一些本性，这些本性使他关心别人的命运，把别人的幸福看成是自己的事情，虽然他除了看到别人幸福而感到高兴以外，一无所得。……最大的恶棍，极其严重地违犯社会法律的人，也不会全然丧失同情心。"[1] 斯密这种思想，其实并不先进，我国孟子早就说过"恻隐之心，人皆有之"(《孟子·告子上》)，荀子对此也不否定。问题是，道德情感不等于道德理性，有同情心之人未必就是道德的人，我国孟子早就特别强调恻隐之心只是义之端而不等于义，斯密自己也谈到有道德同情之心的人可能是"最大的恶棍"。当然，同情不仅指与别人在感情上的共享，还可以理解为人们彼此在感情上分享认识和理解，是对彼此行为进行赞同和否定的内在标准。将斯密道德同情心的如此理解贯通于其经济人的论述，那就是，彼此尊重在"看不见的手"支配下追求各自利益最大化的权力，所以斯密强调尊重契约自由，而不是循礼而动。但是这种价值理性至多只是既合乎经济又合乎道德的理性，而不是超越经济理性的价值理性。总之，荀子的经济人不仅是富有道德情感的人，而且是道德理性先于或高于经济理性的人，斯密的"经济人"是具有道德情感的人，更是尊重经济理性的人。

(作者贺汉魂，湖南第一师范学院马克思主义学院教授。)

---

[1] ［英］亚当·斯密：《道德情操论》，蒋自强等译，北京：商务印书馆1997年版，第229－230页。

"兼爱"："共同体"的先在逻辑与价值基础

李 皓

摘要："共同体"表示的是一种具有共同利益诉求和伦理取向的群体生活方式，它不仅意味着一群人共同生活在一起，而且意味着这群人在共同生活中形成了休戚与共的情感和价值认同。"共同体"的存在和维系需要一种共同体式的情感和价值信仰——相互的、平等的、整体的爱。墨子的"兼爱"思想蕴含着丰富的"共同体"理论资源，它可以作为"共同体"的先在逻辑根据，也就是说要以爱和互利互惠作为建立"共同体"的基础。具体而言，"兼爱"不仅体现了对"共同体"自觉的价值追求，而且蕴涵着"共同体"利益观，并且可以为人类树立"共同体"意识提供价值观基础。

关键词："兼爱"；"共同体"；先在逻辑；价值基础

"共同体的根基要到人原初的激情或情感中去寻找，从这些情感中能产生比任何人为的纽带更加神圣和牢靠的纽带。"① 墨子的"兼爱"思想不仅蕴涵着对"共同体"的原初情感，而且还内在包含着对"共同体"的价值追求。它彰显了人的自我意识的崭新思维方式和思想视野，我们可称之为"兼爱"思维，"兼爱"思维是对"别爱"思维的超越，而后者正是造成人与人的分裂并瓦解"共同体"的思想根源。"兼爱"思维通过对"别爱"思维的克服，为树立"共同体"意识奠定了重要的思想基础。

---

① 刘诚：《卢梭的两个世界：对卢梭的国家观和社会观的一个初步解读》，桂林：广西师范大学出版 2005 年版，第 203－211 页。

一、"兼爱"：一种共同体式的情感和价值信仰

春秋战国时期是我国历史上是一个纷争不断的时代，当时的中国社会处于大变革的动荡之中，传统的礼乐等级制度遭受严重冲击，周天子"天下共主"的权威坠地，由此，经济、政治、思想、文化，以及社会生活等各方面都发生了重大的变化。在这种情况下，社会需要一种共同体式的情感和价值信仰，来维系自我与他人之间、本国与别国之间的关系，并且实现社会的整合和有序性。在先秦诸子百家中，墨子的"兼爱"思想可以说是对这种情感和价值信仰最具代表性的自觉表达。兼爱是具有"共同体"意识的爱，也是一种衡量共同体成员行为合理性、正当性的尺度。同时，兼爱也承认每个个体的主体尊严和道德价值及其平等性，兼爱的最终目的就是为了让人活得更有价值和尊严。墨子用"兼以易别"（《墨子·兼爱下》）取代儒家的"爱有差等"，意味着远近亲疏和等级贵贱的意识已经被动摇，转而倡导关爱多元主体的"爱人"之德，提倡"爱利万民，爱利百姓"（《墨子·兼爱中》）。爱的范围也扩大到自我以外的他人和人类整体，突出表现为"视人之国，若视其国。视人之家，若视其家。视人之身，若视其身"（《墨子·兼爱中》）。墨子"兼爱"思想充分彰显了爱人如己的无差等的"共同体式"的情感和价值信仰。墨子虽未在理论上明言，但其"兼爱"思想实际上代表了多元利益主体，尤其下层民众的理想愿望，强调互利互惠和追求公平正义的朴素的"共同体"意识，突出了下层劳动人民意欲共享经济、政治、文化等各方面利益的诉求。

墨子认为，《兼爱》是对待和处理自我与他人之间、本国与别国之间关系的最基本的道德准则。"兼"包含有同时具有、涉及或处理两者或两者以上情况的意思，意指权衡利弊和顾及彼此，既要考虑事物的部分，也要认识到事物的整体。与"兼"所相对的是"别"。从字面上理解，"别"具有"另外"或"区分"的含义。在墨子看来，"别"不但有碍人与人之间"交相爱"，而且会引起"天下之大害"（《墨子·天志上》）。"别爱"不仅强调人与人之间关系亲疏的差别，而且把彼此的利益对立起来。"兼爱"与"别爱"不仅指爱人与否的区别，而且反映了代表不同阶层的人们在政治观点与经济利益上的不同。把"别爱"作为指导人与人之间、国家与国家之间关系的根本准则，必然使"爱人"与"爱己"陷入二律背反，

"利人"与"利己"相互矛盾,从而把满足一己之私欲视为幸福生活的源泉和人生的目的。由此可见,墨子以"兼爱"为核心的伦理思想,是对"别爱"思维的超越。墨子从小生产者的立场出发,坚持用"兼相爱"思维来消除阶级矛盾在意识形态领域上的反映,对于他人、他家、他国要像爱自己一样去爱,由此可以推广到自然,以及整个人类社会。也就是说,只有将他人、他家、他国视为共同体中平等互助的个体,才能够确保不会出现对他人、他家、他国的权利和尊严的侵害。

由此可见,尽管墨子没能直接表明"共同体"的概念,但是他意识到了当时社会底层民众对以互利共赢、平等互惠和互助友爱为特征的"共同体"的诉求和情感,并且把这种诉求和情感概括为兼爱的伦理原则,从而建构起现实道德生活秩序。

二、"兼爱":一种基于共同体基础之上的思维方式和思想视野

"兼爱"体现的是一种新的交往方式,它倡导一种以爱为基础的、人与人之间互助互利的价值信念,并且旨在把爱与人们之间的利益结合起来,希望人们能跳出只考虑自我利益的思维模式,尊重他人的存在和利益。共同体成员间无可避免会有利益的矛盾或冲突,但是只要彼此能给予爱的关怀,休戚与共的共同体意识就会形成,互助互利的共同体关系就能建立起来。互爱互助有利于巩固共同体成员间的共在关系,因为互爱互助是调动共同体成员积极性的驱动力量。作为一种以爱为基础的、人与人之间互助互利的价值信念,"兼爱"同时向人类社会展示了一种处理自我与他人、自我与社会整体之间关系的基本原则,代表着一种基于共同体基础之上的思维方式和思想视野。因此,人们有必要改变原有的生产和生活方式,以互爱互助的方式广泛地凝聚起来,建立起一种互利共赢、平等互惠、互助友爱的共在关系。

"共在就是生存论上的'为他人之故',在这样的共在中,他人已在其此在中展开了。"[1] 无论是人与自然之间的关系,还是人与人之间的关系,

---

[1] [德]海德格尔:《存在与时间》,陈嘉映等译,上海:生活·读书·新知三联书店2006年版,第143页。

都呈现出一种特殊的"共在"关系。基于自我与他人的交往关系而形成的共同体，所表征的是人与人之间的一种"共在"关系。墨子的"兼相爱，交相利"恰恰表达了这样一种"共在"的价值，其基本含义，是指人们相互依赖与协作所展开的一种"共在"关系。这种关系又可以从两个维度来理解，即感情维度和利益维度。感情维度就是要求共同体成员间相互关爱对方。利益维度就是在彼此关爱时要考虑和顾及对方的利益，彼此既能感受到爱，也能获得利益。人与人之间的"共在"关系正是通过相互关爱、相互满足对方利益的过程中体现出来的。在人们追求和实现自我利益或价值过程中，个人力量往往是有限的，这就促使人们需要结成共同体，并且以共同体的力量和共在的行为方式来弥补个体能力的不足。正因为如此，人的生存与发展要受到共同体生活的影响，从而也是共在。这种共在关系具有下列几个特点：首先，在长期共同生产和生活过程中所形成的共同的基本秩序。共在关系的存在和持续，需要共同体成员彼此理解与包容，以至于实现一种人人守规则的良好秩序。墨子理想中的社会是一个公平正义、互爱互利的社会，他主张建设一个各司其职、各尽所能、能上能下、分配公平的兼爱社会。这样的兼爱社会为人在共同体中明确各自的角色定位，确立对共同体价值的认同，为正确理解自我和他人之间的关系提供了价值指引。其次，长期的共同生产与生活必然会形成共同的心理和情感需要。春秋战国时期，新兴阶级希望通过各种形式保障自身利益。作为当时"农与工肆之人"的代表，墨子出生贫贱，他能感受到依靠自己的劳动来谋取生活的苦楚，更能真切地体会到社会动乱给天下苍生所造成的苦难。因此，墨子特别重视物质生产，强调人与人之间互爱互利的重要性。人为保持生命的延续，必须与他人一道参与物质生产。在共同的物质生产过程中，逐渐会形成共同的心理和情感需要，人们因着这些共同的心理和情感需要更加紧密地凝聚起来，人与人之间的共在关系得到进一步巩固。再次，共在的基础是共同体成员的共同命运。只有当每个共同体成员感觉到共同体休戚与共的那种感情联系时，共同体意识才能形成。具有共同利益、信仰、偏好或情趣等的成员组成共同体，并在交往和互动、互惠中实现利益追求，获得共同体归属感，分享生命意义感。此外，个人参加共同体，与他人合作，可以实现"道同互助"，获得群体力量的支持，从而在共同体内部成员间形成一种稳固的信仰或价值观念。道德考量一直存在着一种张力——没有与他人形成某种"共在"关系,将不会有道德问题的产生。解决这一问题,需要个体认识到自己与他人同处于一个"共同体"内,只有把他人纳入到自己思考范围之内,才能做出符合道德的选择,并且承担起相应的道德责任。我们可以把这一张力还原为一种关系,即自我与他人的关系。这种关系在墨子那里就被表述为"兼相爱,交相利"——一种平等的、相互的、整体的爱的关系。墨子指出,兼爱之所以可行,是因为人有着对等互报、知恩图报的本性。因此,当人们做出利他的道德选择时,虽然有时候在利益上要做出一些让步,但是,爱别人,必然也会得到别人的爱;使别人获利,也必然会得到别人的利益回报。平等地爱就成了平等互利,"有力相营,有道相教,有财相分"(《墨子·天志中》)。这样相互的爱就成了相互交利,"交相爱交相恭犹若相利也"(《墨子·鲁问》)。普遍的爱成了使天下普遍受利,"万民被其利","天下皆得其力"(《墨子·尚贤中》)。因此,任何共同体都离不开他人,离开他人的共同体将不可能出现;也就是说,他人的在场是共同体得以形成的前提条件。这样一种交互的或者说相互的关系使我与他人同处于一个"共同体"内,共同体成员相互关爱、互利互惠是把共同体成员凝聚起来的重要情感基础,而这种情感的维系又需要共同体成员意识到自己与他人都是共同体的一分子,维护共同体和他人的利益同时也是在维护自己的利益。墨子的"兼相爱,交相利"使我们意识到,自我与他人同时存在于一个共同的社会环境之中,自我要依赖于他人而存在,同时也是他人的依赖者。每个人的生存和发展,都与他人处于一种"共在"关系之中。没有这种"共在"关系,无论是自我,还是他人都无法存在。同时,自我价值与幸福的实现,也需要他人的在场,并且以他人的在场为条件。没有自我与他人的联系与交往,"共同体"关系势必会演变成一种虚幻的关系。由此可见,共同体所体现的是自我与他人交往活动中形成的一种以"交相利"为核心的价值存在。

三、"兼爱"思想中的"共同体"利益观

墨子把个人利益、他人利益、国家利益视为一种共同的利益,主张在实现"自利"的同时,也要兼顾到他人的利益,通过利人的方式来实现自我、他人和共同体的利益。然而,墨子的"兼相爱,交相利"并不单是局

限于物质层面的互帮互助,并且在实践着"有力者疾以助人,有财者免以分人,有道者劝以教人"(《墨子·尚贤下》)的道德教义。在爱人如爱己中包含着共同体的互利共赢,在共同体的互利共赢中包含着彼此的相爱相生。"兼相爱、交相利"是一个我为人人,人人为我的过程。在这个过程中,人与人之间是互帮互助的关系,在这种关系中每个人既是爱的主体也是爱的客体,彼此都得到了关怀和爱,因为爱而相互集合在一起然后形成共同体,共同体的成员所付出的爱都能得到其他成员爱的回报,成员之间的爱发展为共同体的爱。我的思想和劳动成果别人能够分享,他的也能和我共享,大家同处一个互利互惠,你中有我,我中有你的利益共同体。因此,共同体成员"所谋求的个人利益与共同体的整体利益呈正相关关系。不仅如此,共同体利益的增长也会给个人发展创造更好的基础和条件,使个人利益与共同体利益处于一种互相增进的良性互动之中,个人也更愿意为共同体的整体利益而献身"①。

"兴天下利,利济苍生"是中国传统社会对待伦理道德和物质利益关系的终极价值目标,"兼爱"思想中的"共同体"利益观既包含了对满足自我利益的合理性确证,也涵盖了对他人利益的道德考量,同时表达了对民族、国家,乃至人类社会整体利益的价值追求。首先,墨子肯定每个人有实现自己利益的权利,但是在他看来,实现和维护自利是有条件的,那就是不能损害他人和共同体的利益。对他人或共同体没有影响或没损害的自利行为,墨子并不反对,但是对于那些损害他人或共同体利益的自利行为,那就是害和恶,是必须要进行制止的。个人获得自我正当利益的同时,也要照顾其他人是否获利。只有"交相利",全体共同体成员才能共享到利益,从而使共同体保持相对稳定、和谐和可持续的状态。其次,重视和照顾他人的利益是维系共同体利益关系的基础和前提,同时也是处理共同体利益关系的基本准则。墨子以"利人"为核心的义利观为他人利益的实现提供了理论支撑,引导人们培养贵义重利的君子人格。"利人"应当建立在"贵义"的基础之上,利人不仅仅是助人,而且还是在行义。"夫爱人者,人亦从而爱之;利人者,人亦从而利之。"(《墨子·兼爱

---

① 龙静云:《我国社会道德共同体及其型构策略》,载于《中州学刊》2015年第1期,第89页。

中》）关照他人利益是前提条件，实现自我利益是回应，爱他人到最后相当于爱自己，使他人获利也相当于使自己得利。再次，墨子非常重视公利的地位和作用，公利是自利和他利的基础和前提，它们之间是共同体和个体之间的关系。个体依赖于共同体，共同体的作用也会影响到个体作用的发挥，没有共同体，个体的作用也不能有效发挥出来。"仁人志士者，必务求兴天下之利，除天下之害，以此为事者也。"（《墨子·兼爱下》）我们可以看出，墨子是把天下黎民百姓的共同利益作为行动准则。"凡言凡动，利于天鬼百姓者为之。凡言凡动，害于天鬼百姓者舍之。"（《墨子·兼爱下》）在这里，墨子把维护人民和国家的共同利益作为一切行为是否符合道德的标准，只要是有利于人民和国家的行为都是值得肯定，并应当加以提倡的；否则，应当予以制止。兼爱是确保共同体利益得以实现的有效方法，只有当人与人之间相互关爱、彼此交利，才能使"饥者得食，寒者得衣，乱者得治"（《墨子·尚贤下》）。"邢政治，万民和，国家富，财用足，百姓皆得暖衣饱食。"（《墨子·天志中》）同时，这也是共同体利益得以实现的表现。

今天看来，墨子的"兼爱"着重解决的是如何处理共同体利益关系问题。尽管墨子没有明确提出"共同体"的概念，但其"兼爱"思想实际上已经蕴含着人己一体的共同体关系，把自我与他人、自我与社会视为你中有我、我中有你的利益共同体，而爱恰恰是维护共同体利益的主要纽带。每个人既是爱的主体，也是爱的受体，他享有自爱的权利，同时也有兼爱他人的责任和义务。在一个共同体中，如果共同体成员只从自己利益出发，仅仅谋求自爱权利的实现，忽视对他人、对共同体利益的考量，势必会使得共同体关系紧张与破裂、社会的和谐与稳定将遭到破坏；与此相反，如果共同体成员能以"兼爱"的方式参与到共同体生活中，通过利人实现自利，在互利互惠中共赢发展，则良好的共同体关系将会建立起来。与此同时，墨子的"兼爱"思想符合当前许多国家纷纷倡导建立利益共同体的诉求。区别于传统自利型经济，市场经济可以说是一种互利型经济。现代文明也可以说是一种共享、互利或互惠性文明，区别于传统的自利文明，人与人之间实现信息共享、资源共享和利益共享。倡导建立利益共同体是对传统国家与国家、地区与地区之间关系，以及对以国籍、宗教标识人群区别之规则的挑战。建立利益共同体要求人们改变思维模式，用互利互惠代替自私自利，用合作共享代替分庭对抗。人们应该转变思维，放弃狭隘的自我利益最大化模式，扩大视野，将自我利益、本国利益置于人类整体利益当中，实现互利共享。

四、"兼爱"为人类树立"共同体"意识提供价值观基础

随着世界各国经济的相互交融，互为一体，人类社会已经逐渐发展成为一个相互依存的共同体，人们需要一种"共同体"意识来维系共同体的利益关系。人与人之间、国家与国家之间的交往，既可以使用合理利己主义的方式来实现利益共享和发展共赢，同时也可以使用极端利己主义的方式伤害彼此的利益。因此，为了确保人类社会的利益共享，而不至于相互伤害，既需要用相关的国际法准则来规约国与国之间的交往行为，也需要用"共同体"意识来劝导世界各国在使其自身正当利益得以实现的同时，兼顾他国利益。墨子的"兼爱"思想也是树立"共同体"意识的价值资源。

在科学技术还不发达的传统社会，作为个体的"自我"没有多少机会可以与相隔较远的"他人"直接接触；然而，随着科学技术，尤其是互联网技术的发展与普及，"使在场与缺场纠缠在一起，让远距离的社会事件和社会关系与地方性场景交织在一起"[1]，世界各国、各区域之间的一体化互联互通已经把全球变成一个"地球村"。国家与国家之间，地区与地区之间联系越来越紧密，身处其中的每一个共同体成员自然都被这种氛围所感染。"自我"与无论距离多么遥远的"他人"都有可能交往和接触。各共同体成员在相互联系和互动过程逐渐形成了共同的利益追求，共同参与到全球经济、政治、文化等事务中。这是人类社会发展的必然，任何人都无法阻挡。

"自我"与"他人"不可孤立地联系在一起，强调实现自我利益的同时，兼顾他人利益的实现，是确保共同体得以存续的重要根据。假如仅仅从"自我"出发，把所有自我以外的"他人"看作与"我"处于相对矛盾和对立之中并以"我"为标准，这样就会使得人们之间的关系相互处于

---

[1] 安东尼·吉登斯：《现代性与自我认同》，赵旭东、方文译，上海：三联书店1998年版，第23页。

一种对象性张力之中，把"他人"作为对象性工具对待。一旦把他人仅仅当作工具价值对待，势必导致"共同体"的破裂与瓦解。在人类经济社会不断发展进步的同时，人口膨胀、环境破坏、资源枯竭等问题使人类社会面临着十分严重的危机，国家或民族至上主义所导致的地区动乱和战争频频发生。这些危机的出现都是出于利益冲突，究其原因不外乎是人的思想认识问题。面对日益紧张的利害关系，我们意识到我们最缺乏的恰恰是墨子的"兼爱"情怀。

国家与国家之间有共同的利益与责任，尤其随着全球一体化进程的推进，全球气温变暖，土地荒漠化，国际电信诈骗和恐怖犯罪等方面给人们造成严重危害。为了人类的生存与发展，任何国家都不能独善其身，需要形成一种"共同体"的利益与责任意识。墨子的"兼爱"思想可以为处理国家与国家之间的关系提供价值观基础。当前，世界各个国家的价值观主要服务于本国利益。如果各国能从全人类可持续发展的长远利益来思考和处理问题，"在追求本国利益时兼顾他国合理关切，在谋求自身发展中促进各国共同发展，不断扩大共同利益汇合点"[①]；那么，世界将会变得更加和谐美好。

全球一体化让"地球村"变得越来越小，互联网让世界各地的人们联系更加紧密和便捷。受不同历史文化影响的人们开始逐渐意识到"共同体"对各自生存和发展的意义。维护"共同体"的利益也就意味着是在维护自我与他人的利益，一个国家如果积极倡导，并且维护"共同体"的利益，同时也是在维护自身的利益。只有树立"共同体"意识，注重义利兼顾、义利平衡，人们才能达成义利兼得、义利共赢。墨子的"兼爱"思想为增进共同体成员对"共同体"的认识与理解，并践行互爱互助提供了传统文化的视角，充分彰显了和衷共济的责任担当和兼济天下的世界情怀。

五、结语

"兼爱"是墨子伦理思想的核心命题，它超越了儒家"爱有等差"的狭隘思维，倡导一种平等的、相互的、普遍的爱。墨子的"兼相爱，交相利"思想为理解和构建"共同体"提供了理论根据。如要使"共同体"

---

① 《习近平谈治国理政》，北京：外文出版社2014年版，第331页。

被人们认识到，并在人们的思维中形成意识事实，从而被视为价值信仰予以追求；"兼相爱，交相利"就应该成为"共同体"的先在逻辑根据，也就是说要以爱和互利互惠作为建立"共同体"的基础。共同体成员对"兼相爱，交相利"的认同与追求，成为凝聚共同体成员的纽带。人们在追求构建共同体的过程中，会逐渐发现自己为之奋斗的意义与价值所在。追求墨子倡导的"兼相爱，交相利"式的生活，意味着追求一种有德性、有品质的生活，同时这也是共同体得以构建的原动力。

(作者李皓，湖南师范大学2016级博士研究生。)

中国传统文化的当代重构
——基于文化自信的视域

周金凤

摘要: 党的十九大报告再次强调了文化自信的重要性,而中国传统文化是中华文化的根基,在实现文化自信过程中有着重要意义。多元文化的冲击、人们固守稳定的心态、时代的转换给当代中国传统文化重构带来了重重阻碍。面对这些困境,从坚守优秀传统文化的价值观念、推动传统文化自我突破、开发传统文化中的现代因素三个方面可以推进中国传统文化的当代重构。

关键词: 中国传统文化;文化自信;重构

党的十九大报告指出:"没有高度的文化自信,没有文化的繁荣兴盛,就没有中华民族伟大复兴。"[①] 要 "不断增强意识形态领域主导权和话语权,推动中华优秀传统文化创造性转化、创新性发展,继承革命文化,发展社会主义先进文化,不忘本来、吸收外来、面向未来,更好构筑中国精神、中国价值、中国力量,为人民提供精神指引"。[②] 中国传统文化是实现文化自信的根基,其人文精神的精髓 "和合" 文化贯穿中华文化始终,在今天仍有重要意义。正确认识中国传统文化的精髓是重构当代中国传统文化,走出中国传统文化当代困境的基础。

[①] 《坚定文化自信,推动社会主义文化繁荣兴盛》,载于《人民日报》2017 年 10 月 19 日。
[②] 《新时代坚持和发展中国特色社会主义的基本方略》,载于《人民日报》2017 年 10 月 19 日。

一、中国传统文化的精髓

文化是一个国家和民族灵魂，中华民族在漫长的历史发展过程中形成了本民族固有的文化，和合思想贯穿中华民族文化发展的始终，是中华文化人文精神的精髓，也是当代和谐社会的民族文化根基。"和"指和谐统一，即对具有差异性的事物，在承认、包容差异性的基础上实现的和谐共存的状态。"合"字的涵义包括相合、聚合、会和。相比"和"字，"合"更加强调过程性、动作性。"和合学"作为一种理论形态，首先是由张立新教授提出的，他认为："和合是指自然、社会、人际、心灵、文明中诸多形相和无形相的相互冲突、融合，与在冲突、融合的动态变易过程中诸多形相和无形相和合为新结构方式、新事物、新生命的总和。"① 这也是学术界普遍认可的关于"和合"的解释。

曾有学者通过对中国哲学与怀特海有机哲学的比较，指出二者"具有强调主与客统一、心与物统一、自然与生命统一、初性与次性统一、超越与内在统一、本体与现象统一、事实与价值统一、理性与情感统一、大道与世界统一的特征"②，强调和谐统一是中国传统文化的主流。中国人观天象察地理，思己身考外物，把握天、地、人、物的关系，形成了和谐、和平的民族性格和价值取向。何谓"和"？何谓"和而不同"？史伯说："夫和实生物，同则不继。以他平他谓之和，故能丰长而物归之。若以同裨同，尽乃弃矣。故先王以土与金木水火杂，以成百物。"史伯指出简单的同一不可能生成新的东西，多样性的统一（也就是和）是人与万物生存发展的必要条件。因此，社会或国家需要不同的声音、色彩和格调，不能被单一化，若以同裨同，万物无法发展。《易经》讲"保和太和，乃利贞"也是这个道理。诸子百家都强调"和"，关注事物的整体性和包容性。孔子讲"君子和而不同，小人同而不和"，"和"是对同与不同的超越；庄子讲"万物与我为一"；董仲舒讲"天人合一"；张横渠讲"民胞物与"。何谓"中和"？孔子说："中庸之为德也，其至矣乎！民鲜久矣。""中庸"

---

① 张立文：《和合学》（上卷），北京：中国人民大学出版社2006年版，第58页。
② 王琨：《怀特海与中国哲学的第一次握手》，北京：北京大学出版社2014年版，第6页。

是道德修养的最高境界,"中也者,天下之大本也;和也者,天下之达道也。致中和,天地位焉,万物育焉"。在这里,朱熹认为"中"是适中、不偏不倚、无过无不及的意思。和平、和谐成了天下最重要的事。万物并育而不害,道行而不悖,"中和"的观念也就成了为人处世的标准,也成为协和万邦的润滑剂。而以共同体的方式应对人类发展中遇到的问题,追求人类共同的福祉也是有机马克思主义的核心观念。中国传统文化中和合思想集中表现在人与自然、人与人、人与自身的和谐统一。

(一)人与自然的和谐关系

西方传统文化中所蕴含的主客二分思想在天人关系方面不可避免地表现为天人相分,进而表现为人类对自然的征服和占有,这使得西方现代性危机愈演愈烈。与西方天人相分的思想相反,中国传统文化在天人关系方面的主张是"天人合一"。"人与自然"中的"自然"不仅指自然的生态环境,还指"自然之天"(这涉及中国人的终极信仰)。首先,人不能离开环境,环境是人类生存的必要场所。《周易》讲"天下之大德曰生,生生之谓易",强调宇宙的整体性,然后有"三才之道",也就是天、地、人的和谐。其中有天象的道理,有人事的法则,有大地的规律。古代思想家重视人与自然整体和谐的智慧。老子在《道德经》里讲:"域中有四大,而人居其一焉。人法地,地法天,天法道,道法自然。"宇宙间存在四种伟大的存在:道、天、地、人。人以自然界的法则为法则,要生存就要尊重和掌握自然界的规律。庄子在《齐物论》中说:"天地与我并生,而万物与我为一。"这是一种理想状态下的人与自然的关系,强调有机的结合。其次,古人在向自然界索取资源的时候很重视节约和节制,在《论语》中我们可以看到孔子及其弟子对自然界生物的爱护和对土谷神灵的敬畏。在《孟子》和《荀子》中讲到按时令进山林,斩伐长养不失其时,密网不入池泽等,这表明古人尊重自然规律,重视生态平衡。

(二)人与人的和谐关系

人与人的和谐关系涉及社会关系问题,个人要正确处理好与群体的关系,实现自己与他人的发展。儒家讲"成己""立己""达己""反诸求己",一方面肯定自我的主体地位;另一方面,追求更高的道德境界,己欲立而立人,修己以安人。人与人之间的关系体现在日常生活和交往行为中,孔子说,"其恕乎?己所不欲,勿施于人",自己不想做的不会强加在别人身上，为人处世讲究仁爱和忠恕之道。仁爱和忠恕有利于调节人与天地万物的关系，增进凝聚力和认同感。儒家处理人与人的关系集中体现在伦理道德和价值追求上，儒家重视"三纲五常"，重视权利与义务的统一。在价值追求上，《大学》讲"明明德""亲民""止于至善"，走的是"修身""齐家""治国""平天下"的演进路线。

（三）人与自我的和谐关系

人与自我的和谐关系是人与内在自我的关系问题，也是身与心的和谐统一问题，这和中国传统的心性论和境界论挂钩。孔子讲中庸之道，讲和而不同，讲"忧与乐"，讲诗书礼乐，提升人的内在品质。朱熹认为"存天理，灭人欲"，重视天理对人欲的控制，他也讲"心统性情"，情、才同出于性，又能显性，在人的道德实践过程里，人性有所发挥。王阳明则强调"致良知""知行合一"，身体力行，深究本心。而道家和佛家讲形神的契合和超越，"独与天地精神往来""涅槃"等颇具玄幻色彩。中国传统医学认为人的身体并不是简单独立存在的，而是像整个宇宙一样的整体存在。

以和合思想为精髓的中国传统文化为人与自然、人与人、人与自我提供了和谐相处之道，这也是我们追求和谐的民族性格的文化源泉。

二、中国传统文化的当代困境

在社会主义现代化的过程中，面对来自于世界各地的多元价值观，中国传统文化在发挥应有的文化价值、增强中华民族人民的文化自信的过程中面临着重重阻力。对中国传统文化的当代困境的分析是进行中国传统文化重构的关键。

（一）面对多元文化冲击：传统文化价值标准模糊

在经济全球化给中国带来经济蓬勃发展的同时，各国文化、价值观念、社会思潮对中国产生了深刻影响，在很大程度上冲击着中国人民固有的价值观念，这使得中国传统文化在当代社会重构的标准和方向难以确定，使得人们固有的传统文化价值标准变得模糊。一方面，西方价值观的冲击导致人们对传统文化的继承存在困惑。改革开放以来，伴随着国内商品的多样性而来的还有西方多样的价值观念，如西方普世价值在一段时间甚嚣尘上，这在极大的程度上满足了国内民众的猎奇心理，同时别有用心的人将国内经济发展出现的一些问题归咎于人们传统的固有价值观,这使得人们对传统文化的继承出现困惑。另一方面,多元社会价值思潮涌入国内导致人们出现价值判断标准的迷失。面对西方的自由主义、消费主义,一些人开始批判传统集体主义,盲目跟风,过度消费。人们的是非观念、价值判断标准越来越模糊。

(二) 固守稳定的心态:传统文化自我更新迟缓

中华民族在漫长的历史长河中形成了稳固的中华文化,人们在深厚的中华传统文化的影响下形成了积习难返的文化困境。中国传统文化对中国人的影响是根深蒂固的,在这种"超稳定"文化体系的影响下,人们形成了"保守""求稳"的心态。在这种心态的影响下,传统文化很难突破自我。面对时代的转变,仅仅依靠外来文化的冲击,传统文化如若不能从内部进行自我更新,就会导致外来文化的全面渗透,造成中华文化的停滞不前。事物的内部矛盾也就是内因,是推动事物发展的根本原因,外因只会对事物的运动变化起到一定程度的影响作用。只有实现中国传统文化在新时代的自我更新,才能真正在新时代确立起属于我们自己的独立文化,才能真正实现以中国传统优秀文化作为根基的文化自信。

(三) 应对时代转换:传统文化内容取舍困难

传统文化内容的甄选就是要明确传统文化的内容,明确在新时代条件下对传统文化进行甄选的标准,从而区别出哪些属于新时代不需要的糟粕,哪些是与历史的发展进步相适应的,哪些需要改造创新。"甄选传统文化重构的内容,离不开对传统文化的完整解读,离不开对传统文化的现代性挖掘,也离不开对传统文化误读的客观纠正。"[①] 但是,在现实中,人们往往保持着对传统文化完整性的渴望。这种对传统文化完整性的渴望与对传统文化进行现代转换的诉求之间存在着矛盾,这种矛盾造成了在传统文化现代转换过程中,对传统文化内容取舍的困难。一方面,人们往往以保护文化的完整性为由拒绝传统文化的现代转换。在这一过程中,人们对传统文化的现代转换内容存在误解,认为经过现代转换的传统文化损坏了传统文化固有的精神品质。另一方面,人们又会以传统文化不适应现代社

---

① 王永友:《文化自信视域下传统文化重构的"三重"困境》,载于《南京社会科学》2017年第7期。

会的发展为由全盘抛弃传统文化。在此，人们只是片面地看到了传统文化中不利于现代社会发展的因素，而面对外来文化的冲击更是夸大传统文化在现代社会中的不适应性，忽视了对传统文化中利于现代社会发展的因素，缺少对传统文化合理因素的挖掘和创新。

三、中国传统文化的当代重构

中国传统文化在当代面临的诸多困境阻碍了传统文化的"开新"，冲击着大众的价值观念，影响人们对传统优秀文化的坚定信心的形成。为此，必须通过多种途径探索中国传统文化在当代的重构路径，坚定人民群众的文化自信。

（一）坚守优秀传统文化的价值观念

坚守优秀传统文化的价值观念是实现当代中国传统文化重构的关键，这就要求实现文化的超越，即要使中国优秀传统文化摆脱对外来文化的依赖，成为独立的力量，引领社会思潮，"发挥其在民族精神塑造、社会舆论引导、价值观念取向上的基础性作用"[①]。只有这样，中华民族文化才能作为民族复兴的有力支撑，成为影响世界的软实力。

首先，坚守优秀传统文化的价值观念要批判借鉴外来文化。外来文化作为世界文明成果，其中自然有为我所用的有利部分，但是也不乏糟粕。我国的改革开放在持续进行、经济全球化不可逆转，这就不能避免外来文化对我国传统文化的影响。为此，更要坚守中国优秀传统文化的价值观念，在世界文化浪潮中保持中华文化的独立性。其次，要坚守中国优秀传统文化的价值观必须正确对待中华文化。中华上下五千年，形成了丰富多彩的文化成果，其中有适应于当今的勤劳勇敢、自强不息的精神，亦有"君君臣臣父父子子"的封建等级观念。对此，我们应该正确对待中华传统文化，取其精华、去其糟粕，坚守正确的符合时代潮流的中华优秀传统文化所体现的价值观念，摒弃糟粕文化中所体现的错误价值观念。

总之，要在外来文化与中华传统文化的碰撞中坚守中华优秀传统文化的价值观念，实现中华文化的自我超越。

---

① 曹胜高：《论中国传统文化党的当代重构》，载于《中原文化研究》2013年第1期。

（二）实现传统文化自我突破

用"文化的突破"来分析中国社会的自我更新过程，可以从更为宽阔的视角来审视中国文化。"文化的突破，是指一种成型的文化削弱、打破或超越固有结构，寻求到新的价值指向和理论出口，对原有文化结构、文化观念和文化逻辑进行解构、重建。"① 文化的突破，是文化的自我超越、自我完善和自我调整。一种文化只有实现自我的不断突破，才能够实现文化的延续。这就需要强化文化自我更新能力，使之成为文化自新的内在动力，调动其自身资源，去实现自我突破。反思中华文化发展的历史，其实一直存在自我突破的传统，如百家争鸣、魏晋玄学、宋明理学的形成。传统文化的自我突破就好比社会内力所推动的社会发展，在从封建的旧中国向新民主主义的新中国的发展过程中，帝国主义的侵略只是推动这一转变的外力作用，如果没有帝国主义的侵略，中国也会走上这条道路，只是在外力的作用下，这一进程被动加速进行。文化的发展也是如此，只有形成文化发展的内部突破力量，才能促使中华文化真正发展进步，真正实现自身的超越性和独立性。我们要从中华传统文化内部审视文化自身的核心理念、作用方式，思考新时代对中国传统文化的呼唤和要求，以中国传统文化的自我革新筑牢中华文化之基，增强中华人民的文化自信。中国传统文化的这种自我突破需要高校、科研院所、政府等的协调努力，尤其是对研究中国传统文化的相关学者提出了引领中国传统文化自我突破的要求。

（三）开发传统文化中的现代因素

要真正使中国传统文化发挥在树立文化自信中的根基作用，必须深入挖掘、创新和运用传统文化中的现代因素。新中国成立之初，经济发展水平还较为低下，人们生活水平不高，在这样的社会状况下人们往往以传统文化中的"勤奋""节俭"等作为行为的准则。改革开放之后，随着人们物质财富的增加，文化需求越来越大，越来越多的人追求高品质的文化生活，文化成为人们提高自身品质、提升自我修养、促进自由而全面发展的精神力量。但是在今天，我们对传统文化中现代因素的挖掘显然是与人们的需求不相匹配的。

首先，要站在国家发展和社会进步的立场认识传统文化，开发传统文

---

① 曹胜高：《论中国传统文化党的当代重构》，载于《中原文化研究》2013年第1期。

化中的现代因素。传统文化中的现代因素应当是适应中国特色社会主义社会新时代、符合社会主义先进文化要求的内容。中国传统文化的精髓"和合"文化就全面阐释了人与人、人与自然的和谐共生关系,为我们建设和谐社会、打造人类命运共同体提供了文化论证。以"爱国主义"为核心的勤劳勇敢、自强不息、艰苦奋斗的民族精神在今天仍然激励着每一个中华儿女奋发前进。在当今社会,传统文化的"媚俗"现象严重,这就需要用符合社会进步的传统文化因素突破这种局限,尽可能地满足人们高层次、高品位的文化需求。要将马克思主义文化与传统文化深度融合,深入挖掘优秀传统文化资源,以建立起引领社会发展、弘扬社会正气、传播社会正能量的理想文化,将"自省慎独"的修养路径、"浩然正气"的修养指向、"舍己为人"的献身精神、"锲而不舍"的执着追求、"舍我其谁"的责任意识、"修身齐家治国平天下"的家国情怀、"立德立言立功"的人生定位、"天人合一"与"天下为公"的理想追求等优秀传统文化发扬光大,使之成为中国特色社会主义文化的重要组成部分。

其次,要注意传统文化中现代因素的多层次性和多样性。中国传统文化源远流长、博大精深,忽视了中国传统文化的多层次性和多样性就忽视了中国传统文化的内在精神。当代社会物质的丰富多彩也需要文化的丰富多样,单一形式的文化不能满足人们的高层次文化需求。中国传统文化表现形式多样,从古文到戏剧,从国画到书法,从灯谜到谚语,这都是中国传统文化的丰富表现。只有在开发传统文化的现代因素中充分注意到其多层次性和多样性,才能更大限度地唤起人们的兴趣,满足人们的文化需求,进而增强人们的文化自信。

最后,利用传统文化的现代因素构建传统文化的国际话语权。虽然和平与发展是当今世界的主题,但世界范围内的文化竞争没有停止过,只有长期锲而不舍地斗争,才能够在世界上开辟中华文化的新道路。传统文化的思想具有历久而又弥新,复古而又开明的特点,保持了长久的生命力。传统文化中的现代因素之一即开放的特性,注定了中国传统文化在世界舞台上具有不俗的表现。增强传统文化的世界话语权,就需要我们在对外交流交往中,创造和使用自己的话语体系。特别是随着我国国际利益诉求不断发展更新,需要创立以传统文化为话语体系的中国的对外交往方式。因为我国作为社会主义国家,与资本主义国家有着本质区别,政治上如此,文化上也同样如此，我们肩负着创造社会主义新文化的重任。这就要求我们以开放包容的心态充分开发传统文化的现代因素，以此与国际社会接轨，创造中华文化的国际话语权，更大程度上增强文化自信。

中国传统文化以其博大精深的体系深深地影响着中华民族的每一个成员，在物质发达的当代社会更需要优秀中国传统文化对人们精神的滋养。面对中国传统文化的当代困境，从多种路径实现其创新性转化和重构是复兴中国传统文化，增强中华民族文化自信，提升国家文化软实力的必经之路。总之，我们要坚持马克思主义的指导地位，不断继承、弘扬和创新中国传统文化，实现中国特色社会主义文化的发展和繁荣。

（作者周金凤，中央民族大学硕士研究生。）

第三部分

社会伦理问题研究

论新时代的美好生活

成海鹰

摘要：每个人都是自己所处时代的产儿，要想有所作为，必须从时代提供的各种条件出发去努力、去创造。中国特色社会主义进入新时代，我国社会主要矛盾已经转化为人民日益增长的美好生活需要和不平衡不充分的发展之间的矛盾。什么是美好生活？美好生活的内容有哪些？从人类文明的历史脉络和思想资源来看，中西方德性论有丰富的论述。在新时代，美好生活被赋予了新的内涵：第一，美好生活是人民群众的真切向往；第二，人民对美好生活的向往是共产党人永远的奋斗目标；第三，人民的美好生活是中国梦的伟大实现。

关键词：美好生活；马克思主义；新时代；新矛盾

中国特色社会主义进入新时代，习总书记说："时代是思想之母。"每个人都是其所处时代和社会的见证者、参与者。马克思曾经在《路易·波拿巴的雾月十八日》中写道："人们自己创造自己的历史，但是他们并不是随心所欲地创造，并不是在他们自己选定的条件下创造，而是在直接碰到的、既定的、从过去承继下来的条件下创造。"① 他以此说明每个人都是自己时代的产儿，要想有所作为，必须从自己所处的时代出发。今天，我们身处一个伟大的新时代，在实现中国梦的宏图大业中，如何万众一心同奋斗共进取，是摆在每个人面前新的时代课题。十九大报告明确指出：中国特色社会主义进入新时代，我国社会主要矛盾已经转化为人民日益增长的美好生活需要和不平衡不充分的发展之间的矛盾。十九大报告提到"美

---

① 《马克思恩格斯选集》（第一卷），北京：人民出版社2012年版，第669页。

好生活"有 12 次之多。"美好生活"固然是一种生活的认识和经验,它也是一个哲学概念。从中西方的思想资源来看,有深厚的历史积淀。

一、美好生活是人民群众的真切向往

据《现代汉语词典》,"美"是赏心乐事,"好"是对人有益,美好即好,多用于生活、前途、愿望等抽象事物,有人能达到、值得追求的意思;所以美好生活是好生活,也是人们追求的生活。什么样的生活才能称为好生活?这是一个古老的问题,中西方的哲学家都热烈地加以探讨过。十九大报告指出:永远把人民对美好生活的向往作为奋斗目标。这一思想宗旨,有非常丰富的历史渊源、心理厚度和现实基础。

古希腊哲学家亚里士多德的伦理学最主要的一个研究内容就是探讨什么是"好生活",这是他留给世人的一个争论不休的话题。他自己的答案是:好生活就是幸福的生活。亚里士多德推崇城邦生活,他设想的理想城邦规模是五六千自由人组成的社会,"包括一座神庙林立的卫城,埋着创始英雄的骸骨,供着本族的神像,还有一个广场、一个剧场、一个练身场,几千个朴素、健美、勇敢、自由的人"[①]。他认为城邦才可以谋求优良生活,可以追求完美、自足也就是他所认为的幸福而高尚的生活。他这样理解"美好生活",首先,"美"和"好"是一样的,即"美好和善良是一回事"[②]。其次,美好与生活的关系则在于:生活本身是美好的,生活之中本来就有一份自然的欢喜和甜蜜。许许多多的人经历重重困苦,依然眷恋生存,这便是一个绝好的证明。再次,精神生活的激动人心,丰富多样和无边无际。

在希腊人心目中,最美好的生活就是与神的生活最接近的生活。人们相信要想过美好正当的生活,必须终生遵循一个指导原则,就是:厌恶丑恶的,爱慕美好的;也就是说,要过美好生活即意味着爱慕美好的事物或东西。

希腊是现代奥林匹克运动会的发源地,希腊人爱健美的肉体。据历史

---

① [法] 丹纳:《艺术哲学》,傅雷译,南宁:广西师范大学出版社 2000 年版,第 283 页。
② [古希腊] 亚里士多德:《尼各马可伦理学》,苗力田译,北京:中国社会科学出版社 1999 年版,第 134 页。

记载，希腊人崇拜那些发育好、比例匀称、身手矫健、擅长各类运动的人，他们有最结实、最轻灵、最健美的身体。奥林匹克运动会上，优胜者能得到至高无上的荣誉，有最伟大的诗人对他们的事迹加以歌咏，得胜的运动员回到本乡会受到凯旋式的欢迎，他的体力和矫健成为一邦的荣耀。这培育了更快、更高、更强的奥林匹克精神。

希腊人爱优美的精神。斯巴达人尤其以英勇著称。斯巴达的母亲在送儿子出征时，交给他盾牌要求儿子带回这个盾，不然就躺在它上面回来。意思是你如果活着就胜利凯旋，不然就战死，由盾牌抬回。这才被认为是光荣的。从人性的脆弱来说，人难免贪生怕死。在城邦林立的西方社会早期，城邦与城邦之间互相敌视、掳掠，战争极其残酷，人民没有勇敢的美德，随时可能死于非命或沦为奴隶，所以勇敢的美德最受推崇。人们为纪念战死的将士，在墓碑上写道："过路人，请传句话给斯巴达人，为了听他们的嘱咐，我们躺在这里。"① 刻在墓碑上的铭文还会向世世代代的人们发出这样的召唤，并在脆弱的心灵培育出勇敢的德性。

希腊人还爱丰沛的感情。在希腊神话中，俄耳甫斯是伟大的歌唱家，他的歌声和琴声带给人们难以形容的感动，每当他拨动琴弦，他的妻子欧律狄克都会无忧无虑地跳舞。他们的幸福引起了神的嫉妒，欧律狄克被蛇咬伤死去，只剩下俄耳甫斯忍受痛苦的折磨。后来，俄耳甫斯用琴声感动冥王，被准许从地下世界将爱妻带回。但是，在进入地上世界之前，唯一的条件是他不准回头看。在返程那段漫长的路途中，俄耳甫斯的心灵备受煎熬，看不见成为一种巨大的折磨，他的心脏几乎要为可怕的焦虑爆开了。终于，天日之光出现，还有几秒钟俄耳甫斯就能重返人间并赢回他心爱的人。但是如果她没有跟来呢？俄耳甫斯凄惨地想，下意识回头去看，这时，他看到了欧律狄克。他没有遵守冥王的禁令，眼睁睁看着欧律狄克像一片秋风中的落叶一般飘走了。

古希腊时代，人们在神话想象中走过一生，他们对美好生活的理解发展出了西方文明，希腊人在哲学、悲剧、建筑、绘画、雕刻等方面的成就至今是人类文明宝库中的瑰宝。

---

① ［德］黑格尔：《美学》（第3卷）下，朱光潜译，北京：商务印书馆1981年版，第21页。

无独有偶，中华民族的先人在两千多年前对"美好生活"认识也已经非常深刻并且内容丰富。关于美好生活的内容，老子说得很具体，"甘其食，美其服，安其居，乐其俗"。十九大报告将这些千百年来为人民所期待所追求的梦想概括为：幼有所育、学有所教、劳有所得、病有所医、老有所养、住有所居、弱有所扶。它意味着社会和谐稳定，国家长治久安，人民安居乐业。这种梦想有极深厚的传统积淀，特别是在儒家思想中。可以说，儒家对美好生活的理解更接近今天谈中国特色社会主义新矛盾中美好生活的内涵。从汉字构成来看，"儒"是单人旁，旁边一个"需"。中国哲学家冯友兰先生说，"儒"就是人所需要的。人们需要什么呢？需要与人相处、生活，需要心情愉快，总的说来，就是需要美好生活。孔子在两千多年前和学生们探讨过这个问题。师徒几个各言尔志，曾点的理想是"莫春者，春服既成，冠者五六人，童子六七人，浴乎沂，风乎舞雩，咏而归"（《先进》），对此，孔子说，"吾与点也！"他之所以赞赏曾点，是因为天下大治才会有师徒游学山水之间的景象，这正是他"老者安之，朋友信之，少者怀之"（《公冶长》）理想的体现。孔子说的是：使老人得到安养，朋友能信任自己，年轻人能怀抱希望和理想。这种志愿是天下大治，人能安常处顺，天下人各顺其性，各安其所，大家和睦相处。

这一幕美好生活的古典画面定格在中国历史中，孕育和发展出了中国的天人合一的哲学思想、自然文学、山水田园诗等，这些极富美学意味的思想、理论和观念对中国后世的影响极大。中国历史上的一代名臣王安石对贞观和开元时代非常向往，但是熙宁元年宋神宗第一次召他"越次入对"，问他"唐太宗如何？"他却回答说："陛下当法尧舜，何以太宗为哉。"[1] 尧舜大治，孔子在《论语》中把它归结为"美好"的典范。《八佾》中记载："子谓《韶》：'尽美矣，又尽善也。'""尽善尽美"这种价值到今天，仍然是美好生活的一个具体评价。

生活是一个人所经历的生命过程。一个人不能仅仅以活着为目的，还应当谋求美好生活，孔子对美好生活的论述极其周全详备，在美好生活的构成中，和乐的人伦、人际关系也是其中最重要的内容。譬如《乡党》讲

---

[1] 转引自钱钟书：《宋诗选注》，上海：生活·读书·新知三联书店2002年版，第71页。

述孔子的圣人之道在日常生活中的体现对今天的人理解怎么处理亲密关系就很有启发。儒家的道，常常是化在生活当中，不离日用行常外的。正如习总书记指出的："我们生而为中国人，最根本的是我们有中国人的独特精神世界，有百姓日用而不觉的价值观。"这种独特在于中国人精神世界的独有色彩、风貌、宗旨与主要意义。

所谓乡党，就是家族亲戚聚集的地方。古代人聚族而居，血缘和地缘形成最亲密的人际关系。《乡党》第一章就讲了：孔子于乡党，恂恂如也，似不能言。其在宗庙朝廷，便便言，唯谨尔。孔子在乡党的精神状态是"恂恂如也"，就是诚实笃信，很谦恭的样子，好像话都不会说。因为乡党以亲情来维系。一个人不管事业多辉煌，地位多高，财富多丰厚，在家里，就是丈夫或妻子，父亲或母亲、儿子或女儿。所以要诚实谦恭。如果发生时空转换，在朝廷宗庙，则要辨明是非，因为那是大义所在之地，不能犯错误，错误会累及他人。这样，社会才能安定有序，和谐发展。

儒家认为，一个人不仅要自己追求和拥有美好生活，还要"达则兼济天下"。当孔子带着众弟子周游列国时，所企望的是向明君推行仁政，使之惠及天下苍生。以孔子为代表的古代读书人希望替老百姓服务，实现"修身齐家治国平天下"的理想。可见，在古代儒家的理想中，最美好的生活是与圣贤最接近的生活，所以一个人要修己安人。

中西方历史这些材料证明：美好生活的理念是人类社会进步的结晶。每个人都要过一种生活，因此总是关心这些使生活更美好的事物、因素。在今天，一个社会要保证人们可以追求美好生活，应当安排制度、规定个人的权利、义务，使人可以投身社会生活和个人生活中，创造更大的物质财富特别是精神财富，使人们既能得到丰富的物质财富，也能最大限度地达到人类在艺术、科学、文化方面的优越性。可以说，享有美好生活是一切共同体和个人最大的目的，也是人民最真切的向往。

二、人民对美好生活的向往是共产党人永远的奋斗目标

在十九大开篇，习总书记代表十八届中央委员会庄严承诺，共产党人的使命是"永远把人民对美好生活的向往作为奋斗目标"。我们已经进入新时代，这个新时代，是全国各族人民团结奋斗、不断创造美好生活、逐

步实现全体人民共同富裕的时代。习总书记在十九大报告中指出，中国特色社会主义进入新时代，我国社会主要矛盾已经转化为人民日益增长的美好生活需要和不平衡不充分的发展之间的矛盾。

新时代，意味着我们正在迎来实现中华民族伟大复兴的光明前景。谈"中华民族的伟大复兴"是因为我们有历史上最悠久和最辉煌的古代文明，中华文化不仅历史悠久，还有着顽强的生命力。我们的文明之所以绵延不绝，因为我们这个民族善于学习，长于创新，而且勇于实践。儒家强调学习，《论语》开篇即为《学而》，但是儒家不是为学习而学习，学习是为了培养实践智慧，读了书就要为天下苍生做事，就要为政。杜甫诗中写道："致君尧舜上，再使风俗淳。"范仲淹的理想是"先天下人之忧而忧，后天下之乐而乐"。古代读书人为什么普遍有这种"天下为己任"的情怀，"舍我其谁"的担当精神，为社稷为苍生的责任感？因为饱读了古代经典，了解了过去几千年，一个社会、一个人要怎样发展，才能走上正道，就会有一种自发的使命感。孔子经常和他的学生们谈"治国理政"的想法。《颜渊》中有一个著名的片段"子贡问政"，提到孔子认为立国强国的三个要素是"足兵、足食、民信之"。其中最重要的是"民信之"，孔子是说自古以来，人都是要死的，但是如果老百姓对政府不信任了，对未来没有信心，人和人没有相互信赖，国家就面临崩溃，这一点很重要。今天，中国人民的信任和信心来自于共产党的坚强领导力。十九大报告说了："党政军民学，东西南北中，党是领导一切的。"这也有其深厚的历史基础。

回顾历史，十月革命一声炮响，给中国送来了马克思列宁主义。中国先进分子从马克思列宁主义的科学真理中看到了解决中国问题的出路。

1917年，蔡元培先生出任北京大学校长，他塑造了"思想自由，兼容并包"的校风，使马克思主义作为学术自由讨论，从而聚首了中国早期共产主义运动的启蒙者，中国共产党的创立便是由这些人来担当的。1917年1月4日，蔡元培正式到北大任校长，仅一个星期，陈独秀被任命为北大文科学长，后来，李大钊任北大图书馆主任。共产党的主要创始人陈独秀、李大钊都是以北京大学为阵地，开展他们宣传马克思主义的理论与实践活动。值得一提的是，1918年9月，作为新民学会会员由长沙赴北京的青年毛泽东也来到北京大学。此后不久，以毛泽东为代表的中国共产党人，从中国革命的实际出发，坚持把马克思主义理论的基本原理同中国革命的具体实践相结合，在实践中坚持、运用和发展马克思主义，标志着马克思主义中国化的开始。

在近代以后中国社会的剧烈运动中，在中国人民反抗封建统治和外来侵略的激烈斗争中，在马克思列宁主义同中国工人运动的结合过程中，1921年中国共产党成立。中国共产党一经成立，就把实现共产主义作为党的最高理想和最终目标，义无反顾肩负起实现中华民族伟大复兴的历史使命，团结带领人民进行了艰苦卓绝的斗争，谱写了气吞山河的壮丽史诗。正像十九大报告提到的："不忘初心，牢记使命。"北宋词人晏几道有词云：何时一枕逍遥夜，细话初心。他当然指的是爱情的初心，这是两情相悦时，一份没有被磨损的真情；也是人生的初心，是对人生美好的追求、衷肠、祈愿，非常珍贵地保留在个人的生命中。共产党人的初心，则是对人民幸福、美好生活的坚定信念和追求。让我们回到建党的历史：细话初心。

在中共"一大"的代表中，李汉俊烈士很小就萌生救国救民的远大志向，他求学是要成为有用之才，以便有朝一日为国家民族扬眉吐气而出力。他被反动军阀杀害的时候只有37岁；李大钊烈士的理想是"铁肩担道义，妙手著文章"，他被北洋军阀杀害的时候只有38岁；"一大"代表张太雷，被李大钊称赞为"学贯中西，才学出众"，牺牲时只有27岁。他们也是血肉之躯，难道不眷恋生命吗？

"一大"代表高君宇死的时候年仅29岁，他的恋人，现代文学史上著名的才女石评梅把他葬在北京的陶然亭，并在墓碑上题写："我是宝剑，我是火花，我愿生如闪电之耀亮，我愿死如彗星之迅忽。"是宝剑，才可以披荆斩棘为苦难的人们杀出一条生路；是火花，才能照亮黑暗中人们的前行之路，这就是共产党人的情怀。高君宇死后几年，年仅26岁的石评梅悲伤过度死去，人们把她葬在高君宇墓旁。他们生前没有相依共处，死后并葬荒丘。这一段感人的爱情见证至今保留在北京的陶然亭公园。共产党人也有七情六欲，也有至爱亲朋，他们对亲人、爱人同样一往情深。但是，他们用生命、爱情实践了"为天下人谋永福"的理想，正所谓，"生命诚可贵，爱情价更高。若为理想故，两者皆可抛"。正像南宋爱国诗人谢枋得诗中所说,"义高便觉生堪舍,礼重方知死甚轻"。这是共产党人的境界。

习总书记在十九大报告中指出:今天,我们比历史上任何时期都更接近、更有信心和能力实现中华民族伟大复兴的目标。共产党有能力也有魄力带领人民实现美好生活。从1949年新中国成立到今天,在共产党领导下,中国人民取得了辉煌的成就:新中国成立以来特别是改革开放近40年来,人均GDP是改革开放初的40倍,人均GDP由改革开放初的200美元跃升到超过8000美元,到2020年将达到1万美元。

过去,我国社会主要矛盾是人民日益增长的物质文化需要同落后的社会生产之间的矛盾。作出这一判断,主要是基于当时我国经济社会发展水平不高、社会生产力相对落后。经过近40年的改革开放,我们党带领全国人民告别贫困、跨越温饱,即将实现全面小康。我国经济总量稳居世界第二,社会生产力水平显著提高,社会生产能力在很多方面进入世界前列,中国特色社会主义制度日益成熟定型。我国生产力发展水平和人民对美好生活的需要都发生了变化。因此,我国社会主要矛盾也发生相应变化,转化为人民日益增长的美好生活需要和不平衡不充分的发展之间的矛盾。人民生活水平显著提高,人民群众对美好生活的期待也越来越高。在共产党的领导下,人们完全有理由相信生活会更美好。

三、人民的美好生活是中国梦的伟大实现

进入新时代,我国经济社会发展水平已上升到一个新的阶段。人民群众的需求从较低层次上升为较高层次,从对"物质文化"的基本需要提升为对"美好生活"的全面需要;我国社会生产的发展水平由较低阶段上升为较高阶段,基本摆脱了原来落后的生产力状况,由原来"落后的社会生产"水平转化为发展的"不平衡不充分"状态。对中国特色社会主义主要矛盾的精准分析,是中国共产党人对历史使命的自觉担当,激起了无数人内心的回响。正像习总书记所说:实现伟大梦想,必须进行伟大斗争。社会是在矛盾运动中前进的,有矛盾就会有斗争。了解新时代,才能够认清前进的方向;面对新矛盾,才可以有效应对重大挑战;肩负新使命,才勇于承担历史重任。今天,习总书记提出实现民族复兴的中国梦,庄严地向

人民承诺中国梦具有新时代特色的三个内容，即国家富强、民族振兴、人民幸福。

（一）国家富强是美好生活的前提

人们常说：大河不满小河干。国家富和强，人民有保障。孔子很早就发现，对于美好生活来说，良好的政治环境、富强的国家非常重要。他说："笃信好学，守死善道。危邦不入，乱邦不居。"（《泰伯》）对于政治环境的评价，中国古代文化有"世治""世乱"之分。孔子认为，在太平盛世，一个人要对国家有所作为，当天下大乱的时候，则以守全自我为要，所谓"危邦不入，乱邦不居"，意谓政局不稳的国家和混乱的城邦都不要去。孔子的"守死善道"就是对美好人生的基本信念，一切所求都为这个目标，乱和危的地方不免祸及生命，所以要避而远之。中国人总是企望国泰民安，只有国家的长治久安，才会有人民的美好生活。

（二）民族振兴是美好生活的保证

公元770年，杜甫在长沙偶遇当年在长安就认识的著名歌唱家李龟年，写下了著名的《江南逢李龟年》：岐王宅里寻常见，崔九堂前几度闻。正是江南好风景，落花时节又逢君。诗里有对开元初年鼎盛的眷恋，也有对国事凋零、个人颠沛流离的感慨。据说李龟年安史之乱后流落到湖南长沙一带，每遇良辰美景便演唱几曲，常常让听众泫然泪下。

中华民族在历史的长河中，经历过各种艰难困苦，特别是在近代，更是积贫积弱在生死存亡中挣扎。"黄花岗七十二烈士"之一的林觉民1911年参加广州起义之前，给他妻子写下感人的《与妻书》说："吾诚愿与汝相守以死，第以今日事势观之，天灾可以死，盗贼可以死，瓜分之日可以死，奸官污吏虐民可以死，吾辈处今日之中国，国中无地无时不可以死……遍地腥云，满街狼犬，称心快意，几家能够……吾充吾爱汝之心，助天下人爱其所爱。"这是多么沉痛的表达。历史总是告诫后人，多少人多少家庭牺牲在民族衰落的无奈中，而一个民族的振兴关切着多少人多少家庭对美好生活的期待和向往。

（三）人民幸福是美好生活的体现

国家富强，民族振兴，人民就可以充分满足物质文化需要。当然，人民美好生活需要的内容更广泛。它不仅包括物质文化需要，还包括人们由之而来的获得感、幸福感、安全感和尊严、权利等。人们期盼更稳定的工作，更满意的收入，更安全的食物，更舒适的居住条件，更好的教育、医疗、养老等社会保障，更优美的环境，更丰富的精神文化生活；所以把握新时代的新矛盾，要从历史脉络、文化传统、实践基础和思想心理各个方面来理解其中的核心概念即美好生活。这种生活带给人们的心理体验，叫幸福。今天，人们的生活日益美好，每一个人可以分享国家繁荣富强带来的各项成果，有理由骄傲和由衷地喜悦。

生活在这个伟大的时代，人们比任何时候都更渴望美好生活，所以要牢记新的使命，以更大热情投入到社会的伟大实践中去，在时代的大舞台上通过自己的努力，大放异彩，实现美好人生。

（作者成海鹰，长沙理工大学马克思主义学院教授。）

论生态女性主义视野中的"技术—性别—生态"问题

易显飞

摘要：生态女性主义认为，"性别压迫"与"自然压迫"具有内在关联，因而呼吁发起一场颠覆男性权利的生态革命，建立男性与女性平等、人与自然平等的新型关系。在对这些问题的反思过程中，她们把目光投向了技术，批判了技术的"非生态化"与"男性化"特征，并指出了两者之间存在内在的逻辑关联。生态女性主义视界中的技术整体上是悲观主义的，认为现代技术是典型的男性文化的象征。她们主张发展出男性化特质偏弱，渲染着女性特质的、民主的、人性化的、以生活为导向的技术。

关键词：生态女性主义；技术与性别；性别压迫；技术生态化

20世纪60年代，随着三次科学技术革命的完成及其连续引发的几轮产业革命，西方国家普遍面临着前所未有的生态环境问题，并引发了全球性生态环境危机，威胁着人类的生存与发展。"种族问题是二十世纪的关键问题，生态承载问题很可能是二十一世纪急需解决的问题。"与此同时，随着女性主义理论和实践的发展，许多女性主义者开始严肃地意识到：女性问题不是一个孤立问题，"压迫女性"与"压迫自然"存在着某种内在逻辑联系。在这种背景之下，生态女性主义诞生了。美国生态女性主义神学家查伦·斯普瑞特奈克指出："生态女性主义者关注了当代社会最紧迫需要解决的问题，从生育技术到欠发达国家的发展问题，从有毒废弃物到新出现的政治和经济问题。"

在生态女性主义者看来，西方传统认识论中的二元结构是不合理的，因为这种二元结构将男性与理性、社会等同，将女性与情感、自然等同，构成了父权制统治的基础，并进而形成了男性占优势、女性处劣势地位的社会心理。生态女性主义认为父权制世界中的技术与男性气质紧密关联，技术追求理性与效率，体现为操纵、控制和压迫，因此将不可避免地走向毁灭。并且，男性还与自然为敌，认为人可以征服自然，男性通过技术强化对自然和女性的统治。

生态女性主义者认为，技术是典型的男性文化的象征。在男性文化中，内含着一个性别关系的隐喻，即男性代表人类社会，女性代表自然，技术的目的就是使自然服务于人类社会，自然和女性居于从属地位，男性居于统治地位。父权制文化导致"统治"逻辑的兴起，它解释并维护了"优势群体"对"劣势群体"统治的合理性。

依据凯伦·沃伦"统治的逻辑"的思考模式，女性与自然、身体相连，而男性与人和心智相连。男性和女性是两类不同群体，身体不如心灵高贵，自然不如人高贵，进而得出缺少优越感的女性群体应处于被统治地位，即从属地位，而之所以会有这样的观点，主要缘于父权制文化的影响。生态女性主义者通过批判父权制世界观，并对这一文化背景下对女性的统治和对自然的统治进行类比思考，提出了关于军事技术、工业技术和生育医学技术与女性关系的新观点。她们呼吁反对父权制文化，解放女性和自然，倡导建立新型的人与人、人与自然的关系，进而为女性从边缘走向核心，进行自我拯救和解放提供了有益的启示。以在父权制文化为中心的社会中，技术将无法避免地打上男性统治的种族主义、阶级主义和性别主义的烙印。因此，父权制社会的技术发展价值取向将不可避免地呈现男性优势。生态女性主义者通过对女性与自然之间联系及其演化的考察，揭示出科学技术的统治与权力价值观念的形成过程。她们认为，男性通过科学技术不断强化其统治和控制，女性和自然则处于边缘化的地位。为了逆转这一趋势，生态女性主义者提出了以下假设：女性的本质不同于男性；女性的特殊性在于她与自然的密切联系；男性文化承载着的"统治和压迫"的特性使其劣于女性文化。同时，生态女性主义认为，与男性相比，女性在崇尚和平与抚育后代方面比男性具有更高的存在价值。基于此，她们和文化女性主义一样，主张发展出男性化特质偏弱的技术，发展民主的、人性化的以生活为导向的"生活技术"而不是以工作和权力为中心的"非生活技术"。

对于技术导致的生态问题，生态女性主义者普遍持猛烈的批判态度。

卡森对农药技术的反思，麦茜特对自然技术化导致的"自然之死"的批判，都是基于生态维度来对技术进行人文主义的批判。在她们看来，解决问题的出路在于对技术进行生态控制与对生态进行技术控制，两者应该是协同进行的。前者是对技术的发明、创新和使用进行生态规约，这是一个社会规范问题或者"技术与社会"问题；后者是基于"解铃还须系铃人"，运用"更好的"技术来控制由原来的技术引发的生态问题，这是一个工程技术问题。

基于以上分析，可以认为：生态女性主义批判了人类与自然对立、自然与文化、男性与女性对立的二元论思想，突出了重新理解人与自然、自然与文化、男性与女性关系的意义，为从二元思维向非二元思维方式的转化奠定了基础。她们提出要以多元代替二元，男性、女性、自然等所有存在者都有其生存的权利，应该在一种多元平衡的关系中发展。在此基础上，生态女性主义者还对技术进行了有力的，甚至于有些偏激的批判。他们的关注焦点除了女性地位的改变，还包括技术发展与生态环境危机，关注人与自然的和谐发展，这就使她们能从更宽阔的视角、更大的背景来考虑女性解放问题。生态女性主义视界中的技术整体上是悲观主义的，她们不赞成发展现代技术，普遍认为应该摒弃现代技术甚至回到始技术时代（The Eotechnic Phase），因为技术是父权制下的产物，即对男性发展有利，体现着男性的统治功能，是男性无限制追求权力的产物，而女性只是牺牲品，是技术尤其是现代技术的受害者。但是，生态女性主义者只是在生物学基础上探讨女性的特征，而没有在人类学的意义上，或者说从本质的意义上揭示出女性的特质，她们只是在感性的意义上探讨女性的本质、力量和美德，而没有从理性的意义上，或者更深的哲学意义上反思女性与技术。其次，很多生态女性主义者无意投身于社会变革，或者说，不是行动主义者，因此，也不能在更深层次上变革传统的女性文化、变革生态和变革技术。再次，生态女性主义者没有打开技术的"黑箱"，把技术看成是一个整体，并把技术与社会相等同，因此而认为可以通过对父权制社会的解释来解释父权制的技术，这在一定意义上暗含了对技术的经验研究的否定。

（易显飞，长沙理工大学马克思主义学院教授。）

论国家治理能力现代化的伦理意蕴

刘 霞

摘要：国家治理能力现代化中所包含的能力性质、能力范围、能力体现，合称为国家治理的道德能力。国家治理能力现代化主要表现为人的能力的现代化，其伦理意蕴主要体现为治理主体的道德能力、治理过程的道德落实、治理客体的道德塑造以及治理的国际伦理意义等几个方面。

关键词：国家治理；道德能力；伦理意义

一、国家治理能力现代化的意涵

习近平总书记指出，国家治理体系和治理能力是一个有机整体，相辅相成，有了好的国家治理体系才能提高治理能力，提高国家治理能力才能充分发挥国家治理体系的效能。① 两者之间是相互依存、相互促进的关系。如果我们把国家治理现代化作为"一体"，那么治理体系现代化和治理能力现代化则是它的"两翼"，"一体两翼"是国家治理现代化的基本理论构成，对此不能偏废。

依据习近平总书记的论述，国家治理能力是运用国家制度管理社会各方面事务的能力，包括改革发展稳定、内政外交国防、治党治国治军等各个方面。由此可知，国家治理能力展现的方式是国家制度的运用，治理的领域是社会各方面事务，具体的种类包括改革、发展、稳定，内政、外交、国防、治党、治国、治军等各方面。有学者根据习总书记的论述，认

---

① 中共中央文献研究室编：《十八大以来重要文献选编》（上），北京：中央文献出版社2014年版，第548页。

为国家治理能力是国家在管理经济、政治、社会、文化事务过程中，为实现国家治理的战略目标，分配社会利益并实现对社会生活的有效控制和调节的能量及其作用的总称，包括国家治理的合法化能力、规范化能力（形成统一意志）、一体化能力、危机响应和管控能力。[①] 这种解读突出了能力本身的种类划分，有其适当性。

对于国家治理能力现代化的概念内涵，有不同的解读方式，但不管如何，我们在界定这一概念时，须关联当代中国的制度特色和社会特色；也就是说，国家治理能力现代化是在我国社会主义制度范围内进行的，要与完善和发展中国特色社会主义制度紧密相连。在这里，我们可以设定关于国家治理能力现代化概念内涵的"一个重要标志"以及"两大关注问题"。"一个重要标志"是指善于运用制度和法律治理国家，提高国家治理能力。"两大关注问题"是指，一是相关制度设计是否完善，也就是建立现代化的国家治理体系问题，这是影响治理能力的根本因素；二是各个治理主体自身建设、内部成员的素质和能力以及各个治理主体之间的能力是否匹配，是否具有按制度办事、依法办事的意识等。[②] "一个重要标志"和"两大关注问题"，是我们衡量国家治理能力现代化概念内延的重要参考依据。它既紧接社会主义的制度实践，又连衔治理主体的实际要求，因而具有较强的借鉴意义，不妨将之作为我们理解国家治理能力现代化核心内涵的有益思路参考。

二、国家治理能力现代化的伦理维度

（一）治理主体的道德能力

关于道德能力的含义，在早期的西方思想界中就有所涉及。亚里士多德认为，"人的德性就是既使得一个人好又使得他出色地完成他的活动的品质"[③]，这是从道德的活动性来谈道德能力。在黑格尔看来，道德是"有

[①] 戴长征：《中国国家治理体系与治理能力建设初探》，载于《中国行政管理》2014 第 1 期。

[②] 杜飞进：《中国现代化的一个全新维度——论国家治理体系和治理能力现代化》，载于《社会科学研究》2014 年第 5 期。

[③] ［古希腊］亚里士多德：《尼各马可伦理学》，廖申白译注，北京：商务印书馆 2003 年版，第 45 页。

转变为现实冲动,并能够通过主体行为成为现实定在的意志,这个能行动的意志具有创造性"①,这是从潜在动力源与创造性两个角度来谈道德能力。在我国,关于道德能力的含义也是各有说法。有学者指出,"广义道德能力是'成人''做人'能力这一本体论意义上的理解,狭义道德能力则是'如何履行义务''如何做'的具体行动能力这一实践论意义上的理解"②,这种说法从人的本质与实践两方面突出道德能力的基本含义。也有学者认为,道德能力是人之仁化的能力,是一个人自觉实现其道德潜能,追求其道德人格的道德自我修养能力。③ 这种说法也突出了人的本质与实践能力。在我国国家治理能力现代化的层面上,本文以为,道德能力是指治理主体特别是高级领导干部在治国理政进程中所蕴含的道德本质并依据道德本质从事道德实践的能力。

上文已提到,国家治理能力现代化有赖于国家制度的完善,因此这种能力和我国社会主义的制度发展息息相关;或者说,我们培养的治理国家的能力是为当代社会主义的发展服务的。同时,这种能力体现在国家实践的各个领域,包括汲取财政能力、宏观调控能力、合法化能力以及强制能力④,但在总体上是以"素养和本领综合"⑤ 的形式加以展现。基于此,我们把国家治理能力现代化中所包含的能力性质、能力范围、能力体现,合称为国家治理的道德能力。需点明的是,我们在这里所说的能力,从治理主体的角度看指国家治理能力,具体体现为人的素质,尤其是领导干部的素质。因此,提高国家治理能力关键,是全面提高人的思想道德素质和科学文化素质,特别是建设适应现代化要求的高素质干部队伍。⑥ 事实上,国家治理能力现代化主要表现为人的能力的现代化,而"人"在国家治理现代化中主要是指治理主体,即党委、政府、社会、公众,其中高素质的

---

① [美]汤姆·罗克摩尔:《黑格尔:之前和之后》,柯小刚译,北京:北京大学出版社2005年版,第239页。
② 李金鑫:《道德能力的道德哲学研究》,博士学位论文,南京师范大学,2011年。
③ 任重远:《道德能力研究》,博士学位论文,中南大学,2010年。
④ 王绍光、胡鞍钢:《中国国家能力报告》,沈阳:辽宁人民出版社1993年版,第9页。
⑤ 房宁:《如何推进国家治理体系和治理能力现代化》,载于《人民日报》2014年01月28日。
⑥ 虞崇胜、堂皇风:《第五个现代化:国家治理体系和治理能力现代化》,武汉:湖北人民出版社2015年版,第125页。

领导干部队伍在国家治理现代化中起着骨干作用。

习近平总书记指出，我们的国家治理体系和治理能力总体上是好的，是有独特优势的，是适应我国国情和发展要求的。同时，我们在国家治理体系和治理能力方面还有许多亟待改进的地方，在提高国家治理能力上需要下更大气力。只有以提高党的执政能力为重点，尽快把我们各级干部、各方面管理者的思想政治素质、科学文化素质、业务本领都提高起来，尽快把党和国家机关、企事业单位、人民团体、社会组织等的工作能力都提高起来，国家治理体系才能更加有效运转。① 习总书记对我国治理体系和治理能力的辩证看法，符合当前我国国家治理实际，并且特别提到各级干部、各方面管理者要在执政能力、工作能力上下更大气力，更是突出了党和政府的治理能力对于国家治理体系有效运转的重要性。

（二）治理过程的道德落实

习近平总书记强调指出，制定出一个好文件，只是万里长征走完了第一步，关键还在于落实文件。②《中共中央关于全面深化改革若干重大问题的决定》提出推进国家治理体系和治理能力现代化，这是党中央第一次以国家政策文件形式把国家治理体系和治理能力与现代化联系起来，着眼于现代化，并以现代化为落脚点，揭示了现代化与国家治理之间的密切联系。"国家治理体系和治理能力现代化"的形成和提出，是我们党形成的关于国家建设、社会发展的最新理论成果，必将对国家的全方位发展、国民的道德文化思想产生重大而深远的影响，有学者将之称为"第五化"，也正是基于这一思想与实践意义而谈。

毫无疑问，国家治理体系现代化为治国理政提供了有效工具，但它主要还是表现为一种"工具价值"，而且工具的优劣最终体现在国家治理能力的强弱上。从这点看，国家治理能力现代化较之国家治理体系现代化具有更多"人化"色彩。因此，"增强按制度办事、依法办事意识，善于运用制度和法律治理国家，把各方面制度优势转化为管理国家的效能，提高

---

① 《习近平在省部级主要领导干部学习贯彻十八届三中全会精神全面深化改革专题研讨班开幕式上发表重要讲话》，载于《人民日报》2014年02月18日。
② 《习近平在省部级主要领导干部学习贯彻十八届三中全会精神全面深化改革专题研讨班开幕式上发表重要讲话》，载于《人民日报》2014年02月18日。

党科学执政、民主执政、依法执政水平"①，才能将国家治理体系和治理能力现代化统合起来，取得总体均衡效果，推动国家和社会的不断进步。

《中共中央关于全面深化改革若干重大问题的决定》当然是一个好的政策文件，但正如习总书记所指出的，这只是一个好的开头，关键还在于如何落实文件。十八大以来，党和政府带领全国各族人民开展了一系列治国理政的新实践，坚持和发展中国特色社会主义新理论新实践，既巩固了此前的社会主义建设成就，也开启许多新的实践领域，如"四个全面"战略布局的形成、"五位一体"的新部署等。我们提到，道德的本质在于实践，它跃动在国家社会生活的各个领域，其中就包含国家层面上的国家实践。当然，国家实践又具体而为各个领域的实践。以此种视角看，国家治理实践具有普遍意义。

进一步讲，国家治理能力现代化需要一个实现的载体，这个载体就是治国理政的生动实践。也就是说，国家治理能力现代化需在国家各个层面的实践中才能得到真实体现，国家层面的实践是国家治理能力现代化的必要途径，缺乏这一落实途径，即便理论再好，也会成为虚无之谈。在这一问题上，习总书记谆谆告诫："在贯彻落实上，要防止徒陈空文、等待观望、急功近利，必须有时不我待的紧迫意识和夙夜在公的责任意识抓实、再抓实。"②"紧迫意识"和"责任意识"，说的就不仅仅是实践进度的问题，更重要的是实践的道德问题，是国家治理能力现代化进程中的道德落实问题，这些也构成了治理能力现代化的伦理维度。对此，我们要有正确而清晰的认识。

（三）治理客体的道德塑造

国家治理能力现代化的伦理维度，还表现在对于治理客体的道德塑造上。关于客体，马克思认为，物质自然界是人类社会从事实践活动的永恒的、绝对的客体，无论人的实践活动如何发展，自然界无论在何种程度上被改造为"人化"的形态，外部自然界的优先地位始终保持不变，这是因

---

① 孙业礼：《正确把握全面深化改革的方向、总目标和方法论——学习〈习近平关于全面深化改革论述摘编〉》，载于求是网，http://www.qstheory.cn/dukan/qs/2014-07/01/c_1111349211.htm。

② 习近平：《坚定制度自信不是要固步自封》，载于人民网，http://politics.people.com.cn/n/2014/0218/c70731-24386028.html，2014-02-18。

为,"人并没有创造物质本身,甚至人创造物质的这种或那种生产能力,也只是在物质本身预先存在的条件下才能进行"①,显示了物质客体的至上性。同时,马克思还指出:"对象如何对他说来成为他的对象,这取决于对象的性质以及与之相适应的本质力量的性质;因为正是这种关系的规定性形成一种特殊的、现实的肯定方式。"② 这就是说,尽管外部物质自然界的存在是不以人的意志为转移的,但它的某一部分要成为认识和改造的对象,则需取决于人们的实践能力和认识水平。由此理论出发,我们认为国家治理现代化的客体对象是国家和社会,也即是经过治理主体的努力,要把我们的国家和社会建成理想中的模样,这就牵涉国家和社会的道德塑造问题。

中国社会的道德究竟该如何塑造,是一个仁智互见的话题。在本文看来,以国家治理现代化特别是治理能力现代化的方式来完成这一道德使命,是一个值得重视的选项。理由是:从决策过程看,这是自上而下、由国家最高层推动的建设举措。我国历史上的清明之治,国力累积之巨、道德效力之大,都和国家最高决策层的大力推动有关。从实施规模看,国家治理现代化所涉及的参与主体、治理领域、影响效果,都在此前的阶段上有更大发展或拓宽。从治理能力的展现上,国家治理能力现代化必定对人的能力产生极大推动作用,人的能力又进而体现在国家、社会发展的各个方面。从个人到国家、社会,取决于国家治理现代化中人的能力的现代化,毕竟,国家治理现代化在一开始就表现为人的实践,而且要通过人的思想和能力的现代化才能最终完成。

需指出的是,中华民族在历史上曾经因为国家治理的巨大成就而获得崇高的道德形象。中华民族被称为礼仪之邦、文明之族,固然和我国历史上长期流传的道德礼仪相关,其实也和当时相对发达的物质文化水平有关,因为我们先祖的实践能力和认识水平在当时达到了较高水准,为物质文化水平的提高提供了良好基础。当代中国的国家治理能力现代化,它的对象当然是指向物质世界——国家和社会,同时也是在这个基础上树立当代中国的道德形象,完成中华民族在当代的道德塑造,使中华人民共和国

---

① 《马克思恩格斯全集》(第8卷),北京:人民出版社2009年版,第90页。
② 《马克思恩格斯全集》(第3卷),北京:人民出版社2002年版,第304-305页。

和中华民族重放历史上曾有的道德光辉。

三、国家治理能力现代化与道德文化自信

对国家治理能力现代化的政策设定是道德文化自信的底气。国家治理现代化这一国家政策由中共中央集体制定,在《中共中央关于全面深化改革若干重大问题的决定》中被明确提出来,是党在新的历史时期对于国家发展的新认识。此后,在多个重要场合、多次重要讲话中,习近平总书记又对之进行详细解读并带头实践,其中就包含国家治理能力现代化,这体现了全党、全国各族人民对国家治理现代化尤其是治理能力现代化的高度重视和殷切期盼。这在国内外治国理政的实践中,显得特别耀眼和突出。我们讲道德文化自信,是自信于党的决策、国家的意志,自信于政党主体和国家主体在国家治理进程中所蕴藏的巨大理论能量和实践勇气。十八大以来党和政府所表现的治国理政实践,已经足以证明这一点,这是我们道德文化自信的底气。

治理主体的道德能力是道德文化自信的重要来源。罗尔斯认为道德能力是获得正义感的能力。① 在本文看来,道德能力是治理主体在实践过程中依托道德自信和自身材质取得治理效果的能力。我国治理主体的道德能力是推动国家治理能力现代化的最重要来源,把治理主体统一集中起来,实际就是当代意义上的中华民族。在历史上,中华民族创造了灿烂的文化,在治国理政的新时代,治理主体也一定能创造出新的文化辉煌。诚如习总书记所指出的,"中华文化积淀着中华民族最深沉的精神追求,是中华民族生生不息、发展壮大的丰厚滋养";"中华民族创造了源远流长的中华文化,中华民族也一定能够创造出中华文化新的辉煌"。② "最深沉的精神追求",如仁爱、诚信、和合等,这是文化的精髓,是道德的凝练,也是道德文化自信的核心内容。我们讲道德文化自信,也是自信于中华文化的创造力与再创造力。创造力与再创造力的统一,既是中华民族的价值观生命力之所在,也是我们之所以有道德文化自信的重要来源。

---

① [美]约翰·罗尔斯:《正义论》,何怀宏等译,北京:中国社会科学出版社1997年版,第46-47页。
② 《习近平论中国传统文化——十八大以来重要论述选编》,载于新华网,http://news.xinhuanet.com/politics/2014-02/28/c_126206419.htm,2014-02-28。

由于治理主体能力的可塑性和物质世界的丰富性、复杂性，主客体之间往往有不一致的地方，表现在主体不必然反映客体的全部，客体也不必然全部进入主体的实践范围，实现国家治理能力现代化也就有一定的曲折性。针对这种情况，在运用国家制度管理社会各方面事务的能力方面，习近平总书记着重指出，"依法治国是党领导人民治理国家的基本方略，法治是治国理政的基本方式，要更加注重发挥法治在国家治理和社会管理中的重要作用"①。可以看出，依法治国是提高治理主体能力现代化的重要方式，也是一项基本要求。在改革、发展、稳定，内政、外交、国防，治党、治国、治军等具体能力方面，习近平对各级组织和领导干部特别提出了五点要求，包括提高领导者的思想政治水平、要善于观大势谋大事、要全面贯彻执行民主集中制、要发挥模范带头作用、要保持同人民群众的血肉联系等。② 这些要求，其实也是实现治理能力现代化的必要条件。正是依赖这些要求和条件，我们国家的社会主义实践才取得了伟大成就，治理能力和水平也不断提高。事实上，这些要求和条件，是一种行为规范，也是一种道德约束，它们构成了道德文化自信的基本依据。也就是说，我们之所以遵从、提倡道德文化自信，是因为党和政府对治理能力的提升有一套行之有效的道德规范和治理措施，能保证我们取得治国理政新实践的胜利，体现了道德文化自信与治理能力现代化的一致性。

四、国家治理能力现代化的国际伦理意义

国家治理现代化不仅是中国的话题，其实也是一个世界性话题。20 世纪 90 年代起，国外学术界曾对此作过探讨，其领域涉及政治学、经济学、管理学等方面，如英国学者鲍勃·杰索普的"元治理"理论③、世界银行的"世界治理指标体系"④ 以及西方发达国家提出的"少一些统治，多一

---

① 林培雄、孙存良：《更加注重法治在国家治理和社会管理中的重要作用》，载于人民网，http：//theory.people.com.cn/n/2013/0514/c83859 - 21475384.html，2013 - 05 - 14。
② 陈小林： 《习近平加强中央政治局建设的五点要求》，载于人民网，http：//theory.people.com.cn/n/2013/1210/c49150 - 23800847.html，2013 - 12 - 10。
③ ［英］鲍勃·杰索普：《治理的兴起及其失败的风险：以经济发展为例的论述》，载于《国际社会科学杂志》（中文版）1999 年第 01 期。
④ 周红云：《国际治理评估指标体系研究述评》，载于《经济社会体制比较》2008 年第 06 期。

些治理"等观点,都比较有影响力。这表明,关于国家治理现代化的话题在国内外其实是有交集的。另外,我国的国家性质以及由此而来的道德文化自信的特殊性,决定了我国的国家治理现代化和国外的国家治理模式存在很大不同;同时,我国政治、经济和社会的良性发展,也证明了正在进行中的中国国家治理现代化取得了很大成就。这些,无疑为道德文化自信视域下中国国家治理现代化的国际伦理意义提供了可靠的理论基础。具体而言,其国际伦理意义主要表现在:

(一) 国家治理现代化对马克思国家理论的伦理贡献

马克思主义的国家理论认为,国家是人类社会发展到一定历史阶段而出现的,是阶级矛盾不可调和的产物,它随着阶级的产生而产生,也随着阶级的消亡而消亡。国家的本质属性在于其阶级性,同时国家也具有社会性。在马克思主义这里,国家的社会性表现为对于社会公共事务的管理,是一种"公共权力":"国家的本质特征,是和人民大众分离的公共权力。"[①] 在阶级社会中,国家的内部职能是政治统治职能与社会管理职能的统一,国家既是阶级统治的工具,同时也履行着管理社会公共事务的职能。

马克思主义的国家理论科学地解释了国家的起源、性质和职能及其未来发展趋势,不过,相对于社会主义社会的治理而言,因"马克思、恩格斯没有遇到全面治理一个社会主义国家的实践",其国家理论也存在着需要完善的地方。习近平总书记在《切实把思想统一到党的十八届三中全会精神上来》的讲话中深刻指出:"怎样治理社会主义社会这样全新的社会,在以往的世界社会主义中没有解决得很好。马克思、恩格斯没有遇到全面治理一个社会主义国家的实践,他们关于未来社会的原理很多是预测性的;列宁在俄国十月革命后不久就过世了,没来得及深入探索这个问题;苏联在这个问题上进行了探索,取得了一些实践经验,但也犯下了严重错误,没有解决这个问题。我们党在全国执政以后,不断探索这个问题,也发生了严重曲折。"[②] 这样,如何建设社会主义、如何发展社会主义这一重

---

① 《马克思恩格斯选集》(第 4 卷),北京:人民出版社 2012 年版,第 132 页。
② 习近平:《切实把思想统一到党的十八届三中全会精神上来》,载于《人民日报》2014 年 01 月 01 日。

大理论和实践问题就非常迫切地摆在了中国共产党人的面前。党的几代领导集体为此殚精竭虑，努力思考和实践怎样治理社会主义这样全新的社会。十八届三中全会提出的国家治理现代化思想，是以马克思主义国家理论为指导，在总结世界其他社会主义国家和我国此前治理经验基础上而提出来的关于国家建设、国家发展的最新理论成果，充分显示了我们党在继承和发展马克思主义国家理论上的自信。

国家治理现代化思想，把马克思主义国家理论同当代中国特色社会主义的发展实际结合起来，对社会主义国家治理问题进行了新的探索和实践。从国家管理社会公共事务的职能看，国家治理现代化作为一个大系统，包括经济治理、政治治理、文化治理、社会治理、生态治理等众多领域和层面。从治理的主体看，国家治理现代化强调主体的多元化，但必须坚持共产党的执政地位，并联合其他社会群体，实现党委、政府、社会和公众的协同治理，从而体现为一种"公共权力"。从事物发展的本质看，国家治理现代化是通过国家财富的显著增长，以消除人与人之间物质供给上的差别，从而达到国家大同和人的自由而全面的发展。很显然，国家治理现代化的这些新理念、新思想和新战略，是我们党在新的历史时期，依据我国经济社会发展的新特点、新情况而提出来的，是对马克思主义国家理论的时代把握，深刻回答了社会主义社会如何建设、如何发展的问题，标志着我们党对社会主义建设和发展规律认识的不断深化，推动了马克思主义国家理论在当代中国的创新性发展，同时也为其他国家进行治理建设提供了良好经验。

国家治理现代化所体现的公共事务职能、阶级领导力量和事物发展本质，反映了国家理论中的一个共同伦理主题，即国家善治与国民善待的问题。就善治而言，概括地说，善治就是使公共利益最大化的社会管理过程，其本质特征是政府与公民对公共事务的合作管理，是政府与市场、社会的一种新颖关系。就国民善待而言，是指每一国家里的每一公民，都能自由而平等地享有国家发展带来的红利，以一种保有人格尊严的方式处理他所面临的各项事务。国家善治与国民善待，在马克思主义的国家理论中不曾明确地被提及，但隐含着这一伦理问题的发展方向。当代中国的国家发展实践，使得这一隐性伦理问题得以彰显，其伦理贡献自是非常突出。需强调的是，国家治理现代化对马克思主义国家理论的伦理贡献，是基于我们的道德文化自信而得以实现，道德文化自信中的制度自信、价值观自信、国家主体的自觉自为，都是促成这一伦理贡献的重要条件。

（二）以国家治理现代化方式在世界价值体系中树立"中国价值"

世界价值体系就其本义而言，是世界各国普遍接受的，用以评判是非曲直、利弊得失、善恶美丑的一系列基本准则。就当前来说，这套准则奠基于西方文艺复兴和启蒙运动所宣示的诸如个人主义、人性解放等价值理念，逐渐演变为当代西方发达国家所宣扬的民主、正义、自由等价值口号。沃勒斯坦世界体系论认为，西方国家工业革命的原因不在这些国家的内部，而在于已经组成了单一世界体系的各国之间的关系中。在这一世界体系中，国与国之间存在着等级，少数国家成为核心国，多数国家成为它们的附属国。这样一来，思想领域中的价值口号便渗透在国际政治、经济、社会生活的各个方面，体现在国与国交往的众多领域和环节。总体而言，由于西方发达国家的综合实力要强于发展中国家，使得西方价值观在世界价值体系中居于主宰、控制的地位，西方很多学者和政界人士将之等同于世界价值体系。

我们认为，西方价值体系在历史上曾经起过积极的作用，在当代也对某些国家的某些领域产生过积极影响，不过，它也不可避免地日益暴露出其局限与弊端。有学者从政治、经济、军事、文化、生态等方面剖析了西方价值体系的构成及其不足，表现在国家中心主义带来的全球治理困境，利益最大化导致全球性经济危机和传统美德的衰落，穷兵黩武军事理念引发的冲突与争端，一统天下的文化理念对多元化文明的损害，征服自然的生态价值取向对自然界造成的破坏等。① 尽管这些局限与弊端不足以说明西方价值体系的全部，却也很能说明一些问题，如一统天下的文化理念就是打着自由、民主、解放的旗号，试图以我之道德文化代替他之道德文化，从而消除道德文化的丰富性与多样性。很明显，这种思想倾向显得单一、霸道，当然是不可取的。

这样，输出中国价值，使之成为世界价值的一部分，就成为自然而必要的了。我们应当要有这个自信。那么，中国该输出什么样的价值？学者

---

① 岳文典：《从中国文化视角看全球价值体系的重构》，载于《和平与发展》2015 年第 05 期。

庞中英认为，中国未来要建设和输出的中国价值主要有"全球治理"的"世界大同"价值、"天人合一"的"可持续发展"价值以及民主，这类价值应当成为对全球价值体系最根本的贡献和补充的价值；除此之外还应输出知识价值，这类价值用以解决全球挑战、问题、危机的方案。[①] 庞先生所说的这两类价值，同中华优秀传统文化和社会主义社会的当代实践有关。在庞先生所言的基础上，我们以为，输出的中国价值可以包括中华优秀传统文化的传统价值、社会主义建设和发展的实践价值、道德文化自信的道德价值。其中中华优秀传统文化的传统价值是中华民族自立于世界民族之林的"根"与"魂"，可以用来解决世界价值体系的"万花筒"问题；社会主义建设和发展的实践价值是当代中国建设成就的经验总结，也是国家未来发展的伦理基础，可以作为世界价值体系的重要贡献和补充；道德文化自信的道德价值是基于道路自信、理论自信、制度自信和文化自信的核心要义而提出，具有理论的说服力和实践的可信度，可以为一个国家如何确立自信、自强、自为提供方案。输出的这三类中国价值，统一于道德文化自信的道德价值。中国道德文化自信集中表现为对于中华优秀传统道德文化或价值观自信、革命道德文化或价值观自信以及社会主义核心道德价值观、以爱国主义为核心的民族道德精神和以改革创新为核心的时代道德精神自信，因而是对中华传统价值、社会主义实践价值的总括与提升。

中国作为文明久远的国家和发展势头强劲的世界第二大经济体，理应为世界价值体系的新建与扩建做出自己的贡献，我们也完全有能力为此提供一份有价值的方案。至于如何输出"中国价值"，当然有很多方式，在本文看来，国家治理现代化就是一个很好的选择，因为国家治理现代化说到底是个伦理问题，最终要树立起关于国家发展和人的发展的价值体系，使之成为世界价值体系不可缺少的一部分。需表明的是，我们在世界价值体系中树立"中国价值"，不是将这种价值强加于其他国家之上，而是为其他国家的价值树立提供一种参考。因为植根于中国道德文化自信的"中国价值"，其根本精神是立足于本国的历史和实际，从而树立起与本国国

---

① 庞中英：《重建世界秩序——关于全球治理的理论与实践》，北京：中国经济出版社2015年版，第158-159页。

情相符的道德价值，这与"一统天下"的价值观有根本不同。

我们认为，国家的崛起，既是一个国家经济、政治、军事的崛起，更应是这个国家道德文化的崛起，而道德文化崛起的核心，乃在于道德文化自信的确立。如前所言，道德文化自信说到底是主体对自身道德价值观及其生命力进行反思、比较、展望之后形成的一种主观认同，这种主观认同，既包括对自身文化传统和内在价值的充分肯定，也包括对自身文化生命力的坚定信念。因此，只要一个国家的精神不倒，文化长存，这个国家的道德根基就不会消失，这是一个国家稳固和发展的关键性因素。如果说道德文化自信是国家崛起的软实力基础，那么国家治理现代化则是在治理体系和治理能力现代化的进程中推动国家硬实力提升的基础性保障，没有国家治理现代化的实现，经济、政治、军事的崛起就无从谈起，中国的历史已经充分证明了这一点。这就意味着，一个真正强大的国家，既是经济上的巨人，同时也是道德文化上的巨人，二者缺一不可。

事实证明，中国不是国际秩序和规则的颠覆者、破坏者，而是建设者、完善者，中国在崛起过程中，始终致力于打造人类命运共同体，推动全球治理体系的调整和变革，为破解各种世界性难题提供中国理念和"中国方案"[①]。

习近平总书记在庆祝中国共产党成立 95 周年大会上的讲话中指出："我们要建设的是中国特色社会主义，而不是其他什么主义。历史没有终结，也不可能被终结。中国特色社会主义是不是好，要看事实，要看中国人民的判断，而不是看那些戴着有色眼镜的人的主观臆断。中国共产党人和中国人民完全有信心为人类对更好社会制度的探索提供中国方案。"[②] 这是我们党对世界人民的庄严承诺，也是当代中国的时代最强音，展现了中国共产党和中国人民在提供"中国方案"方面所拥具的充分自信和能力。

（作者刘霞，湖南师范大学道德文化研究中心副教授。）

[①] 陈清：《中国崛起为世界发展提供更大空间》，载于《求是》2017 年第 6 期。
[②] 习近平：《在庆祝中国共产党成立 95 周年大会上的讲话》，载于人民网，http://politics.people.com.cn/n1/2016/0701/c1024－28517259.html，2016－07－01。

性别关系辩证二重性的伦理审视
——《1844年经济学-哲学手稿》妇女思想初探[①]

罗月婵　邹新树

摘要： 在《1844年经济学-哲学手稿》中，马克思深化和创新了经赫斯融入共产主义理念的费尔巴哈的"类存在物"思想，并在此基础上，完成了对粗陋的共产主义公妻制观念的批判，阐述了他在妇女问题上的人本主义伦理学思想，即性别关系具有辩证二重性，性别关系是人类文明程度的标志。马克思的这些阐述，隐含了妇女解放的伦理文化条件：妇女解放依赖于性别关系二重性的统一，为此需要发挥伦理教育的力量，以促进男性关爱、尊重女性的伦理文化的形成。

关键词：《1844年经济学-哲学手稿》；妇女思想；人本主义伦理学

《1844年经济学-哲学手稿》（以下简称《手稿》）是马克思主义理论发展史上的一部重要著作，它孕育了马克思诸多方面思想的萌芽，马克思的妇女思想，亦可从中窥见端倪。从伦理视角考察，马克思在《手稿》中贯穿了核心的伦理主题，即马克思通过"对人的异化状态的实然性存在来探究合乎人的本质的人的应然性存在"。[②] 人的本质的实现和共产主义社会相关联，因此在阐述这一伦理主题时，经由批判"粗陋的共产主义"和"具有政治性质的共产主义"，马克思阐发了自身的共产主义理念。其中，在对以巴贝夫等人为代表的粗陋的共产主义予以批判时，马克思指出，粗陋的共产主义，不过是私有财产的普遍化与完成，而且这种普遍化和完成

[①] 原文已以《性别关系二重性伦理审视——马克思〈1844年经济学-哲学手稿〉妇女榜样》为题发表于《湘潭大学学报（哲学社会科学版）》2016年第1期，第113-116页。

[②] 李培超：《解读马克思〈1844年经济学哲学手稿〉伦理思想的应有视角》，载于《湖南师范大学社会科学学报》2009年第6期，第18页。

的运动,最终因其持有的公妻制观念而以动物的形式表现出来。马克思对公妻制观念的批判,所蕴含的马克思在妇女问题上的人本主义伦理学观点,之于妇女解放具有重要意义,因此尝试在此加以解读。

一、"人是类存在物":人性与兽性的区别

马克思在《1844年经济学-哲学手稿》中批判道,在粗陋的共产主义观念中,妇女是被当作可以占有的物来对待的,因而根本就还没有达到共产主义理念的实质,还在"为私有财产所迷惑和毒化"①,因此只不过是一种伪共产主义的思想。这种伪共产主义,"不过是想把自己确立为积极的共同性的私有财产的卑鄙性的一种表现形式"②。共产主义社会的实质,是要实现人类作为类存在物的本质,亦即实现人类成为友爱互助的社会存在物,这与把女性作为占有物来看待的观点是根本不相容的。

马克思是以批判共产主义公妻制观念为开端,并在人本主义伦理学的框架内阐述他在妇女问题上的思想主张的,这与马克思写作《手稿》时处于他思想发展历程之中的哲学人本学阶段相关。马克思于思想上脱离了黑格尔左派之后,就步入了人本主义发展阶段。这个人本主义的指针指导着马克思由批判宗教达到无神论,到批判黑格尔唯心主义达到唯物论、到批判封建专制达到民本主义,再到批判资本主义社会的以货币、资本等物凌驾于人,从而达到共产主义的理念。马克思的共产主义理念最初是由人本主义原则所导致的,可以说,直到唯物史观创立之前,其共产主义理念都是由人本主义思想统率的。

马克思"人是类存在物"的观点与人本主义思想有密切联系。《手稿》中"人是类存在物"的观点可以直接追溯至费尔巴哈。类概念是费尔巴哈人本学唯物主义的核心。费尔巴哈认为"类是人的自然本质"。③ 在人与自身的关系上,类是与个体相对立的普遍性存在;在人与动物的关系上,类

---

① [德] 马克思:《1844年经济学-哲学手稿》,刘丕坤译,北京:人民出版社1979年版,第73页。
② [德] 马克思:《1844年经济学-哲学手稿》,刘丕坤译,北京:人民出版社1979年版,第73页。
③ 侯才:《青年黑格尔派与马克思早期思想的发展》,北京:中国社会科学出版社1994年版,第58页。

是同动物相对立的特殊本质存在。具体而言，类的本能集中表现为一种"性本能"，或者说是一种人的族类的自我保存的本能。因而单纯的男性个体与女性个体均不是全面的，他们相互依存相互需要以保持人种的延续。人类存在物因此表现为"类存在"，也即一种关系性存在。总之，对于人是"类存在"，费尔巴哈强调了人类中所具有的两性关系，但又以它为基础而加以延伸，认为"类不仅是男人与女人的统一，它也是我与你的统一。他人，即便他同我的区别不是性的区别，也同样是属人的整体的成员"①。"人的本质只是包含在团体之中，包含在人与人的统一之中。"② 费尔巴哈还指出"理性、意志和心"是人的类本质的构成要素。理性代表认识之光，而意志代表着道德戒律，心则代表"爱"。其中爱则是人本学的至高原则，爱具有利他主义的品质。人作为合作性和群聚性的高等生物，应该做到彼此以爱易爱，以达到共同幸福。

　　费尔巴哈的有关人是"类存在物"的思想后来经赫斯融入了社会主义与共产主义思想。马克思继承的正是这种融入了共产主义思想理念的"人是类存在物"思想，并在《手稿》中对这一思想予以了深化和创新。

　　马克思在《手稿》中写道，"人是类存在物"，也就是说，"人把自己本身当作现有的、活生生的类来对待，当作普遍的因而也是自由的存在物来对待"③。由于人是类存在物，因此他和动物是相区别的。"动物是和它的生命活动直接同一的。……人则把自己的生命活动本身变成自己的意志和意识的对象。"④ 马克思对"类存在物"的内涵予以了丰富与发展，其中最核心的是，马克思认为"自由自觉的活动恰恰就是人的类的特性"⑤；因此，动物只是本能地去顺应自然界，而人类却可以"改造"自然界，也即

---

① 侯才：《青年黑格尔派与马克思思想关系研究——对马克思哲学内蕴的一种描述》，北京：中共中央党校1990年版，第67页。
② ［德］《费尔巴哈哲学著作选集》（上卷），荣震华、李金山等译，北京：商务印书馆1984年版，第185页。
③ ［德］马克思：《1844年经济学－哲学手稿》，刘丕坤译，北京：人民出版社1979年版，第49页。
④ ［德］马克思：《1844年经济学－哲学手稿》，刘丕坤译，北京：人民出版社1979年版，第50页。
⑤ ［德］马克思：《1844年经济学－哲学手稿》，刘丕坤译，北京：人民出版社1979年版，第50页。

创造人化的自然界。马克思对"人是类存在物"思想加以延伸的第二方面是他还提出了"个人是社会的存在物"的命题。只有在社会中,个人才会被造就为人,而且个人和社会相互创造,"正像社会本身创造着作为人的人一样,人也创造着社会"①。社会还构成人和自然相互联结的真正纽带,只有通过社会,个人与自然的关系才会发生根本性的改变,也只有社会才能使人与自然的关系变成真正的人与人的关系。一方面,人的本质力量与全部丰富性都是在社会之中创造出来的;另一方面,"随着对象性的现实在社会中对人说来到处成为人的本质力量的现实,成为属人的现实,因而成为人自己的本质力量的现实,一切对象也对他说来成为他自身的对象化,成为确证和实现他的个性的对象,成为他的对象,而这就等于说,对象成了他本身"②。这表明,社会造就真正具有人的本质的人与人造就自身对象化的世界这两个过程是相互促进的。

二、性别关系二重性的较量:对"批判"的解读

在了解了相关的思想背景与基本观点之后,就可以解读马克思在《手稿》中关于妇女问题的重要而又深刻的论断了。这些论断中,最为引人注目的是马克思对粗陋的共产主义公妻制观念的批判,即:"拿妇女当作共同淫乐的牺牲品和婢女来看待,这表现出了人在对待自己本身方面所经历的那种无限的堕落,因为男人如何对待妇女,以及对直接的、自然的、类的关系如何理解,都毫不含糊地、确凿无疑地、明显地、露骨地表现出这种关系的秘密。男女之间的关系是人与人之间的直接、自然的、必然的关系。在这种自然的、类的关系中,人同自然界的关系直接地包含着人与人之间的关系,而人与人之间的关系直接地就是人同自然界的关系,就是他自己的自然的规定。因此,这种关系以一种感性的形式、一种显而易见的事实,表明属人的本质在何种程度上对人说来成了自然界,或者自然界在何种程度上成了人的属人的本质。因而,根据这种关系就可以判断出人的整个文明程度。根据这种关系的性质就可以看出,人在何种程度上对自己

---

① [德] 马克思:《1844 年经济学 - 哲学手稿》,刘丕坤译,北京:人民出版社 1979 年版,第 75 页。
② [德] 马克思:《1844 年经济学 - 哲学手稿》,刘丕坤译,北京:人民出版社 1979 年版,第 78 - 79 页。

说来成为类的存在物，对自己说来成为人并且把自己理解为人。男女之间的关系是人与人之间的最自然的关系。因此，这种关系可以表现出人的自然的行为在何种程度上成了人的行为，或者，人的本质在何种程度上对人说来成了自然的本质，他的属人的自然界在何种程度上对他来说成了自然界。这种关系还表明，人之需要在何种程度上成了人的需要，也就是说，其他人作为人在何种程度上对他说来成了需要，他在他个人的存在中在何种程度上同时又是社会的存在。"①

这段话包含九句，可以尝试逐一来解读：

第一句：马克思对公妻制观念予以了直接的批判。接续前文，在指出把妇女作为公有财产加以占有是一种动物的行为之后，马克思在这里批判，把妇女当作是共同淫乐的牺牲品与婢女来看待是兽性的行为，是人性向兽性的堕落。马克思在这里谈及了人与动物的共性问题。人作为高级动物，也是生物中的一种。生物生存需要两个方面的基本能力，即作为个体从环境中获取食物的能力以及繁殖后代延续族类的能力。其中生物繁殖后代的方式经历了漫长的演变过程，到高等哺乳类动物，则进化到了通过胎生与哺乳的方式来实现族类一代一代的延续。英国的遗传学家提出的贝特曼原理曾指出：雄性动物个体能产生无数精子，而雌性动物个体产生的卵子则有限得多，而且雌性个体在抚育后代上要消耗大量的生命能量，这导致在后代的繁殖中雄性倾向于不加区别的滥交，雌性则是有选择地交配。大自然把满足性欲的快感与生殖行为紧密结合起来，雄性不加选择的欲望与雌性有鉴别的被动性总是相关。雌性因有鉴别的交配而表现出犹豫性，再加上雌性激素的分泌促使皮下脂肪量增加引起雌性个体力量相对弱小，而雄性个体则由于雄性激素的作用，肌肉的数量和力量增加，骨骼的强度和力度也大为提高，因而在交配过程中，雌性个体往往是违背自己的意志被动地与雄性交合。因此，人们能够发现，动物界的交配，往往表现出暴力的特征，经常是同性相斗，随后由胜者来征服异性。雄性个体常常把雌性当作如同食物一样的资源来争夺，如人类的近亲大猩猩和黑猩猩的繁殖，就是由雄性猩猩驱逐其他同性猩猩，然后统领一批雌性猩猩，与之交

---

① [德] 马克思：《1844年经济学－哲学手稿》，刘丕坤译，北京：人民出版社1979年版，第72－73页。

配,并与各自带着与其生育的小猩猩的雌猩猩生活在一起,组成"一夫多妻制"式的家庭。对雄性猩猩而言,这些雌猩猩是它的"战利品",是满足它自然欲望的对象,而不是它"平等"的同类。因此,马克思批评粗陋的共产主义"公妻制"观念,指出这种共产主义者是以一种动物般的形式表现出了他们的占有欲,妇女被当作"公有的和共有的财产"来对待,这是人性向兽性的堕落。这实际上也反映了他们"在对待自身方面"所经历的那种"无限的堕落",也即把自己当作动物来对待。

在后半句"男人如何对待妇女……表现出这种关系的秘密"中,"直接的、自然的、类的关系"可以理解为男女关系;"秘密"则可以理解为:由于男女之间的关系趋向存在着两种可能性,既可以成为动物之间的关系,也可以成为人与人之间的关系(即"类存在物"之间的关系),因此"秘密"实际上指的是采取了哪一种可能性。因此,后半句可以理解为:男人怎样对待妇女,体现了他在对待男女关系上实现的究竟是动物之间的关系还是人之间的关系即"类存在物"之间的关系。

第二、三句,马克思解读了男女之间关系的二重性。马克思先是在第二句中指明了男女之间的关系既是作为生物的人的关系存在,因而体现的是人之间的自然联系;同时又是作为"类存在物"的人的关系存在,因此也是人与人之间的联系。在接下来的第三句中,马克思又继续解析了男女之间关系的辩证性的两重含义,这就是:男女关系既是"人同自然界的关系"又是"人与人之间的关系",而且这两种关系性存在既具有同一性,又具有差异性。一方面,它们是同一性存在,也就是说,男女关系与动物性别关系具有同一性。这是因为人即是高级动物,也是动物中的一种,而性是自然界的比较普遍的动物的一种基本属性,因而男女关系也是一种动物间的性别关系(或者说是一种特殊形式)。另一方面,它们又是差异性存在。由于人是"类存在物",具有其特殊的本质,因而男女关系又是"人与人之间的关系",这相对于动物性别关系又体现出了差异性。因此,性这种自然规定,实现在人身上就具有特殊的含义,是人所特有的"自然规定"。

第四、五、六句,则可以视为马克思对"秘密"的继续解答,以此对粗陋的共产主义持有的公妻制观念继续予以批判。正是由于男女关系是具有辩证两重性的特殊的性别关系,因此,男女关系能够以"一种感性的形式、一种显而易见的事实，表明属人的本质在何种程度上对人说来成了自然界，或者自然界在何种程度上成了人的属人的本质"。马克思在阐明了男女关系的两重性后，在第四句里强调，男女关系本身就能挑明人的本质如何表现为人的自然规定（性），而人的自然规定又如何反映属人的本质（类存在物），也即性别关系的辩证性的两重含义能够由差异性过渡到统一，而不是迷失到纯粹的自然规定性中。在接下来的第五句里，马克思承接前文总结道，因此，根据男女关系就可以判定出人的整个文明程度。人既是动物中的一种，又作为"类存在物"超离于动物，既具有自然本能，又具有"意识"（即理性和良知）。正是因为人是社会存在物，具有意识，这种意识能够驾驭和控制人的自然本能，而不是沉入本能之中。而合理的社会更是可以增进作为"类存在物"的人的这种意识，视女性为平等的同类，这就体现出了人类文明教养程度的提高。在第六句中，马克思再次解答了前文所提的"秘密"，而且把实质挑得更为明了，认为根据男女之间关系的性质就可以看出，"人在何种程度上对自己说来成为类的存在物，对自己说来成为人并且把自己理解为人"，在男人对待女人的态度上，只有当男人把女人视为与之平等的人时，他自己也才成为人，也即他自己的人的方面制胜了他自己的动物的方面。而在粗陋的共产主义公妻制观念中，妇女是被视为共同淫乐的牺牲品与婢女，男女关系与动物间的性别关系的差异性为同一性所淹没，动物的方面制胜了人的方面。

第七、八句充满了哲学思辨，从内容上看也较难分割，可以从整体上来理解。马克思在第七、八句里，接续前文，继续强调了男女关系的辩证性的两重含义，及其转化的可能性。在这里，要区分清楚"人""人的"以及"自然""自然的"两组表述。理解的关键是要看清这里的"自然"存在着两种不同的含义，一个指的是对应于人类社会之外的自然，另一个则指的是受到人的"类存在物"的意识升华的存在于人类社会之内的自然。在前一个"自然"中，"人的"和"自然的"是存在差异的，而在后一个"自然"中，二者则是统一的。男女之间的关系既是动物的性别关系，是自然的规定，又是作为"类存在物"的人与人之间的关系，当由第一个"自然"成功转向第二个"自然"时，男女关系也就由动物间的关系过渡到了人与人之间的关系，男女关系也就实现了作为"类存在物"的升华。

最后来看余下的第九句，也是引文的最后一句，这一句是论断的点睛之笔。在批判粗陋的共产主义公妻制观念，并对男女关系予以层层解剖之后，马克思最后在段尾予以了精辟的总结（具体见第九句），对这一总结，可以理解为，在男女关系上，只有当男性对女性的需要，成为真正意义上的"人的需要"，"其他人"也即女性也才作为"人"成为男性的需要。男性对与女性的需要，不应只是自然的性欲的需要，还应是精神的需要，自然的需要应与其他活动相关，正如马克思在《手稿》的另一处所言，"诚然，饮食男女等等也是真正人类的机能，然而，如果把这些机能同其他人类活动割裂开来并使它们成为最后的和唯一的终极目的，那么，在这样的抽象中，它们就具有动物的性质"。① 只有当女性作为一个全面的人成为男性的需要，女性才会受到男性的尊重与爱护；或者说，只有当男性作为有教养的、具有类意识的人把自己的类本质对象化到自己的所需要的对象身上时，男性才具有与女性平等的意识，男女之间才会形成真正的爱情，二者才共同构成社会存在。总之，自己的需要成为人的需要与其他人作为人成为自己需要的对象，此二者具有同一性。

马克思在后文中阐述其共产主义理想时，对于上述引文予以了更好的注解，指出共产主义是"向作为社会的人即合乎人的本性的人的自身的复归"②。粗陋的共产主义"已经把自己理解为人向自身的还原或复归"③，但是由于这种共产主义持有公妻制观念，因此这种共产主义者没有弄清需要的"属人的性质"，还为"私有财产所迷惑或毒化"。男女之间的关系既是自然的规定，是动物的性别关系，同时又是具有属人的本质的人与人之间的关系，而且这二者的同一性的实现，依赖于真正的社会的到来，也就是共产主义社会的到来；因为共产主义社会是"向作为社会的人即合乎人的本性的人的自身的复归"。只有在真正的社会里，女人对于男人来说，才是真正作为平等的同类而存在，而不仅仅是男人满足性欲的对象，或者

---

① ［德］马克思：《1844年经济学-哲学手稿》，刘丕坤译，北京：人民出版社1979年版，第48页。
② ［德］马克思：《1844年经济学-哲学手稿》，刘丕坤译，北京：人民出版社1979年版，第73页。
③ ［德］马克思：《1844年经济学-哲学手稿》，刘丕坤译，北京：人民出版社1979年版，第73页。

是完成生育的工具；与此同时，男人也才作为真正的男人而存在，而不仅仅是作为满足自己的性欲而征服女性的男人（而这和动物没有区别）。

三、伦理教育的力量：性别关系二重性的统一

马克思的上述关于性别关系的论述，尽管是蕴含在对公妻制观念的批判性论断之中，而且是在人本主义伦理学的框架内进行的；但在今天看来，仍然不可忽视，具有长远意义。人作为生物中的一种，具有自然的规定性，这就决定了人类具有动物的根基，男女之间的性欲具有自然起源性，具有自然起源的性侵犯、性骚扰不是朝夕之间就可以完全予以克服的。因此，人类必须不断地用文明人的意识来制胜动物的本能欲望，只有这样，女性才会被视为与男性平等的同类来看待。这对妇女的解放具有重要的启示意义，妇女解放，除了要求经济政治上的权利平等外，还需要思想文化与意识形态方面的条件，为此需要进行伦理文化建设。在现实社会中，虽然男性欺凌女性的社会现象会随着社会道德水平的提高以及法律保护的加强而减少，但是我们难以预言有朝一日它们会在人类社会中完全绝迹。

现在，在作为东方文明古国的印度，在这个被西方吹嘘为世界最大民主国家，妇女们的基本人权却得不到应有的保障，强奸（甚或是强奸并杀害）妇女的现象层出不穷、屡禁不止。继 2012 年 12 月发生的印度女大学生乔蒂·辛格在新德里公交车上被六名男子轮奸致死的事件，引起全世界的震惊和声讨之后，在印度强奸女性（甚至幼女）的现象还是屡见报端，这不得不引人深思。在其他国家或地区，明知犯法而侵犯甚至凌辱女性的行为也时有发生。

因此，即使在文明的当今社会，对男子进行伦理教育，以形成尊重妇女的社会风尚，也是非常必要的。社会应该对男性个人不断地进行伦理教育：教育男性用文明人的意志来克制、控制和驯导自身的情欲，尊重女性的人格尊严与意志自由，发生性关系时要征求女性的同意，不能像一般意义上的生物一样，凭借体力上的自然优势欺凌（甚至占有）女性。猥亵或强奸女性还只是一个层次上的欺凌，通过与一位女性发生性关系，并使她怀孕、生育，之后又对她弃置不顾，不履行抚养孩子的义务，则是一种更加严重的欺凌。男性个人应该努力用文明的意志克服具有自然起源的性

欲，并通过不断发展自己的同情心与责任心，努力防止此类事情的发生。对于那些不能约束和控制自己的性欲，继而戕害女性的男人，男人和女人的集体（或者说社会）可以对其施以道德的谴责、法律的惩罚。总之，要用人类文明的力量来驯导自然本能的力量，性欲行为应以和谐的方式进行，妇女生育的孩子也应是两性感情的产物，而不是女性受男性欺凌的结果。

人具有动物的根基，因此人类对自然的欲望应予以升华，以达到满足性欲的行为表现为文明的特征，但性欲行为不仅仅是性活动本身，还常常伴生着新生命的孕育，这就意味着通过伦理教育达到人类文明的升华还应延伸到生育的全过程。新生命即孩子的生育是一个复杂而又漫长的过程，这个生育的重任被大自然赋予了女性。从十月怀胎到一朝分娩，再到育子成人，女性承载了太多的责任。男性个人还应该特别看到女性作为弱小个体所承担的繁殖人类的几乎全部重任，使男性在这方面获得了自由和便利以集中精力进行从自然获取生活资料的生产斗争；因此男性应对妇女体现出一种更高层次的尊重，即对女性怀有感恩和关爱的意识，并在关照家庭上对女性表现出更多体谅与协作。当男性把女性当作平等的同类来对待，尊重与关爱女性，从而能把自己的需要（包括家庭和育儿的需要）当作人的需要时，他自己也才作为真正的类存在物而存在。理论和实践都显示了男性对女性予以这种关怀的重要意义。如著名女性主义者弗里丹就认为若是男性能在家庭上足够关照，则"男性深藏的人格的另一方面将得到解放"。中国著名的女性学专家李银河也认为，支持女性运动的"进步男性运动所倡导的新型男人、新型父亲要做传统男性不屑于做的事情，他们帮助女性购物、做饭、带孩子，晚上睡觉之前不出门娱乐。改变传统男权社会中男性对照顾孩子的态度，分担家长责任"[①]。当然，男性对女性的这种配合应是由衷的行为表达。男性的这种主动的配合，看起来似乎只是传统男人向新型男人的转变，但换一个角度来看，则是男性对女性更高程度的尊重，是男性尊重、关爱女性的伦理文化的表现。现在，在一些国家，已经开始有了一些积极的改变，如美国，近几十年来家庭模式正在悄悄发生变化，男性照顾孩子、处理家务的现象已不难发现。在中国，社会主义市

---

① 李银河：《女性主义》，济南：山东人民出版社2005年版，第170页。

场经济的实践，让女性走出家庭打拼事业的新天地，但女性在为事业奋斗的同时，还不得不为家庭付出，不堪重负。男性关爱女性，主动分担家务，照顾子女，体现出高尚的道德情怀，实属必需。难怪 2014 年菲尔兹奖（被认为是数学界的诺贝尔奖）获得者米尔扎哈尼（女性）在获奖发言中也发出了这样的感慨："平衡事业与家庭依旧被认为是女性要面临的一个重要挑战。这些困难导致许多女性不得不面对困难的选择，这对他们的工作而言，是巨大的伤害。"① 女性摆脱如上困境，除了社会的帮助，还需要男性在关照家庭上的付出。看来，对男性的这种伦理文化教育是任重道远却又迫切的任务。因此，上文所述的对女性人格尊严的尊重，还只是对男性个人予以伦理教育的第一个基本目标，第二个也是更为高级的目标是：男性个人在关照家庭上要表现出体谅和协作的态度。

简言之，发生于自然界的不平等应该由产生于人类社会的平等来弥补或纠正，存在于人类社会的性别关系是自然对于人类文明的长久的锻炼与考验，而人类用理智克制性欲的泛滥则引起了人类向文明建设的升华。在这一点上，马克思和恩格斯还在《神圣家族》中引用了他们所赞许的傅立叶的下述论断加以进一步的证实，即："某一历史时代的发展总是可以由妇女走向自由的程度来确定，因为在女人和男人、女性和男性的关系中，最鲜明不过地表现出人性对兽性的胜利。妇女解放的程度是衡量普遍解放的天然标准。"② 马克思早期著作中这些关于性别关系的论述，是马克思妇女思想整体的重要组成部分，在考察马克思妇女思想时，应予以足够的重视。

（作者罗月婵，长沙理工大学马克思主义学院讲师；邹新树，长沙理工大学马克思主义学院副教授。）

---

① 山托：《女性的千年庆典》，载于《南方周末》2014 年 8 月 21 日，第 74 页。
② 《马克思恩格斯全集》（第 26 卷），北京：人民出版社 2014 年版，第 944 页。

人口优生问题及其伦理思考

朱潇俏

摘要：人口优生是一个有着悠久历史的传统观念。它不仅曾经在人类历史上扮演过十分重要的角色，在当代社会也极具价值，这是由时代发展的现实需要所决定的。人口优生的价值追求在于提升人口质量，人口优生涉及的伦理问题很广，本文仅论及优生自由与优生责任、优生目的与优生手段两个方面，此外，人口优生实现的关键在于遵循相应的伦理原则作为行动指南。

关键词：优生自由；优生责任；优生目的；优生手段；伦理原则

人口问题是人类社会发展中的一个极为重要的问题。在人口问题中，提高出生人口质量显得尤为关键，它是一个国家和民族未来可持续性发展的先决条件。党的十九大报告中明确提出了"实施健康中国战略"，"人民健康是民族昌盛和国家富强的重要标志"。可见，如何改善和提高出生人口质量，如何有效地实行人口优生等问题对落实健康中国战略亦是重中之重。人口优生是优育之前提，其价值追求在于提高出生人口质量。人口优生涉及的伦理问题很广，本文仅论及优生自由与优生责任、优生目的与优生手段两个方面。此外，人口优生实现的关键在于遵循相应的伦理原则作为行动指南；因此，探析人口优生问题并对其进行伦理思考具有一定的理论意义与现实意义。

一、人口优生的历史追溯

优生一词是优生学（eugenics）的一个基本的理论范畴，其雏形最早出现在一些古老的西方国家，古希腊哲学家柏拉图在其著作《理想国》

中，主张城邦中只有通过优秀男女的结合，才能繁衍和保留优秀的后代。亚里士多德在其著作《政治学》中谈到人口优生的重要性，他主张国家人口的质量依靠优生、优育以及优教等方式得以提高，对于那些出生不健全或有畸形的婴儿，人们采取放弃养育的手段任其自生自灭，并建议国家应制定不养育这些婴儿的法规。古代犹太人的法典中明文规定具有血缘关系的男女不能通婚。中国古代社会也早有禁止具有血缘关系的男女通婚、防止不健全或畸形的婴儿出生等原始的人口优生思想。如春秋战国时期的经典著作中记载了"男女同姓，其生不蕃""娶妻不娶同姓"的说法。可见，这些观点都无不体现了人们对繁衍优质后代的重视，但由于人口优生思想产生的社会背景不同，早期的人口优生思想均带有一定时期的局限性和劣根性。

尽管人口优生的思想出现较早，但到现代真正创设优生学的是达尔文的表弟高尔顿（Galton），他于1883年在其著作《对人类才能及其发展的调查研究》一书中第一次提出了"优生学"这一专业术语，为现代优生学的发展开了先河。"优生学"本意是指"出生健康的婴儿"以及"遗传健康"，主要通过选择性的优良婚配以此避免不良遗传素质出现的可能促进人口质量的提高。随着优生学的产生与发展，优生和优生学在社会上也出现了不同的声音，甚至有的被种族主义者扣上了罪恶的帽子。在20世纪初期，希特勒制定并颁布了《优生绝育法》，对社会上有先后天残疾，如智力低下者、精神病患者、穷人以及罪犯等人群均实施强行绝育，显然这在一定意义上丧失或剥夺了部分人群的生育权利。这部法条也导致了1939年发生在美国的安乐死实验，数百万人惨死于恐怖与屠杀之中。这股种族主义的逆流虽然毁坏了优生和优生学的声誉，引起了世界的公愤甚至让人们难以接受这些优生学所带来的益处与作用，导致很长一段时间里人们对此保持沉默的态度，但它最终并未遏制人们对于优生的科学探索。现代进步优生学家在反思之前所经历的优生运动中所周遭的凄惨经验教训和借鉴现代遗传学研究成果的基础上，打破了西方优生运动中浓厚的种族主义色彩和阶级偏见，以此突破并恢复了优生学作为一门真正科学的价值地位。

"五四"时期，我国深受西方文化及科学的影响，西方国家的人口优生观念由此引进我国，一些激进知识分子试图从社会进步、妇女解放、家庭福利的角度提倡人们关注人口优生的重要性。新中国成立以后，我国人口迅猛增长，马寅初最初提出"计划生育"的概念以此控制并减缓中国人口的快速增长，这与当时毛泽东的"人多力量大"的观点是相悖的，因而人口控制并没有得到落实。此后，我国因补偿生育出现了两次生育高峰，人口问题与日俱增，直到1979年我国才正式实施计划生育政策。"一对夫妻生育一对子女"的政策在很大程度上控制了人口数量的增长，但优生政策的实施仍存在重重阻力。原因在于我国"多子多福""养儿防老""母以子贵""早养儿早得济"的传统思想观念依旧根深蒂固地扎根在人们的心间，特别是一些贫困地区，甚至出现村里"近亲联姻亲上加亲"的状况，导致人口质量的不良局面——傻子村、超生游击队、弃女婴等现象的出现。于是，我国重新开始反思人口优生的必要性和可行性。1995年7月1日颁布的《母婴保健法》，尽管一时引起了很大风波，但该法条的颁布成为了我国重新反思人口优生观念的重要标志，我国的学者们也再次呼吁人口优生的重要作用，邱仁宗先生曾提出"现在我国流行的'优生优育'一词中的'优生'，大多数是提供保健。因此'优生优育'的'优生'实际上指的是'健康的出生'（healthy birth）"[1]。在一定意义上，人口优生带给国家的将是欣欣向荣的生命力与永不穷尽的创造力。

二、人口优生的现实需要

我国是世界上出生缺陷婴儿高发国家之一，根据《中国出生缺陷防治报告（2012）》统计数据表明，我国出生缺陷发生率大约为在5.6%，每年约有90万例新增出生缺陷数。2015年年底正式启动实施"全面二孩政策"以来，由于高龄产妇偏多，妊娠期并发症较多、胎儿染色体异常率较高、新生儿遗传缺陷发生率等比例明显上升。因此，随着我国每年新生缺陷儿出生比例的增多，人口质量的降低已然成为悬在人们头上的"达摩克利斯剑"。我们可以清楚地认识到那些完全可以避免却已经发生在不幸家庭中的问题婴儿以及人口优生工作中存在的诸多薄弱环节。在2013—2022年亚太残疾人十年中期审查高级别政府间会议上，习近平总书记的贺信中提出

---

[1] 邱仁宗：《遗传学、优生学与伦理学试探》，载于《遗传 HEREDITAS》1997年第19期，第35-39页。

了实现"一个都不能少"的目标。因而，对于这些孩子，不仅家庭为此付出大量代价，而且国家也为此制定了相应的政策和制度去帮扶他们的成长与生存发展。因此，我们必须清醒地认识到人口优生对于一个家庭、整个社会以及国家发展的重要性。也就是说，实行人口优生，避免或降低不健全婴儿出生的比例，不仅关系到一个家庭的幸福，同时也关系到整个社会乃至国家的发展。

从家庭层面看，一方面，人口优生会减轻家庭在经济上或生活事务上的负担和压力。一个出生不健全的婴儿，对于家庭生活以及经济方面来说，无疑需要耗费大量的精力与心血，消费大量的经济与财物，相比正常孩子，这些特殊孩子在成长的道路上或多或少地丧失了部分甚至全部生活自理能力及劳动能力，他们更需要无微不至的关怀、呵护与陪伴，这些孩子将会给家庭添上沉重的包袱。假若能防止或避免问题婴儿的出生，家庭就不会也不可能遭此际遇与不幸。另一方面，人口优生也会消减家庭成员心理上承受的负担和压力。可想而知，一个健康婴儿的出生或健康孩童的成长会给整个家庭带来欢声笑语以及无与伦比的快乐，这也是每个家庭最真切的期盼与希冀；有缺陷孩子的降生对家庭来说却是一个沉重的打击，家庭本该有的幸福和谐局面却因有缺陷孩子的到来不经意地被打破，整个家庭生活的幸福与快乐因受极大的影响而无从谈起。作为生育有严重性先天遗传疾病或出生过程中遭遇重大损伤的孩子的父母，他们不仅会为自己的工作以及幸福生活的要求感到焦虑不安，而且会为难以自理甚至无法自理的孩子的生活与前景感到茫然与痛心。这种长期焦虑不安的生活既构成了父母和家庭现实的精神压力，也会构成伴随父母、孩子及整个家庭痛苦一生的心病。

从社会层面看，人口优生的作用不仅着眼于提高人口素质、增强人口质量，而且会减轻整个社会以及国家的负担，通过智力投资优化人群的整体质量，促进人口素质全面发展。假若一个民族乃至一个国家，出现了较多的不健康的孩子，这将意味着这个民族或国家的人口质量过低，也会由此产生较多的经济福利以及经济压力甚至产生出各方面的社会问题。这些现象的出现无疑会阻碍这个民族或国家的发展。因此，当今社会提倡并实行人口优生，就意味着人口出生质量会不断提高，人民健康指数会不断增长，家庭幸福美满，民族昌盛，国家富强。

三、人口优生的伦理问题

人口优生的价值追求与最终目的就是要提高整个人类的人口质量，通过人口优生手段提高人口质量，那么，这将涉及两个重要的问题：一是优生自由与优生责任的伦理问题，二是优生目的与优生手段的伦理问题。这两层关系取决于优生的道德价值与道德使命感。

在此，我们必须认真分析并回答第一个问题，如何正确地处理好生育行为中优生自由与优生责任的伦理问题。那么，在思考这个问题之前，我们就会先行发问，当代人类有没有推行和实行优生的自由和责任？如果有，这个自由的限度在哪里？人们因自由的选择该承担哪些优生的责任？也就是说，没有优生的选择自由，就不会有优生的责任担负，有优生的选择自由，毫无疑问就会有实行优生的责任使然。因此，正确地处理好生育行为中优生自由和优生责任的关系问题，必须仔细地剖析优生自由与优生责任的重要性。正如唐凯麟先生早在20世纪90年代初期的真切呼吁，"现在是我们全面地对人的生育行为进行道德思考和价值判断的时候了！"[①]

（1）优生自由与优生责任的伦理问题

与人的责任相关的自由是意志自由，"自由意志"也就是"按照人的生活的观念来调整和决定生命的各个特殊的能力"[②]；那么，优生自由就是人按照自身生命运动规律和遗传规律对必然的认识并凭借遗传学知识来调整和决定自身择优生育的能力。事实上，人类在传统社会时期，由于科技水平不发达，人们认识水平有限，人类并没有这种择优生育的能力或自由，只能任其自然、听天由命，后来经过现代优生学家和遗传学家们的不断探索，人类才真正拥有各种科学技术进行优生选择的可能，这也意味着人类拥有了择优生育后代的自由。但这种自由是有一定限度的，它可以借助产前检查等技术进行自由选择，但不可完全通过人工方法和技术手段自

---

① 唐凯麟、龙肖：《超越危机的选择——人口道德》，长沙：湖南师范大学出版社1992年版，第166页。

② ［德］弗里德里希·包尔生：《伦理学体系》，何怀宏、廖申白译，北京：中国社会科学出版社1988年版，第401页。

由地创造优秀的全能人种。假若这种按意志自由任意择优生育后代的情况得以可能，这也将赤裸裸地暴露积极优生学的缺陷与不足。事实上，人类在生育的择优选择上并没有完完全全进入自由王国，人类至今没有能力仅靠自己准确地判断何为优生基因，何为不良基因。现代人类已经普遍知晓禁止近亲结婚、有严重遗传疾病的孩子成年后不能生育等规约。为避免和防止不良遗传基因的传播与扩散，人们懂得通过遗传基因咨询，进行婚前检查、孕前保健、产前诊断并获得一些特殊检查技术（如唐氏筛查、羊水穿刺等），能够及时发现和预防不良遗传因子带来的后果，择优选择生育。当然，对于那些身患残疾具备生育能力的特殊群体，我们不能一味地盲目追求择优生育而否定他们生育的道德权利。因此，人类在拥有自由选择生育的空间时，也同时担负了优生的巨大责任。

优生责任，指生育优质后代是人的一项道德责任。这种责任诚如包尔生在谈及自由意志后所指出的人的双重责任："首先，我们必须坚持个人本身有责任，然后是塑造他的集体即他的家庭、社会阶层、民族乃至一般人类也有责任。"① 进一步而言，这种责任是从人类命运共同体的角度出发的，它不只是单一地满足个人及某个家庭的需求，而是就整个人类的整体利益而言的。当然个人责任是不容忽视的，就个人而言，若个人自身生育过程中具备了优生的条件却忽视或不顾这些条件，这就完全可能构成个人自身拒绝优生的行为。显然，这在很大程度上增加了缺陷儿出生的机会与可能性，违背了生育优质孩子的自由意志，也失去了择优生育的道德责任感。就社会而言，为了人类繁衍优质的后代以及整个人类的共生共存，个人既是自由意志生命生产的主体，又是社会责任的主体，实行人口优生提高人口质量离不开每一个公民义不容辞的社会责任。因而，对于那些身患精神残疾等不利于优生后代的特殊群体，更应得到合理的引导与帮助，使他们承担起优生的社会责任，否则他们会因一时的性欲冲动追求生育的自由而给社会或整个人类带来沉重的负荷与代价。

（二）优生目的与优生手段的伦理问题

提高人口质量优生过程中的第二个问题就是如何处理好优生目的和优

---

① ［德］弗里德里希·包尔生：《伦理学体系》，何怀宏、廖申白译，北京：中国社会科学出版社1988年版，第394页。

生手段的伦理问题。优生目的，就是通过生育者繁衍优秀健康的后代，优化并改善人口的遗传素质以此提高人口质量。但是提供人口质量并非意味着可以随意剥夺那些有某种缺陷的生命，或者让一部分人从一出生就赢在起跑线上，它的最终目标不是让一些人因为先天的优势凌驾在另外一些具有先天劣势的人之上，造成新的不公平。提升人口质量的最终目的是为了促进整个人类的幸福与健康发展。需进一步强调的是，凡是违背这一终极目的的生育行为都是有悖伦理道德的。

随着人类科学技术的不断进步，人类已然掌握了大量成熟的优生手段。根据现代优生学中的"消极优生"和"积极优生"两条不同路径，优生手段也可以分为两个层面，一个是消极优生手段，一个是积极优生手段。消极优生手段主要是通过防止和避免严重遗传疾病和先天性疾病婴儿的出生，为胚胎发育的体内外创设优良的环境、保证生育者和胎儿产后的良好生活条件，以确保婴儿身心健康成长。积极优生手段主要通过人工方法和技术手段，对男女双方人体细胞的遗传基因进行筛选、择优、重组，并使这种择优重组的新细胞得以繁殖与遗传。其意义在于改善优化遗传基因，主动掌握和操纵人类进化与个体生育的方向，塑造后代优秀的遗传素质。目前这种人类基因干预技术，就可以看作是朝这一方面的努力与挑战。就其现实状况而言，消极优生更容易被人们所接受与广泛应用。积极优生也无疑暴露和带来了一些技术的、伦理的以及社会心理的问题和困境。但是无论采取何种手段，必须尊重人类发展的客观必然性以及严格遵循的特定道德准则。通过合理正当的手段去实现优生的目的才能体现人口优生的伦理价值。优生手段一方面有利于优生目的的实现，另一方面在选用优生手段时必须尊重人的生命不能有害于他者的利益或损害人类整体利益。

因此，在选择优生手段时应充分注意以下几个方面：第一，避免使用严重危害人类健康的技术手段；第二，避免使用代价高于社会承受力和实际效益的技术；第三，避免所用技术手段因其使用范围失控而引起严重社会后果，同时又不排除这些技术手段在优生和其他正当需要中的可使用性。[1]

---

[1] 唐凯麟、龙肖：《超越危机的选择——人口道德》，长沙：湖南师范大学出版社1992年版，第169页。

四、人口优生的伦理原则

从伦理学视角澄清优生自由与优生责任、优生目的与优生手段的伦理问题是实现人口优生的认知基础。人口优生实现的关键在于始终遵循一系列的伦理原则。笔者认为以下几个原则是在人口优生实现中应当遵循的最为重要的伦理原则，它不仅是人口优生相关政策制定的伦理依据，也是人口优生工作的从业人员应当履行的职业道德。

（一）遵循关爱生命原则

关爱，顾名思义，就是指对他人进行身体上的体贴照顾和精神上的关心爱护。在这里，关爱生命原则主要是指孕妇在整个怀胎过程中以及生产过程中应当获得身体上的体贴照顾和精神上的关心爱护。在人口优生的实施过程中遵循关爱生命原则具体表现为：第一，亲朋好友要对身边孕妇加倍关爱关心。从家庭方面来看，家属应关注孕妇营养需求以及心理状况，理解体贴孕妇，营造温馨幸福的家庭氛围；从社会方面来看，工作单位以及相关部门应考虑孕妇的实际情况，降低孕妇工作强度，保障良好的工作环境，多关心孕妇的身心健康；从医院方面来看，产科门诊可以设立相关的心理咨询门诊，为孕妇答疑解惑，提供帮助。第二，杜绝因性别偏好引发的人工流产行为以及不道德的人工流产行为。"在性别选择技术普及和人工流产易获的条件下，育龄夫妇应该既具有履行胎儿检查以保证优生的义务，又有维护母婴安全和胎儿性别的自然选择的权利。"[①] 第三，医务人员不做伤害孕妇和胎儿的事情，要确保产检质量和产科质量，以此保障母婴的安全。如我国每年剧增的脑瘫婴儿，其症状有的缘于孕妇分娩时宫内缺氧导致的脑损伤，因此医务人员要避免或防范孕妇在产检或生育过程中所导致的胎儿或婴儿的致残因素。正如"希波克拉底誓言"中所说："我愿尽余之力和判断力所及，遵守为病家谋福利的信条，并检束一切堕落及害人行为。"

（二）尊重生育自主原则

所谓生育自主，简单地说，就是指在生育过程中对生育者的权利（生

---

① 王翠绒、易想和：《出生性别比持续升高的人口伦理学分析》，载于《人口研究》2004年第4期。

命权、隐私权、保密等）得到应有的承认与肯定且生育者的权益与自由应得到合理的实现。因而，生育自主原则主要是尊重具有自主能力的生育者根据自己意愿所进行的自主选择并采取适宜行动的权利。在人口优生的过程中遵循生育自主原则具体表现为：第一，由于"亲联亲、亲攀亲"所带来的婚姻后果引起了社会的重视，优生的前提是婚配者必须自主地避免或禁止"近亲结婚"的现象，自觉服从社会和自身的优生要求。第二，具有行为能力的生育者应当享有权利选择、自主决定合适的医疗行为方式包括分娩方式，医务人员有义务尊重病人的决定。第三，孕妇在整个产检的过程中，若产前诊断胎儿具有高遗传风险，在征得夫妻双方的知情同意后，夫妻双方应有是否进行选择性人工流产终止妊娠的自主意识。特别是具有有害基因携带者的孕妇，应自觉服从社会优生要求，履行优生义务，进而放弃生育权利。

（三）遵循优生行善原则

所谓行善，就是对他人施仁爱，行善事。行善原则比关爱原则意义上更为宽广，不仅要求人的行为不给他人造成伤害，而且要求人的行为具有对他人施予善的道德意志。在人口优生的过程中遵循行善原则具体表现为：第一，随着生殖遗传技术的发展与应用，产前诊断、产前遗传筛查、人工受孕、移植前基因诊断等技术的广泛使用，应当以促进人类社会的健康或福祉为根本。第二，在生育自主原则中，已经提到了具有高遗传风险或先天性缺陷的婴儿可征得夫妇双方的知情同意进行选择性地进行人工流产。事实上，"在具体的道德共同体内，可能会有一些特殊的道德原则包括特殊的行善原则禁止这类生殖"[1]。因此，在优生行善原则的指导下应进行得失的权衡再做出相应的决定是否禁止这类生殖。

（四）遵循优生公正原则

所谓公正，就一般含义而言，就是公平正义的意思。公正原则是调整人与社会和谐发展的重要道德原则之一。罗尔斯认为："社会公正的原则主要的问题是社会的基本结构，是一种合作体系中的主要社会制度安排。

---

[1] ［美］恩格尔哈特：《生命伦理学基础》（第二版），范瑞平译，北京：北京大学出版社2006年版，第261页。

我们知道，这些原则要在制度中掌管权利与义务的分派，决定社会生活中利益和负担的恰当分配。"① 可见，对于每一个社会成员都应享有公正分配的医疗资源。在人口优生的实施过程中遵循公正原则具体表现为：第一，从地域来看，优生工作的重点区域应着重放在农村。我国是一个拥有14亿人口的国家，其中农村人口占大量的比例。因此，为了使农村生育妇女共同享有公正的生育资源，特别是优生资源，可以从以下方面着手：其一，加强乡镇计划生育技术服务工作。农村的优生计划与落实主要依赖乡镇计划生育技术服务工作，其工作主要针对农村妇女及家庭进行定时定期的普及宣传教育，为农村孕妇、产妇提供优良的产前超声检查设备和良好的生育医疗环境。其二，加强县级重点医院或县妇幼保健医院的服务工作。应成立遗传咨询和优生咨询门诊，利用妇幼保健资源，为农村妇女提供优质的检查检测设备及精准服务。第二，从流动人口来看，优生工作的重点应保护好流动人口中孕妇的优生问题。在检查与生产过程中，医院应该给所有的孕妇提供公正的医疗资源，医务工作人员应公平合理地分配健康权益，避免孕妇建卡难、产妇"一床难求"等现象，真正做到医疗资源共享。第三，从人口出生情况来看，在孕妇生产过程中，由于预防失误以及一些不利因素的渗入所导致的不良后果，最终还是会出生一些具有先天性缺陷的婴儿，社会及政府应长时期给予一定的经济支持与道德关怀。

（五）遵循制度保障原则

现代世界各国政府都把优生优育作为本国最为重要的人口政策，优生计划已成为社会公民家庭生育计划的重要组成部分。习近平在党的十九大报告中明确指出：促进生育政策和相关经济社会政策配套衔接，加强人口发展战略研究。如今，面对纷繁复杂的社会形势，面对严峻的人口质量状况，完善并落实适合我国国情的人口政策与优生计划，对保障人口优生，改善和提高人口质量有着非常重要的意义。人口优生的制度保障具体可以从以下两个方面作为抓手：第一，完善并落实孕前优生健康检查政策。其一，完善并落实符合国家生育政策的育龄妇女孕前优生检查优惠政策；其

---

① [美]约翰·罗尔斯：《正义论》，何怀宏等译，北京：中国社会科学出版社1988年版，第50页。

二，完善并落实高龄孕妇医疗干预服务，引导高龄孕妇对高龄生育风险进行全面认知；其三，对育龄夫妇定期开展知识讲座，提高自我保健意识，合理选择分娩方式。第二，规范并优化人口优生管理制度；其一，规范并优化基因检测技术制度。其二，规范并优化城乡妇幼卫生服务网络制度；其三，规范并优化育龄妇女优生补偿制度。

（作者朱潇俏，湖南师范大学道德文化研究院2016级博士研究生。）

试论现代政治人格

钟立华

摘要：政治人格是具有倾向性和稳定性的心理特征。理想的政治人格是指展现出独立、自主、民主、参与、协商、共享等现代政治文明的公共性特质，包含着理性与非理性的因素，有个体政治修养、道德、意识、意志、技能等多层次。现代政治人格的塑造要把握其稳定性、个体性、复合性、系统性等特征，从公民教育入手促进政治理念的更新，以体制和机制变革保障政治社会化的有效性，进而从政治文化层面促使政治人格的持续传承。

关键词：现代；政治人格；公共性；拉斯韦尔

政治人格（political personality）是个体在政治生活中表现出的具有一定倾向性和相对稳定性的心理特征，是个体政治行为的内在价值尺度，既受现实政治环境的影响，又与个体的成长历程密不可分。由于与政治心理直接相关，政治人格的考察比较难以全面和精确，"对政治学家而言，'人格'的概念只具有非常有限的意义，或仅仅是指从政治学文献中关于政治行为与被贴上'人格'标签的东西的相关性的大量陈述中推导出来的"[①]。换言之，洞察具体的政治人格带有一定主观性，且存在欠缺的可能性。然而，这不妨碍对政治人格类型和特征的总结，可在此基础上提炼出符合时代政治发展需要的意识、习惯和能力。既往在论及中国传统政治人格时，大多从经济、政治、文化、制度等方面综合分析其社会生成机制，得出类

---

① 王丽萍：《人格与政治：政治心理学领域核心关系分析》，载于《北京大学学报》（哲学社会科学版）2002年第2期。

似于阿尔蒙德分类的"依附型"政治人格的结论，即在专制王权政治框架下封建"家长"权威和宗法礼教的双重束缚下形成的时代性格印记。相较之下，现代政治人格倡导独立、平等、参与、协商、包容、合作等意识，或者也可以归结为阿尔蒙德所指的"独立自主型"政治人格。在传统向现代转化之间，不能割裂这种关联，批判是为了更好地扬弃，但这不是全部——现代政治人格是现代政治文明的象征，是现代政治生活实践优化的惯常模式。公共性是表征现代政治合法性的首要特性，现代政治人格乃是政治行为与公共价值理念相契合的内化结果，现代政治发展进程中，公共理性发挥了指向引导作用。

一、文化与文明：政治人格的稳定性

政治人格是政治心理中深刻而稳定的部分，一旦形成不易发生改变，其政治行为模式将带有一贯的特点和风格，因此也是可预见、可解读的。政治人格的现代特性，普遍展现于现代个体的政治人格，是它的内在规定性，引导和指引政治人格形成的路径，创造符合现实政治发展需要的政治资格条件。同时，现代政治人格中诸如独立、自主、参与等描述是从现代政治文明中提炼出来的，是经过反复实践证明对现代政治发展起促进作用的合理性规范。虽然这些规范在不同语境和不同社会中有着差异化的理解与含义，但其作为普遍的价值理念得到认同。一个国家的核心政治价值观只有得到社会大多数成员的广泛认同和普遍遵从，并内化为一种自我的内在价值的时候，才能形成一种社会共同的价值，成为本国政治文化的精神内核，从而维护社会秩序的稳定和政治合法性的延续。各民族国家的政治经验教训积淀凝练出一些带有普遍意义的价值，如果它们带有某种程度的"世界性"或者"公共性"，就将逐渐为更多人认同接受并将之视为共同的价值。因此，现代政治人格不仅是对传统批判扬弃的历史观照，还是对其他经验借鉴的现实改造。由此，现代政治人格的内核得以以"公共"的面貌巩固下来，进而成为检验文明政治的重要尺度。具体而言，"以民主、自由、平等、公正等政治价值观念为指导的人，其政治人格体现出独立的一面；反之，以身份、血缘、服从、依附、家族至上、等级等政治价值观念为指导的人,其政治人格体现出依附的一面。这也是划分现代政治人格与传统政治人格的标准之一"①。

现代相对和平的政治环境以及比较完善的民主政治体制为稳定的政治人格提供了温和的成长空间。战争、暴乱、敌对造成的伤害、动荡、不安对社会的影响不言而喻,非常规措施和手段在解决问题的同时也恰恰显露出权力核心和重要人物的政治人格特质,于普通民众而言却是政治人格分裂和抗争的时刻。近代以来,中国人民的价值观念历经了"过山车"式的起伏翻腾,各种观念犹如万花筒般斑斓:传统的、现代的,本土的、外来的,自创的、"混编"的,影响着个体的政治价值取向。新中国成立后,历次疾风骤雨般的群众政治运动,客观上统一了思想,却固化了思维,扼制了自由。改革开放在思想上进行纠偏,民主与法治建设逐渐走上正轨。21世纪初,中国提出了社会主义核心价值观。与西方不同,中国的民主发展是一条"自上而下"的道路,民众的血液里仍然保有传统文化因子,参与政治的主动性不高。而在漫长的传统时代里,正如亨廷顿指出的那样,"居于统治地位的政治精英对政治参与的扩大通常是冷漠的。他们可能为自己的利益去拓宽政治参与的范围,但他们可能倾向于认为参与形式的任何变化都将是对其现时政治地位的一种威胁,而这才是他们主要的利益所在"②。在现代,权力和利益仍然是现代政治关注的焦点,但权力和利益的分配和再分配的方法却有了不同的表达,可以实现政府和公民参与的良好的双向互动。暴力、恐怖成为不被认可的非法手段,对话、沟通成为普遍认可的合法方式,谈判、协商、协作、共赢进入政治生活发展成文明机制的话语。民主化的决策体制与程序化的管理过程降低了专断、独行、随意等非理性事件发生的概率,个体政治人格在政治"舞台"上将会以一副合乎体制规范要求的"面具"呈现,进而演化为一种现代政治环境下平稳持久的心理特质。

二、意志与道德:政治人格的个体性

人格是个性的体现,是个体内在差别的深层因素。不同政治人格的个

---

① 周亚权:《政治人格题解》,载于《探索》2007年第2期。
② [美]塞缪尔·P. 亨廷顿、琼·纳尔逊:《难以抉择——发展中国家的政治参与》,汪晓寿等译,北京:华夏出版社1989年版。

体有着不同的政治行为，政治人格就是"政治人"的特质差异。现代科学技术和理性主义的影响有不断扩大的趋势，虽公共决策和民意调查等早已实现数量化，但政治领域的定量研究却还不足以囊括全部，现代政治的理性主义并不能造就个体政治人格的统一化。个体的成长经历不同，加之非理性因素发挥的作用也是不可忽视的。情感、意志、能力造就不同的人格特征，坚毅、宽容、冷静、果断、克制等，或者其反面。文明政治的权力制衡和权力监督，对专制独断进行有效预防和抑制，在传统社会某些政治人格会成为强势的象征符号产生巨大影响，在现代民主政治社会里这样的影响力缩小，但不能完全抹杀政治人格的个性化发展。勇力、魄力、行动力、忍耐力等人格力量可能造就显著的政治作为，平和、民主、和谐、理性的政治人格可以推进政治文明的发展，而偏执、狂热、对抗、极端的政治人格将导致政治混乱的局势。同时，现代社会处于利益群体严重分化演变的时期，各种关系错综复杂，很难形成某个人数众多的群体或某几个群体联合利益的代表。虽然正值政治体制改革和参与政治的必要性和迫切性人人皆知，但仍不足以使各个群体之间形成构成改革的合力，或许可以借用马克思所喻的"一麻袋土豆"状态，话语权便很轻易地落入人数较少的强势群体手中。正是由于缺乏这种共同利益上的一致诉求，深刻而持久的政治热情才无从产生，改革变得日益艰难。个体的参与选择性失明，持双重标准，呈现出矛盾的政治人格。

　　人格有道德因素，但政治人格与道德有着相对的关系。尼布尔在《道德的人与不道德的社会》中认为，相对个人有无私也有自私的一面，社会群体却是主要表现为自私的一面，利益纷争使得一个群体的道德转化为另一个群体的相对不道德。[①] 这种看法自然过于绝对，但他对个人道德与社会群体——政治道德相对分离的观点有合理意义。道德本属于个体和群体的文化领域范畴，将其运用于政治领域是将其作为一种群体伦理规范。柏拉图的"哲学王"当然是理想的产物，其政治人格达到极致，政治追求的价值目标应该与个体的道德自觉相一致。如果依据尼布尔的观点，个体道德与群体道德追求将出现不一致性，群体的不道德会引起个体道德的反向

---

① [美] 莱因霍尔德·尼布尔：《道德的人与不道德的社会》，阮炜译，贵州：贵州人民出版社2009年版。

转化，或者群体的道德可能会致使个人的不道德。对现代政治人格中道德因素的评价有不同倾向，如有的社会形态下完全分离，有的却高度一致，也有的主张政治与道德的适度分离①——那是基于对德治的警惕和对人治的防范。在主张"德才兼备"的历史文化传统和现代政治语境下，道德仍然是重要的政治素质，也是政治人格中值得首肯和弘扬的品质。有学者在广泛实证调查后发现国人的民主观念有优先论，其中之一就是德治优先于法治，"如调查中在问担任领导人最重要的条件是什么时，'遵守法律'远远排在'廉洁奉公'和'作风正派'之后。这跟1988年调查的结果完全相同"②。政治文明的题中要义本身包含着道德的因子，所以主张适度分离并不否定政治人格中的道德方面，而是提倡个体道德评价与政治评价的相对分离，不能以前者否定后者，前者应该具有相对独立性。这种独立性的形成，也就是政治人格的个体性的成长。非理性因素和道德因素的存在，在现代政治生活实践中为政治人格的多样化呈现提供了丰富的"素材"。

三、多样与统一：政治人格的复合性

拉斯韦尔认为："真正的政治人格是一种复杂的成品。"③ 政治人格是一种复合的"成品"，受到生命遗传和现实政治环境的双重影响。从其形成看来，遗传的影响有出身、生理等自然属性，有社会文化传统的社会属性，还有现实政治的实践属性。现代社会处于一个价值多元、利益分化的时代，以权力为基础的利益分配格局需诉诸更加高超、娴熟的政治能力，这对政治人格的力量提出了更高的要求。作为政治行为的动力系统，意识、技能、意志三者应该是连环的要素。相对理性与非理性的因素，现代政治人格导致的政治行为也有正相关与负相关之分，正相关不必赘述，负相关或许出现政治过热、政治冷漠、无政府主义。政治人格同时也是一种感性和理性兼具的认知，动机行为包含着道德判断和利益判断，要决然将

---

① 刘学斌、徐彬：《刍论现代政治人格成长的政治理念前提》，载于《前沿》2010年第13期。

② 张明澍：《公民政治素质调查中的几个"发现"》，载于《北京日报》2013年5月13日第20期。

③ [美]哈德罗·D. 拉斯韦尔：《政治学：谁得到什么？何时和如何得到》，杨昌裕译，北京：商务印书馆2008年版第11期。

其完全分开并非易事。现代政治人格的塑造，是一种理想政治人格与现实政治人格的无限接近。各种政治思想皆在追求完善的政治生活，构设完备的政治体制，在此状态下，政治人格也会接近理想的状态。它们都只是对特定政治实践的总结和升华，现实政治生活是发展变化的，不同民族和国家也有不同的政治进程，意识形态、制度创设与理论构设都会存在不同程度的差异。反映在现代政治人格上，意味着它既有理想的成分又有现实的成分。从这个角度出发，我们所指的现代政治人格中积极的"公共"价值或特质，并不是奉某个民族或国家的理念为圭臬，更不是"西化"的结果，它本身是"复合"的产物。这里既有对本民族和国家历史文化传统的考察，也有对既往政治实践成败得失的总结，还有对外部世界成功和先进经验的参考。现代政治人格产生于本国的政治实践，受到既有政治制度和体制的直接影响，又在其形成过程中积累出与理想状态不一致的个性。

马克思指出："在政治国家中显示出的'抽象人格'是最高的政治人格，是整个国家的政治基础。"[1] 政治人格还有个体政治人格与群体政治人格之分，国家政治人格居于最高的层次，是群体人格和个体人格的综合与升华。个体政治人格寓于群体政治人格之中，通过个体性表现出群体性，没有个体政治人格，群体政治人格就失去了存在根基，而群体政治人格影响制约着个体政治人格的发展。引导个体政治人格向群体政治人格发展，逐渐凝聚出国家政治发展需要的"共识"，这就是现代政治人格的时代课题。这个过程没有终点，而会一直在"路上"，因为个性化的制约使它只能寻求社会群体意识的最大"公约数"。传统政治体系的劣势在于信息沟通不灵，那么网络传媒的发展正好是对传统政治体系的一场革命。网络作为一种媒体，承载了大量的政治信息，并且不同于传统媒体的单向传递，它可以实现双向的交互式传递。网络的交互性使公民借助网络提升了自己的主体本质力量，实现从"受众"到"对话者"的话语转变，极大提高了公民的政治责任感与平等意识，认为政治参与不仅是一项权利，更是一种责任，从而不断促进现代政治文化的发展，尤其能增强中产阶层（界定为专业技术人员、高级管理人员、个体工商户、办事人员和普通公务员等）

---

[1] 《马克思恩格斯选集》（第3卷），北京：人民出版社2002年版，第134页。

政治参与的意愿和热情。① 当然，网络政治参与的过热、非理性态势也日益受到重视，绝对的民主是不存在的，而直接的民主也并非人类的终极目标。"实际上，就连理念上的'民主'也没有在现实世界中实行过，所以达尔·罗伯特作出了'多头政府'（polyarchy）这样一种现实的测量尺度来代替民主主义。可是，虽然在现实的政治世界里没有实践过'无政府主义'，但是通过网络，'无政府主义'的世界不仅在大脑中被构想，而且也得到实践。"② 因此，网络政治参与的现代化的理念支撑和制度设计必不可少。

四、传承与创新：政治人格的系统性

政治社会化是通过个体在政治实践中逐步获取政治知识和能力，掌握政治规范，形成政治意识、情感和评价的过程，它是个体与政治系统相互作用于影响的过程。政治系统通过家庭、学校、政治组织、大众传媒等对社会个体进行政治教化，政治社会化的实现是个人之于社会的统一。个体政治心理在政治社会化过程中逐渐"内化"。政治社会化通过政治心理进而对个体政治人格进行系统全面的指引，不同的社会化内容和目的造就不同的政治人格。不同的政治文化也会造就不同的政治人格，专制高压的政治环境下产生附庸顺从的政治人格，民主清明的政治环境能塑造出独立自主的政治人格，社会政治系统对政治人格的生成和发展起着决定性影响。拉斯韦尔主张对社会管理者和社会学家进行训练，通过对他们的政治人格进行有计划的教育和调适，以国家的政治精英保护民主的政治系统，同时他也主张通过"公民教育"这种普适性的教育计划培育整体民众的民主意识。"公民教育"意在建设公民文化，通过公民文化造就政治人格。政治人格需要自我完善和提升，也需要优化政治文化环境。公民文化作为一种"参与型"的文化，提倡民主、法治，倡导独立、平等，这正是现代政治人格之所需。此外，政治人格的改变在于理念的更新，在于体制的改革，这自然是一项涉及面非常广的系统"工程"。现代政治人格的塑造需要经

---

① 万斌、章秀英：《社会地位、政治心理对公民政治参与的影响及其路径》，载于《社会科学战线》2010 年第 2 期。
② ［日］佐佐木毅、［韩］金泰昌主编：《21 世纪公共哲学的展望》，卞崇道、王青、刁榴译，北京：人民出版社 2009 年版，第 339 页。

济、政治、文化、法制、社会等方面的联动进步,需要利益诉求、权益分配、阶层流动等机制的合理运转。着眼于现代政治发展、政治改革的目标,政治体系需要一种与之相适应的政治人格,教育仍然是必需的路径。对于公共事务管理者而言,理想信念之于政治人格而言犹如"钙"之于人,理想信念教育为重中之重,观念、方法、技能的更新和提升也是必不可少。对于广大社会个体而言,公民教育必不可少,更重要的是,在政治实践中的"学习"却是最直接和深刻的,在理想和现实中找到最佳的"平衡点",就可以促进政治人格的和谐成长。这样,社会的核心价值理念通过政治社会化渗透到各个领域,形成共同的价值取向,减少冲突和矛盾,有利于和谐政治人格的塑造。

  基于这些,现代国家的顶层设计与探究摸索有着共同的着力点,国家政治人格与群体政治人格、个体政治人格逐渐展现出一种共生共长、相互益彰的良好态势,从而实现高度的持久和谐。长此以往,以稳定和谐的个体政治人格为基质的国家政治人格,将能在不同的社会发展与政治变迁过程中不断得以传承,发展出更高级别的政治文明。现代政治人格是个体在现代政治环境中,在政治社会化的作用下与政治系统相互作用形成的持久稳定的历程性的心理特征。它是政治人特质的集中表现,受到自然遗传和社会传承的双重影响,是政治文化环境中的复合产物。现代理想的政治人格是指展现出独立、自主、民主、参与、协商、共享等现代政治文明的公共性特质,包含着理性与非理性的因素,有个体政治修养、道德、意识、意志、技能等多层次,是个体内在驱动与外在表现的统一体,是理想人格和政治实践之间的平衡与合力。塑造和谐的现代政治人格,不仅是个体内在和谐的要求,也是政治和谐的保证,要从公民教育入手,促进政治理念的更新,以体制和机制变革保障政治社会化的有效性,进而从政治文化层面促使政治人格持续传承。

(作者钟立华,湖南师范大学公共管理学院2016级博士研究生。)

主体间的衡平：现代司法伦理的基本要求
——基于哈贝马斯的商谈理论的思考

陈文曲

摘要：衡平即平等均衡，是立足于主体间性，基于现实的平等性，满足于相关主体参与性和充分表达。诉讼中的平等不是抽象的平等，而是需要通过程序保证的现实、可操作的具体的平等。这种平等由抽象平等变为具体平等，在民事诉讼中，诉讼平等具有天然性，在刑事和行政诉讼中平等转化为均衡。纠纷是交往失败的结果，诉讼是一个言语沟通商谈平台，主体间的衡平是这个沟通平台的基本条件。主体间性立足于主体的差异性，提倡主体的人格平等、机会均等、平等表达和非强制性；因此，主体间的衡平，既是现代司法伦理的基本要求，也是现代司法伦理的基本原则性规范。

关键词：主体间；衡平；基本人权；平等表达

一、衡平的要义：均衡平等，具体平等

（一）衡平的三种含义

衡平，主要有三种含义。

第一种含义来自于自然法思想，即公平正义。在西方，自然法作为一种理性法，是与人的本性、自然本性相协调一致的法。在自然法面前，单个人是微不足道的，但却是平等的。人们对正义的追求、对自身的认同产生了对自然法的信仰。可以说，没有自然法思想，西方法治主义这棵大树是不可能产生和存在的。[①] 自然法思想产生于公元前5世纪后半叶，古希

---

① 占茂华：《自然法观念的变迁》，博士学位论文，华东政法学院，2005年。

腊哲学家们将自己的目光从外界的自然界转向主体人本身，从对大宇宙"自然"的探讨转向小宇宙——人的"自然"、人的灵魂的本性的探讨。他们以人类社会为对象来研究法律现象。智者学派"人是万物的尺度"的提出是自然法观念从普遍的泛自然主义的宇宙向人自身转向的标志。自此，"正义"代替"逻各斯"开始成为人们探索和争论的焦点。之后，自然法观念在苏格拉底、柏拉图和亚里士多德那儿得到了进一步的发展。斯多葛学派关于正义的言说影响尤为深远。"斯多葛学派在泛神论的意义上把自然理解为一种最高的宇宙之法的具体化，他们认为，正义内在于自然之中，它是一种普遍的理性形式，永恒不变。"①

第二种含义是当法律出现僵化，无法与社会现实需要保持同步时，衡平是用于对法律进行补救的一种特殊的方法。柏拉图是最早看出法律的刚性与缺陷的法律思想家，他认为法律具有一般性与模糊性，如果没有衡平对其进行调剂与纠正，那么法律就成为一个顽固无知而又邪恶的独裁者。明智的立法者一般都承认，法律不可能制定得完美无缺，以至于可以严格地适用到一切实际情况中去。因此他们相信法官必须拥有一定程度的自由裁量权，以此缓和法律规定所固有的刻板性。早在古代罗马时期，就出现了一种表示公平、合理的衡平思想，有时作为某些特定案件中矫正严格法律的严厉之处的一项原则加以援引。② 诚如梅因所言："社会的需要和社会的意见常常是或多或少走在'法律'的前面的。"③ 而要使法律与社会相协调，手段便是法律拟制、衡平与立法。④

第三种含义出现在13—14世纪的英国，衡平是通过大法官的司法实践发展起来的旨在对普通法的不足之处进行补救的一套独立的原则、规范和法院系统。在英国衡平法形成之前，衡平思想是处理案件的一种内在标准，并没有直接表达出来或者对其进行制度化。普通法的僵化与困境是衡平法兴起的主要原因。普通法遵循严格的形式主义，具有过度的刚性和确

---

① William Archibald Dunning. *A History of Political Theories*, *Ancient and Medieval*, The Macmillan Company, 1972: 72.
② 侯淑雯：《司法衡平技术探究》，载于《中国社会科学院研究生院学报》，2001年第5期，第45页。
③ [英] 梅因：《古代法》，沈景一译，北京：商务印书馆1959年版，第17页。
④ [英] 梅因：《古代法》，沈景一译，北京：商务印书馆1959年版，第17页。

定性，从而使法律缺乏灵活性，不能适应日趋复杂的社会经济关系。于是，在英国诞生了衡平法，当事人因他们所遭受到的不公平待遇而向国王申请救济，国王用其最高身份干预特殊案件维护社会的公平正义。衡平法的发展带来了衡平法院的产生以及衡平法先例的产生。衡平法院被撤并，成为普通法法院的有机组成部分，辅助普通法院审理案件，承担衡平救济的功能。① 它弥补了普通法的缺陷，矫正了普通法给当事人带来的不公，为人们解决纠纷提供了另一种途径。

（二）对衡平的重新解读

本文所称的衡平，与上述三种含义有所区别，我们将衡平一词缩小至诉讼的视域内，对衡平进行重新解读。我们认为，衡平包括平等与均衡，在民事诉讼领域内，表现为法官与当事人、当事人与当事人之间的平等关系，这种平等具有天然性；在刑事诉讼、行政诉讼领域内，平等便转化为权力与权利的均衡（在刑事诉讼中为惩罚犯罪与保障人权的均衡；在行政诉讼中为行政权力与公民权利的均衡）。之所以对衡平的概念作此种界定，主要是结合了哈贝马斯关于权利体系的理论。哈贝马斯认为，主观权利与客观法是同源产生的，公民们要用实证法对其共同生活作合法的调节，就必须彼此承认这样一个权利体系：第一，产生于以政治自主方式阐明对尽可能多的平等的个人自由的权利的那些基本权利，即行动自由权；第二，产生于以政治自主方式阐明法律同伴的志愿团体的成员身份的那些基本权利，即公民身份权；第三，直接产生于权利的可诉诸法律行动的性质和以政治自主方式阐明个人法律保护的那些基本权利，即司法保障权；第四，机会均等地参与意见形成和意志形成过程——在这个过程中公民行使其政治自主，通过这个过程公民制定合法的法律——的那些基本权利，即政治参与权；第五，获得特定生活条件——现有状况下公民要机会平等地利用第一至第四中公民权利所必需的，在社会上、技术上和生态上得到确保的生活条件——的基本权利，即社会平等权。② 虽然哈贝马斯关于权利体系的讨论更多的是基于对法治国的建立之考量，视野是非常宏观开阔的；但

---

① 李朋洲：《西方衡平思想的产生、发展与制度化过程》，硕士学位论文，上海师范大学，2014年。

② ［德］哈贝马斯：《在事实与规范之间——关于法律和民主法治国的商谈理论》，童世骏译，上海：生活·读书·新知三联书店2014版，第149–150页。

是，将权利体系引入诉讼中来讨论，同样具有极高的契合性。哈贝马斯关于权利体系的论述无不体现着这里所指称的衡平思想。在现代诉讼中，衡平思想已然将触角延伸至各类诉讼场域。

二、衡平的前提：主体间性超越主体性

（一）主体性的"中心主义"与衡平相去甚远

主体性曾一度跃升为现代性[①]的核心原则，主体性这一原则最初由黑格尔提出并具有如下表征：被释放了的个人主义；批判的权利；行动自主性（行为自律）；理念化的哲学本身。其中自由与反思则是主体性的两个最基本的要素。[②] 但是，主体性遭受了质疑。美国学者费·多尔迈认为："主体性观念已在丧失它的力量，这既是由于我们时代的具体经验所致，也是因为一些先进哲学家们的探究所致。"[③] 主体性在实践中的极端运用带来了一个历史性的后果：人类中心主义盛行，造成了主客体的两极对立，使理性发生极端分化。这种对立和分化引发的便是人与自然的对立造成的环境污染、重新抬头的种族战争、资本主义世界的经济危机……人类中心主义在主体性原则的支配下愈演愈烈，带来的诸多弊端也日渐明显。而具体到诉讼中，主体性所折射的"人类中心主义"便表现为法官、当事人局限于自我，作为裁判者的法官以一种身居高位的姿态出现，致力于早日揭开案件真实面目；作为与案件有着直接利害关系的当事人致力于实体结果的实现，而无视对方当事人的权利——他们表面上处于同一个空间，但是"貌合神离"，任何一方均未采取他方的视角来看待问题，主体间的平等交往和沟通受到严重阻碍，结果也只能是各自在各自的世界里表演"独角戏"。这种"中心主义"视角，容易沦为一种目的理性，致力于主体自身目的的达成，追求自身利益的实现，忽视周围主体的存在，无法实现平等抑或是均衡，因为衡平必须基于两个及以上主体的互动才能实现。

[①] 哈贝马斯认为，现代性是一种觉醒的时代意识，它以理性为基础，以人的主体的自由为标志。

[②] 刘日明：《哈贝马斯的主体性理论及其现实意义》，载于《上海社会科学院学术季刊》2001年第3期，第116页。

[③] ［美］弗莱德·R. 多尔迈：《主体性的黄昏》，万俊人、朱国钧、吴海针译，上海：上海人民出版社1992年版，第1页。

(二) 主体间性的"非中心主义"是实现衡平的必经之路

就人自身的发展来说,平等互信的交往和沟通是具有更为深远和高尚的人本主义价值,一定程度上暗合了人类是社会进步的方向。但是这种劳动与交往的总体合理关系并未建立。由于科技飞速发展,劳动的"合理化"不仅实现,而且在无以复加地迎合"科技意识形态"的需要。但是这种合理化脱离了主体间的合理关系,把人的关系降级为物的关系,使人无可挽回地沦为工具,屈从于技术社会的统治之下。劳动的工具理性结构压倒并同化了交往的价值理性结构,使人与人的交往完全成为工具理性内部的一丝"默契"。因而,要想避免技术社会对人的异化,就要建立主体间的理解与沟通,实现交往行为的合理化。

哈贝马斯认识到主体性原则之下人类中心主义的弊端,但是他并不是像后现代主义那样主张消解主体,而是坚持认为,要消解的是理解主体的范式——意识哲学范式,而不是主体本身。只要以相互理解的交往行为来理解主体及其行为模式,主体意识哲学那种以对象化为前提,通过自我反思获得自我理解的形式就不再具有本体论上的优先性。在交往行为中,主体以参与者的态度进入行为互动中,通过对语言行为的相互理解、沟通、协调就可以克服主体间的冲突。① 哈贝马斯认为,只有建立在主体间性基础上的交往行为理论才可以克服人类中心主义的困境,一旦通过语言创造的主体间获得优先性,就可以避免这种非此即彼的选择。虽然康德、黑格尔表达了主体间性思想,但由于他们囿于意识哲学,并未充分重视语言的作用,所以他们没有真正建立起道德中的主体间性原则,因此在哈贝马斯那里,康德的实践理性仍然是建立在主体性之上。"因此我用交往行动理论另辟途径,用交往理性来代替实践理性。这不仅仅是变换标签而已。"② 之所以说交往理性不仅仅是"变换"了"标签",是因为交往理性与实践理性存在本质上的区别,其中一项重要的区别便是交往理性"不再被归诸

---

① 刘日明:《哈贝马斯的主体性理论及其现实意义》,载于《上海社会科学院学术季刊》2001年第3期,第120页。
② [德]哈贝马斯:《在事实与规范之间——关于法律和民主法治国的商谈理论》,童世骏译,上海:生活·读书·新知三联书店2014年版,第3—4页。

单个主体或国家—社会层次上的宏观主体"①，而是"把诸多互动连成一体、为生活形式赋予结构的语言媒介"②。这种主体间性实现了视角的转换，从第一人称单数变为第一人称复数，"我"变成了"我们"，基于主体间性的交往理性铭刻在达成理解这个语言的目的之上。"交往合理性表现在由诸多先验地提供可能和建造结构的弥漫性条件所构成的一种非中心化背景中。"③ 意味着在哈贝马斯这里，基于主体间性的交往理性走出了"中心主义"的峡谷。

要实现诉讼中的衡平，就必须超越主体性，达致主体间性。纠纷是交往失败的结果，诉讼这一解决纠纷的平台，是一个言语沟通商谈平台，主体间的平等是这个沟通平台的基本条件。例如，在民事诉讼中，法官不再"高高在上"，而是作为中立的第三方，平等地对待双方当事人，不偏不倚形成对案件的判断。当事人不再"咄咄逼人""唯我独尊"，而是推己及人、推人及己，以"互主体"的视角，在追求自身合法权利的实现之时，也致力于通过平等对话的方式聆听对方的意见。这种交往视角的转换，使诉讼这一空间的三方主体（法官、原告与被告）实现了"貌合""神也合"，也只有在主体间性原则之下，三方主体才能有望实现有效沟通，达成理解与共识，纠纷方能在诉讼的平台得以及时解决。因此可以说，诉讼衡平实现的前提乃超越主体性，实现主体间性。

三、衡平的基础：保障基本人权

（一）人权与人民主权之争

在法律思想史上，存在人权与人民主权何者优先之争。以康德为代表的人权优先论者为了保护人权，将人民主权原则置于次要地位；以卢梭为代表的人民主权优先论者为了强调人民主权，仅靠人民主权意志的实施方式来保障人权。

---

① ［德］哈贝马斯：《在事实与规范之间——关于法律和民主法治国的商谈理论》，童世骏译，上海：生活·读书·新知三联书店2014年版第4页。

② ［德］哈贝马斯：《在事实与规范之间——关于法律和民主法治国的商谈理论》，童世骏译，上海：生活·读书·新知三联书店2014年版，第4页。

③ ［德］哈贝马斯：《在事实与规范之间——关于法律和民主法治国的商谈理论》，童世骏译，上海：生活·读书·新知三联书店2014年版，第5页。

在人权与人民主权之间，康德的思想无不时刻地体现出前者优先。康德关于"头顶的星空"与"心中的道德律"的名言尽人皆知——在康德那里，"普遍法权原则"是通过把道德原则运用于"外在关系"而得到的，每个人作为"他的人性"所享有的那个权利，则是其法权论的出发点。每个人通过社会契约论来实现共同体的自我立法，从而把这个对平等的个人自由的权利（也即天赋人权）具体化为公法和私法。"就此而言，私法的原则在自然状态中就已经具有了道德权利的有效性；就此而言，那些保护人们的私人自主的'自然权利'，也是在主权立法者之前就存在的。"① 康德并未承认这种人权对人民主权构成的限制。他认为，通过社会契约以实现自我立法的时候，没有人会愿意放弃原有的天赋人权，也不会有人愿意通过立法来违背天赋人权，所以人权与人民主权并不会发生冲突。② 但是，由于康德遵循的是从道德过渡到法律的论证过程，社会契约论在康德那里无法起到实质性的作用，在关键时刻无法派上用场。在这里，通过社会契约而表达的人民主权意志不但没有发挥重要作用，而且权利的主体也没有通过互动协商形塑自己的法律。

卢梭一生都致力于解决人权与人民主权的矛盾，但最终却以失败告终。卢梭的理论是以公民自主为出发点的，其同样强调人权与人民主权的内在联系。在他看来，在社会中，人民联合起来实行政治自主，把自己的意志经过协调之后变成公意，然后表达于一般和抽象的法律中。③ 在卢梭的构想中，人权体现在人民主权的行使方式中，被人民主权所吸收，因为人民的主权意志必须用普遍而抽象的语言来表达，而人权就铭刻在这种表达方式——法律规范之中。在这里，卢梭似乎找到了人权与人民主权的连接点。事实上，原初人权的规范性内容是无法仅仅通过普遍而抽象的法规之语法来把握的。很多法律尽管符合普遍而抽象的标准，但是仍然可能与人权相悖。这时我们反观卢梭的理论适用前提，他所构想的"契约共和

---

① ［德］哈贝马斯：《在事实与规范之间——关于法律和民主法治国的商谈理论》，童世骏译，上海：生活·读书·新知三联书店 2014 年版，第 124 页。
② 高鸿钧：《商谈法哲学与民主法治国——〈在事实与规范之间〉阅读》，北京：清华大学出版社 2007 年版，第 339 页。
③ 郑永流：《商谈的再思——哈贝马斯〈在事实与规范之间〉导读》，北京：法律出版社 2010 年版，第 90 页。

国"是个小型的社会,在那里实行直接民主制,每个人都能参与法律制定,因而人们不会接受与自己的权利和自由相悖的法律。但是,若切换到大型、复杂的社会,这样的直接民主制就无法操作,代议制下作为主权者代表的政府所制定的法律是否会同保护人权的意旨相一致,则难以保障。另外,卢梭把他的人民想象成具有高度的利益一致性,因而主权者制定的法律与人权内容会完全契合。但是,即使是在他所构想的"契约共和国"中,利益也不可能完全重合,冲突不可完全避免,仅仅依靠普遍而抽象的法规语法,根本不足以保护每个人的人权。① 如此,人权与人民主权之间的张力不但没有得到化解,反而容易导致对个体权利和自由的忽视和践踏。可见卢梭归根结底是站在人民主权优先说的立场。

(二)哈贝马斯对人权与人民主权张力的化解

哈贝马斯认为,按照康德和卢梭的讨论,人权与人民主权与其说是一种相互补充的关系,不如说是一种相互竞争的关系。任何一方的"胜利"都会导致一些弊端。人民主权原则若大于人权原则,容易导致国家权力以保障人权的名义来限制、削减公民权利,人民主权也可能退化为极权政治。正如贡斯当批评卢梭时所说的:"如果你确信人民主权不受限制,你等于是随意创造并向人类社会抛出一个本身过度庞大的权力,不管它落到什么人手里,它必定构成一项罪恶。"② 人权原则高于人民主权原则,将会导致政权不稳,也为借维护人权之名行专政之实留下了空间;同时,由于人的各种先天和后天条件的差别,人权优位也必然导致社会的不平等。③

在哈贝马斯看来,无论是康德,还是卢梭,人权与人民主权之间的内在联系都是隐而不现的。如果理性意志只能形成于一个单个主体(自由主义),那么个人的道德自主就必须贯穿所有人的联合起来的意志的政治自主,以便用自然法来确保每个人的私人自主。如果理性意志只能形成于一个民族的宏观主体,政治自主就必须被理解为一个特定共同体的伦理生活

---

① 高鸿钧:《商谈法哲学与民主法治国——〈在事实与规范之间〉阅读》,北京:清华大学出版社 2007 年版,第 340 页。
② [法]贡斯当:《古代人的自由与现代人的自由》,阎克文、刘满贵译,北京:商务印书馆第 1999 年版,第 56 页。
③ 李龙、李小萍:《论宪法中人民主权与基本人权原则的沟通——以哈贝马斯的宪法有效性理论为视角》,载于《西北政法大学学报》2008 年第 1 期,第 33 页。

本质的自觉实现；而私人自主则通过法规的一视同仁形式而得到保护，以对付政治自主的压倒性力量（共和主义）。哈贝马斯指出，自我立法的关键在于，普遍性的法律需要具有合理可接受性，康德和卢梭的两种想法都缺乏一个商谈性意见形成和意志形成过程的合法性力量。在商谈的过程中，实施的是以理解为取向的理解性行动，而不是以成功为取向的策略性行动，取向于理解的语言使用活动的语内行动约束力被用来把理性和意志结合在一起，从而使得所有个人都可能非强制地同意。商谈论强调的是，基本权利体系自身同时也表现为民主立法程序所依赖的交往形式的建制化条件，这个基本权利体系既不能归结为道德意义的人权也不能归属于伦理意义的人民主权，而是同时体现二者。也因此，私人自主与公共自主的同源性被揭示出来，法律的承受者同时也就是法律的创制者。① 在宪法层面上，一方面，人民主权在商谈性意见形成和意志形成过程中获得法律形式；另一方面，人权的实质就在这种过程得以法律建制化的形式条件之中。人权与人民主权的张力问题在此得到化解。

（三）衡平彰显诉讼领域的人权保障

从哈贝马斯的理论中，我们可以读出人权保障的重要性，对人权的保障同时可以反过来实现人民主权，二者之间的关系可以实现平衡。尽管人权思想源远流长，但在诉讼史上，尤其是刑事诉讼史上，对被追诉人的人权保障长期处于搁置状态，刑事诉讼仅仅被当作保证刑法正确实施、惩罚犯罪的工具，而其人权保障的基本目的遭受忽略。随着理论和实践的深入，人权保障的地位逐渐凸显。前面提到哈贝马斯所构建的权利体系，其中行动自由权和司法保障权便是对基本人权保障理念的反映。"人权，体现于公民的民主自觉实践中的人权，因此也必须从一开始就作为法律意义上的权利而加以把握，尽管它是具有道德内容的。"② 哈贝马斯认为，要以法律形式出现的行动规范授权行动者行使其主观的行动自由，法律代码必须在一特定法律共同体之内得到运用，并且确定彼此间可以提出诉讼来捍

---

① 郑永流：《商谈的再思——哈贝马斯，在事实与规范之间导读》，北京：法律出版社2010年版，第91页。

② ［德］哈贝马斯：《在事实与规范之间——关于法律和民主法治国的商谈理论》，童世骏译，北京：生活·读书·新知三联书店第2014年版，第129页。

卫的权利，此即行动自由权；对法律代码的法律建制化要求确保每个感到自己权利受损的人能够通过法律诉讼来维护自己所认定的权利，此即司法保障权。

衡平的基础便是基本人权保障。民事诉讼的人权保障比刑事诉讼更容易实现，因为民事诉讼当事人的平等比较明显，这是由民事诉讼的特点决定的。民事诉讼法对应的是民事实体法，而民事实体法中"私法自治"的理念也深深渗透进民事诉讼法。民事法律关系主体之间的平等性要求在民事诉讼中，当事人处于平等地位，享有平等的诉讼权利。民事诉讼的原被告均享有诉权，在诉讼过程中双方也是平等的，有权对争议的问题进行辩论。同时，法院也有责任保障和便利当事人行使诉讼权利，并为他们提供同样的机会和条件，不偏向任何一方，保持独立和中立。刑事诉讼的形式是以公诉为主，因而刑事诉讼常常表现为被告人个人与公权力之间的对抗关系，由于公权力力量的强大和个人力量的相对弱小，被告人的权利往往容易受到侵犯。被追诉人诉讼人权保障问题成为人权保障的一个重点。纵观现今各国法律，无不将保障人权列为刑事诉讼中共同追求的目标，国家尊重与保障人权也相继入宪。① 刑事诉讼一方面追求发现案件真相、惩罚犯罪；另一方面，刑事诉讼法中公民适用法律一律平等原则、保障诉讼参与人依法享有诉讼权利原则、未经审判不得定罪原则，以及非法证据排除规则、关于被追诉人辩护权和最后陈述权的规定等，都深刻地反映了刑事诉讼人权保障的理念。在行政诉讼中，行政诉讼的确立和发展本身就标志着人权保障的进步和发展。② 在行政诉讼过程中，行政诉讼的被告方固定为政府机构，双方力量不平等，但是这种力量的不平等，不应影响到诉讼权利的不平等。行政诉权占有重要地位，其赋予了个人与政府直接对话的权利，体现了现代政府的开明程度。行政诉讼权利保障除了诉权之外，个人还有申请停止具体行政行为执行的权利。正是基于刑事诉讼和行政诉讼中主体力量的差异性考虑，本文才将民事诉讼中的衡平称为平等，将刑事诉讼、行政诉讼中的衡平称为转化的平等——均衡。

---

① 2004年"国家尊重和保障人权"规定进我国宪法，2012年新《刑事诉讼法》将"尊重和保障人权"写上了刑事诉讼法的任务中。

② 樊崇义：《诉讼原理》，北京：法律出版社第2003年版，第297页。

四、衡平的现实：平等表达、广泛参与

（一）诉讼空间内部主体的平等参与、有效表达

哈贝马斯指出，行动自由权、司法保障权以及公民身份权都是站在法律形式的理论家的角度（外部角度）来讨论的，"理论家告诉公民们，如果他们要用实证法来合法地调节他们的共同生活的话，必须相互承认那些权利"①。这正是这三种权利所涉及的法律范畴如此抽象的缘故，这三种权利所体现的平等是抽象平等，而非具体平等。而如果公民要能够独自地运用商谈原则的话，就必须进行这样的视角转换：作为法律主体的公民，要能够取得自主性，只有同时把自己理解为自己作为承受者要服从的那些权利的创制者，并按照这种理解而行动。②公民根据商谈原则来判断他们所立之法是不是合法之法的条件，本身也必须得到法律保障。参与立法者的意见形成和意志形成过程的基本政治权利，就是服务于这个目的的。③这便是哈贝马斯笔下的政治参与权。哈贝马斯在此是基于立法过程的参与权利进行的讨论，而这种参与权在司法过程中同样能够适用，只是不是称作政治参与，而是程序参与。中立无偏私的法官、与案件有利害关系的当事人以及其他对诉讼开展有重要作用的诉讼参与人构成了诉讼空间中的主体。其中，既然与案件有利害关系，当事人必须平等地参与到诉讼的商谈中来，"根据商谈原则，只有那些可能得到一切潜在相关者——只要他们参加合理商谈——同意的规范，才是可以主张有效性的"④。只有当事人充分地参与了论证过程，充分地进行举证、质证、辩论、反驳，使每个人都有平等机会行使对具有可批判性的有效性主张表示态度的交往自由，法院据此作出的裁判结果才能使当事人心服口服并且得到有效执行。再比如，从法官对诉讼的参与来看，法官通过行使一定的阐明权，向当事人作出案

---

① [德]哈贝马斯：《在事实与规范之间——关于法律和民主法治国的商谈理论》，童世骏译，北京：生活·读书·新知三联书店2014年版，第154页。
② [德]哈贝马斯：《在事实与规范之间——关于法律和民主法治国的商谈理论》，童世骏译，北京：生活·读书·新知三联书店2014年版，第154页。
③ [德]哈贝马斯：《在事实与规范之间——关于法律和民主法治国的商谈理论》，童世骏译，北京：生活·读书·新知三联书店2014年版，第154页。
④ [德]哈贝马斯：《在事实与规范之间——关于法律和民主法治国的商谈理论》。童世骏译，北京：生活·读书·新知三联书店2014年版，第155页。

件事实及法律适用的相关质问或指示，引导当事人对案件形成正确的认知，明晰当事人的主张与诉求，而不是"消极被动型法官"，也不是"职权干预型法官"。

（二）诉讼空间外部主体的平等参与、有效沟通

哈贝马斯认为，法律共同体指的是想借助于法律来调节其生活的那些具体的共同体，任何人都可以是法律共同体中的一员，这一点上文也有提到。司法过程的参与主体不仅是诉讼空间内的主体，还包括诉讼空间外的主体，公众参与正日益从立法、公共政策制定和公共事务决策、公共治理透进司法过程。社会的转型和矛盾的新增，使司法过程公众参与的对象是一个个具有"结构性诉讼（structural litigation）"①特点的案件，而非只涉及当事人双方的传统诉讼案件。司法过程的公众参与主体是一个范围非常广泛的个体或组织，其组成结构不只是与案件相关的利害人，而是与案件没有任何利害关系的普通公众、新闻媒体和职业法律人。②借助互联网的平台优势，公众在互联网这一虚拟空间针对一个个热点案件的"法庭辩论"，逐渐形成其他有正常智力和良心的人都可能会合乎情理地认为是正确的东西，从而作为一种自下而上参与的力量为制度变革提供动力支持和合法性资源。③司法权作为裁判权，必须保持中立和独立。但司法独立并非司法专断，诚如卡多佐法官所言，司法独立并不意味着法院可以自由地以它们自己的关于理性和正义的观点来替代它们所服务的普通人的观点。公众参与司法过程正是无数个普通人判意表达的过程，是公众追求社会福利的过程。同时，就当今社会而言，法律不再是孤立而封闭的系统，司法具有开放性，司法机关不能仅从法律规则中推演具体裁决，而应该综合考虑法律社会发展、公民权利等多方面的因素以后作出最后的决定。为了使自己能够获得深层次的正当性资源，司法权必须能动地适应社会需要，法

---

① Owen Fiss 认为，诉讼的传统理论强调的是以个人主义为导向，案件审理只涉及当事人双方，而结构性诉讼（structural litigation）则以群体为导向，不只关心当事人双方，也关心其他受到案件影响的人的福利，诉讼中的原被告不过是该群体的"代言人"。前者只关心案件本身得到解决，公正在当事人之间得到实现；后者的焦点不是个别事件本身，而是危及宪政价值或者组织结构的社会条件。

② 陈道银：《司法过程公众参与探析》，载于《理论月刊》2011年第5期，第94页。

③ 陈道银：《司法过程公众参与探析》，载于《理论月刊》2011年第5期，第95页。

律机构应该放弃通过与外在世界隔绝而获得的安全性,并成为社会调整和社会变化的更能动的工具。司法过程不仅不能游离于其存系的社会,而且许多时候还应依据自身的立场去吸纳或认同社会公众的建议和意见,主动回应社会。社会公众对司法的参与以及司法对社会的回应,必然意味着司法要走出"独白式"的发展方式,而寻求一种与社会公众的主体间的交流、对话,这种对话通过赋予公众司法过程的参与权来实现。

诉讼空间内部主体和外部主体对司法过程的参与,将原本规定在权利体系之中的抽象平等转换为具体平等,无论是"身在庭内"的主体,还是"身在庭外"的主体,都没有"置身事外"。法官通过诉讼空间内部的主体的平等参与作出具有信服力的裁决,法官或者立法者通过诉讼空间外部主体的反馈筛选有价值的信息列入"清单"(法官表现为通过行使自由裁量权,进行情、理、法三者的有机融合;立法者则是以立法的方式)。各方主体拥有平等的机会参与司法过程,这种参与具有非强制性,各方可以自由地进行态度表达。

五、结论

衡平在诉讼场合表现为平等与均衡,由于民事诉讼处理的是平等主体之间的纠纷,民事诉讼中的平等具有天然性;由于刑事诉讼与行政诉讼涉及的一方主体是公权力,因此力量的对比具有明显的优劣势,但是这种力量差异,并不会导致诉讼权利的不平等,只是平等在这里是转化的平等,即均衡。要实现司法的衡平,必须摒弃主体性的"中心主义",追求主体间性的"非中心主义",这是实现衡平的前提条件;而实现衡平的基础是基本人权保障,人权保障在三大诉讼法中地位与日俱增,所受重视程度也是有增无减。而包括哈贝马斯笔下的行动自由权、司法保障权这样反映了基本人权保障的权利,具有抽象性,是一种抽象平等。要使这种抽象平等转化为具体平等,还需要借助诉讼空间内外主体的平等广泛参与这一媒介。

(作者陈文曲,法学博士,哲学伦理学博士后,中南大学法学院副教授。)

突发事件网络舆情的伦理困境与秩序重建[①]

唐凯麟　李诗悦

摘要：随着互联网时代的到来，隐藏在突发事件网络舆情过程中的种种矛盾逐渐暴露出来。本文阐释并分析了网络舆情过程中存在着网络正义与网民隐私、网络自由与网络秩序、新闻真实与商业利益、负面信息与媒体责任、法律原则与网民道德观等五个伦理困境。根据网络舆情过程中的伦理冲突，本文从政府、媒体和公众的角度提出了重新建构网络舆情伦理秩序的一系列建议，以期促进网络社会健康、有序发展。

关键词：网络舆情；伦理困境；秩序重建

一、问题提出：网络舆情中的伦理命题

在互联网飞速发展的时代，人们的生活方式随着大数据时代的到来发生了根本性改变，网络媒体逐渐取代了传统媒体，成为舆论战场的主要力量，特别是"三微一端"，即微信、微博、微视频和移动客户端，已经成为公众获取信息的主要渠道。网络进而成为了现实社会的延伸特殊空间。突发事件网络舆情是指个人或群体通过网络渠道在网络空间上传播的基于突发事件的信息，包括情绪、态度、意愿、观点或行为倾向等。[②] 随着互联网技术发展，网络成为公众舆情表达与传播不可替代的平台。在突发事件发生后，公众对事件的演变情况、发生归因及政府决策有效性的知情愿望和评价，往往通过网络平台进行传播并形成网络舆情。

[①] 原文刊载于《湘潭大学学报（哲学社会科学版）》2017年第6期。
[②] 康伟：《突发事件网络舆情传播的社会网络结构测度与分析——基于"11·16"校车事故的实证研究》，载于《中国软科学》2012年第7期，第169–178页。

随着网络信息技术的迅猛发展和广泛应用,特别是我国国民经济和社会信息化建设进程的全面加快,网络信息系统的基础性、全局性作用日益增强。网络已经成为实现国家稳定、经济繁荣和社会进步的关键基础设施。然而,网络在给人们生活带来快捷方便的同时,隐藏在网络舆情过程中的种种问题也日益暴露出来。大量研究表明:突发事件舆情传播速度快,范围广,十分容易引发网络群体性事件。在网络传播过程中,相对于增强信任的积极信息来说,破坏信任的消极信息更容易受到关注。在可信赖性的判断、评价过程中,消极信息也比积极信息占据更高的决策权重。[1] 在突发事件应急处置过程中,网络舆情的错误导向,往往使得社会公众对政府的官方言论、政策进行判断时,积极的期望会消失,并且被消极的期望所取代,社会信任受损难以避免。[2] 突发事件网络舆情具有突发性、信息泛滥、危害放大、群体极化、控制难度大等特征,[3] 网络舆情不仅对人们应对突发事件提出了网络安全的新要求,从更深层看,网络舆情还对人们传统的伦理秩序形成了严峻的新挑战。

网络作为公众获取信息的公共平台,政府是最重要的网络基础设施建设者和网络监管人;因此,网络也成为政府伦理形象的最佳表现平台。网络舆情好似一把"双刃剑",一方面它搭起了政府与公众互动对话的桥梁,政府能够通过网络及时接收最新的舆情信息,同时公众也能够及时、准确、直接地反映个体意愿和情绪。网络能够帮助政府收集民意,体察民情,并更好地管理民众、做好政策调整。另一方面,我国现阶段正处于社会经济转型期,各种社会矛盾纷繁复杂,引发舆论热点的事件频繁发生。特别是在突发事件当中,政府应急处置行动迟缓、媒体报道透明度偏低等都是导致短期内社会信任降低的重要原因。[4] 在社会转型期,受网络信息技术的强烈冲击,人们的价值取向、道德规范都随着新的社会条件和经济技术进步而发生变化,旧的伦理秩序被打破,新的伦理秩序正在形成。此

---

[1] SLOVIC P. Perceived Risk Trust and Democracy. *Risk Analysis*, 1993, 13 (6): 675-682.
[2] 徐彪:《公共危机事件后政府信任受损及修复机理——基于归因理论的分析和情景实验》,载于《公共管理学报》2014 年第 11 期,第 27-38 页。
[3] 杨庆国、陈敬良、甘露:《社会危机事件网络微博集群行为意向研究》,载于《公共管理学报》2016 年第 1 期,第 65-80 页。
[4] 李燕凌、王珺:《公共危机治理中的社会信任修复研究》,载于《管理世界》2015 年第 9 期,第 172-173 页。

外，在突发事件处置过程中，由于网络本身具有隐匿性，也容易助推网民非理性化、极端化、负面化来表达网络舆情的情形，由网络舆情所引发的群体性突发性事件在我国频频发生，正是网络舆情伦理失范的直接体现，它对现实社会的稳定产生了很不利的影响和严重的破坏性。本文旨在剖析网络舆情过程中所面临的道德困境，深入研究如何在网络社会这个隐秘而又自由的虚拟空间中坚守和延续现实社会中的美好道德，并建构适应网络社会发展需要的道德新秩序。

二、突发事件网络舆情中的现实伦理困境

伦理困境是指在对待同一问题上，出现两种及以上的价值参考，而每种价值都因其存在的合理性和重要性使得主体在选择时面临难以取舍的两难境地。随着互联网时代的到来，由于网络所诱发的各类冲突也逐渐增多。这些由于网络引起的两难境地，最为突出的表现在五个方面。

（一）网络正义与网民隐私

正义是社会制度的首要德性。罗尔斯在《正义论》中指出，一种理论，无论它多么精致和简洁，只要它不真实，就必须加以拒绝或修正；同样，某些法律和制度，不管它们如何有效率和安排有序，只要它们不正义，就必须加以改造或废除。每个人都拥有一种基于正义的不可侵犯性，这种不可侵犯性即使以整个社会的福义之名也不能逾越。因此，正义否认为了一些人分享更大利益而剥夺另一些人的自由是正当的，不承认许多人享受的较大利益能绰绰有余地补偿强加于少数人的牺牲。[①] 随着互联网的普及，正义由现实社会正义蔓延到了虚拟的网络社会，并因网络的开放性和虚拟性而衍生出网络正义的价值取向。在网络媒体上，网民可以自由表达关切和传播舆情，拥有对现实问题发泄不满和义愤的权利，并因网络的匿名性而容易摆脱责任追究。在许多舆情热点事件中，由于网络的匿名性以及网民自主参与性而把伸张社会正义的范围和影响力推向新的界域。网络正义因此成为万千网民对突发事件热情关注、热烈讨论和大胆质疑的价值基础。这种基于网络技术的网络制度，不仅可以监督政府处理突发事件，同时还可以维护弱势群体的利益，对于公民践行基本道德也是一种督

---

① [美]约翰·罗尔斯：《正义论》，何怀宏、何包钢、廖申白译，北京：中国社会科学出版社1988年版，第3页。

促。网民通过互联网这样一个完全公开、透明的平台，能够更好地维护小部分人的利益不被大多数人牺牲。这种制度模式在一定程度上对社会公平正义进行伸张，其本身无可厚非，这也正体现了网络舆情本身的价值所在、目的所在。但是，一旦网络信息被过分解读和挖掘，就很有可能在无形之中侵犯他人的隐私权。

　　隐私权是人类的基本权利，它与人类其他的基本的权利处于同等重要的地位。人类的隐私应该受到社会的尊重和保护。[①] 沃伦和布兰戴斯在《哈佛法律评论》发表的《隐私与权利》一文中，将"隐私"界定为"不受干涉"或"免于侵害"的"独处"的权利。从德性论的角度来说，尊重隐私本身就是一种德性，对隐私保持尊重因而得以进入德性论的研究视野。[②] 所以说，隐私权就是让人们因免受他人打扰而免于受害，从而保护自身尊严和基本利益的权利。保护公民个人隐私权是现代社会的基本伦理要求。如果连公众的隐私都无法得以保证，任何私密的信息都有可能被暴露在光天化日之下，那么人们将会没有安全感，最终导致社会恐慌。然而在网络平台上，由于网络的开放性、匿名性以及自主参与性而导致网民尊重失语。这种无序状态让个人隐私被轻易地摆在网络平台上，让人们随意窥视、回观、指责，甚至被人负面利用，最典型的例子就是"人肉搜索"。作为一种伴随互联网发展而产生的新型搜索手段，"人肉搜索"一方面属于正义的工具，可以让人们在最短的时间内实现资源共享，并且可以将关于某个人或者某件事的所有正面的抑或是负面的信息都公布于众，让网民更加快速、全面、深入地了解事件"全貌"，不会因为大体的趋势就将事件小的变异隐藏起来，满足了人们对正义的要求。但另一方面，"人肉搜索"又由于网民的聚集和搜索，往往演变至无法控制的局面。当事人大量个人信息被披露在网络上，隐私权受到严重侵害，无异于裸奔在大街上，让人没有丝毫安全感。[③] 在未经授权的情况下，将这些私人的而且是中立

[①] 唐凯麟、李诗悦：《大数据隐私伦理问题研究》，载于《伦理学研究》2016 年第 6 期，第 102–106 页。

[②] 吕耀怀、罗雅婷：《大数据时代个人信息收集与处理的隐私问题及其伦理维度》，载于《哲学动态》2017 年第 2 期，第 63–38 页。

[③] 刘晗：《隐私权、言论自由与中国网民文化：人肉搜索的规制困境》，载于《中外法学》2011 年第 4 期，第 870–879 页。

的信息公布出来,对当事人的生活以及财产和人身安全都造成了一定的危害。特别是在突发事件处置过程中,"人肉搜索"行为不仅仅只是侵犯了当事人的隐私权、姓名权、肖像权、名誉权等,更为严重的是还经常因此激化矛盾、扩大消极影响,甚至构成犯罪。"人肉搜索"看似为了维护网络正义,但是,偏执型的"人肉搜索"侵犯了他人隐私权,所谓对正义的伸张就很有可能成为网络舆论暴力甚至是现实生活里的暴力行为。可见,在网络世界里,看似为了维护最广大人们利益的正义名义背后却常常会隐藏着侵害他人隐私的不当网络舆情手段,显现出目的与手段之间的张力和暗含的伦理困境。

(二) 网络自由与网络秩序

自文艺复兴以来,自由一直是西方国家追求的核心价值,也是媒体追求的核心原则之一。霍布斯曾经指出:"自由一词就本义说来,指的是没有阻碍的状况。"霍布斯认为,自由就是没有任何约束。英国著名政治哲学家约翰·格雷最早阐明了自由的伦理内涵,他认为:"自由是个人主义的,因为它主张个人对任何社会集体之要求的道德优先性;自由是平等主义的,因为它赋予所有人以同等的道德地位,否认人们之间在道德价值上的差异与法律秩序或政治秩序的相关性。"[①] 这也说明了自由是个人的权利,与秩序没有直接关联。然而,现实生活中并无绝对自由。诚如卢梭所言,"人生而自由,却无往不在枷锁之中",现实社会中的自由都只是相对自由,自由不可能毫无条件而存在。现实社会中自由和秩序既有冲突又密切相连。每位公民都享有自由的权利,但是如果在没有秩序的环境中充分享受自由就会出现冲突,而这种冲突最为直接地反映在网络社会之中。在开放的网络平台上,网络自由与网络秩序主要体现出两个方面的冲突:一方面,由网络自由而形成的网络舆情可能会破坏网络社会的正常秩序,网民被舆情诱导而进行非理性宣泄。特别是,当发生突发事件时,网络中经常会出现一些谣言,甚至有些带有侮辱、诽谤、煽动的词汇,有些言论还直接影响党和政府形象、危害国家网络安全。显然,网络环境的过度自由会引发诸多不安定因素。另一方面,网络社会的秩序约束也会限制舆论的自由。为了限制网络自由权过度泛滥,防止网络紊乱而侵蚀整个网络空间

---

① [英] 约翰·格雷:《自由主义》,曹海军、刘训练译,长春:吉林人民出版社2005年版,第91-95页。

的正常运行,甚至引发社会动荡,政府和网络监管者都会建立一定的网络监管制度来维护网络秩序。然而,网络监管过度又往往容易导致网路阻滞、信息资源沉积,从而削弱网络技术功能并削减网络红利。可见,在网络空间中,自由与秩序二者是一对极难调和的矛盾。

在突发事件处置中,网络舆论能够在最短的时间散布开来,影响人们对于事情真相的判断,甚至会影响整个舆论的导向。如果约束网民的言论自由以及网民的知情权,以"秩序压倒一切"的思路对网络舆情的表达进行限制,以确保能够维持网络社会的正常运行,又会使得网络失去了它最宝贵和最根本的价值。对于网民言论自由权的限制,甚至会引起更为强硬的过激行为,导致突发事件处置失控,严重的还会影响政府形象和国家安全。"人类可以无自由而有秩序,但不能无秩序而有自由。"[1] 在网络社会中,自由和秩序的冲突展露得更为明显,自由受到网络的法律法规、媒体从业者的职业道德规范以及媒体与公众的价值观念等众多因素的影响。

(三) 新闻真实与商业利益

突发事件新闻报道是网络热点的爆发点,形成热点的突发事件新闻又往往成为吸引网民眼球的"热搜"。新闻传播的第一要素是新闻的真实客观性。坚持新闻的真实性,是对新闻工作者和新闻媒体最基本也是最重要的要求。网络社会同样强调网络传播内容的真实性。然而,由于网络的自由性以及开放性,大量非专业新闻发布者以传播者身份在网络上任意传播新闻信息。由于缺乏新闻职业道德操手以及媒体素养,一些网民为博取眼球、抢夺"头条"发布不实新闻。更为严重的是,一些非专业新闻发布者或网民为了商业利益甚至任意制造假新闻,从而严重破坏了正常网络秩序。在一些突发事件当中,某些网民为了博取眼球增加点击率,不惜进行歪曲事实的网络报道。这种现象最为明显的就是微博的"热搜"功能。"热搜"是众所周知的最具有影响力的头版头条,上了"热搜"就代表着能够被更广泛地曝光,也就意味着能够创造更多的利润。部分网络新闻发布者为了自己的新闻能上"热搜",不惜利用网络环境的自由、隐匿和迅速性来宣传有悖于事实真相的信息,以此敛财。"围观"网民则因为网络新闻发布者的不实新闻而一味盲目地跟从舆论大浪,并因此丧失了现实生

---

[1] [美] 塞缪尔·亨廷顿:《变革社会中的政治秩序》,李盛平、杨玉生等译,北京:华夏出版社1988年版,第85–91页。

活中起码的甄别能力和理性判断能力，使得突发事件本来的真面目离我们越来越远。网络平台的开放性、快速性和匿名性，为非专业新闻发布者或网民追逐私利打开了方便之门，他们甚至很难被及时识别，更难于有效管控。可见，在互联网飞速发展的当下，真实已经不仅仅是媒体从业者的职业道德要求，更是每一个网民都需要遵守的伦理规范。

现代信息技术的高速发展，也使得网络日益成为传统媒体与新媒体共同的传播媒介，新闻传播者离开网络往往导致新闻时效性损失。从约翰·穆勒的功利主义来理解，媒体人发布新闻能够获得广大公众认可就是创造了公众利益，因此网民博取眼球也是合乎情理的。在约翰·穆勒看来，"自由和美德与功利主义都有密切的关系，自由和美德既是实现幸福的重要手段，又是幸福的组成部分，与幸福存在密切关系"①，自由的新闻与作为美德的"新闻自由"，在满足公众对新闻知情权和自主判断的前提下，都能为公众带来幸福。在利益多元化的市场经济社会里，媒体作为独立的企业，必须创造商业利润，否则就很难在竞争激烈的网络社会中生存。但是，作为媒体行业的一员，媒体从业者的职业道德又要求他们首先要坚持新闻真实。那么，在出现新闻真实与商业利益两难选择的境况下，媒体从业者到底是坚持新闻真实，还是追求商业利润，的确是网络传播中不容否认的一个伦理困境，需要建立合理的网络伦理秩序。

（四）负面信息与媒体责任

网络舆情的伦理困境，还出现在网民或者媒体发布一些负面信息的时候。媒体社会责任除了要对社会子系统负责，还要对整个社会系统结构中的政治、经济、文化、生态等其他子系统负责，涵盖着为维护社会安定、国家安全和公众心智健康所应承担的政治责任、经济责任、文化责任、生态责任等公共责任或社会义务。英国现代传媒学家巴特勒在《媒介社会学》中指出，"媒体有维护社会安定、国家安全和公众心智健康的责任"，他特别强调传媒在保护公众心智健康中的责任。② 在发生突发性灾难时，部分媒体打着坚持新闻真实、新闻自由的旗号，发布一些血腥、暴力的照片，对逝者的家属造成了极大的心理阴影和精神伤害。部分网民在不了解

---

① ［英］约翰·穆勒：《功利主义》，徐大建译，上海：上海人民出版社2008年版，第66 - 69页。
② ［英］戴维·巴特勒：《媒介社会学》，赵伯英、孟春译，北京：社会科学文献出版社1989年版，第71 - 77页。

事情真相的前提下，随意发表未经求证的负面言论，甚至有些言论对遇难者都有极大的伤害性。那些在突发事件网络舆情传播中刻意追求所谓"还原灾难事件"的报道，虽然从表面上看表达了自己最真实的观点，但客观上在一定程度上对事件当事人造成了很大影响。在这里，一方面是媒体从业者顾及自己职业道德规范而追求新闻真实性，网民保护个人言论自由而坚持报道直接性，另一方面是真实的新闻报道和直接的网络传播所形成的"冷血"网言，造成严重的负面影响，媒体与网民都忽视了自己作为网络信息传播者所应负的社会责任。

众所周知，美国自诩为世界上新闻最自由的国家。但是，面对突发灾难事件，美国政府对新闻报道、网络传播却有最严格的管控措施。美国在报道"9·11"事件时，并没有媒体和网民发布含有逝者清晰形象的照片，但是公众点燃烛火祈福的画面却铺天盖地，透漏出广大网民对生命的希望和对逝者的尊重。然而，2011年7月23日，在中国甬温高铁线浙江省温州市境内发生"7·23动车事故"后，网络上迅速传播大量新闻报道，几乎每则报道都能看到受灾现场的惊险画面，网络舆情一度失控。在"7·23动车事故"网络报道中，人们虽然也能看到燃烛祈福的画面，但更多的网络舆情热衷于对政府新闻发言人过失的声讨，大量的网络舆论急切关注事故责任的揭底。媒体与网民追求新闻的真实、快速原则并未失守道德底线，但却让人深感网络的冷漠而非温暖。由此可见，在突发事件网络舆情传播中，网络主体需要更谨慎地选择立场，避免陷入网络负面信息与媒体社会责任的伦理困境。

（五）法律原则与网民道德观

法律规范是经国家认可或制定，以权利义务为内容，以国家强制力为后盾对人们行为和社会关系予以调整的准则。广义上，道德规范包含伦理的基本原则、伦理主要规范、伦理一般范畴。狭义上仅指特定社会的利益主体从自身的整体价值出发概括出来的善恶标准，是人们根据一定社会的道德要求所制定的具有普遍约束力的行为准则与标准。[1] 法律和道德同样都能够约束公众和媒体的行为。但是，在网络社会中，公众能够充分表达

---

[1] 焦国成：《试论社会伦理关系的特质》，载于《哲学研究》2009年第7期，第106–110页。

自己对于事件的观点，减少了在现实世界里由于法律条文带来的顾忌和约束。在这个过程中，从网络舆情的表达方式上、对涉及公共利益事件的认识理解上和对权力的行使上，可以明显地察觉到法律义务和道德之间的冲突，甚至出现对法律权利保护和伦理价值坚持的两难局面。

柏拉图曾说过："法律绝不能发布一种既约束所有人同时又对每个人都真正最有利的命令。"① 人类社会存在个性差异，世间事物是不断变化发展的，法律不可能无条件地适用于任何事和任何人。总有一些特殊情况超出了法律所规定的范围。因此，法律的普遍性有可能会对某些人或某些群体的特殊利益造成限制或侵害。在信息交互时代的今天，大多数案件的审理过程和结果在网络上都可以看到，而并非像传统司法审理程序只能通过参与听证会和在报纸上看到有限的审理过程。通过网络的传递，公众能够全方位地参与到案件当中来，通过贴吧、微信、论坛组织等形式参与案件讨论的人也越来越多，这种信息公开的形式促进了我国司法公正。但是，我们也不得不看到法律的滞后性，这是成文法国家必须面对的结果。作为舆情参与主体的社会成员，他们既需要维护法律至高无上的地位，同时，作为普通网民，他们考虑问题的出发点多数是站在同情的角度去质疑审判结果是否真的合理。2017年2月，山东聊城"于欢辱母杀人案"一审判决之后迅速成为网络热点，网民们遵循中国传统"百善孝为先"的伦理道德观，普遍认为于欢"辱母杀人"情有可原，而法官则依据法律条文纠结于于欢杀人是否属于故意杀人、防为过当、过失杀人的事实判定及量刑之间。在这里，法官坚守法律原则与网民普遍存有的传统道德观之间发生了严重冲突。"于欢辱母杀人案"从一审到二审的改判再到最高人民检察院的直接介入调查，充分说明网民舆论的确能够对法官判断构成一定影响。法律应当体现民意，因为法律的权力源自人民的赋予。但法律必须以公平公正为基本准则，坚持以事实为依据。在网络社会里，网民是信守法律原则还是顺承传统道德观念，经常会直接影响到网民对法官判案是否真正实现了公平公正法律原则的判断，网络舆情甚至因此可能改变案件当事人的命运。

---

① ［古希腊］柏拉图：《理想国》，吴献书译，长沙：湖南人民出版社2010年版，第43－44页。

三、重构突发事件网络舆情伦理秩序的路径

(一) 政府层面

习近平同志多次指出：核心价值观其实就是一种德，国无德不兴。德治是通过道德建设来指导、教育人们的行为。法治的核心就是"法"，无"法"就谈不上法治，法律是社会公德的固化与外化，它对人们的社会行为具有强制作用。在突发事件网络舆情过程中，由于突发事件本身具有紧急性、突然性、不可预计性等特点，往往容易出现法律与道德相冲突的现象，使得政府与网民都被陷入网络舆情的伦理困境之中。为此，我们必须坚持法治与德治相结合，以法治为保障、以德治为引领，加快建构网络伦理道德原则。

始终维护法律至高无上的地位。任何机构、组织和网民，不得以任何理由冲击法律的权威地位、触犯法律尊严、逾越法律底线，这也是构建网络舆情伦理秩序的基本前提。在突发事件网络舆情演变过程中，充分利用网络媒体了解事件、收集民意，能够更加及时准确地处置突发事件，有利于充分利用网络资源，发挥网络技术支撑应急管理的正面作用。但是，隐私权是法律赋予每位公民，当然包括网民的基本权利。坚持法律至高无上的权威，要求任何新闻发布者在网络上发表的言论，必须以事实为依据，并对虚假新闻传播的后果承担法律责任。法律同时要求，任何组织和个人不得利用网络平台传播未经证实的消息、制造或者散播谣言等方式，对司法进行干扰或施压以致影响法官公正判决。

积极创新网络伦理新的价值体系。在网络社会里，不仅要大力倡导中华民族传统优秀的伦理道德观，而且还要把社会主义核心价值观融入网络传播全过程，切实发挥德治对网民言论的规范和引领作用，推动社会主义核心价值观内化于心、外化于行。网络技术是21世纪人类文明最伟大的新技术之一。身处大数据技术时代的网民，要不断强化信息公开的自觉，包括大量的个人信息在内的大数据"被融入"公众视野，已然成为大数据技术的一种新功能。在人类文明进步的当代，保护言论自由几乎成为人们共同追求的真理。但是，网民的言论自由始终不得逾越法律的"红线"，必须坚守以事实为依据，以尊重他人人格、保守国家机密等为基本原则。网络平台也是政府建立线上良好形象的重要窗口。一方面，党和各级政府应充分利用其门户网站、微博等社交媒体，把党务及政务及时、主动地电子

化和公开化,密切和加深党、政府同社会公众之间的联系和了解,这对于突发性网络舆情的治理相当有效。另一方面,网民也有利于网络政治参与,网民们利用网络监督、约束政府权力运行,使其依法执政,有利于提升政府的公信力和廉洁度。

(二) 媒体层面

始终坚持新闻真实性原则。要真正实现网络舆情的客观公正性,首先就需要作为中间桥梁的网络媒体站在公正、平等、客观的角度,实事求是地传播网络信息。追求新闻真实同时也是媒体从业者的职业道德要求。由于在网络上传播信息的门槛十分低,任何信息未经证实,不需要经过任何筛选就可以被发布在网上。因此,必须在加强网络管理技术改进的同时加强网络监督,加强对网络媒体从业者的职业道德教育和法律约束,使其端正职业态度、牢固树立媒体人的职业道德责任感。要对那些别有用心的媒体或网民采取有效的措施,防止其为了吸引受众眼球而违背诚信原则并煽动和操纵舆情方向,使得网络信息失去客观真实性。

充分发挥正确的网络舆论引导功能。在突发事件网络舆情演化过程中,网民们利用开放的网络平台能够在网络上自由发表自己的观点,这些观点聚集在一起又能够形成一种隐性的舆论导向,深刻影响着每一位网民对事件的看法,甚至影响到网民的社会生活。2011年3月日本海啸灾害发生后,由于不实消息导致恐慌,中国不少市民迅速屯购食盐,就是一个典型案例。网络舆论引导力的重要性日益增强。大数据时代网络信息可以迅速传播,网络舆论即可迅速使一个人成为"网红",也可以轻易毁掉一个人的名誉。因此,必须不断增强网民的社会责任意识,建立正确的网络舆论价值体系和引导机制,大力弘扬社会主义核心价值观,积极宣扬"高、大、善",努力传播正能量,确保网络舆情真正朝着较好控制突发事件、促进网络社会和谐环境建设的方向发展。

(三) 公众层面

网民要努力增强网络社会的人格自觉。在网络社会里,人们的意愿表达从网络的任何节点开始,都可以自由地进入政策问题建构过程。① 因此,

---

① 张康之、向玉琼:《网络空间中的政策问题建构》,载于《中国社会科学》2015年第2期,第123-138页。

网民应当不断提高自律意识，理性应对网络舆情。随着现代信息技术不断发展，大数据时代下，网络社会日益从虚拟世界演进为现实世界，这是网民从网络社会人转变为实体社会人的物质技术基础。网民在网络上的任何不负责的言论，都将有可能被新的网络技术所识别并受到责任追究。自律是人性深处对伦理精神的切实感悟，是网民面临利益诱惑时内心的理智选择。网民面对纷繁复杂的网络舆情，要形成自律意识，自觉遵守公众在现实社会中需要遵循的社会秩序和道德准则，牢固树立良好的社会秩序观，深刻认识到自己的权利、义务以及责任的辩证关系，加强网络传播责任意识，强化自身伦理道德学习，自觉履行维护网络秩序的网民义务。同时，作为具有独立网民人格的现代网民，要能理性对待网络舆情，则既要重视网络舆论，又不能一味迎合网络"热搜"。对于那些负面、失实、不文明的言论或网络观点，要保持清醒头脑和冷静态度，拥有自己正确的立场和态度。

网民要努力提升自身的网络道德素质。突发事件中网络舆情伦理困境的形成，从根本上讲还是与网民自身素质的高低存在很大关系。网络社会是一个开放性社会，信息的传播具有交互性、快速传播性，甚至还具有可盈利性。在发生伦理困境的时候，除了政府需要完善网络立法，媒体需要提高其舆论引导力之外，网民也需要加强自身的素质建设。网民是传播网络正能量、清除网络垃圾最好的信息把关人。网民要树立牢固的网络安全意识。网民在对任何网络信息进行甄别时，要对信息的真实性、正义性、导向性和传播后果进行充分评估和安全识别，自己当好自己的把关人。网民要树立牢固的守法意识。网民既要自觉维护法律法规的尊严，又要自觉意识到网络道德审判的正义价值，时刻做到遵纪守法。当然，网民提升自身的网络道德素质，还要不断学习过硬的计算机知识。只有掌握必备的计算机网络知识，网民才能不断提高辨别网络数据可信度的能力，增强网络伦理道德判断的能力，不断提升文明素养。只有将文明的心态贯穿在每个网民心中，才能真正让网络服务于现实社会，推动网络社会健康发展。

（作者唐凯麟，湖南师范大学教授，博士生导师；李诗悦，湖南师范大学道德文化研究中心博士研究生，湖南农业大学公共管理与法学学院教师。）

企业家的环境道德责任：长株潭案例

曾满林

摘要：在长株潭"两型社会"建设过程中，企业家的环境道德责任主要体现在节约使用资源、友好善待环境、大力创新科技、践行公平原则等方面，其道德属性与特征主要有：自觉自愿性、无偿性与预防性。只有当企业家回归良心、坚定道德信仰、进行绿色生产，并在全社会建立与完善道德诚信及社会监督体系等，企业家的环境道德责任在长株潭"两型社会"建设中才能有效运行。

关键词：长株潭"两型社会"建设；企业家；环境道德责任；道德信仰

2015年4月3日，习近平主席在参加首都义务植树活动时指出："绿化祖国，改善生态，人人有责。要积极调整产业结构，从见缝插绿、建设每一块绿地做起，从爱惜每滴水、节约每粒粮食做起，身体力行推动资源节约型、环境友好型社会建设，推动人与自然和谐发展。"习主席向全民参与"两型社会"建设发出了号召。长株潭城市群于2007年12月成为"全国两型社会建设综合配套改革试验区"，以长株潭三市为核心，辐射岳阳、常德、益阳、衡阳、娄底五市，总面积9.68万平方公里，人口4047万，分别占全省的45.8%和61%。被确立为"试验区"后，长株潭在GDP高速增长的同时，"两型社会"建设也取得了显著成果。这些成果无疑是长株潭社会公众共同努力的结果，其中企业家群体的作用尤为重要，其环境道德责任的履行状况直接关系长株潭"两型社会"建设的成效。本文就此对长株潭"两型社会"建设中企业家的环境道德责任进行初步探讨。

一、长株潭"两型社会"建设中企业家履行环境道德责任的状况

早在获批"全国两型社会建设综合配套改革试验区"之前,湖南省委省政府就敏锐地认识到节约资源、保护环境的重要性,并为此采取了一系列有效措施;获批之后,力度更强。2008年1月,长沙市河西设立"两型社会"综合配套改革试验区的先导区,同年4月21日出台《长沙市大河西先导区建设整体方案》及《产业发展规划》《金融创新方案》《能源资源节约方案》《环境保护实施方案》《统筹城乡发展方案》《国土资源管理改革方案》等6个子方案,措施也更具体。此后,一系列关于"绿色湖南"建设的方案也相继出台。经过近10年"两型社会"的建设,长株潭不仅发展了"两型企业",还创建了"两型机关""两型社区""两型学校""两型村庄""两型园区""两型旅游景区""两型小城镇"等,形成了长株潭"两型社会"建设的全方面多体系格局,取得了巨大的建设成果与社会效益。

在长株潭"两型社会"建设过程中,绝大多数企业家都能认识到自身所负的环境职责,自觉履行环保义务,承担环境道德的责任。具体来说,一是进行废弃资源的回收再生。据相关调查统计,2014年长株潭城市群有色金属循环再生产利用近1000亿元,到目前逐渐形成了以长株潭为核心的废弃资源与有色金属循环再生产业圈。二是在节能降耗减排方面取得了可喜的成绩。据全国节能减排财政政策综合示范工作会议资料,2011年以来,长株潭投入113亿元财政资金用于节能减排工程,提前一年完成"十二五"节能减排任务。三是创新科技,开发新型能源。据"绿网"湖南省"两型示范创建系列专题"2013年4月16日报道,湖南兴业太阳能科技有限公司致力于新能源和节能环保新材料的开发,投资新建了国内最大的屋顶太阳能20兆瓦光伏发电及智能微电网项目,2011年以来每年可利用太阳能发电2500万千瓦时,每年节约标煤7800吨、纯净水7800万升,减排二氧化碳19000吨、粉尘5300吨、二氧化硫580吨。

虽然取得了许多成果,长株潭的环境保护形势仍然比较严峻,不少企业家在履行环境保护职责方面的认识也有待加强。从目前长株潭的环境总体状况来看,第一,湘江流域仍然是重污染区。作为"母亲河"的湘江贯

穿湖南全境，两岸居民占全省总数近六成。长期以来，湘江遭受严重污染，曾受到国家重点关注。2013年省环保厅测算治理湘江重污染需总投入4000多亿元，至目前为止还存在较大的资金缺口。株洲清水塘、湘潭岳塘、衡阳水口山等地是造成湘江重金属污染的主要区域，如株洲清水塘工业区重金属严重污染了土壤及湘江河段，而且治理进程也因牵涉很多方面而进展缓慢。第二，土壤酸化面积全国第一。据湖南环境保护网2013年6月21日的统计数据显示，我省近三分之二的耕地存在酸化现象，已成为全国土壤酸化面积最大的省份。土壤酸化导致农作物更易吸收土壤中的重金属，从而加剧了重金属污染对粮食的危害，曾经震惊全国的湖南"镉米风波"原因即在于此，长株潭是其重点区域。第三，空气污染依然严重。"2014年1月25日至31日，湖南省大气污染加剧，长株潭地区（长沙、株州、湘潭）PM2.5指数位居全国第三，且常德、岳阳两地市紧随其后……一年有5个月，天气需要'特护'。"① 从企业家履行环境道德责任的意识来看，问题也相当明显。虽然绝大多数企业家认识到环保职责的重要，但在企业现实利益面前，不少人往往以牺牲环境为代价，有令不行、有禁不止，或者变相、变通执行，没有从内心上认识到履行这一职责的重要性与紧迫性。因此，迫切需要企业家增强自身所负的环境道德责任认知，增强自觉性、主动性。

二、长株潭"两型社会"建设中企业家环境道德责任的主要内容与特征

西方学者阿奇·卡罗尔认为，道德责任是指法律没有规定的行为与活动，而这些行为与活动却是社会大众期待行为主体能够做到的。② 笔者认为，在长株潭"两型社会"建设中，企业家的环境道德责任主要包含以下内容。

第一，节约使用资源。据相关资料表明，弃贫采富、滥采乱挖是我国矿产资源浪费十分严重的源头。同时，我国矿产资源回收种类只占国外回

---

① 洪克非：《崛起的长株潭因何频遇雾霾》，载于《中国青年报》2015年02月02日06版。
② Archie Carroll. *Business and Society: Ethics and Stakeholder Management*. Cincinnati: South-Western, 1989.

收种类数量的70%左右，银等金属伴生矿的选矿回收率均比国外低10%左右，而铜铅锌等精矿的冶炼回收种类也比发达国家要低30%左右。单位生产耗能方面，我国生产一吨锌的能耗比国外先进生产水平要高33.4%，生产一吨钢的能源要多47.3%，生产一吨水泥熟料要多58.1%，而生产一吨铅所需要消耗的能源竟然比国外先进生产水平平均要高84.2%。长株潭城市群作为我国有色金属生产基地，矿产资源的开发利用占有较大比重。因此，节约使用资源是长株潭企业家环境道德责任的首要内容和任务。

第二，友好自然环境。友好自然环境其实一直以来是我国的优秀传统，据《论语·述而》载："子钓而不纲，弋不射宿。"意思是孔子只钓鱼而不用网捕鱼，也不射回巢过夜的鸟，这是非常有利于自然物种正常生长的生产方式。受儒家思想的影响，我国自古至今都比较注重人类与自然的和谐相处。然而在现代工业化进程中，环境问题在人类征服自然的巨大威力面前日益凸显。人们深受土地酸化、水土流失、气候异常、雾霾笼罩等自然灾害的危害，而且这种危害基本上已经影响到了人类日常的生产生活与身体健康。其实，从人类自身的生存发展角度来讲，自然环境是人类生存、生长与发展的前提，人类离开了自然环境就没法生存下去，更不用说发展了。从经济发展角度来讲，任何时代的经济发展都要以资源与环境为支撑，资源与环境是社会经济可持续发展的物质基础。从社会发展角度来讲，我国正处于全面建成小康社会的关键时期，我们要实现生产发展、生活富裕的小康生活，根本离不开资源与环境的保障。从国家的安全角度来讲，丰富的资源与良好的环境能使国家摆脱对外国的依赖，提高我国的自给能力，维护国家的经济安全，能更好更快地建设和谐社会与和谐世界，早日实现"两个一百年"的目标。因此，在长株潭"两型社会"建设中，企业家更应该意识到企业的生产与人类的生存根本离不开对自然环境的依赖，应该在实际的生产与生活中切实承担并履行友好自然环境的责任。

第三，大力创新科技。"科学技术是第一生产力"高度概括了科学技术对人类社会的巨大贡献作用。从本质上来说，进行环境科技创新是企业家承担与履行环境道德的重要手段与方式。众所周知，"杂交水稻之父"袁隆平开创的杂交水稻新技术带给人类与自然的价值之高是史无前例的，在有效地解决了全世界大多数人的粮食问题的同时更有效地保护了自然界的绿色植被与森林，其环境价值也是不可估量的。互联网作为科技创新成果，在"互联网+"的时代，同样对节约资源、友好环境的建设起到了无法比拟的作用。就企业生产而言，创新科技既能有效推进企业转变产品生产模式、调整产品生产方向，又有助于用低污染高效率的良性生产方式代替高污染低效率的恶性生产方式；既能有效降低自然与人力资源的不必要的损失，又能提高自然资源与人们劳动力的单位生产率。就人们生活而言，创新科技既能让人们呼吸清新空气，确保身体健康，又能在实际生活中带给人们居住的舒适性、交通的快捷性、通信的方便性、工作的享受性、医疗的可靠性，有效地提高人们生产生活的幸福指数，维持社会的健康与稳定。因此，"创新是企业家的根本职能和本质属性，创新构成了企业家伦理精神的核心"①。在长株潭"两型社会"建设中，创新科技不仅是科学技术人员的一种责任，更是企业家的环境道德责任。

第四，践行公平原则。企业作为经营主体，公平原则是其在市场交易中必须遵从的一个重要法则。从资源与环境利用的角度来说，无疑更要贯彻。自然资源与矿产资源是自然界的产物，其分布具有自然随意性而不受人类生产与生活的影响与控制。但人类怎么样利用自然环境资源进行生产活动却是能被人类自身控制与改变的。也就是说，人类绝不能随意处理资源，必须讲求公平原则。从伦理学角度来说，公平原则涉及代际公平与区际公平两个方面。这一代人对资源的利用不能损害下一代人对资源的使用，不能"竭泽而渔""焚林而猎"。这个地区的资源使用不能影响另一个地区资源的使用。即公平原则要求在不同代际与区域间公平地使用资源。公平包含在社会主义"公正"核心价值观当中，也是公众的基本道德准则。企业家应充分尊重不同时代不同区域社会公众的平等利益，尊重后代与其他地区社会成员对资源与环境的所有权与使用权，以公平公正的道德原则为准绳，在实现自身社会价值的同时实现自身道德价值。这就"要求企业在对待物（生态环境、自然资源）的关系中体现出对待人（所在社区居民和全社会）的公正的道德态度"②。

长株潭"两型社会"建设中企业家环境道德责任的主要内容凸显了其

---

① 李宁、李隼：《创新：企业家伦理的核心价值——论熊彼特和杜拉克的企业家伦理观》，载于《学习论坛》2008年第8期，第41页。

② 程立显：《可持续发展、社会公正与企业伦理》，载于《道德与文明》2001年第5期，第18页。

相应的道德属性与特征。

第一，自觉性。环境道德责任不是人类生来就有的，而是人类社会发展到一定高度，伴随着人们对生产生活以及道德不断的要求而产生的，也是在人类的生产生活给自然环境带来损害之后，自然环境反过来威胁到了人类的生产生活安全，得以应运而生的。环境道德责任是人类对自身生产生活方式的正确反思而承担的一种责任，这种责任对自然、对人类的可持续发展具有重要价值。正如需要人人遵守道德规则一样，环境道德也需要每个人自觉承担与履行，才能得以全面落实。只有每个人自觉自愿地承担起环境道德责任，自觉自愿地遵循环境道德责任的规则，才有可能实现环境道德责任所追求的目的。就本质上来说，自觉自愿性是一切道德责任的关键因素所在，正如康德所说，"只有出于责任的行为才具有道德价值"。康德认为，主体行为是否出于主体内心的责任律令（即自觉自愿）才是主体行为是否具有道德价值的关键所在。① 这种自觉自愿属性也正体现了环境道德责任的伦理本性。

第二，无偿性。说到无偿性，人们通常会联想到义务，因为人们普遍清楚义务具有无偿性。一般来说，"道德义务也就是我们常说的道德责任"②，即通常情况下道德责任等同于道德义务。但从伦理学角度来说，义务突出了行为人对外在道德理性要求的服从属性，而责任则把这种外在道德理性要求转化成了行为人的内在理性要求，从而使这种道德理性变成了行为人的道德意识与道德需求。因此，相对义务来说，责任更加强调行为人的自觉自愿性以及无偿性要求，更加凸显了行为人的高尚道德品质。责任不仅具有无偿性，同时往往要以行为人牺牲某些利益甚至人身安全作为代价。当然，这里所指的无偿性是从道德责任的行为人单方面来讲的，而社会与他人怎么样对待勇于承担道德责任的行为人，则另作他论了。

第三，预防性。我们知道，行政责任、经济责任以及法律责任等都属于事后责任，行为人为其已经做出的行为及行为造成的后果承担责任，这种责任往往只对具体的行为人才具有效力，即对应该承担责任的行为当事

---

① [德]康德：《道德形而上学原理》，苗力田译，上海：上海人民出版社1986年版，第49—52页。

② 罗国杰：《论道德义务与道德权利》，载于《中共沈阳市委党校学报》1999年第1期，第15页。

人追责。可道德责任却截然不同，具有前瞻性，要求行为人具有思前顾后的意识，而这就能预防主体行为带来一些不必要、能预料到的不良后果，是一种前瞻性责任。道德责任具有广泛的社会效应性，在针对特定行为人时也针对所有行为人，因而具有其特有的预防性。比如说，企业家如果充分承担履行了其应有的道德责任，事前为生产人员提供了安全的生产环境、生产设备并采取了安全预防措施，就会避免生产人员在生产过程中受到伤害。同理，企业家充分承担履行环境道德责任，就可以尽量避免伤害自然环境与社会环境的事故发生。道德责任的预防性凸显了道德责任的伦理价值内涵，这也正是人们期望企业家充分承担履行环境道德责任的原因所在。

三、长株潭"两型社会"建设中企业家环境道德责任的运行机制

如何让企业家主动理性地承担与履行长株潭"两型社会"建设中的环境道德责任？笔者认为，需要从道德提升和生产改进的角度入手，才能有效保持企业家环境道德责任在长株潭"两型社会"建设中良性运行。具体来说，有四个方面。

其一，回归良心。良心，即著名明代学者王阳明所讲"良知"。王阳明指出，良知是一切是非善恶的衡量标准，正恰如康德将良心比作人的内在法庭。"良知只是个是非之心。是非只是个好恶。只好恶，就尽了是非。只是非，就尽了万事万变。"（《传习录》）意思就是，良心是一切是非善恶观念、情感好恶的根源。如果没有良心，也就没有了是非善恶观念。可见，良心是道德的源泉与基础。"良心作为道德规范自律性的最高体现，确乎事关道德的命运。没有良心也就没有道德；道德之所以崇高无比，完全是因为人之有良心。"[①] 良心通过行为前期、中期、后期阶段来约束调控主体行为。在行为前期，对合乎良心要求的行为，即良心认可是善的行为进行鼓励，反之，良心认为是恶的行为则禁止；在行为中期，良心发挥跟踪监督作用，良心会继续支持其认为善的行为，同时，良心会警示其认为偏离善而趋向恶的行为，督促行为主体修正行为方式向善的目标持续行进；在行为后期，良心则对行为及其后果发挥道德"审判"作用，良心会

---

① 罗国杰：《伦理学》，北京：人民出版社2002年版，第209页。

安慰、奖赏其认为善的行为，让行为主体享有崇高的荣誉感，会谴罚其认为恶的行为，让主体感到内疚与悔恨自己的不当行为。因此，在长株潭"两型社会"建设中，回归良心，企业家才会具有"君子酬酢万变，当行则行，当止则止，当生则生，当死则死，斟酌调停，无非致其良知，以求自谦而已"（《传习录》）的道德品行，才能充分承担履行其应有的环境道德责任。

其二，坚定道德信仰。道德作为一种社会行为准则，必然会对人们的行为习惯存在或多或少的左右、限制，引导或迫使人们在社会生活中承担并履行一定程度上的道德责任。比如，众目睽睽之下，人们一般不会实行偷窃行为，可在根本不会被人知晓的情况下是否进行偷窃行为则完全依赖人们内心的道德水准了。前者由社会的制度与法律约束，后者则依赖人们内心的道德约束。法律责任与道德责任的本质区别正在于此。如何强化人们的这种内心道德约束呢？那就是树立道德信仰，即人们把内心的道德认知转化为人们内心对道德的信仰。我们知道，信仰具有强烈的精神力量与引领力量，就像马克思主义、共产主义信仰一样，往往与人们内心的精神向往具有一致性。其实，道德信仰与我们的马克思主义、共产主义信仰是互通的、同一的。"'人民至上'是马克思主义信仰的价值追求与道德境界，是中国共产党的根本宗旨，同时也是对马克思主义信仰者道德上的最高要求。"[1] 通过日常的思想教育、舆论宣传、先进示范等引导，人们可以逐渐形成内心道德信仰。当然，人们从认可、接受道德规则到转化为道德信仰，需要不断的精神陶冶与内心反思，需要对道德行为具有高度的依赖感、责任感与使命感，如此才有可能使道德与信仰相洽相融，相互结合，融然一体。一旦树立起道德信仰，人们便会主动、自觉、忠诚地遵守道德原则并履行道德责任。道德信仰为人们将道德内化为一种神圣化权威创造了有利的激励心理动力，从而激励人们毫无条件地遵循道德行为。"道德内在地要求信仰，而信仰则支持和保证着道德，这就使道德有了真正动力。"[2] 在长株潭"两型社会"建设中，企业家履行道德责任时，往往会受

---

[1] 曾杰：《马克思主义信仰教育内容体系构建的四重维度》，载于《长沙理工大学学报（社会科学版）》2015年第4期，第61页。

[2] 任建东：《道德信仰：道德建设的本质与方法》，载于《唐都学刊》2006年第1期，第35页。

到某些利益诱导，继而与其内心的道德规则引起冲突。倘若企业家友好环境会使企业生产成本增加，进而影响职工待遇，遭遇压力；在这种压力下，企业家的道德信仰是其履行环境道德责任的决定性因素。"道德信仰是道德行为的可靠的、稳定的动力之源。"①

其三，推进绿色生产。以"节能、降耗、减污为目标，以管理和技术为手段，实施工业生产全过程污染控制，使污染物的产生量最少化"的"绿色"生产，与清洁生产的含义基本相同，是 20 世纪 90 年代以来逐渐在国际上得到认同和推广的生产方式。着眼于资源能源的合理利用以及减少对人类和环境的危害，这是发展社会循环经济、低碳经济的内在要求，是可持续发展我国社会主义社会生产力的保障性要求，是环境道德责任的预防性对企业家在生产中的现实要求。"要正确处理好经济发展同生态环境保护的关系，牢固树立保护生态环境就是保护生产力、改善生态环境就是发展生产力的理念，更加自觉地推动绿色发展、循环发展、低碳发展。"② 从道德责任角度来说，企业家应该能够预测到企业生产过程中在哪些环节、哪些排泄物可能会污染环境，对人类社会和环境可能带来损害。因此，企业家要针对长株潭资源与环境的现状，增加绿色生产的道德自觉，在生产过程中全程进行绿色生产，从生产之前、生产过程中、生产之后三个环节都注重对资源能源的高效利用，进行技术创新改造减少排放，或者加大循环利用，进行管理创新，使能够预测生产后果的道德认知转化为现实生产的道德行为。

其四，建立完善道德诚信及社会监督体系。在长株潭"两型社会"建设中，企业家环境道德责任的履行依赖良心与道德信仰，也有赖于道德诚信与社会监督体系约束。道德诚信及社会监督体系的建立目标在于给道德责任行为提供一种社会氛围与社会环境，以社会评价、行政赏罚等手段来调节企业家道德责任运行状况，通过具体的社会外在强化因素，促进长株潭"两型社会"建设中企业家充分履行环境道德责任。例如，建立一种道德银行系统，把所有企业家的道德责任行为进行分项计分储存，输入道德

---

① 魏长领：《论道德信仰及其功能》，载于《道德与文明》2003 年第 6 期，第 16 页。
② 骆方金：《习近平生态文明观探析》，载于《长沙理工大学学报（社会科学版）》2015 年第 2 期，第 66 页。

银行系统并进行持续的电子档案跟踪与等级综合评分,人们只要进入道德银行系统一查便知某企业家的道德责任履行情况。这种社会环境就会在一定程度上促使企业家不得不履行环境道德责任。当然,在长株潭"两型社会"建设实践中,还应逐步建立资源节约、环境友好方面的教育、舆论、风习等一系列体制,加强引导企业家履行环境道德责任的力度,从各方面确保长株潭"两型社会"建设中企业家环境道德责任的真正履行。总而言之,"光靠个人自身内在的思想觉悟往往难于抵制各种利欲诱惑,为此,社会必须建立道德的制度保障机制,使道德提倡的价值观念和行为类型在社会中得以保护和推行"[①]。

(作者曾满林,湖南环境生物职业技术学院讲师。)

[①] 王淑芹:《论公民道德建设的外在机制》,载于《道德与文明》2008年第1期,第64页。

新时代加强我国公民社会主义核心价值观教育的路径探究

张娟红

摘要：新时代条件下，我国公民的社会主义核心价值观怎样教育，如何使其成为我国公民集体的精神信仰，是当前亟须集中讨论的重要课题。鉴于此，本文就家庭在我国公民社会主义核心价值观教育中的基础作用、学校在公民社会主义核心价值观教育中的重要作用以及营造良好的社会道德氛围等方面进行了一系列分析和探讨，从习近平系列重要讲话中探求加强我国公民社会主义核心价值观教育的有效路径。

关键词：新时代；我国公民；核心价值观教育；路径

社会主义核心价值观是当代中国精神的集中体现，凝结着全体人民共同的价值追求。十八大报告明确提出"三个倡导"，不仅提出社会主义核心价值观的基本内容，而且对于培育和践行社会主义核心价值观提出了明确要求。党的十八大以来，以习近平为总书记的党中央反复强调，要把培育和弘扬社会主义核心价值观作为凝魂聚气、强基固本的基础工程，不断夯实中国特色社会主义的思想道德基础。进入新时代，我国思想文化建设取得了重大进展，加强党了对意识形态工作的领导，党的理论创新全面推进，马克思主义在意识形态领域的指导地位更加鲜明，中国特色社会主义和中国梦深入人心，社会主义核心价值观和中华优秀传统文化广泛弘扬，群众性精神文明创建活动得到扎实开展。① 然而，面对世界范围思想文化交流交融交锋形势下价值观较量的新态势，面对改革开放和发展社会主义

---

① 习近平：《决胜全面建成小康社会夺取新时代中国特色社会主义伟大胜利——在中国共产党第十九次全国代表大会上的报告》。

市场经济条件下思想意识多元多样多变的新特点,社会意识形态建设仍然面临许多新的挑战,加强我国公民社会主义核心价值观建设不仅重要而且必要。

基于核心价值观教育的重要性和必要性,我们有必要进一步加强我国公民社会主义核心价值观的教育,而把社会主义核心价值观内化为人们坚定的信念,外化为自觉行动是一项漫长而复杂的社会性工程,必须多角度多层面积极探索加强我国公民社会主义核心价值观教育的有效途径和战略对策。习近平多次强调社会主义核心价值观的重要性,并指出要切实把社会主义核心价值观贯彻于社会生活的方方面面。在中共中央政治局第十三次集体学习时,习近平指出:"要利用各种时机和场合,形成有利于培育和弘扬社会主义核心价值观的生活情景和社会氛围,使核心价值观的影响像空气一样无所不在、无时不有。"① 我们要从家庭、学校和社会等方面全面推进我国公民的社会主义核心价值观的教育。

一、充分发挥家庭在我国公民社会主义核心价值观教育中的基础作用

习近平在 2015 年春节团拜会上阐述了中国传统"家文化"的重要价值:"家庭是社会的基本细胞,是人生的第一所学校。不论时代发生多大变化,不论生活格局发生多大变化,我们都要重视家庭建设,注重家庭、注重家教、注重家风,紧密结合培育和弘扬社会主义核心价值观,发扬光大中华民族传统家庭美德,促进家庭和睦,促进亲人相亲相爱,促进下一代健康成长,促进老年人老有所为,使千千万万个家庭成为国家发展、民族进步、社会和谐的重要基点。"②

家庭是我国公民接受教育最早的地方,是人生的第一所学校,每个人从出生之日起,就潜移默化地受到家庭环境的影响。家庭是社会的细胞,家庭中的价值观教育是社会核心价值观教育的基础。家庭对家庭成员的影响具有基础性、普遍性和长久性、渗透性、亲和力和权威性的特点。家庭

---

① 中共中央文献研究室:《习近平关于全面建成小康社会论述摘编》,北京:中央文献出版社 2016 年版,第 114 页。

② 《习近平谈治国理政》,北京:外文出版社 2014 年版,第 131 页。

的结构、家庭成员之间的关系、家庭的物质和经济条件、家长的思想道德素质及教育理念和态度等,在一定意义上会决定一个人的性格和品行。因此,优化家庭社会主义核心价值观教育的环境可以从以下三个方面进行:第一,父母要提高自身的思想道德素质,增强其责任感。父母是孩子的第一任老师,在日常生活中,孩子会有意无意地模仿大人的生活习惯,甚至思想观念的养成也绝大部分受到父母思想观念的影响;因此,在日常生活中,家长要以身作则,树立正确的价值观念,践行社会主义核心价值观。第二,父母要重视对子女的社会主义核心价值观教育。父母重视孩子智力的发展是一方面,更为重要的是要重视对子女价值观的教育,立人先立德,只有确立科学合理的价值观才能更加引人奋进。第三,营造民主和谐的家庭氛围。在家庭的社会主义核心价值观教育中,父母要把握好教育的分寸。过分严厉,会引起孩子的逆反心理;过于溺爱,不利于孩子性格的培养。只有采取宽严相适、平等沟通的方式,才能更有利于孩子核心价值观的养成。与此同时,我们还要把家庭教育与学校教育相结合,家庭教育在我国公民社会主义核心价值观教育中起基础作用,而学校在我国公民社会主义核心价值观教育中同样具有重要作用。

二、高度重视学校在公民社会主义核心价值观教育中的重要作用

社会主义核心价值观必须从小抓起、从学生抓起。青少年的价值观养成十分重要,"这就像穿衣服扣扣子一样,如果第一粒扣子扣错了,剩余的扣子都会扣错。人生的扣子从一开始就要扣好"[1]。学校对学生价值观念的影响是通过教学活动、课外活动和教师榜样和校园文化等进行的。学校的教育活动、课外活动以及教风、学风、校风、人际关系和校园文化等,都会对学生的价值观的形成产生重要的影响。从社会要求来看,学校是人们着意营造的培养人的环境,学校活动更具计划性、目的性,对青少年思想品德的形成更具有指导作用。[2] 因而,学校教育更有利于学生形成良好的思想品德。因此,我们要把学校当作我国公民社会主义核心价值观教育

---

[1] 《习近平谈治国理政》,北京:外文出版社2014年版,第172页。
[2] 陈万柏:《思想政治教育学原理》,北京:中国人民大学出版社2013年版,第97页。

的重要阵地，注意调动各方面力量，协调各种因素，营造良好的学校氛围，要有效发挥学校培育和践行社会主义核心价值观的重要作用。为此，要优化学校教育环境。

人既是学校教育环境的创造者，也是学校教育环境的直接作用者。[①]优化我国公民社会主义核心价值观教育的学校教育环境可以从以下几个方面进行：首先，提高教育工作者的个人素质。"德高为师，身正为范"，教师是一门教育人、引导人的职业，只有教师严格要求自己，具有高尚的道德情操、正确的人生价值观，才能严格按照社会要求，培养合格的社会主义接班人。其次，加强班风、校风建设。学校环境的营建应集政治性、思想性、知识性和娱乐性为一体，对青少年产生全方位影响，既要营造一个整洁、美观、舒适的物质环境，也要营造浓厚的校园文化氛围。再次，必须将德育工作摆在素质教育的首要位置，将社会主义核心价值观融入到学校教学内容和教学计划，加强理论灌输和教育，深入社会主义核心价值观的理论研究，改进教学方案，增加思想理论课的趣味性，调动学生的积极性和参与感。最后，学校要带领学生积极参与社会实践，开展理想教育、国情考察、扶贫帮困等志愿服务活动，不断丰富和深化学生对社会主义核心价值观的理解与认同，使学生自觉投入到社会主义核心价值观建设的伟大实践中。

三、积极营造良好的社会道德氛围

社会是进行社会主义核心价值观教育的大课堂，任何核心价值观的形成和内化，都需要相应的社会文化环境的熏陶。践行社会主义核心价值观是一项广泛性的实践参与活动，需要社会多方关心与支持，只有综合治理、多方参与，形成家庭、学校和社会的合力，才能营造社会主义核心价值观教育的有利社会氛围。要从大众传媒、社会舆论、文化产品等方面营造良好的社会道德氛围，从政策引导、法制建设和党的领导等方面为社会主义核心价值观提供有力保障；尤其在新时代现代化和网络化的条件下，要充分利用大众传媒的优势，积极营造良好的社会道德氛围。

---

① 方金超：《论学校教育环境对学生发展的影响》，载于《卷宗》2015年第5期，第240页。

(一) 充分发挥党员干部的表率作用

进行社会主义核心价值观教育,首先要发挥党员干部的表率作用。《公民道德建设实施纲要》指出:"各地区、各部门必须始终不渝地坚持'两手抓、两手都要硬'的方针,充分认识新形势下加强公民道德建设的重要性、艰巨性、长期性和紧迫性,把它作为一项十分重要的工作,放在突出位置,提供有利条件,从具体事情抓起。"[①] 党和政府不仅是社会主义现代化建设的组织者、领导者、建设者,更是社会主义核心价值观教育的组织者、领导者、教育者。自觉学习和践行社会主义核心价值观,是每个中国人的责任与义务。"政者,正也。子帅以正,孰敢不正。""其身正,不令而行;其身不正,虽令不从。"党员干部尤其要发挥好带头模范作用,在思想和行动上自觉学习、努力实践,进而带动全社会认真学习、积极实践,使其成为一项全党全社会的自觉行动,不断巩固全党全国人民团结奋斗的共同思想基础,凝聚实现中华民族伟大复兴中国梦的强大力量。

(二) 大众传媒要牢牢把握正确的舆论导向

新闻媒体、广播电视等大众传媒作为现代化的舆论传播手段,具有传播速度快、覆盖范围广、传播渠道多、信息量大等特点,是人们获取信息的主要渠道,直接影响人们的思想行为、价值观念,是进行价值观教育的重要阵地。目前,我国网民有7亿多人,网络生活已成为我国公民的一种重要生活方式。近年来,大众传媒在丰富人的精神生活,塑造人们的精神面貌方面发挥积极作用的同时,也产生不少消极影响。习近平指出,要尽快掌握网络舆论战场上的主动权,否则就有被边缘化的危险。"要解决好本领恐慌的问题,真正成为运用现代传媒新手段新方法的行家里手。要深入开展网上舆论斗争,严密防范和抑制网上攻击渗透行为,组织力量对错误观点进行批驳。要依法加强网上社会管理,加强网络新技术新应用的管理,确保互联网可管可控,使我们的网络空间清朗起来。"[②]

利用大众传媒把握正确的舆论导向可以从以下方面进行:第一,加强大众传媒的建设和管理,弘扬主旋律。随着国际形势的变化,改革开放的深入和社会主义市场经济的发展,社会意识具有多元多变的特点,我们更

---

① 《公民道德建设实施纲要学习读本》,中共中央党校出版社2001年版,第138页。
② 《习近平谈治国理政》,北京:外文出版社2014年版,第106页。

要坚持马克思主义的指导地位，牢牢把握正确导向，用社会主义核心价值观引导人。第二，大众传播要加强对舆论的评析和监督，扬善惩恶。要倡导科学合理的价值观念，创建群众喜闻乐见的栏目，加强对社会热点问题的引导，引导群众理性地看待社会热点问题；要加强对舆论的监督，有力地批评舆论传播过程中的错误思想、丑恶现象，积极同破坏社会主义建设的行为作斗争。① 第三，优化网络和新媒体环境。用法律和政策为核心价值的教育提供支撑和保障，建立健全相关法律法规和道德行为规范，在保障人民群众的言论自由的同时，规范群众的行为，净化网络环境，积极开展"扫黄""打非"工作，抵制错误思想观念的侵蚀，创建绿色的网络媒体环境。第四，媒体参与者要加强自律。大众传播媒介具有传播速度快、覆盖范围广的特点。要加强对媒体参与者的核心价值观教育，特别是媒体把关人的教育，增强其社会责任感，引导他们将社会主义核心价值观内化于心、外化于行。

（三）优化文化产品和文化服务环境

习近平在中共中央政治局第十三次集体学习时强调指出："要润物细无声，运用各类文化形式，生动具体地表现社会主义核心价值观，用高质量高水平的作品形象地告诉人们什么是真善美，什么是假恶丑，什么是值得肯定和赞扬的，什么是必须反对和否定的。"② 精神文化产品在社会主义核心价值观教育中发挥重要作用，它潜移默化地影响人的价值判断、价值取向、价值追求。文艺和文化产品的创作要坚持"为人民服务，为社会主义服务"的方向，贯彻"百花齐放，百家争鸣"的方针，把弘扬和培育社会主义核心价值观作为文化产品创作的主题，创作出一批渗透社会核心价值观念的影视、诗歌、散文、报告文学等文艺作品。社会主义核心价值观要融入大众文化产品的消费中。要进一步净化文化市场，做好网站监管和网络建设，删除不良网页，遏制淫秽色情信息，打击破坏社会和谐与稳定的文化产品。社会主义核心价值观要融入人们的日常生活，就要以一定通俗的文化作品为载体，以社会主义核心价值观为主要内容，创作人民群众喜闻乐见的文化产品，使其得到人民群众的经常性消费，既达到弘扬和培

---

① 《公民道德建设实施纲要》，载于《人民日报》2001 年 10 月 25 日 01 版。
② 《习近平谈治国理政》，北京：外文出版社 2014 年版，第 165 页。

育社会主义核心价值观的目的,又能更好引导消费文化健康发展。

(四) 政策和法律要为我国公民社会主义核心价值观的教育提供支撑和保障

"要发挥政策导向作用,使经济、政治、文化、社会等方方面面政策都有利于社会主义核心价值观的培育。要把社会主义核心价值观的要求转化为刚性约束力的法律规定,用法律来推动核心价值观建设。各种社会管理要承担起倡导社会主义核心价值观的责任,注重在日常管理中体现价值导向,使符合核心价值观的行为得到鼓励、违背核心价值观的行为受到制约。"① 要使社会主义核心价值观真正成为全社会每一位成员的理想信念、是非标准和行为指南,就必须推动社会主义核心价值观的法制化、制度化建设。对于符合社会主义核心价值观的行为要建立长效的社会奖励制度,对于违背社会主义核心价值观的行为要予以制度化的谴责。在全面推进依法治国的进程中,要在立法修法、制度设计、政策决策等方面,注重体现社会主义核心价值观的根本要求,注重调整与社会主义核心价值观要求不相一致的法律法规、方针政策,注重维护和捍卫社会主义核心价值观的先进性、权威性和规范性。② 培育和践行社会主义核心价值观,需要发挥法律的指引作用来教育人们明辨是非,利用法律的强制作用对社会中出现的严重违反社会主义核心价值观精神的违法行为做出相应的惩处,让法律为国家政策的实施保驾护航。用法律的形式加以固化的同时,要将培育和践行社会主义核心价值观纳入国家发展规划,做好顶层设计,将社会主义核心价值观的基本要求渗透到市民公约、乡规民约、职业规范、学生守则和干部条例之中,实现现有政治、经济和文化等制度的有机结合。从而,合理利用制度化和法制化的奖惩制度向群众传递清晰明确的价值信号,引导人们在社会生活中逐步内化核心价值观,为社会主义核心价值观内化于心、外化于行提供源源不断的驱动力。

四、结语

要让我国公民践行社会主义核心价值观,最基本的途径就是要加强我

---

① 《习近平谈治国理政》,北京:外文出版社 2014 年版,第 114 页。
② 刘川生:《深化社会主义核心价值观建设的"四个完善"》,载于《光明日报》2015 年 9 月 30 日 13 版。

国公民的社会主义核心价值观教育。只有这样，才能让我国公民树立正确的价值观，让每一位公民为社会主义建设事业做出应有的贡献，推动社会的全面进步，实现中华民族的伟大复兴，促进人的自由而全面发展。然而，社会主义核心价值观的教育是一项长期且艰巨的工作，我们应该在深刻理解社会主义核心价值观基本内容的基础上，从针对性和时效性出发，根据时代发展新特征和人的意识发展规律寻找社会主义核心价值观教育的有效途径，坚持知行合一，坚持行胜于言。充分发挥家庭在公民社会主义核心价值观教育中的基础作用，高度重视学校在公民社会主义核心价值观教育中的重要作用，积极营造良好的社会道德氛围。

（作者张娟红，长沙理工大学马克思主义学院研究生。）

论环境伦理学的社会价值

朱 平

摘要：作为自然界的一员，人类与自然环境间存在着一种天然的利害关系。随着认知水平的提升和人为环境危机的恶化，人类与自然环境间的利害关系被强烈地凸显了出来。这使得人们开始从各学科维度重新审视人类与自然环境间的利害关系。由此，在伦理学领域，便产生了一门旨在研究人类与自然环境间利害关系的学科，即环境伦理（学）。从历时角度看，它的诞生是人类文明发展的必然结果；从现实角度看，它的方法是解决当前人类文明发展困境重要路径；从未来着眼，它的发展也必将促进人类社会进入全新的文明，即生态文明。

关键词：自然环境；环境危机；人类发展；环境伦理；生态文明

自然环境作为人类赖以生存的前提和基础，它一直支撑着人类文明的演变和发展。但进入20世纪以来，人类对自然环境无限制的开发和利用，导致自然环境日益恶化，以至于引发越来越严重的环境危机。这种危机的实质就是人类的生存危机、发展危机。于是，人类意识到了稳定、良好的自然环境对自身生存和发展的重要性。人类不得不重新审视人类与自然环境的关系，尤其是两者的利害关系。由此，一门研究"人类与自然环境的利害关系"的学问，即环境伦理学产生了。它的产生既是人类文明发展的必然，也是人类未来发展的必需。

一、无限度发展进程中的环境伦理溯源

环境伦理学作为一门新兴的研究学科，划定它研究的视域和范围是其研究的首要工作。美国环境哲学学者戴斯·贾丁斯在《环境伦理学：环境

哲学导论》中对"环境伦理学"作了一个简洁的界定:"环境伦理学旨在系统地阐释有关人类和自然环境间的道德关系。"① 在此定义中,环境伦理学研究的对象是"人类与自然"间的"道德关系"。其中,所谓"道德关系"不是一个狭义的概念,而是一个广义的概念。作为广义的概念,它是指包括了人类与自然环境间道德的、不道德的、反道德的和超道德的等关系。这些关系实质上是一种存在与生存的利害关系。它具体表征为两种类型:一是人类生存活动与自然环境良性循环相合,则人类与自然环境间形成互利共生关系;二是人类生存活动与自然环境良性循环相离,则人类与自然环境间形成互相伤害关系。这两种关系,可简略表述为"合则两利,离则两害"。因而,人类与自然环境间的"道德关系"作为一种利害关系,也呈现为两种基本状态:一是人类活动遵循自然环境循环规律,人类与自然环境则和谐融洽;二是人类活动背离自然环境循环规律,人类与自然环境则相互对立。不仅如此,这种利害关系,自人类物种诞生之日起便一直存在,并随人类生存活动展开而呈现不同的变化。因此,研究和反思人类与自然环境的道德关系仅仅从现时代着手是远远不够的,还必须从历时性的角度来看待,也就是从人类历史演变的角度来审视。

人类作为自然界的一种生物,它的诞生天然地融入了与自然环境的利害关联之中。这种关联并不随着人类由动物形态进化到人类形态、由原始社会发展到现代社会而断裂,而是随着人类社会的不断进步和人类认知水平的提升而变得日益明显和重要。从历史演化角度来看,人类与自然环境的利益关联(关系)可分为四个阶段或者说四个时期:前人类时期、原始文明时期、古代文明时期和现代文明时期。前人类时期是指人质化意识尚未形成的蒙昧时期,即人的动物形态时期;原始文明时期则是指人类从动物蒙昧状态脱离,开始形成人类的人质化意识的时期;古代文明时期是指人类脱离原始社会家族式生活方式,走向社会式、制度化生活方式,以国家构建为标志;现代文明时期则是指人类脱离农耕社会走向工业文明的时期,以资产阶级革命和科技革命为标志。在这四个时期,人类与自然环境的道德关联或者关系的表现是不同的。

---

① [美]戴斯·贾丁斯:《环境伦理学:环境哲学导论》,林官明、杨爱民译,北京:北京大学出版社2002年版,第12页。

在前人类时期，人类还是作为生物物种而存在，具体来讲是作为一种灵长类动物"猿"而存在。人类是从这灵长类动物进化而来，从生物分类学来讲，人类属于"猿"的一个分支。两者的区别在于，"猿"处于蒙昧意识之中，而人类却有了人质化意识。所谓人质化意识，就是对象化意识，有了自我与他者的区分意识。这种意识的产生促成了人的我与他、真与假、善与恶、美与丑等意识的形成。由是发展，人与作为他者的"自然"的意识也就产生了。然而在前人类时期，或者作为"猿"而存在的人类，跟其他动物如蛇、狮子、老虎等一样，与自然的关系都是一种主宰与被主宰的关系。自然主宰人类，人类按自然赋予生物本能进行活动，按照自然赋予的资源获取食物，"饿了就吃，困了就睡"。这时期自然虽然对人类拥有绝对的权力，但人类没有对象性意识而天然与自然和谐共存，人与自然关系也是"互利共生"与和谐融洽的。这种和谐融洽的关系，由于是建立在缺乏人质化的意识情况下自然产生的，因而此种关系也无所谓"道德"关系，或者是超道德的关系。

从前人类时期发展到原始文明时期，某些"猿"逐渐进化形成了人质化意识，具有区分自我与他者的意识，人类便开始从动物演化和过渡成为真正的"人"。人类产生了对象化意识之后，人类有了自我意识，他者意识也随之产生。然而，自然（界）作为他者而出现在人们面前，强大的自然力量使得刚刚人质化觉醒的弱小人类仍然不得不顺从自然的强力。由此，"自然界起初是作为一种完全异己的、有无限威力的和不可制服的力量与人们对立的，人们同它的关系完全像动物同它的关系一样，人们就像牲畜一样服从它的权力。"① 因而，"在自然和集体面前显得软弱无力的原始人，把自己跟他的动物祖先，跟自己的图腾等同起来，通过复杂的并经常是备受折磨的仪式，归根到底扩大着他对自然和社会环境的依赖"②。这个时期的人类由于自身力量和知识羸弱，一方面只能像动物祖辈一样消极地顺从自然；另一方面又通过积极的图腾崇拜和宗教仪式供养和安抚"自然之神"，以"换取"人类未来的生存和发展。从表面上看，人类仍像动

---

① 《马克思恩格斯全集》（第1卷），北京：人民出版社2012年版，第161页。
② ［罗］A. 泰纳谢《文化与宗教》，张伟达等译，北京：中国社会科学出版社1984年版，第18页。

物一样顺从自然环境，但实际上两者有着本质的不同：动物顺从自然环境是一种无目的、无意识的消极性顺从，而原始人类顺从自然环境虽然是被迫的，但它却是一种有目的、有意识的主动顺从。这种意识支配下，自然环境并未遭到人类的严重破坏。人类与自然环境间仍然保持着一种"互利共生"与和谐融洽的关系。这种关系则是建立在人类自主性认知基础上而形成的，因而可视之为人类与自然环境间存在的和谐融洽的道德关系。

随着人类知识的累积，生产力不断提升，人类从原始文明时期迈进了古代文明时期。这一时期最显著的特征是人类已经开始使用文字、发展文化、构建城市和建立国家。人们逐渐摆脱了原始文明时期迁徙与渔猎的生存方式，开始了养殖和耕种的定居生活。人们开始有计划、成规模地开发和利用自然环境，开山取石、砍伐森林用以修筑城市、构建宫殿。这些人类活动导致自然环境迅速遭到破坏，致使土地盐碱化和荒漠化。随着自然环境逐步恶化，许多曾经创造出无比辉煌灿烂文化的文明国度也慢慢消失。"人类历史上最古老的美索不达米亚文明，其衰退的原因之一就在于森林被破坏和引水灌溉带来的土壤盐碱化。"①"那些曾在古老的苏美尔地区繁荣的城市乌鲁克：乌尔和其他城市，现在不过是沙漠环境中废弃的土堆。"② 据专家考证，中国古楼兰王国以及位于南太平洋的复活节岛文明也都是因为当地生态环境遭到极大破坏，自然环境破坏殆尽而最终不复存在。这些例子都说明一个事实，在古代文明时期的人类与自然环境的关系不再是原始文明时期的"互利共生"与和谐融洽关系，而是逐渐演变为人类与自然环境间"互相伤害"的对抗关系。这种对抗关系表明，人类文明发展对自然生态环境构成了威胁。这种威胁显示了人类生存活动与自然环境良性循环逐渐背离。这种背离随着人类进入工业社会之后，逐渐演变为一种"征服与被征服"的对立关系，且变得日益明显和激烈。

随着人类进入以资产阶级革命和工业革命为标志的现代文明，相较以往，人类在思想上和科技上都有巨大的进步。人类逐渐摆脱了"神"的桎梏，将人类睿智的目光转移到人自身上来，从而发现人的"尊严和价值"。

---

① [日]岩佐茂：《环境的思想与伦理》，冯雷、李欣荣、尤维芬译，北京：中央编译出版社2010年版，第29页。

② [美]J.唐纳德·休斯：《世界环境史》，赵长凤、王宁、张爱萍译，北京：电子工业出版社2014年版，第43页。

西方中世纪神学的思想枷锁在文艺复兴运动、宗教改革运动以及科学革命之后被彻底打破，人类不再讴歌至高无上的上帝转而赞美人类自身，进而在哲学上实现了由神学向人学的转变。用费尔巴哈的话讲，"近代哲学的任务，是将上帝现实化和人化，就是说：将神学转变为人类学，将神学溶解为人类学"①。这就使得人类在与自然环境关系的认知上回到古希腊智者普罗泰格拉所言，"人是万物的尺度"②。不仅如此，古典哲学集大成者康德更是提出了"人为自然立法"的命题。他将人的地位直接提升至上帝的位置，真正实现了费尔巴哈所言之"将上帝人化"的目标。在科学方面，哥白尼否定了托勒密所构建的"地心说"，提出了"日心说"；开普勒计算出了行星运行的椭圆形轨道，而传统天文学认为是圆形轨道；医学家哈维揭开了人类身体内部血液循环系统运行面纱；达尔文提出了著名的"生物进化论"以及三次工业革命的科技大发展；等等。这些成就使人类意识到自身强大的能力，加之资本主义经济模式对人之物质欲望的开发，推动着人类对自然进行无限度掠夺。"洛克就曾毫不掩饰地宣称：对自然的否定，就是通向幸福之路，必须把人们有效地从自然的束缚下解放出来。"③ 在此情况下，自然生态遭到严重破坏，自然环境日益恶化，越来越危及人类自身的生存和发展，以致陷入生存和发展的困境。

因此可以看到，人类与自然环境间的关系由前人类时期自"互利共生"与和谐融洽的自然关系到原始文明时期"互利共生"与和谐融洽的自主关系，再到古代文明时期"互相伤害"的对抗关系，以至于现代文明时期"征服与征服"的对立关系。在人类与自然环境间"道德关系"逐渐转变的背后凸显出一个事实：人类生存发展总面临着一种"人类越是发展，自然环境越是恶化"的困境。一方面，人类"作为自然生物依赖于自然，不利用自然的建设性功能，他根本就活不下去"④；另一方面，人类利用自

---

① ［德］路德维希·费尔巴哈：《费尔巴哈哲学著作选集（上卷）》，荣震华、李金山等译，北京：商务印书馆1984年版，第122页.
② 王觉非、杨豫：《欧洲历史大辞典（上）》，上海：上海辞书出版社2007年版，第104页。
③ ［美］杰里米·里夫金、特德·霍华德：《熵：一种新的世界观》，吕明、袁舟译，上海：上海译文出版社1987年版，第21页。
④ ［德］奥特弗利德·赫费：《作为现代化之代价的道德——应用伦理学前沿问题研究》，邓安庆、朱更生译，上海：上海译文出版社2005年版，第102页。

然的建设性功能，又会导致自然环境恶化和生态问题。生境伦理学学者唐代兴就指出："生态问题不是由环境所引发出来的，而是由生命的诞生和谋求生存引发出来的。"① 然而，人类先辈仅看到了前者，却没有预见到后者。加之，人类本身对物质生活有着无限欲求。人类文明程度越高，人类开发利用自然环境的能力也就越强，自然环境所遭到破坏也就大。由是，人类文明越是现代化，人类与自然环境间的关系越是反道德的，自然环境越是遭到破坏，人类生存和发展困境越加明显。人们认识到了这一点，开始了对人类与自然环境间的道德关系的研究，于是环境伦理学产生了。

二、突围生存困境的环境伦理学方向

环境伦理学的诞生，既是因为人类认知到自然环境对人类生存发展的重要性，也是源于人类感知到人类与自然环境间存在一种不和谐的道德关系。前者作为推动环境伦理学诞生的直接原因，其具体表征为由于自然环境的恶化而导致人类生存发展面临困境甚至危机；后者则为促进环境伦理学生成的深层因素，它体现为人类自古以来对自身与自然环境间关系定位的固有缺陷。相对于前者，后者则是一种更为根本的原因。这是因为，人类对与自然环境间关系的定位，将直接决定着人类对自然环境采取何种实践策略和行动。这既是人类对自然环境过度利用开发，而导致自然环境生态危机的认知动力，也是促使人类从困境中觉悟，重新重视和研究人类与自然环境间道德关系的决定性因素。在传统认知系统中，人们认为人类与自然环境间存在一种非道德关系，他们不承认自然环境与人类一样具有同样的道德身份。"对大多数持西方传统的哲学家来说，只有人类才有道德身份。几乎没有哲学家去考虑其他存在是否有道德身份，考虑这个问题的则否认任何自然客体的道德地位。"② 这就意味着，人类不可能将自然环境视为与人类一样具有平等道德地位的他者，而仅是将其看作人类生存发展的资源工具，另外，人类对自然资源有限性的认知存在错误。由此，人类对自然环境无限制的开发利用，导致全球性的环境问题。尽管人类先辈在

---

① 唐代兴：《生境伦理的哲学基础》，上海：上海三联书店2013年版，第32页。
② ［美］戴斯·贾丁斯：《环境伦理学：环境哲学导论》，林官明、杨爱民译，北京：北京大学出版社2002年版，第108页。

这些问题上犯了不可逆转的错误，但我们并不能责怪他们。

人类对自身与自然环境关系的认知是一个循序渐进的过程。恩格斯曾指出："人的思维的最本质和最切近的基础，正是人所引起的自然界的变化，而不单独是自然界本身。"① 而自然界的变化无论是由人类活动引起的，还是由自然规律引导而形成的变化，人类都只能通过理性对这些变化的"经验"去提炼和认知。换言之，人类对自然界的知识本身是通过自身感官经验来获得的。这就决定了人类对自然界认知体现出一种盲目性、滞后性。古希腊智者普罗泰戈拉就提出"人是万物的尺度"，而古典哲学集大成者康德也提出了"人为自然立法"命题，但事实上这些认知到后来都被证明是人类认知的狂妄。不仅如此，人类对自然界资源认知也是凭借自身感官尺度来衡量。经验主义哲学家洛克就认为，大自然中"仍有着取之不尽的财富，可以让匮乏者用之不竭"② 。而丹·米都斯等人在《增长的极限》一书中用大量的科学数据和严谨逻辑陈述证明了，地球本身是有限的，地球蕴藏的可用资源更是有限的。遗憾的是，那些对人类自身、自然的正确认知却是在环境问题、生态问题出现之后才反思获得的。也正如环境史学家唐纳德·休斯所言："人类的本质是能从实验和错误中吸取经验教训，但终究还是会犯错。"③ 工业革命以来，人类在错误认知引导下，凭借强大的机械化生产大规模、无限度劫掠自然，导致自然环境生态日趋瓦解，以致出现人类生存发展困境。尽管如此，如何解决当前人类生存发展困境，找寻人类生存发展的出路，才是人类社会当务之急。

如上所述，既然人类所面临的生存困境是由人类自身造成的，尤其是因人类对与自然环境之间的道德关系认知错误造成的，那么人类要解决自己所面临的生存困境，首先就必须正视人类与自然环境之间的道德关系，纠正在对自然环境认知上的传统误区。其次，在校正认知的基础上，人类必须正确定位自身与自然环境之间的道德关系。最后，在以上前提下，人类需要制定和处理自身与自然环境间的道德规范和伦理原则，并在日常社

---

① 《马克思恩格斯全集（第3卷）》，北京：人民出版社2012年版，第922页。
② [美] 杰里米·里夫金、特德·霍华德：《熵：一种新的世界观》，吕明、袁舟译，上海：上海译文出版社1987年版，第21页。
③ [美] J. 唐纳德·休斯：《世界环境史》，赵长凤、王宁、张爱萍译，北京：电子工业出版社2014年版，第241页。

会生活中践行和实现。由此，人类方能逐步走出困境、拥抱未来。具体言之，正视自然环境与人类间的道德关系，这是人类走出困境的第一步，也是最为关键的一步。人是一种观念的动物，人类所有的现实活动都是在其自身观念认知指导下的产物。马克思在《德意志意识形态》（序言）中就曾指出："人们迄今总是为自己造出关于自己本身、关于自己是何物或应当成为何物的种种虚假观念。他们按照自己关于神、关于模范人等等观念来建立自己的关系。他们头脑的产物就统治他们。他们这些创造者就屈从于自己的创造物。"① 这就意味着，人类是按照自己所造观念去实践和生活，人类头脑中观念对自身的现实活动起着决定作用。推此而言，人类先辈们正是在对自然环境与自身关系的虚假观念指导下，促使人类在现实生活中将自然环境当作征服对象和奴役工具，才导致自然环境日益遭到严重的破坏，以至于人类自身也面临生存的困境。因而，如要走出困境，人类必须摆脱传统虚假观念对自身的统治，转而学习和生成一种新的真实的观念。这种观念的形成与否，决定着人类是否真正意识到了自身生存的困境，是否敢于通过制定各种规范和原则以约束和限制自身对自然环境的过度行为，是否勇于通过自身现实活动去纠正和改变现实处境。因此，正视自然环境与自身间的道德关系，也意味着人类改变固有观念，校正错误认知的开始。同时，这也是人类走出困境的第一步。

　　人类如要走出困境，正视自然环境与人类之间的道德关系，这仅是第一步。在此前提下，人类必须正确定位自然环境与自身间的道德关系。于是一个问题就产生了：人类与自然环境之间到底存在何种道德关系？美国环境哲学家罗尔斯顿就认为，"人类生命是浮于以光合作用和食物链为基础的生物生命之上而向前流动的，生物生命又依赖于水文、气象和地质循环。在这里，生命同样也并非只限于个体的自我，而是与自然资源息息相关。我们及我们所拥有的一切都是在自然中生长和积累起来的。"② 从他的话语中，我们可以得到如下几点事实：第一，人类生命存在和生存是建立在其他地球生命良好的存在和生存基础上的；第二，其他地球生命存在和

---

① 《马克思恩格斯全集》（第1卷），北京：人民出版社2009年版，第509页。
② ［美］霍尔姆斯·罗尔斯顿：《哲学走向荒野》，刘耳、叶平译，长春：吉林人民出版社2000年版，第104页。

生存又是以良好的水文环境、气象环境和地质循环等自然环境为基础条件；第三，人类和其他地球生命繁衍和发展也与自然中各种各样的资源紧密关联着；第四，人类和其他地球生命本身构是自然环境有机的组成部分，人类、地球生命、自然环境之间构成了一种相互关联、相辅相成、一荣俱荣的关系。由此可见，人类与自然环境间本就是存在一种"盛衰相随，一体共生""合则两利，离则两害"的生存和发展关系。这种关系就是一种"相互依存、相辅相成"的道德关系。"环境是自然与生命的共同创建：生命与自然的共生互生，构成了生命存在得以敞开其生存进程的环境。"① 人类与自然环境间天然存在着一种"共在互存、互利共生"的存在与生存关系。这种关系与人类社会中个体成员与人类种族间存在的道德关系，在本质上都是一样的。正因为人类为了满足无限度的物质欲求，无视自然环境与自身间"合则两利，离则两害"的存在关系，对自然环境进行无限制的掠夺式的开发利用，才导致自然环境遭到严重破坏和环境危机的出现。人类这种"肥己而损他者"的做法，最后换来的仍是"己他两害"的结果。于是，就出现了前面所讲的"人类越是发展，自然环境越是恶化"的困境。其结果将是，自然环境恶化了，人类生存和发展的可能也断送了。因此，人类必须正视自身与自然环境间"互利共生"的道德关系。

既已确认人类与自然环境之间存在一种"互利共生"道德关系，那么为了走出困境，人类必须在此基础上构建伦理原则，制定道德规范，并践行于人们的日常生活。人类与自然环境间的道德关系是一种"互利共生"的关系。这种关系背后隐含处理人类与自然环境间存在与生存关系的四个伦理原则，即平等性原则、普遍正义原则、限度生存原则和可持续性原则。第一，平等性原则，是评价原则。人类既然与自然环境、其他地球生命之间存在"互利共生"的道德关系。人类必须平等地看待和处理自身与自然环境、地球生命的关系。第二，普遍正义原则，是分配原则。人类与其他地球生命、自然环境三者在地位上是平等的，那么在存在和生存利益的处理和分配上，人类必须"一视同仁"地看待自身与他者的利益需求，实现自身与他者"得所当得"的利益。第三，限度生存原则，是规范原则。人类、其他地球和自然环境三者本身就构成了一个有机的生命体。这

---

① 唐代兴：《生境伦理的哲学基础》，上海：上海三联书店2013年版，第160页。

个生命体中，三者各自居于"不同但同等重要"的位置。人类、其他地球生命与自然环境三者任意一方过度膨胀或恶化，对三者的存在与生存都会产生极为恶劣的影响。这也表明，人类、其他地球生命和自然环境并不是无限的存在者，而是有限的存在者，并且是相互依赖的有限存在者。这就要求，人类必须节制自身的物质欲求，规范自身的生活行为，实行有限度的生存策略。其四，可持续性原则，是目标原则。这一原则，既是正视人类与自然环境之间道德关系的最初起点，也是人类坚持平等的、正义的和有限的生存活动的最终目标。其原因在于，人为造成的生态危机是人类自身的生存危机和发展危机，它的出现可能会阻断人类生存和发展的持续性。因而，为了生存和发展的可持续，人类必须正视与自然环境间的道德关系。

总之，只要选择对自身行为和欲望的限制和规范，人类才能在实践中逐步恢复人类与自然环境的正常道德关系，实现与自然、其他地球生命的"互利共生"，从而慢慢走出生存和发展的困境。

三、开启未来的环境伦理学价值

环境伦理的产生是基于人类的生存和发展困境而形成的，对它的研究和探讨首先是为了解决人类的生存和发展困境，但又不是仅仅为了解决这个问题。环境伦理作为一种新的人类伦理生活范式，它首先始于人类对自身欲求和行为的自我约束和限制，再塑人类的自我本性，提升人类物种的文明素养；其次是转变人类生存和发展理念，使其形成一种人类文化活动，以切实地尊重和守护与我们息息相关的地球生命和自然环境，实现"人与天调，然后天地之美生"[①] 的和谐共生之境；再者是进一步将人类与自然环境间的友好原则上升为国家和社会的法律和制度，进而实现人类文明形态的转变和新发展，彻底与现代工业文明的生活方式决裂。由是，随着环境伦理思想逐步深入人心，它必将人类带入一个新的文明境遇。因此，环境伦理的深化和发展，必将在提升和再造人类本性、生成人类新文化方式和生成新文明社会三个方面产生深远的影响和积极的作用。

首先，环境伦理作为一种新的伦理生活范式，它是在既有伦理生活范

---

① 黎翔凤：《管子校注》，北京：中华书局 2004 年版，第 865 页。

式基础上对人类自身欲求和行为的新要求和新规范。这就意味着，它的要求也将比传统伦理规范要求更高也更难。在传统伦理规范中，每一个人的行为都时时刻刻受到他人或社会的监督和约束。因而，人的行为是一种建立在他律基础上的自主性活动。但环境伦理的所要求行为规范则不是，它是一种更为纯粹的自觉、自主和自律的行为规范。换言之，它就是纯粹的自我约束。这是因为，人类相对于其他地球生命而言，是如此的强大，以至于几乎没有什么能与之相抗衡。除非人类自己约束自己，否则没有他者能规范之。德国著名哲学家、伦理学家赫费就指出："如果一个物种变得如此强大，甚至所有其他物种整体都不能制衡它，如果自然流行的外部的限制取消，就只剩下内部的限制。代替外部控制的是自我控制，代替外来竞争的是自身的道德。"[①] 这里所指的"道德"不仅是指传统意义上每个个体人的道德，还是指人类作为一个整体与自然环境、其他地球生命的"道德"。它要求，在无他者监督和约束的情境中，人类必须超越自身生物本性，时刻同自我的本性相抗争，节制欲望，约束行为，完全自主地支配自己。要做到这一点，这是何等的困难。正因如此，我国现代著名哲学唐君毅在《道德自我之建立》一书中写道："支配自己是比支配世界更伟大的工作。"[②] 况且，这里所言的"支配自己"的主体仅是指人类个体，而环境伦理所内涵之要求的主体却是整个人类。尽管如此，只要人类一旦开始力行自觉地自我约束和支配自我，人类就将会在同自我本性的较量和抗争中逐步改造自我的本性，提升人类整体的文明品质和素养。

其次，环境伦理作为一种新伦理生活规范，虽然它有助于改善和提升人类整体的文明素养和品质，但如何实现这种品质和素养的改善与提升，则是更为实际的问题。对此，德国哲学家 A. 施韦泽在其代表作《文明哲学：文化与伦理学》中提出的"敬畏生命"能给我们提供有益的提示。他认为，人与自然的关系本身就是一种文化关系，由此提出了"敬畏生命"的观点。以此为基础，人类可以从对生命崇拜的热情中生发出一种新的伦理学，即生态伦理学或环境伦理学。关于此种新伦理学，他强调："第一，

---

① [德] 奥特弗利德·赫费：《作为现代化之代价的道德——应用伦理学前沿问题研究》，邓安庆、朱更生译，上海：上海译文出版社2005年版，第183页。
② 唐君毅：《人生三书：道德自我之建立》，北京：中国社会科学出版社2005年版，第11页。

新的伦理学是人类文化发展的必然结果;第二,它是基于理性而生成的伦理学,对人们现实生活具有指导的作用;其三,新的伦理学以'尊重与崇拜生命'为基础;其四,在此基础上,人对所有的生物都负有个人责任。"[①] 因而,在施韦泽看来,新伦理学是人类文化发展的结果。它的不断发展和深化,也必将成为新时代人类文化构成部分,甚至是不可或缺的部分。不仅如此,这种文化基于"生命责任"要求,强调人类每一成员在日常生活中践行它。换言之,只有人类所有成员将对"生命责任"化为日常活动,成为人类未来生活的文化风尚,才能在人类与自然环境间建造起一条恒久的文化桥梁。由此可见,施韦泽对于人类新伦理文化构建的设想是多么的宏大深远,但他仅仅将"生命责任"作为人类构建新伦理文化的基础,这显然是不够坚实的。这是因为,人类无论如何超越自己,但都不能完全和绝对地根除自身"为存己而利己"的生命本性。这种本性是人类与生俱来的生命存在和发展的根本动力。因此,只有将施韦泽"生命责任"进一步深化为"基于人类生命存在而形成的生命责任",才能作为创建和生成人类新伦理文化的坚实与牢固的基础。唯其如此,环境伦理作为新的伦理生活方式,才能真正提升和改善人类的文明素养与品质,最终生成人类的新文化方式。

其三,环境伦理作为一种新的伦理生活规范方式,它要求人类进行自我约束,即赫费所言的"自我控制"。这里"自我控制"的主体既是指人类社会每一个个体成员,更是指整个人类社会。前一个"自我控制"具体表征为人类每一个社会成员所应遵守的"一般道德",它包括了社会公德与个人私德;后一个"自我控制"则表现为人类种族为限制和规范所有社会成员而创设的法律和制度。后者作为一种制度与法律,它是前者的根本保障和坚实后盾;前者作为一种社会伦理规范,它的实施和实现必须以后者为前提和基础。因而,无论是提升和改造人类的文明素养品质,还是创建人类新伦理文化,都必须根植于人类社会的基本法律和政治制度。这就意味,环境伦理之伦理规范,不仅要求人类所有社会成员自主进行自我的道德约束和限制,还要求人类社会自主进行自我的法律和制度的规范。因此,环境伦理本身就要求人类必须对旧有社会制度和法律进行改造和完

---

① 李春秋、陈春花:《生态伦理学》,北京:科学出版社1994年版,第7页。

善，以此适应处理"人类与自然环境"关系的新要求。在传统国家（或者说20世纪70年代以前）的职能中，环境问题的治理并不是一个国家和社会的职能范畴。但从1970年开始，这一情况得到了彻底的扭转。美国作为现代环境保护运动的起始国，其民间日益高涨的环保运动成功影响了国家政府的政策制定和制度建立。由此，1970年，美国成立了一个旨在保护环境的国家职能部门，即"美国环境保护署"（The Environmental Protection Agency）。随后，各国纷纷效仿美国的做法，成立和设立环境保护相关的部门。受此影响，我国也在1973年成立"国务院环境保护领导小组办公室"。这一机构发展到今天，已经成为国家重要职能部门——"中华人民共和国生态环境部"。与之同时，世界各国也积极制定本国的各种环境保护法，以保护良好的自然环境，维持人类发展与自然环境和谐共生的关系。可以预见，随着自然环境恶化情况的加剧，人类也必将加快国家制度和法律生态化转型的脚步，逐步构建起一种有别于工业文明形态的新文明形态，即生态文明。由此，人类文明发展也将促进人类跳出与自然环境间对立的窠臼，转而恢复和形成人类与自然环境间原生性的和谐共生的关系，最后将我们带入一个新的高级文明社会。

总之，环境伦理（学）的产生是人类文明发展的历史必然，它的不断发展和延伸也将是人类未来发展的必经之路。而事实上，它的诞生必然伴随着人类文明发展，它的兴衰与否也将预示着人类文明发展的命运。

（作者朱平，湖南师范大学道德文化研究院博士研究生。）

消费主义价值观下的人类异化

傅艺娜

摘要：作为一种把消费看作人生意义及最高目的的消费观和价值观，消费主义在其多重表现中的主要原则是追求体面的消费，渴求无节制的物质享受，并以此作为生活的目的和人生价值的体现。消费主义即是一种将个人幸福等同于物质对象的购买与消耗的价值观，但它使人们的欲望总处于激发状态而无法产生真正的幸福感。消费主义作为一种异化状态，势必会危害社会整体的健康发展，使人的物质和精神生活都面临巨大的危机。

关键词：消费主义；价值；消费异化；劳动异化

"消费主义价值观"是西方消费社会的产物，"消费社会"的出现是"资本的逻辑"的现实化：如果人们对食品、衣服和住所的自然需要感到满足，那么大规模生产的产品就会卖不出去，若想经济继续增长，就必须刺激大量消费，制造更多的"虚假需求"，甚至是夸大消费本身的意义，赋予商品更多的"符号价值"，让人们以最快的速度摧毁、扔掉旧的东西并购买新商品。于是，消费主义作为一种社会意识形态，用以宣扬消费对人的重要性以达到社会经济持续增长的作用就显得尤为重要。也正因为消费主义具有带动经济的积极的一面，西方消费主义思潮迅速传播到世界各个国家，即使在远未达到一个"消费社会"所要求具备的消费水平的中国社会，消费主义价值观也依然深入高收入的特殊"精英"阶层之中，并又由高收入阶层向中等收入阶层扩展，进而影响全社会的趋势。然而，消费主义毕竟是一种消费的异化状态，它使人们的欲望总处于激发状态而无法产生真正的幸福感，势必会危害社会整体的健康发展，使人的物质和精神生活都面临巨大的危机。

一、西方消费主义产生的原因

欧洲在经过宗教改革后，宗教的伦理从传统意义上的注重来世幸福和对今世的禁欲苦行，转而过渡成新教的"宿命论"。新教抛弃了天主教那种禁欲主义的修行而超越尘世的空洞劝解和训令，认为人的一生早在人出生之前，就已经被上帝所决定。上帝交给人们今世要完成的神职，把创造财富视为严肃且神圣的事业。人类作为上帝的儿子，就必须为工作而工作，为劳动而劳动，不是为了享受而劳动的，人赚钱既不是为了自己消费，也不是为了荫庇子孙，而是为了荣耀"上帝"。

新教在宣扬劳动创造财富以履行上帝赋予的义务的同时，也促进了资本主义精神的萌芽和发展，新教要求的不断劳动顺应了资产阶级发展早期需要的资本的原始积累，就是尽可能把资本投入到扩大再生产中，而不是像以往那样，用于个人的消费。"原始积累"的另一个源泉则是马克思曾描述过的贪婪地攫取和掠夺。资本主义走向成熟之后，攫取和掠夺受到一定程度的约束，而新教精神已经不再能够成为资本主义经济持续增长的精神动因。新教要求人们努力赚钱但坚持克勤克俭的生活态度和资本家扩大再生产之间的矛盾只会加剧"生产过剩的经济危机"。为了能不断地扩大再生产，并使资本永无休止地增殖，新经济福音的传布者们开始用带有宗教色彩的语言来宣传消费主义。鼓吹消费主义的意识形态总想让我们相信："我们已进入了一个新的纪元，一场决定性的人文革命，把痛苦而英雄的生产年代与舒适的消费年代划分开了，这个年代终于能够正视人及其欲望。"[①] 在消费时代，好像物品已极大丰富，人们的欲望已能得到充分的满足，从而人人都能生活得幸福。实际上并非如此。

资本主义正像马克思所理解的那样，是以不断地扩大和推进作为利润源泉的商品生产为基础的。对资本积累的痴迷是资本主义与所有其他社会制度的主要区别。同时，由于无限扩大生产并使获取利润成为可能的前提是商品能够被消费者购买并消费，所以刺激人们对商品没完没了的消费期待，并尽其所能地创造出各种各样的需求便是这种制度的必然逻辑。在这

---

① [法] 让·鲍德里亚：《消费社会》，刘成富、全志钢译，南京：南京大学出版社 2000 年版，第 74 页。

种必然逻辑之下，人们的消费是受控制、被操纵的，是不自由的。马尔库塞认为，在当代资本主义社会，统治者把操纵消费当作进行社会控制的手段，通过制造各种"虚假需求"，把人自身的需要与商品体系一体化了。人与商品的关系完全颠倒了，不是商品为满足人的需要而存在，而是人为了使商品得到消费而存在。在这一意义上，消费主义无疑是一种消费的异化状态，不可能使人到达真正的幸福。

二、消费主义价值观的理论特征

作为一种把消费看作人生意义及最高目的的消费观和价值观，消费主义在其多重表现中的主要原则是追求体面的消费，渴求无节制的物质享受，并以此作为生活的目的和人生价值的体现。消费主义完全改变了过去人们对于消费的定义和理解，是人们在新的消费过程中处理人与自身、人与自然以及人与社会关系中形成的意识形态。据此，它具有如下三个显著特征。

（一）符号化：人对自我的定位和选择

在进入消费社会的今天，对消费对象的定义，不在于我们所消化的食物，不在于我们身上穿的衣服，不在于我们使用的汽车和住房，不在于影像和信息本身的显像系统，而是在于，把所有以上这些组织为有表达意义的符号。它是一个虚拟的全体，其中所有的物品和信息，构成了一个逻辑一致的论述。如果消费这个字眼要有意义，那么它便是一种符号的系统化操控活动。就是说，在当代社会，物品要成为消费对象，必须先成为符号；而被消费的东西，本质上已不再是物品，而是那种在符号的意义指涉中得到映现的关系本身。

越来越多的人类需求、需要和欲望被带进了意义王国，个体逐渐丢失了自控权而屈从于符号价值，消费者不再满足商品的使用价值，而是追求不断被制造出来的商品背后的符号价值和文化意义。消费的目的不再是出于实际需要，而是不断追求商品的符号意义与自我的同化；也就是说，人已经是物化的人，人把物的价值意义作为自身意义的投射，把对物（价值意义）的"占有"异化为自我生活的意义。人们普遍相信，消费对象的选择（符号和意义）能够反映他们的文化品位、生活志趣和个性化的生活方式。然而这种想法是荒谬和无意义的，一个哲学教授和一个初中毕业生，很有可能使用的是同一款手机，并且同样喜欢把旅行作为自己热衷的消费方式。但这不能证明初中毕业生与哲学教授的文化水平和生活志趣是相同的，消费行为本身并不具有更高层次的意义，宣扬向消费寻求自我定位和人生意义的理论显然是站不住脚的。

（二）过度化：人类资本逻辑和自然有限论的对立

商品的符号与意义可以无限更新并不断变幻，所以，消费需求就可以成为无度的，而且，它也必须"被制造"成无度的，以配合资本主义无限扩大生产的必然逻辑。在马克思主义生态学看来，资本主义生产方式（无限扩大生产）在当代是通过消费主义（无限创造需求）来实现其目的的，消费主义是导致生态危机的必然环节，而资本逻辑的无限扩张趋势是当代生态危机的本质。自然资源是有限的，而资本主义对利润的追求是无限的。这意味着，从本质的方面来说，资本主义和生态系统之间存在着不可调和的矛盾。

首先，资本主义最大限度地追求剩余价值必须不断扩大再生产，而扩大再生产必然要求增加生产资料的投入，势必导致对自然资源的开采与破坏，大量工业废物、环境污染等由此产生；其次，资本家为了将生产出的产品成功销售迅速实现其利润，必然在全社会宣扬消费主义的生活理念和生活模式，将个人幸福等同于物质对象的购买与消耗，最终将人们的价值观引向过度消费；再次，人类对物质无止境占有的心理欲望，人类精神生活的得不到满足，使人们不得不通过高消费来寻找幸福的滋味，而过度消费加速了工业的增长，对脆弱的生态系统造成了一定的压力，进一步导致自然生态的破坏，人与自然生态的背离；最后，科学技术的进步和广告传播媒介的发展，为"大量生产—大量消费—大量废弃"的现代生活方式提供了前提条件，信用卡和虚拟网络等支付方式的变革，促使超前消费、一次性消费和网络消费的出现，加快了人类社会的消费速度，便捷性的消费方式也使过度消费愈演愈烈，造成更严重的资源浪费和生态破坏。缓解生态危机，势必要摒弃资本主义贪婪的生产方式，并引导人以科学适度的消费观。

（三）阶层化：人追求自我价值在社会中的实现

现代人的消费在很大程度上不是为了满足自己的"自然生理需要"，而是为了表现自我或表现自我价值。消费品和商业性服务被分为不同的类别、等级和档次,同时消费品被分成不同品牌,同样商业性服务则被分成不同档次。人们所分属的不同阶级或阶层可通过各自的消费档次和消费品品牌而得以标示,从而不同人的自我价值实现程度也通过档次和品牌而得以标示。人们都希望能提高自己的社会地位,提高自我价值实现的程度,转而希望提高自己的消费档次或"品位"以此获得虚假的社会身份认同和团体归属,本质是自我特权意识的满足。

凡勃伦在《有闲阶级论》一书中论述了作为社会上层的有闲阶级是如何对物品背后被赋予的附加价值来进行炫耀消费,以此彰显优越于其他阶级的高贵特性。他在书中写道:"对有闲的高贵绅士说来,对贵重物品作明显消费是博取荣誉、获取名望的一种手段。在任何高度组织起来的工业社会,荣誉最后依据的基础总是金钱力量;而表现金钱力量从而获得或保持荣誉的手段是有闲和对财物的炫耀消费。"[①] 值得担忧的是,当前我国整体社会并未实现真正富裕,在消费主义价值观的影响下,民众乐于消费的天性被释放出来。富人阶层越来越多地通过对物品背后符码价值的消费来炫富斗富,甚至通过浪费来显示自己的身份认同;中产阶级乐此不疲地追求高于其实际收入的奢侈品,对实用消费品不屑一顾。贫困、温饱、小康、富裕的共存,满足基本的生存需要和追求炫耀性消费、奢侈性浪费的"共时性"是中国社会消费领域的一大"特色"。而传统文化中崇尚节俭、量入为出的观念慢慢被适度奢侈、消费透支的异化理念所取代,人们"未富有,却已奢"的消费事实把人的消费引向异化的状态。

三、消费异化:消费主义的幸福悖论

消费主义价值观无限扩大了消费的作用,认为幸福意识的产生取决于消费物的数量和质量,这使得人的幸福意识具有了物化特征,人在物的消费狂欢中逐渐丧失自身的主体自由,使人达不到自由而全面的发展。人们追求的财富是无限度的,人的欲望也是无限度的,因而对时下的消费永远不会满足,也不会感到幸福。消费主义本身作为一种消费的异化状态,不可能使人到达真正的幸福,反而是对人的幸福观的扭曲,势必会危害社会整体的健康发展。

---

① [美]凡勃伦:《有闲阶级论》,蔡受百译,北京:商务印书馆1964年版,第67页。

(一) 消费异化与劳动异化

西方马克思主义认为消费异化的产生与劳动异化有着直接联系，消费异化的产生是因为人错误的理解，消费的本质是用钱去购买而不是用劳动来换取。阿格尔在1979年所著的《西方马克思主义概论》一书中，首次对异化消费作了定义："异化消费是指人们为补偿自己那种单调乏味的、非创造性的且常常是报酬不足的劳动而致力于获得商品的一种现象。"即在发达资本主义社会中，劳动者面对机器化大生产，生产流水线的自动化过程只需要劳动者配合好机器，无形中限制了人的主观能动性。对于劳动者而言，这种出卖自己劳动力的过程是非常单调而乏味的，根本无法得到其中的快乐，体味不到劳动的意义，劳动只是为了不断赚钱而不是实现自我价值。由于人追求自由的本性，势必会在工作之余放松自己、发泄情绪以补偿劳动过程中的异化；因此，劳动者的放松渠道从生产领域转向消费领域，在消费的浪潮中找寻人生的意义。一般来说，劳动活动是能动的，而消费活动则是受动的；劳动和消费的异化却全面地颠覆了这种关系，并且正是由于劳动的纯粹外在性而使消费获得了自主活动的假象。人在自我劳动中得不到精神的慰藉，在对物的消费中又获得不了欲望的满足，劳动异化和消费异化的双重作用只会让人变得越来越不幸福。

(二) 消费主体的异化

弗洛姆认为消费异化也影响了人与人的关系，人成为商品，成为可交换的物。人长期处于消费异化的大环境之中，看到任何物品都给它标上相应的价格标签，对于人，当然也不会例外。劳动者成为明码标价的商品，进行一定的劳动，拿相应的报酬。"人觉得自己是一种具有市场使用价值的物品。他没有感到自己是一种积极的因素，也没有感到自己是人类力量的承担者。他与人类的这些力量相异化。他的目标是在市场上成功地出卖自己。"待价而沽的异化人格使人失去了尊严感和自我意识，变成了没有感情的物。对待其他人，他们也是用同样的眼光看待，人与人彼此脱离，只有当各自的利益有需要时才会联系在一起。

消费异化把人变成物品和消费的奴隶，让人变成病态的人。人在消费异化的影响下，把周围的一切都看作有一定价格可以交换的物品，包括他人和自身，每个人与他人相处都受到利己主义原则的支配。"人消费物品的目的不是使用,而是占有,是依靠它们炫耀,是为了满足消费的欲望。"① 正是这种不正常不真实的消费活动,反而让物成为了主人,让物控制了人的生活。异化的人失去了精神的健康,失去了爱的能力,没有信仰也没有幸福可言。

四、加强文化建设,回归精神家园

弘扬中华民族优秀的消费文化,培育消费文明新风尚。国民的消费方式与本国的民族文化有着密切的关联,我国的民族文化也深深地影响着居民的消费行为。在家庭、学校及大众媒体的积极引导和宣传教育下,我们要重新唤醒"节俭有度""崇俭抑奢"这些优良的民族传统美德,倡导即使在物质生活高度发达的新时代背景下也要适度节俭,重精神轻物质,合理适度地消费,使人在消费主义的重负下解脱出来,重塑健康积极的幸福观。

人类社会需要健康消费文化的重塑,更需要人文精神的回归,高度的社会文明必然是精神资源与物质资源相互协同向前的全面提升,人们在拥有丰足的物质生活的同时,也获得了较高的人文素质和情怀,获得充分发挥和表达自我的能力,最终使全社会在摆脱物质贫穷的同时,走向人的全面、自由的发展。

加强精神文明建设,回归精神家园,是要实现个人价值与社会价值的统一。要求我们辩证能动地看待人与劳动的关系,劳动与消费的关系,不把劳动仅仅当作换取钱财和消费商品的工具。劳动是人类的创造力得到不断发展和进步的体现,人是在劳动中得到自由和全面的发展的,进而推动社会文明的持续前进,促使国家和民族的繁荣富强,具有超强创造性的劳动甚至能够颠覆全人类的生活方式和生存命运。所以要以政府提供精神资料为核心,全社会广泛投入和参与为重点,满足人们的精神需求、丰富人们的精神生活、凝聚人民的精神力量,加强思想道德教育和科学文化建设,提高整个国民的思想道德素质和科学文化素质,使人们树立崇高的理想,回归传统精神家园,自觉将个人价值融入到社会价值中,谋求整个民

---

① [美]彼得·N. 斯特恩斯:《世界历史上的消费主义》,邓超译,北京:商务印书馆2015年版。

族与社会的繁荣和进步。

  然而，正如西方国家半个多世纪以来一直在持续探讨并解决消费异化问题的过程一样，消费异化问题在中国的解决也绝对不会是一蹴而就的，它需要一代人甚至几代人不懈地努力，它既需要物质生产方式的改进，同时也需要人们思想上的转变与传承。消费异化产生的根源是多方面的，它既有市场经济模式及发达生产力等客观因素的作用，也有中西方消极消费文化的影响。中国人消费至上的思想是伴随着中国市场经济建设的深入而逐步产生和蔓延的，市场中存在的消费异化问题可以用市场手段去治理和规避，但人们思想领域的问题却需要依靠长时间的道德文化的引导。但我们有理由相信，作为历史问题的消费异化，在历史中的某一个阶段出现，也就必然会在历史的某一个节点中褪去。

  （作者傅艺娜，中南大学公共管理学院2016级哲学硕士研究生。）